MATHIAS MORGENTHALER
Beruf und Berufung

Für Ueli Zwahlen,
ohne dessen Zutun keines dieser Interviews erschienen wäre.

MATHIAS MORGENTHALER
Beruf und Berufung

INTERVIEWS

ZYTGLOGGE

Alle Rechte vorbehalten
Copyright: Zytglogge Verlag, 2010
Lektorat: Hugo Ramseyer
Korrektorat: Monika Künzi, Jakob Salzmann
Umschlagsfoto: Adrian Moser
Gestaltung/Satz: Franziska Muster Schenk, Zytglogge Verlag
Druck: CPI books GmbH
ISBN 978-3-7296-0811-5

Zytglogge Verlag · Schoren 7 · CH-3653 Oberhofen am Thunersee
info@zytglogge.ch · www.zytglogge.ch

Inhalt

VORWORT HANSPETER SPÖRRI ... 9
EINLEITUNG MATHIAS MORGENTHALER ... 11

ARTMANN BARBARA UNTERNEHMERIN ... 15
ASHKENAZY DIMITRI MUSIKER ... 18
BAITSCH CHRISTOF ORGANISATIONSBERATER ... 24
BEURET BONNY ANGSTTHERAPEUTIN ... 27
BICHSEL PETER SCHRIFTSTELLER ... 30
BÖNIGER ELSBETH / INDERMÜHLE CHRISTIAN MALERIN / FOTOGRAF ... 38
BÜHLER URS TIERKINESIOLOGE ... 46
CAMENISCH RETO FOTOGRAF ... 49
CLAES ANOUK THERAPEUTIN ... 57
CORNELIUS ROBIN UNTERNEHMER ... 63
CURDY ARIANE TRAINERIN ... 67
DÄHLER OLIVER TÄNZER ... 70
DANA YVES BILDHAUER ... 76
DIENER THOMAS LAUFBAHNBERATER ... 83
FÄH MARKUS PSYCHOTHERAPEUT ... 86
FREY BRUNO WIRTSCHAFTSPROFESSOR ... 89
FURRER ART HOTELIER ... 92
FURRER CORNEL BERATER ... 98
GAMMA ANNA ZEN-LEHRERIN ... 101
GIGERENZER GERD PSYCHOLOGIEPROFESSOR ... 104
GUGGENBÜHL ALLAN PSYCHOTHERAPEUT ... 109
HAESLER ALDO SOZIOLOGIEPROFESSOR ... 112
HALTER MARTIN / JÜRG GLASMALER / DICHTER UND RAPPER ... 116
HASLER LUDWIG PHILOSOPH ... 123
HÄUSLER RENATO TURMWÄCHTER ... 127
HÖHLER GERTRUD GERMANISTIKPROFESSORIN ... 130
HUNGER SOPHIE MUSIKERIN ... 135
HUTTER GARDI CLOWN ... 142
KAEGI HEINZ TEAMENTWICKLER ... 145

KAPPELER BEAT ÖKONOM	148
KOLLER ANDREAS UNTERNEHMENSBERATER	151
KÖNIG PETER GELDBERATER	154
KREBS JÜRG SUPERVISOR	158
KUCKART JUDITH SCHRIFTSTELLERIN	164
KUNJAPPU JOLLY LEBENSKÜNSTLER	170
MARTIN HANS-JÜRGEN BUSINESS ANGEL	175
MESSNER REINHOLD ABENTEURER	178
MICHEL CHANTAL KÜNSTLERIN	185
MÜLLER STEPHAN PROZESSARBEITER	192
OPPLIGER ERNST SCHERENSCHNEIDER	195
PELZMANN LINDA WIRTSCHAFTSPSYCHOLOGIN	203
PERROULAZ ERICH AUSSTEIGER	206
PETER ADRIAN WERBER	209
PFEIFER ALFRED SCHAUSPIELER	212
PICCARD BERTRAND PSYCHIATER	215
PIPCZYNSKI WIESLAW MUSIKANT	223
PIRCHER-FRIEDRICH ANNA MARIA PROFESSORIN	229
POPPELREUTER STEFAN PSYCHOLOGE	232
PROST WINFRIED BERATER	235
REGARD MARIANNE NEUROPSYCHOLOGIN	238
RIBAUX CLAUDE COACH	244
RIKLIN MARK GLÜCKSFORSCHER	247
RUCH WILLIBALD PSYCHOLOGIEPROFESSOR	250
RUH HANS ETHIKPROFESSOR	253
SCHAUB ADRIAN ANWALT	256
SCHNEIDER BEATE COACH	259
SCHNEIDER PHILIPP BERATER	262
SCHRANNER MATTHIAS VERHANDLUNGSEXPERTE	265
SCHWANDER PHILIPP MASTER OF WINE	268
SEILER CHRISTOPH LAUFBAHNBERATER	276
SIMON FRITZ MANAGEMENTBERATER	279

SIMONETT ANTON LAUFBAHNBERATER	282
SPRENGER REINHARD MANAGEMENTBERATER	285
STEINER VERENA BESTSELLERAUTORIN	291
STOLLER NADJA MUSIKERIN	296
SZABÓ PETER COACH	302
THOMANN CHRISTOPH PSYCHOLOGE	306
VONTOBEL HANS BANKIER	310
WAWRA DANIELA LINGUISTIN	315
WELTER JÜRG PFARRER	318
WENK STEFANO SCHAUSPIELER	321
WINKLER MATTHIAS KÜNSTLER	328
WUNDERER ROLF PROFESSOR	331
ZAUGG MARCO COACH	334
ZIESCHE SUSANNE PERSONALENTWICKLERIN	337
ZUCKER BETTY BERATERIN	340
NACHWORT UND INTERVIEW ROLF WUNDERER	346

Vorwort

Auffällig unspektakulär

Mathias Morgenthaler widmet sich in seinen Interviews den Themen der Arbeitswelt. Aber seine Grundhaltung und die Tonlage fallen aus dem Rahmen des in diesem journalistischen Bereich Üblichen. Wenn von Human Resource Management oder Humankapital die Rede ist, als ob es um einen Rohstoff oder Produktionsfaktor ginge, wird der Mensch zum Ding. In modischen Begriffen steckt oft etwas Unheimliches.

Zu seinem Themenfeld fand er ebenfalls auf unüblichem Weg: Der «Bund»-Verlag mit seinem damaligen Leiter J. Pepe Wiss wollte 1998 den Stellenanzeiger aufwerten. Aber die Redaktion war skeptisch, sah die Trennung zwischen journalistischem Inhalt und Inserateteil in Gefahr und zeigte wenig Interesse an einem redaktionellen Gefäss, das thematisch auf die Stellenanzeigen abgestimmt ist, also sozusagen in kommerziellen Diensten steht. Und sie konnte sich auch nicht vorstellen, «dass das Thema genügend hergibt für ein wöchentliches Interview».

So entschied der Verlag im Alleingang und beauftragte den damals noch sehr jungen freien Journalisten Mathias Morgenthaler mit der riskanten Aufgabe. J. Pepe Wiss beschrieb ihn als «unvoreingenommen und talentiert». Dreingeredet hat er ihm nie.

Schnell fiel auf, dass die neu auf der Frontseite des Stellenbunds zu findenden Interviews tiefgründiger, dichter, unprätentiöser waren als vergleichbare Texte. Morgenthaler kultivierte darin sein ihm eigenes Interesse an Menschen und ihrem Alltag.

In seinen Interviews forscht er nach Glück und Unbehagen, Hemmnissen und Antrieben, Aus- und Umwegen. Er fragt sehr persönlich, gibt aber die journalistische Distanz nie auf. Dennoch ist die Stimmung in seinen Gesprächen meistens heiter und gelöst, manchmal fast meditativ-konzentriert. Das Resultat ist auf den ersten Blick unspektakulär. Auf den zweiten Blick sogar auffällig unspektakulär. Die Interviews bringen Ordnung in die Komplexität, ohne diese zu reduzieren. Die angeschnittenen Themen sind auf den Punkt gebracht. Vordergründig geht es meistens um Beruf und Fachlichkeit, hintergründig aber immer auch um Berufung und Selbstbestimmung, darum, wie man den eigenen Weg findet.

Seit nunmehr einem Dutzend Jahren folgt Interview auf Interview. Das Gefäss überlebte alle Sparübungen. Mit der Zeit gelang es Mathias Morgenthaler, nebst dem «Bund» weitere Blätter als Abnehmer zu gewinnen. Und seine Gespräche wurden nicht mehr nur im Stellenanzeiger, sondern auch im Wirtschaftsteil publiziert, für den er 2009 auch eine Serie von Interviews mit Künstlerinnen und Künstlern realisierte. Er blieb aber seinem Spezialgebiet – seiner Berufung – treu, sprach weiter mit Menschen, «die durch die Arbeit etwas über sich gelernt haben. Oder mit solchen, die davon Zeugnis ablegen, was passiert, wenn man sich abhandenkommt in der Arbeit», wie Morgenthaler es nennt. Entscheidend für die Auswahl seiner Gesprächspartner ist nicht deren Prominenz. Diese ist allerdings auch kein Hindernis. Blosse fachliche Kompetenz und rhetorische Brillanz interessieren ihn aber nicht. Morgenthaler fragt zurückhaltend, einfühlsam, sorgfältig, aber auch sehr gezielt; er hakt nach und enttarnt Floskeln und Ausweichmanöver.

Interviewtechnik könne man lernen, glaubt man auf den Redaktionen. Mathias Morgenthalers Interviews sind aber nicht deshalb lesenswert, weil er eine Technik beherrscht, sondern weil er mit unverstelltem, nicht geheucheltem Interesse fragt. Der Philosoph Ludwig Hasler sagt im Gespräch mit ihm: «Der Laie hat gegenüber dem Profi den Vorteil, dass er die Dinge unbefangener betrachten kann, weil der Durchblick nicht mit Wissen zugepflastert ist.» Diesen Status des Laien hat sich auch Morgenthaler trotz seiner Professionalität, trotz seiner intensiven journalistischen Auseinandersetzung mit Managementthemen bewahrt.

So werden seine Interviews oft zu regelrechten Mutmachern: Sie erinnern einen daran, dass das Leben mehr ist als nur eine Karriere: «Wertschätzung auf Franken und Rappen zu reduzieren, zeugt von und bewirkt Respektlosigkeit», sagt etwa die Personalentwicklerin Susanne Ziesche. «Wir haben in den letzten Jahren viel zu viel über Bonusmodelle geredet und viel zu wenig über gemeinsame Werte. Wenn ein solches Wertegerüst fehlt, gedeihen Mobbing und Betrug.»

Morgenthalers Interviews bieten keine Patentrezepte für den raschen Aufstieg auf der Karriereleiter oder den leichten Ausstieg aus der Berufsmühle, aber sie laden ein, über Berufs- und Lebenswege nachzudenken, frühere Weichenstellungen in Frage zu stellen, allenfalls den Kompass neu auszurichten – und sich bei alldem immer wieder in Gelassenheit zu üben: «In eigener Angelegenheit bleibt man immer ein Laie und tut daher gut daran, Demut an den Tag zu legen», sagt im Interview der Psychologe Christoph Thomann.

Hanspeter Spörri, Chefredaktor des «Bund» 2001 bis 2006

Einleitung

«Meine Arbeit ist für mich wie eine Versöhnung mit der Welt.» Dieser Satz hat mich nicht mehr losgelassen. Vielleicht auch deshalb, weil es ein beschämender Satz ist für uns alle, die wir unserem Tagwerk vor allem deshalb nachgehen, weil wir damit den Lebensunterhalt verdienen; und weil wir uns ein wenig auszeichnen können durch die Arbeit, da sie uns erlaubt, jemand zu sein, etwas zu gelten.

Aber eine Versöhnung mit der Welt?

Oft genug ist die Arbeit ein notwendiges Übel.

Ein Bekannter hat es in einer Grossbank weit gebracht. Er arbeitet in den Metropolen dieser Welt, alle paar Jahre in einer anderen. Er versucht, die Risiken dieser Grossbank zu managen. Trotz allen möglichen Annehmlichkeiten ist es kein angenehmer Job; er muss Leute entlassen, immer wieder, und selber um seine Stelle fürchten. Ursprünglich wollte er mit 35, spätestens 40 Jahren in Frühpension gehen, das Leben geniessen, nur noch tun, was ihm Spass macht. Die Turbulenzen an den Finanzmärkten haben seine Pläne durchkreuzt. Nun muss das schöne Leben warten.

Yves Dana ist 51, und er würde sich mit Haut und Haar gegen eine Frühpensionierung sträuben. Sie nähme ihm die beste Möglichkeit, sich mit der Welt auseinanderzusetzen. Dana ist ein international gefragter Bildhauer, seine Skulpturen sind in Mailand, Paris und London zu sehen. Wenn man ihn fragt, was ihm das bedeute, sagt er: «Den Stein beeindruckt das nicht.» Das heisst so viel wie: Das Wesentliche ereignet sich nicht in den Galerien, sondern in seinem Atelier, wo er versucht, dem Stein gerecht zu werden, ihm seine Form zu geben, sich durch die Arbeit an ihm «zu versöhnen mit der Welt».

Als frei schaffender Künstler nimmt sich Yves Dana die Narrenfreiheit heraus, das zu tun, was ihn interessiert. Vier Meter hohe Skulpturen zu schaffen, ist hochgradig unvernünftig – und offenbar hochgradig beglückend. Bei vielen Berufstätigen verhält es sich gerade umgekehrt: Sie machen Tag für Tag vernünftige Dinge, ohne dabei das geringste Glücksgefühl zu empfinden. Sie erleben ihre Arbeit als «milde chronische Krankheit», wie der Berufscoach Thomas Diener es genannt hat.

Woher rührt dieses Unbehagen?

Vielleicht daher, dass nicht wenige sich jeden Morgen verkleiden müssen, um in die Rolle zu passen, welche die Arbeitswelt für sie bereithält. Aus unzähligen Gesprächen mit Berufstätigen weiss Thomas Diener: Viele rutschen in einen Beruf hinein oder orientieren sich bei der Suche an offenen Stellen, an Anforderungsprofilen, und bemühen sich dann, ihrer Arbeit gewachsen zu sein. Nur wenige fragen, ob die Arbeit ihnen gewachsen ist, ob das, was sie tun, einen Bezug hat zu ihren Talenten, ihren Träumen. Das mag vermessen klingen, denn Arbeit ist ja immer zunächst Broterwerb und keine Spielwiese für die Selbstverwirklichung. Diener ermutigt seine Klienten gleichwohl, aus dem Brennpunkt ihrer Leidenschaften heraus eine eigene Beruflichkeit zu entwickeln. Er lädt sie ein, eine wichtige Rolle zu spielen am Arbeitsplatz – nicht die, die am meisten Lohn oder Anerkennung verspricht, sondern jene, die niemand anders besser ausfüllen kann.

Die Interviews, die in diesem Buch in alphabetischer Reihenfolge versammelt sind, entstanden in einem Zeitraum von zwölf Jahren. Es sind keine Ratgeberbeiträge, die zeigen, wie man schnell Karriere macht oder wie man glücklich wird und gesund bleibt im Beruf. Ihr gemeinsamer Nenner ist die Arbeitswelt mit all ihren Facetten: dem Leistungsdruck, der Konkurrenz, den Konflikten, der Reizüberflutung, dem Stress und der Angst – all diesen Elementen, die klarmachen, wie schwierig es ist, sich schadlos zu halten im Berufsleben.

Es geht aber nicht nur ums Vermeiden von Schäden. In den Interviews kommen Menschen zu Wort, deren Geschichten einen ermutigen, die Ziele höher zu stecken, nicht einfach über die Runden kommen zu wollen, sondern ein klein wenig zum Künstler zu werden – zu einem Künstler, der vielleicht keine Skulpturen erschafft, der aber beharrlich nach einem Beruf sucht, der im Einklang steht mit den eigenen Talenten und Werten.

«Das grösste Risiko ist das einer nicht erfüllten Biografie», sagt der Berufsberater Anton Simonett in einem der Interviews. Nicht selten ist es der schwierigere Weg, der zu mehr Erfüllung führt. Manchmal braucht es eine Krise, eine Krankheit, die uns zwingt, innezuhalten, hinzuhören und die Weichen neu zu stellen. Stephan Müller etwa hat erst durch die Auseinandersetzung mit einer unheilbaren Krankheit erfahren, was ihm alles möglich ist. Nadja Stoller sagt, sie habe sich im Zweifelsfall immer für den Weg entschieden, vor dem sie mehr Angst gehabt habe. Peter König musste sich erst von einer Menge Geld befreien, um sich unbelastet und reich zu fühlen. Und Chantal Michel ist dutzendfach in neue Rollen geschlüpft, um die Welt und ihre eigenen Ängste besser zu begreifen.

Von Plato ist das Wort überliefert: «Es gibt einen Platz, den du füllen musst, den niemand sonst füllen kann; und es gibt etwas für dich zu tun, das niemand sonst tun kann.» Viele der Interviewpartner, die in diesem Buch zu Wort kommen, würden dies unterschreiben. Sie gehen einem Beruf nach, den es so nicht gäbe ohne sie, den niemand so gut machen könnte wie sie.

Mir scheint, es lohnt sich, diesen Platz, diese Aufgabe, diese Berufung zu suchen. Man sieht es den Menschen an, die ihr nahgekommen sind.

Mathias Morgenthaler
Juni 2010

**ARTMANN
BARBARA**
UNTERNEHMERIN

«Irgendwann schickten mich meine Mitarbeiter in die Ferien»

Vor acht Jahren hat Barbara Artmann ihre gut dotierte Stelle bei der UBS ohne Not gekündigt. Im Jahr darauf kaufte sie die angeschlagene Schuhfabrik Künzli. Was mit 16-Stunden-Tagen und vielen Sorgenfalten begann, ist heute eine Erfolgsgeschichte. Anfang Januar wurde die engagierte Unternehmerin mit einem «Swiss Award» ausgezeichnet.

30.1.2010

Frau Artmann, wie gross muss Ihr Überdruss gewesen sein, dass Sie Ihre Bank-Karriere aufgaben, um Schuhverkäuferin zu werden?

BARBARA ARTMANN: Es war kein akuter Überdruss, aber eine Richtungsentscheidung: Nach vielen Jahren in Grossunternehmen wie McKinsey und UBS wollte ich meine Zeit und Energie endlich für Sach- statt für Machtkämpfe einsetzen. In grossen Firmen sind ständige Machtgerangel wohl unvermeidlich – ich hatte ja gelernt, mich in diesem Umfeld durchzusetzen. Ich merkte aber, dass das nicht meine Welt war.

Was gab den Ausschlag, dass Sie 2002 aus freien Stücken bei der UBS kündigten?

Ich war seit Längerem auf der Suche nach einer Tätigkeit, die mich ganz erfüllt. Daher habe ich gekündigt, ohne zu wissen, was genau ich suche. Erst als mir ein erfahrener Unternehmer bei einem Gespräch in einer Alphütte wieder einmal sagte, ich sei die geborene Unternehmerin, war ich mutig genug, diesen Weg einzuschlagen. Während Jahren hatte ich Ausreden gehabt, dann entschied ich mich innert weniger Minuten, es zu wagen und nach einem traditionellen Produktionsbetrieb Ausschau zu halten, den ich kaufen und weiterentwickeln konnte.

Aber vom Schuhgeschäft hatten Sie keine Ahnung.
Das stimmt, aber ich hatte als Beraterin gelernt, mir rasch ein Bild zu machen. Als ich die Traditionsmarke Künzli Ende 2003 übernahm, war das Unternehmen noch profitabel, aber die Umsätze schmolzen heftig.
Woher nahmen Sie den Mut, mit eigenem Vermögen und dem Kapital einer Bank so viel Risiko einzugehen?
Wenn ich gewusst hätte, was mich alles erwartet, hätte ich es vielleicht nicht gewagt. Aber ich hatte die Situation gründlich analysiert und eine erfolgversprechende Strategie für Künzli gesehen. Wenn man spürt, dass etwas richtig ist, braucht es nicht besonders viel Mut, es auch zu tun – selbst wenn es ziemlich riskant ist. Bestärkend war die Reaktion meiner Mutter. Sie war mir immer eine wichtige Ratgeberin, und ich rechnete damit, dass sie vor dem Risiko warnen würde. Dann sagte sie nur: «Mach das, es ist genau das Richtige für dich.»
Als Sie Künzli übernahmen, war die Marke angeschlagen. Im Sportschuhbereich war die Konkurrenz von Adidas oder Puma übermächtig, also blieb nur die orthopädische Schiene.
Ich setzte von Anfang an auf die beiden Standbeine Medizin und Mode. Auch die orthopädische Schiene hat neuen Schwung gebraucht: Kurz nach meinem Stellenantritt sagte ein Chefarzt zu mir: «Künzli ist zu teuer, zu heiss und zu wenig sexy.» Heute ist das nicht mehr so. Das Hitzeproblem haben wir mit der Entwicklung einer Ortho-Sandale gelöst, teuer ist der Schuh im therapeutischen Kontext nicht – eine Gipsbehandlung nach einem Bänderriss kostet mindestens doppelt so viel. Und am Sexappeal arbeiten wir noch. Wichtig war, dass es gelang, an die Sportschuh-Historie anzuknüpfen und die Marke im Modebereich stark zu positionieren. Für mich ist das ein Traum: Ich kann als Künzli-Chefin einerseits mein Helfersyndrom ausleben, andererseits darf ich meinem Hobby Mode frönen.
Sie betonen die Swissness der Marke Künzli. Kann man Schuhe noch rentabel in der Schweiz produzieren?
Ja, gut 80 Prozent der Produktionswertschöpfung finden in der Schweiz statt, einzig den Nähprozess haben wir nach Osteuropa ausgelagert. Als Nischenanbieter liegen wir im gehobenen Preissegment und müssen daher nicht wie die Konkurrenz mit ihrer Massenproduktion nach China gehen. Ich bin froh, dass wir unsere Schuhe nicht um den halben Globus fliegen lassen.
Sie schwärmen bei jeder Gelegenheit so von Schweizer Traditionsmarken, dass man denken könnte, zugezogene Deutsche seien die besseren Patrioten als alteingesessene Schweizer.

Das glaube ich nicht. Von aussen sieht man manche Stärken besser und schätzt sie umso mehr. Und vielleicht ist es ja doch das Schweizer Gen in mir: Mein Urururgrossvater ist aus dem Appenzell nach Süddeutschland ausgewandert.

Als Sie die Firma übernahmen, verlangten Sie von den Angestellten, dass sie die Leistung um 30 Prozent steigern. Gab es da keinen Widerstand?
Ich verlangte nicht in erster Linie mehr Leistung, sondern ich sagte allen: «Ihr könnt mehr!» Ich wollte, dass alle mehr Verantwortung übernehmen und mehr Vertrauen spüren. Natürlich gab es ein paar Wechsel, aber die meisten zogen sehr gut mit. Manche sind seit mehr als zwei Jahrzehnten dabei. Unsere Heidi zum Beispiel, die nach 42 Jahren Näharbeit für Künzli in Pension gegangen ist, kommt noch immer regelmässig vorbei – einfach zu Besuch oder auch mal zum Aushelfen.

Sie selber, heisst es, seien praktisch rund um die Uhr in der Firma.
Das war in den ersten Jahren der Fall. Da kam ich fast nie vor 23 Uhr raus, 16-Stunden-Tage waren die Regel; auch an den Wochenenden habe ich gearbeitet. Irgendwann schickten meine Mitarbeiter mich dann in die Ferien. Inzwischen halte ich mir die Wochenenden weitgehend frei.

Sie gelten als «Workaholic» – zu Recht?
Das war ich wohl immer. Gelegentlich habe ich damit gehadert, diesen Weg eingeschlagen zu haben. Aber wenn es der falsche Weg wäre, hätte ich das korrigiert. Und auf Familie muss ich trotzdem nicht ganz verzichten: Meine Schwester zieht alleine zwei tolle Töchter gross. Da habe ich als Tante ein wenig eine Vaterrolle. Ich bin dankbar dafür, denn wer nur mit Managern und nie mit Kindern zu tun hat, riskiert, unschön und schnell zu altern.

Haben Sie manchmal bereut, Unternehmerin geworden zu sein?
Nein, ich habe es keine Sekunde bereut. Ich habe mir manchmal die Haare gerauft, vielleicht etwas getobt, aber immer gewusst, dass es der richtige Weg ist. Die sechs Jahre bei Künzli sind wie im Flug vergangen, bei anderen Arbeitgebern wurde ich nach zwei Jahren schon unruhig. Hier freue ich mich auf die nächsten 10 bis 15 Jahre. Es hat zwar noch nicht zu einer Gehaltserhöhung für die Chefin gereicht, aber wir haben neue Maschinen, Profi-Mitarbeiter an allen Positionen, und wir arbeiten alle gern hier. Freude an der Arbeit gibt mehr Energie als Geld. Dass wir jetzt auch noch den Swiss Award in der Kategorie «Wirtschaft» gewonnen haben, ist eine wunderbare Bestätigung für unsere kleine Firma. ∎

info@kuenzli-schuhe.ch

ASHKENAZY
DIMITRI
MUSIKER

«In solchen Momenten weiss ich, dass es sich lohnt zu leben»

Dimitri Ashkenazy glänzt als Soloklarinettist regelmässig auf den grossen Konzertbühnen dieser Welt, aber eigentlich spielt er lieber in kleinen Dorfkirchen. Der 36-jährige amerikanisch-isländische Doppelbürger mit russischen Wurzeln erzählt von vererbter Heimatlosigkeit und vom Glück, in der Schweiz seine Berufung gefunden zu haben.

13.4. und 20.4.2005

Herr Ashkenazy, Sie wuchsen in einer bekannten Pianistenfamilie auf. Weshalb wurden Sie Soloklarinettist?

DIMITRI ASHKENAZY: Im Alter von sechs Jahren begann ich, Klavier zu spielen – nicht weil meine Eltern es verlangt hätten, sondern weil ich dieses Instrument zu Hause tagein, tagaus hörte. Mein Vater spielte, meine Mutter spielte, mein acht Jahre älterer Bruder spielte – da lag es auf der Hand, dass ich mich auch versuchte. Auf die Länge ist es aber frustrierend, etwas zu tun, was alle um dich herum viel besser können. Ich wollte ein eigenes Instrument, das ich überallhin mitnehmen konnte. So wechselte ich mit zehn Jahren auf die Klarinette. Der Klang dieses vielleicht vielseitigsten Instruments hatte mich schon als kleines Kind in seinen Bann gezogen. Vor der Schulzeit reiste ich oft mit meinen Eltern mit, wenn Vater Konzerte gab, und zu Hause gab es eine riesige Audiothek mit klassischen Werken. Ich erinnere mich, dass ich schon im Vorschulalter ein grosser Fan der Schostakowitsch- und Rachmaninow-Symphonien war.

Kein Wunder, dass Sie später rasch vorankamen mit der Klarinette ...

So rasch ging das gar nicht; es war wesentlich komplizierter, als ich gedacht hatte. Die ersten drei Jahre war ich ein durchschnittlicher Musikschüler – ich übte unregelmässig, oft mit wenig Ausdauer. Erst mit 13 Jahren, als ich auf eigene Faust in Notenläden Partituren einzukaufen begann, die allesamt viel zu schwierig für mich waren, entwickelte ich ernsthaften Ehrgeiz. Ich hatte mir damals in den Kopf gesetzt, die Debussy-Rhapsodie zu spielen – ein klarer Fall von Hochmut, aber einer, der mich technisch weiterbrachte.

Wann erwogen Sie, die Musik zum Beruf zu machen?
Es war kein Erwägen. Mit 15 Jahren merkte ich, dass Musik meinem Leben Sinn gab – da kam rasch nur noch ein Beruf in Frage. Von diesem Moment an übte ich leidenschaftlich. Auch neben dem Gymnasium fand ich oft drei bis vier Stunden pro Tag Zeit zum Üben, in den Ferien waren es auch mal sechs Stunden und mehr. Da meine Eltern im Keller ein kleines Studio eingerichtet hatten, konnte ich bis tief in die Nacht hinein spielen.

Und wann schafften Sie den Durchbruch?
Den Durchbruch? Habe ich ihn heute denn geschafft? Mir gelang vieles, ab 16 gewann ich Preise, ab 22 spielte ich grössere Konzerte, unter anderem an den Luzerner Festwochen. Es folgten Auftritte im Ausland, die Anfragen häuften sich. Jeder dieser Auftritte war für mich eine wichtige persönliche Erfahrung – aber ein Durchbruch? Den gab es nicht. Ich muss mich bis heute immer wieder neu beweisen, jedes Konzert kann ein Durchbruch sein oder ein Rückfall.

Das muss belastend sein. Sind Sie jeweils nervös vor wichtigen Auftritten?
Vor einem Konzert in einem bedeutenden Konzertsaal bin ich nervöser, als wenn ich in einer kleinen Kirche auf dem Land spiele – nicht, weil ich an die Folgen für meine Karriere denke, sondern weil ich auf den renommierten Bühnen spüre, dass viele Menschen primär kommen, um mich zu beurteilen. Seelisch geht es mir am besten, wenn ich unter ganz einfachen Umständen ein Konzert gebe. Deshalb spiele ich zum Beispiel seit elf Jahren an einem kleinen Musikfestival in Ostfriesland. Dort strömen während Tagen Menschen in die Landkirche und saugen die Musik richtiggehend auf.

Was empfinden Sie während eines Konzerts?
Es gibt Momente, da fühle ich mich wie in Trance. Ich bin dann sehr fokussiert und nehme doch alles wahr, die Musik, das Instrument, die anderen Musiker und die Zuhörer, das alles verschmilzt zu einer Einheit. Wenn ich solches erlebe, dann läuft es mir kalt den Rücken hinunter, dann weiss ich, dass es sich lohnt zu spielen und lohnt zu leben. Es gibt Konzerte, nach denen ich weine – nicht weil ich per-

fekt gespielt hätte, sondern weil ich die richtige Wellenlänge erwischt habe, weil etwas geschehen ist, das sich nicht planen und nicht steuern lässt und das gerade deshalb so erschütternd ist.

Stellt es sich oft ein, dieses Gefühl?
Auf grossen Bühnen ist es ziemlich selten. Solche Konzerte sind zwar wichtig fürs Portemonnaie, nach meiner Erfahrung aber selten für die Seele. Es gibt Orte wie die Basilika San Francesco in Assisi oder die Kirche Boswil, wo ich schon ohne Musik und Publikum viel Energie spüre. Letzten Dezember spielte ich mit Freunden Mozarts Bläserserenade Gran Partita, eines der grossartigsten Stücke, die ich kenne, einmal in Erlach, einmal in Zofingen. Diese beide Konzerte gehören zu meinen intensivsten und wichtigsten, obwohl kaum jemand davon wusste.

Sie haben russische Wurzeln, sind in New York geboren, in Island aufgewachsen und nun seit Jahren in der Schweiz wohnhaft. Empfinden Sie diese Heimatlosigkeit als Bereicherung?
Es ist bereichernd, früh verschiedene Kulturen und Mentalitäten kennen zu lernen. Aber natürlich hatte meine Situation auch Schattenseiten: Man kommt sich manchmal etwas losgelöst vor, man ist überall und doch nirgends zu Hause. Das gilt auch für die Sprachen. Ich bin das Kind einer Isländerin und eines Russen, aber weil meine Eltern englisch zusammen sprachen, ist dies meine Muttersprache. Durch meine Solistentätigkeit habe ich die Heimatlosigkeit meiner Eltern freiwillig fortgesetzt, die einzige Konstante ist eigentlich, dass ich kaum je länger als eine Woche am gleichen Ort bleibe.

Ihre Heimat wäre demnach die Musik?
Ja, ich habe zu jeder Tageszeit Musik im Kopf, oft merken meine Freunde, dass ich mitten in einem Gespräch gedanklich abdrifte, weil mich eine Melodie beschäftigt, nicht unbedingt eine Klarinettenstimme, vielleicht eine Nebenstimme eines Konzerts. Und dann sind da natürlich die speziellen Konzerterlebnisse, von denen ich monate-, ja jahrelang zehren kann. Ein Erlebnis wie jenes bei der Aufführung der Gran Partita kann es vielleicht nur in der Musik geben. Noch in der Erinnerung daran empfinde ich ein enormes Glück – und grosse Dankbarkeit dafür, dass ich diesen Beruf ausüben darf, dass ich das fand, was mir entspricht. Viele andere Menschen finden ihre Berufung ja erst spät oder gar nie.

Ihr Vater Vladimir ist ein weltweit gefeierter Pianist und Dirigent. Hat Ihnen der Name geholfen, als Klarinettist Karriere zu machen?
Es war sicher vorteilhaft, weil es einige Türen öffnete, aber das heisst nicht, dass es immer angenehm war. Es kam vermutlich mehrmals vor, dass ich nur auf-

grund meines bekannten Namens zu einem Konzert eingeladen wurde. Ich fand es manchmal anstrengend, durch schon geöffnete Türen zu gehen, weil ich wusste, dass dahinter ein Publikum wartete, vor dem ich mich mehr beweisen musste als einer, der sich die Türe selber aufgestossen hatte.

Sehen Sie noch immer zu Ihrem Vater hoch oder gab es einen Moment, in dem Sie aus seinem langen Schatten getreten sind?
Lange Zeit bewunderte ich ihn vorbehaltlos. Als ich 21-jährig war, trat ich erstmals mit meinem Vater auf. Auf der Bühne spürte ich, dass auch er nervös war, dass auch er nur mit Wasser kochte. Das ermöglichte mir eine kritische Distanz und eine neue, tiefere Form der Bewunderung. Wenn wir heute zusammen musizieren, haben wir zwar gelegentlich verschiedene Meinungen, aber wir können uns immer auf eine Interpretation einigen.

Und wenn Sie eine CD eingespielt haben, ist dann der erste Gedanke, was Ihr Vater wohl davon hält?
(Lacht.) Nein, da frage ich mich eher, wie sie meiner Mutter gefällt, denn sie hat mich musikalisch mindestens so stark geprägt. Sie sagte mir vor 15 Jahren Dinge, die mir heute noch in den Sinn kommen beim Musizieren. Sie beendete ihre Solistenkarriere, als sie mit meinem Vater eine Familie gründete. Musiker sein und eine Familie haben sind zwei fast unvereinbare Dinge. Meine Mutter begleitete meinen Vater immer an die Konzerte. Als wir Kinder noch nicht schulpflichtig waren, durften wir mitreisen, danach blieben wir zu Hause zurück. Ich hatte deshalb relativ wenig Kontakt mit meinen Eltern.

Eine Möglichkeit, weniger unterwegs zu sein, wäre doch, eine Fixstelle in einem Symphonieorchester anzunehmen ...
Jedes Mal, wenn ich es versuchte, ging etwas schief. Ich kam nie an meine Bestleistung heran, wenn ich im Orchester spielte. Es herrscht dort ein ganz anderer Druck, im richtigen Moment richtig zu spielen. Im Orchester bist du ein Glied in einer Kette, das schlicht halten muss, sonst gefährdest du das ganze Orchester. Ich habe grossen Respekt vor Musikern, die Tag für Tag immer hochstehend und sauber spielen können – am Vormittag drei Stunden Probe, am Nachmittag noch mal drei Stunden und am Abend zwei Stunden Konzert, und jeder Ton muss sitzen. Ich kann mich ganz auf meine 25 Minuten Solo konzentrieren. Und wenn ich spiele, kann ich meinen persönlichen Ausdruck suchen, während sich Orchestermusiker stets dem Dirigenten unterordnen müssen.

Manche Werke spielen Sie seit 20 Jahren. Fürchten Sie sich vor Routine und Wiederholung?

Routine kann eine Gefahr sein. Bei manchen Werken denke ich schon gelegentlich, dass ich nicht unglücklich wäre, wenn ich sie nicht mehr spielen müsste. Andere werden immer noch spannender und wertvoller. Zudem verändere ich mich ja, so dass meine Interpretationen nie dieselben bleiben. Das ist das Heikle an Aufnahmen; sie sind wie eine Unterschrift, man verpflichtet sich damit.

Wie wissen Sie eigentlich, ob Sie Fortschritte machen? Haben Sie im Kopf eine Rangliste mit den besten Klarinettisten der Welt und Ihrer Position?

Ich versuche, nicht an Ranglisten zu denken. Aber die Qualitätskontrolle ist nicht einfach, weil man allein ist und wenig Rückmeldung erhält. Ein Jahr nach meinem Diplomabschluss am Konservatorium nahm ich Stunden bei Franklin Cohen, einem Klarinettisten aus Cleveland, den ich sehr verehrte. Danach folgten jahrelang Konzertauftritte, in denen dich niemand offen beurteilt. Einmal noch ging ich zu meinem früheren Lehrer Giambattista Sisini, um ein Weber-Konzert einzuüben – und empfand es als grosse Herausforderung, so eins zu eins jemandem vorzuspielen. Mein wichtigstes Kriterium ist, ob ich mich heute freier ausdrücken kann als noch vor fünf Jahren.

Kennen Sie auch Zweifel?

Ja, ich durchlaufe immer wieder Phasen, in denen ich denke, ich spiele nicht besser als ein Durchschnittsstudent im Konservatorium. Mich begleiten zwei Fragen. Die erste lautet: Bin ich so gut, wie ich sein muss? Meist schaffe ich das. Aber das gibt mir noch keine Befriedigung. Die entscheidende Frage ist die zweite: Bin ich so gut, wie ich sein könnte? Damit lege ich die Messlatte höher als alle im Publikum. Es kommt nicht oft vor, dass ich diese zweite Frage mit Ja beantworten kann. Es gibt vielleicht alle drei bis vier Jahre ein Konzert, nach dem ich sagen kann: Zu mehr bin ich nicht fähig.

Stossen Sie an anatomische Grenzen?

In der modernen Literatur gibt es schon Werke, die ich nicht spielen kann – oft solche, die ich auch nicht unbedingt spielen möchte. Anderes muss ich mir hart erarbeiten. Vor zwölf Jahren führte ich erstmals das Klarinettenkonzert des Engländers Peter Maxwell Davies auf. Als ich die Noten erhielt, dachte ich: Das ist unspielbar. Nach und nach fand ich heraus: Es ist nicht unspielbar, sondern einfach unglaublich schwierig. Ähnlich war es mit seinem Quintett. Es beinhaltet ein klingendes viergestrichenes Cis für A-Klarinette, was eine grosse Sexte höher ist als der höchste Ton bei Mozart. Ich hatte diesen Ton noch nie gespielt und brauchte einige Monate, bis ich ihn auf sicher hatte.

Ist das nicht eher eine physische Herausforderung, fast Hochleistungssport?

Beim Klarinettenkonzert stand zunächst wirklich die Frage im Zentrum, ob ich das überhaupt hinkriege. Ab der dritten Aufführung spürte ich dann auch den Gehalt des Stücks. Als Interpret ist man da dem Publikum immer einige Schritte voraus. Natürlich muss mein Ziel sein, dass es den Zuhörer beim ersten Mal berührt; das ist bei moderner Musik sehr schwierig, aber nicht unmöglich, wenn das Stück Substanz hat und der Zuhörer offen ist für Neues. Penderecki, Davies oder Hajdu haben sehr schöne Werke geschaffen, die persönlich und modern sind, aber gleichzeitig die Tradition reflektieren. Reine Kopfmusik dagegen interessiert mich nicht. Ich will etwas erfahren und etwas mitteilen, wenn ich spiele. Der Endzweck ist ja nicht mein Spiel oder die raffinierte Komposition, sondern die Mitteilung, die Kommunikation. Musik vermag direkter zu berühren als jedes andere Medium, das macht ihre immense Anziehungskraft aus. ■

fjorir@msn.com

**BAITSCH
CHRISTOF**
ORGANISATIONSBERATER

«Lohnverhandlungen werden wesentlich von Rollenmustern geprägt»

«Vielen gilt der eigene Lohn als etwas Anrüchiges», weiss Christof Baitsch. Der Organisationsberater und Dozent, der sein eigenes Einkommen freimütig offenlegt, erläutert, inwiefern der Lohn das Selbstwertgefühl prägt, welchen Effekt Lohntransparenz haben kann und warum Frauen bei Lohnverhandlungen regelmässig schlechter abschneiden.

4.2.2004

Herr Baitsch, wie viel verdienen Sie?
CHRISTOF BAITSCH: Ich verdiene 15 000 bis 18 000 Franken im Monat.

Sie haben keine Skrupel, dies zu sagen?
Warum sollte ich? Ich bin dieses Geld wert, ich habe nichts zu verbergen.

Warum tun sich Menschen in der Schweiz normalerweise so schwer, über ihren Lohn zu reden?
Für die meisten ist der Lohn Privatsache, und vielen gilt er als etwas Anrüchiges, Unfeines. Gespräche über Lohn sind deshalb im Alltag oft heikel. Man schämt sich sowohl wenn man zu hoch als auch wenn man zu tief liegt. Das Risiko, dass eins von beidem der Fall ist, ist gross – und in beiden Fällen besteht Erklärungsbedarf. Wir betonen zwar die Gleichwertigkeit aller Menschen; dennoch prägt der Lohn unser Selbstwertgefühl – er will andauernd gerechtfertigt sein, gegenüber anderen und vor uns selber.

In allen Lohndiskussionen taucht mehr oder weniger ausdrücklich das Bedürfnis nach Lohngerechtigkeit auf. Kann es eine solche geben?
Da gerät man schnell auf dünnes Eis. Schon Marx hat gesagt: Den gerechten Lohn gibt es nicht. Und wir alle kennen einige Beispiele, die jeden Massstab

sprengen. In einer Gesellschaft bleibt durchgängige Lohngerechtigkeit utopisch. Aber innerhalb einer Organisation ist sie möglich. Wir stellen uns vier Fragen, wenn wir die Gerechtigkeit unseres Lohns beurteilen: Was bringe ich an Qualifikationen ein? Was wird von mir verlangt? Was wird mir zugemutet? Und: Welche Leistung erbringe ich effektiv? Orientiert man sich an diesem Quartett aus Investition, Anforderung, Belastung und Leistung, erhält man eine gute Basis für die Beurteilung.

Sind systematische Lohnsysteme nach arbeitswissenschaftlichen Kriterien nicht eher die Ausnahme?
Doch. In vielen Firmen gibt es keine durchdachten Systeme, sondern einen Wildwuchs, der sich über die Jahre in Abhängigkeit vom Markt und der Verhandlungsstärke der Beteiligten entwickelt hat. Dennoch gehen die meisten Firmen nicht unsystematisch vor: Viele machen Branchenvergleiche, übernehmen das Lohnsystem eines Grosskonzerns und nehmen einige Anpassungen vor.

Was geschähe, wenn über Nacht an sämtliche Bürotüren der Lohn der Mitarbeitenden geschrieben würde?
Das gäbe einen grossen Aufschrei, weil es einem klaren Tabubruch gleichkäme. Einige wenige Firmen, etwa die Alternative Bank Schweiz, setzen auf vollständige Lohntransparenz. Das hat den Vorteil, dass die Lohnpolitik genau überlegt und gerechtfertigt sein will. Sicherlich kämen Ungereimtheiten an den Tag, wenn die Löhne transparent wären, und in manchen Firmen entstünde erhebliche Unruhe. Lohntransparenz ist nur möglich in einem Klima von Vertrauen, Offenheit und grundlegender Transparenz. Ich stelle zudem fest, dass es noch immer schwierig ist, in Schweizer Firmen offen über Leistung zu reden und die Konsequenzen zu ziehen. Es gibt ja auch kaum Rückstufungen, selbst wenn jemand unter glücklichen Umständen zu weit aufgestiegen ist und heute unverhältnismässig viel verdient. Die Gleichung «hohe Funktion = viel Lohn» ist oft zu einfach. In manchen Firmen verdient eine ausgezeichnete Fachkraft mit Recht mehr als ihre Vorgesetzte, weil sie anspruchsvollere Aufgaben erfolgreich bearbeitet.

Leistungsabhängiger Lohn gilt als gleichermassen gerechte und motivierende Form der Entlöhnung. Ist Leistungslohn in jeder Berufssparte möglich und sinnvoll?
Möglich ja, Leistung ist in jedem Beruf messbar, allerdings sind die Kriterien sehr unterschiedlich. Natürlich ist es relativ schwierig, bei Lehrern zu bestimmen, wer der Kunde ist, für den die Leistung erbracht wird: Sind es die Kinder, ist es die Gesellschaft, sind es die Eltern? Solche Diskussionen, die jeder seriösen Leistungsbewertung vorausgehen, sind ausgesprochen fruchtbar. Auch in Ihrem

Beruf wäre Leistungslohn möglich. Ich bin überzeugt, dass Sie genau wissen, was gute journalistische Leistung ist, und Sie sich untereinander genau beobachten. Entsprechend könnten Sie sehr rasch eine Hitparade aufstellen, wer die beste Qualität produziert. Natürlich würden solche Diskussionen auch Unruhe schaffen, aber sie hätten den grossen Vorteil, dass fortan die Qualitätskriterien genau bekannt wären. Das gäbe auch neue Sicherheiten. Kurz gesagt: Auch bei Lehrerinnen und Journalisten wäre Leistungslohn möglich und sinnvoll.

Wie erklären Sie es sich, dass Frauen noch immer deutlich weniger verdienen als Männer in vergleichbaren Berufen?
Einerseits wählen Frauen oft Berufe, die unterdurchschnittlich dotiert sind. Das ist aber nur ein Teil der Wahrheit, denn auch in Männerberufen verdienen Frauen weniger, unter anderem deshalb, weil sie weniger schnell hierarchisch aufsteigen. Ein Mann fühlt sich in der Regel verpflichtet, sich um Aufstieg zu bemühen, eine Frau wartet eher ab, bis sie entdeckt wird. Bei Beförderungsentscheiden wird zudem oft suggeriert, Frauen hätten eine kürzere Verweildauer. Das trifft eindeutig nicht zu. Männer werden zwar nicht schwanger, sie wechseln aber viel schneller aus Karrieregründen den Betrieb.

Hat das Lohngefälle nicht auch mit unterschiedlichem Verhalten in Lohnverhandlungen zu tun?
Doch, sicher. Lohnverhandlungen werden ja nicht nur von den Qualifikationen der Arbeitnehmenden und den finanziellen Mitteln des Arbeitgebers geprägt, sondern auch wesentlich von Rollenmustern. Beide Seiten wollen im Korridor der sozialen Erwartung bleiben. Für Männer bedeutet dies: Es ist erwünscht, dass sie bestimmt auftreten, die Konfrontation nicht scheuen und nicht so leicht nachgeben – all dies gilt als Indiz für Selbstbewusstsein und Zielstrebigkeit. Frauen wiederum treten generell eher konsensorientiert auf und äussern ihre Anliegen in Form von Fragen. Eine Frau, die hier ausschert und sehr bestimmt auftritt, gilt rasch einmal als arrogant und anmassend. Viele wählen hier das scheinbar kleinere Übel und begnügen sich mit weniger Lohn. ∎

c.baitsch@bluewin.ch

**BEURET
BONNY
ANGSTTHERAPEUTIN**

«Irgendwann wird der Druck zu gross und sie explodieren»

«Wenn der Stress am Arbeitsplatz chronisch wird, werden die Angestellten zu Einzelkämpfern», sagt Bonny Beuret. Sie therapierte in der Schweiz jahrelang Menschen mit Phobien, nun ist sie wieder in den USA tätig und behandelt dort Menschen mit Angsterkrankungen. Derzeit hat sie viel zu tun, weil sich in den USA Wutanfälle im Büro häufen.

18.2.2009

Frau Beuret, Sie haben lange Zeit in der Schweiz Angsterkrankungen behandelt und sind jetzt seit einem Jahr wieder in den USA. Wie sehr beeinflusst die schlechte Wirtschaftslage die Stimmung in den USA?
BONNY BEURET: Die Anspannung ist deutlich zu spüren. Sorgen um den Arbeitsplatz und finanzielle Probleme sind die beiden Hauptstressoren. In den letzten Monaten hat sich hier in den USA ein neues Phänomen gezeigt: die sogenannte «desk rage». Immer öfter kommt es zu Wutausbrüchen am Arbeitsplatz, die Leute schreien herum, rasten im Büro aus, weil sie den Druck nicht mehr aushalten. Vorher war hier nur die «road rage» bekannt, der Wutausbruch auf der Strasse. Wenn der Stress am Arbeitsplatz aber chronisch wird, erhält das soziale Gefüge in den Unternehmen Risse, die Menschen werden zu teilweise verzweifelten Einzelkämpfern.

Sind das nicht Einzelfälle, denen man zu viel Gewicht gibt, weil alle von Krise reden?
Leider nicht. Vor einiger Zeit wurden im Rahmen einer wissenschaftlichen Studie 1305 US-Amerikaner über das Klima am Arbeitsplatz befragt. 42 Prozent davon gaben zu Protokoll, an ihrem Arbeitsplatz mit Geschrei und verbaler Belästigung konfrontiert

zu sein. 29 Prozent gaben zu, dass sie selber Kollegen anschreien infolge von Stress, jeder Vierte gab an, in letzter Zeit am Arbeitsplatz in Tränen ausgebrochen zu sein. Und 14 Prozent von jenen, die an Maschinen arbeiteten, berichteten von stressbedingten Fehlern mit Konsequenzen. Diese Werte dürften sich in letzter Zeit nicht verbessert haben, im Gegenteil.

Mit welchen Ängsten kommen die Klienten zu Ihnen?
Ich hatte zuletzt mehrere Klienten mit heftigen Wutausbrüchen. Sie verloren am Arbeitsplatz die Kontrolle und erschraken sehr, dass sie sich so hatten gehen lassen. Ich konstatiere eine wachsende Wut, die keinen genauen Adressaten hat und keinen gesunden Ausdruck findet. Viele beherrschen sich lange Zeit, aber in ihnen sieht es aus wie in einem Dampfkochtopf: Irgendwann wird der Druck zu gross und sie explodieren. Andere ziehen sich in ihrer Hilflosigkeit zurück und werden depressiv. Durch die Wirtschaftskrise sind viele Menschen in finanzielle Schwierigkeiten geraten; viele Unternehmer, die vor zwei Jahren noch auf Expansionskurs waren, sehen keinen Weg mehr, den Konkurs abzuwenden.

Wie können Sie solchen Menschen helfen?
Sobald sich die Panik in Ruhe verwandeln lässt, wird eine Besserung möglich. Natürlich braucht es dann immer noch eine gute Strategie, aber solange die Betroffenen unter grossem Stress stehen, sind sie gar nicht in der Lage, Strategien zu entwickeln. Es gibt relativ einfache Stressmanagement-Techniken wie Atemübungen und bewusste Abgrenzung gegenüber negativen Gedanken; sie helfen uns, in der Gegenwart zu leben. Mittels Neurofeedback können die Gehirnströme besser reguliert werden. In manchen Fällen ist eine kognitive Verhaltenstherapie erforderlich, damit die Betroffenen aus ihrem Teufelskreis herausfinden.

Aus welchem Teufelskreis?
Die meisten vergrössern unbewusst das Drama, indem sie mit Nachbarn und unter Bekannten dauernd über alles Negative sprechen. Und sie saugen schlechte Nachrichten geradezu auf. Es ist bekannt, dass ängstliche Menschen eine Vorliebe für TV- und Radio-Nachrichten haben. Statt sich bewusst abzuschirmen, konsumieren sie die täglichen Dramen aus aller Welt und stellen immer wieder fest, wie furchtbar alles ist. Ein weiterer Teufelskreis ist, dass sich Menschen, die unter hohem Druck stehen oder unter Ängsten leiden, oft isolieren – dabei wäre soziale Interaktion ein Schutzfaktor.

Wenn man gemeinsam jammert, bringt das niemanden weiter.
Man muss sich seine Gesprächspartner in Krisenzeiten besonders sorgfältig aussuchen. Ich bin zum Beispiel bekannt dafür, dass ich gar nicht auf das tägliche

Gejammer eingehe. Ich habe mich entschieden, eine Mutmacherin und Mentorin zu sein. Die Leute lachen mit mir und sie reden von ihren Projekten, als Klagemauer tauge ich nicht. Wir alle sind heute aufgefordert, nicht noch mehr schlechte Nachrichten in die Welt zu setzen.

Wovon hängt es ab, ob jemand mit Rückschlägen und Krisen gut umgehen kann?
Am härtesten trifft es oft jene, die durch belastende Erlebnisse in der Kindheit geprägt sind. Ich habe unlängst mit Psychologen in Gaza gesprochen, welche Kriegsopfer betreuen. Sie sagten übereinstimmend: Die stärkste Traumatisierung stellen wir bei jenen fest, welche schwierige Kindheitserlebnisse verdrängen mussten. Hier in Savannah betreue ich Irak-Rückkehrer und ich stelle das Gleiche fest. Es können 50 Leute vom gleichen schrecklichen Ereignis betroffen sein, den meisten gelingt es, nach einer ersten Schock- und Stressphase das Erlebte zu verarbeiten. Ein kleiner Teil geht am Trauma kaputt – in der Regel jene, die noch viel Unverarbeitetes mit sich herumschleppen.

Sehen Sie Parallelen zum gewöhnlichen Berufsleben?
Ja. In belastenden Zeiten wird die Selbstreflexion noch wichtiger – leider ist sie in unserer gestressten Gesellschaft nicht sehr verbreitet. Wer unter Daueranspannung lebt und arbeitet, hat keine Reserven. Es ist sehr wichtig, regelmässig in sich hineinzuhorchen, sich zu fragen: Was ist los? Wie geht es mir? Was fühlt sich nicht gut an? Natürlich kann man Tabletten schlucken, wenn man Verspannungen im Nacken und Rücken spürt oder vor jedem Meeting mit Verdauungsproblemen kämpft, aber damit verlagert man das Problem nur. Kürzlich sagte ein Kunde zu mir: «Wenn ich gestresst bin, explodiere ich wegen jeder Kleinigkeit. Ich habe dann keinerlei Kontrolle über meine Worte und Aktionen.» Eine solche Selbstbeobachtung ist der erste Schritt zur Besserung.

Was haben Sie ihm empfohlen?
Die Energie-Psychologie stellt uns einfache Techniken für das Stressmanagement zur Verfügung. Es gibt zum Beispiel die Möglichkeit, mit den Fingerkuppen auf Akupunktur-Punkte zu klopfen. Das ist nachweislich wirksam und nimmt den Gestressten das bedrohliche Gefühl, dem Stress machtlos ausgesetzt zu sein. Grosse Betriebe wie die Real Estate Group vermitteln ihren Angestellten solche Techniken. Ich bin überzeugt, dass es sich auszahlt, wenn man die Mitarbeiter mit ihrem Stress nicht allein lässt. ■

BICHSEL
PETER
SCHRIFTSTELLER

«Schreiben fällt mir furchtbar schwer»

Er sei «faul und undiszipliniert», sagt Peter Bichsel; eine Kolumne zu schreiben, bedeute «eine Woche Leidenszeit». Der Schriftsteller will das nicht als Klage verstanden haben, vielmehr empfindet er es als Luxus, sich so ausdauernd quälen zu können. Ein Gespräch über Buchstabensucht, Fantasielosigkeit und die Unfähigkeit, eine Postkarte zu verfassen.

11.2.2009

Herr Bichsel, gehen Schriftsteller in den Ruhestand?
Peter Bichsel: Ich schon. Ich war nie ein fleissiger Mensch, ich musste mich immer zum Arbeiten zwingen. Ich bin auch kein leidenschaftlicher Schreiber, ich könnte leben, ohne zu schreiben. Eher bin ich ein leidenschaftlicher Leser, aber Leidenschaften nehmen im Alter ab. Das ist erschreckend, aber auch bequem.

Sie schreiben nicht aus innerer Notwendigkeit heraus?
Nein, es gibt auch keine persönlichen Notizen von mir. Ich kann nicht einmal nachschlagen, wann ich wegen meiner Darmoperation im Spital war. Ich habe es nie geschafft, mit einem Tagebuch zu leben. Ich habe immer wieder Anläufe genommen und dann festgestellt, dass mir das Tagebuch meine Tage versaute, weil ich begann, für mein Tagebuch zu leben. Ich schaute meine Umgebung an für mein Tagebuch, begann meine Kneipen auszuwählen fürs Tagebuch, ging in Beizen, wo es mir nicht wohl war, weil ich dachte, es wäre vielleicht interessant dort. Es ist eigenartig: Ich habe mein ganzes Leben mit Buchstaben verbracht, aber Schreiben für den Alltag fällt mir furchtbar schwer.

Was schreiben Sie heute noch?
Nicht mehr viel. Ich habe alle vier bis fünf Wochen eine Kolumne in der «Schweizer Illustrierten». Das bedeutet eine ganze Woche Leidenszeit. Mein Ehrgeiz macht es nicht einfacher. Ich bilde mir ein, eine alte, vom Aussterben bedrohte Literaturform zu verteidigen: das Feuilleton. Die Literaturkritik hat das Feuilleton komplett ausgeklammert. Im Zusammenhang mit Robert Walser sprach sie immer von Kurzprosa und scheute sich davor zu sagen, dass er sich für Zeitungen die Finger wund geschrieben hat, um zu Geld zu kommen.

Es gibt Künstler, die ein gewaltiges Alterswerk schaffen, und andere, die nur noch schlechte Kopien produzieren. Machen Sie mit 73 Jahren noch Fortschritte?
Schriftstellerei ist glücklicherweise ein dilettantisches Geschäft: Man bleibt ein Leben lang ein Stümper, man lernt es nie. Ich weiss nach all den Jahren genau, dass ich für eine Kolumne nicht ein Thema brauche, sondern einen ersten Satz; dieser erste Satz produziert dann weitere Sätze, das Thema bleibt vage im Hintergrund. Trotzdem suche ich jedes Mal, wenn ich eine Kolumne zu schreiben habe, ein Thema. Ich lerne es nie. Vermutlich ist das ein Glück. Wenn ich schreiben könnte, wenn ich wüsste, wie Erzählen funktioniert, dann hätte ich es längst aufgegeben.

Damit sagen Sie auch: Das Schreiben bleibt eine Qual.
Ja, aber ich betrachte es als Luxus, sich so ausdauernd quälen zu können. Ich brauche dazu übrigens eine Tastatur, von Hand kann ich nichts schreiben. Ich bin unfähig, eine Postkarte zu verfassen, mir fällt nichts ein, wenn ich davor sitze.

Es fällt schwer, Ihnen das zu glauben.
Ich bin halt buchstabensüchtig. Erst wenn die Buchstaben, die ich brauche, vor mir liegen, kann ich schreiben – so wie der Pianist, der die Töne vor sich aufgereiht braucht, um sich ihrer zu bedienen und daraus Beethoven zu machen.

Wenn Sie die Buchstaben zu einem ersten Satz geformt haben, entwickelt sich die Geschichte von selber?
Es gibt für mich einen Prüfstein für die Qualität einer Kolumne: Wenn am Ende genau das drinsteht, was ich mir vorgestellt habe, werfe ich sie weg. Dann habe ich die Sprache gequält, meine Vorstellung mit Sprache durchgesetzt. Wenn ich Kolumnen schreibe, muss die Sprache mich überraschen.

Das heisst, sie ist mehr als ein Werkzeug, sie führt ein Eigenleben?
Mein Werkzeug ist die Schreibmaschine. Die Sprache ist das Material. Sie hat ein Eigenleben wie der Ton des Töpfers. Sie bestimmt meine Arbeit. Man kann nicht alles machen mit ihr.

Aber Sie empfinden es als schöpferischen Prozess?
Ich stelle fest, dass körperlich dasselbe abläuft in mir, wenn ich lese und wenn ich schreibe. Wenn ich etwa Tolstois «Krieg und Frieden» lese, langsam abhebe und nicht mehr mitbekomme, was um mich herum passiert, dann ist das der Trance, in der ich mich beim Schreiben befinde, sehr verwandt. Leider hat noch niemand erforscht, was beim Lesen im Körper passiert. Sonst wird ja, vor allem in Amerika, über jeden Blödsinn dissertiert, aber auf diese Frage habe ich keine Antwort gefunden.

Haben Sie früh mit Lesen angefangen?
Ja, ich habe sehr früh Bücher verschlungen. Mit zwölf habe ich nur unlesbare Bücher gelesen. Es ist so wunderbar, Dinge zu lesen, die man nicht versteht. Dann wird man so blödsinnig erwachsen und versteht alles. Der Letzte, der mir geblieben ist, den ich nicht verstehe, ist Jean Paul – deshalb liebe ich ihn so.

Wann haben Sie mit Schreiben begonnen?
Noch bevor ich alle Buchstaben konnte. Später, mit zwölf, wollte ich nicht Schriftsteller werden – ich war es schon. Ich hätte es niemandem je gesagt, wenn nichts draus geworden wäre, ich weiss auch nicht, ob ich durchgehalten hätte, vielleicht hätte ich vergrämt aufgehört, ich weiss es nicht. Mit zwölf war ich jedenfalls ganz sicher, dass nichts daraus wird. Ich war nicht der Typ, erfolgreich zu werden.

Später schon?
Ja, es gab eine Phase, in der ich es für möglich hielt, dass ich doch der Typ dazu bin. Das habe ich aber schnell wieder aufgegeben. Erfolg hat immer etwas Unheimliches und Zufälliges. Aber mit zwölf, da war es mir unheimlich ernst. Ich habe kürzlich Gedichte gefunden aus dieser Zeit und war beeindruckt. Nicht weil es besonders gute Gedichte waren, andere 12- oder vielleicht 15-Jährige können das auch, aber ich war beeindruckt, mit wie viel Ernst dieser Jüngling damals sein Geschäft betrieben hat. Ich habe zwar später bessere Dinge geschrieben, aber diesen Ernst habe ich nie mehr aufgebracht.

Was hat Sie dazu prädestiniert, vom Schreiben zu leben? Waren es eher Ihre Fähigkeiten oder Ihre Unfähigkeiten?
Schreiben hat sehr viel mit Nicht-Können zu tun. Es ist nicht so, dass die Schriftsteller mehr Fantasie haben als andere Leute. Aber sie setzen sich täglich ganz bewusst der menschlichen Fantasielosigkeit aus. Das ist eine Qual, man muss sich hinsetzen und aushalten, dass einem nichts einfällt. Dieser Langeweile darf man nicht entfliehen, es nützt nichts, durch den Wald zu spazieren, in die Kneipe zu

gehen oder Zigaretten zu rauchen. Man muss warten, ganz bewusst am Tisch warten. Es braucht sehr viel Disziplin zum Schreiben – ich hatte sie leider nie.

Warum haben Sies trotzdem getan? Weil Sie nur das können?
Wenn ich die Chance gehabt hätte, die Tour de France zu gewinnen, wäre ich nicht Schriftsteller geworden. Dann würde ich jetzt dasitzen und Ihnen erzählen, dass ich 1957 die Tour gewonnen habe und Sie würden mich fragen, wie ich denn heisse, und würden dann sagen: «Nie gehört». Das wäre nicht schön. Aber Ihre Frage hat einen ernsten Hintergrund. Die gegenwärtige Bildungsdiskussion, in der alle unisono schreien: «Mehr Bildung, mehr Leistung, mehr Druck», ist scheusslich. Es gibt da einen ganz grossen Irrtum. Die Leute gehen davon aus, dass der Mensch bestimmt ist durch seine Fähigkeiten. Ich bin absolut davon überzeugt, dass wir alle in hohem Masse durch unsere Unfähigkeiten definiert sind. Es ist so: Meine Unfähigkeit, Fussball zu spielen, die Tour de France zu gewinnen oder Zirkusclown zu werden, hat mich zum Schriftsteller gemacht. Man kommt in dieses Leben und alle Gleise sind offen. Dann kommt die erste Weiche, und viele Dinge sind schon vorbei, und unsere Unfähigkeiten weisen den Weg.

Und manchen Unfähigkeiten stellt man sich dann, wie Sie sich dem Schreiben gestellt haben, obwohl Sie es nicht konnten?
Ja, es gibt sogar Unfähigkeiten, welche die Menschheit weitergebracht haben. Sir Fleming, der Entdecker des Penizillins, war, wie man weiss, ein sehr untalentierter Biologe. Er konnte nicht sauber arbeiten und hatte deshalb Schimmel auf seinen Bazillenstämmen. So entdeckte er das Penizillin. Eine solche Entdeckung wird diese Menschheit, die durch die heutige Schule muss, nicht mehr machen. Da wird ein Untalentierter keine Chance haben. Es werden lauter Könner herangezüchtet, die leider keine Fantasie mehr haben. Fantasie braucht man, wenn etwas misslingt.

Ist Schreiben eine nützliche Tätigkeit, weil es die Fantasie lebendig erhält?
Ich beharre darauf: Mein Beruf ist unnütz und ich bin berechtigt, das zu tun, solange es Leute gibt, die Lust haben, unnützerweise zu lesen. Mir bringt das Lesen einen grossen Nutzen, denn ohne Lesen wäre mir das Leben schon längst verleidet. Ich liebe das sekundäre Leben, Lesen ist ein Teil davon.

Sind Sie stolz, wenn Sie einen Text beendet haben, oder überwiegt der Ärger, es nicht besser gemacht zu haben?
Ich muss einen Text sofort jemandem vorlesen. Früher war das immer meine Frau. Sie wusste, dass sie begeistert zu sein hatte. Ich wars meistens auch im ersten

Moment; am nächsten Tag hab ich die Geschichten dann oft in den Papierkorb geworfen, weil sie eben doch nicht gut waren.

Wie wichtig sind Leser für Sie?

Mein erster begeisterter Leser war mein Deutschlehrer in der sechsten Klasse – dass er meine Aufsätze trotz den Fehlern mochte, war entscheidend für mein Leben. Später haben mir literarische Lesungen immer sehr viel bedeutet. Wenn man vor einem Publikum liest, wird man mit der eigenen Eitelkeit konfrontiert. Man merkt zum Beispiel, dass man einen Satz nie so liest, wie er im Text steht. Wenn ich nicht wage, etwas so vorzulesen, muss ich nach Hause gehen und den Text ändern. Ich erinnere mich an eine wunderbare Lesung mit Otto F. Walter in Basel. Er las vor Hunderten von Leuten, griff plötzlich während des Lesens zum Stift und schrieb etwas in sein Manuskript, las dazu weiter, bis er plötzlich nur noch schrieb und vergass, dass er sich mitten in einer Lesung befand. Nach einiger Zeit lachte jemand im Publikum, Otto F. Walter schreckte auf und las mit hochrotem Kopf weiter.

Was halten Sie davon, dass das literarische Schreiben seit Kurzem an der Hochschule gelehrt wird?

Ich fürchte, diese Leute haben eine zu einfache Vorstellung von Literatur. Ich würde das Gleiche einwenden, wenn eine Schule Kurse für gutes Betteln anböte. Ich glaube nicht, dass der Studiengang die Literatur verändern wird, aber Texter braucht es heute ja viele. Schreiben wird ein dilettantisches Geschäft bleiben. Ich machs noch heute, weil ichs nicht kann. Aber ich warne davor, mich als Vorbild zu nehmen. Ich bin faul und undiszipliniert, kein Vollblutschriftsteller.

Darin unterscheiden Sie sich von Ihrem Förderer Max Frisch. Ihm hat man vorgeworfen, er habe alles in seinem Leben daraufhin geprüft, ob es literarisch ergiebig sei.

Max und ich waren sehr befreundet, hier oben hängt seine Pfeife an der Wand, als kleiner Altar – es würde ihm nicht gefallen. In unserer Berufsauffassung waren wir aber sehr verschieden. Es ist vorgekommen, dass ich von einem Besuch bei Max nach Hause gekommen bin und zu meiner Frau gesagt habe: «Weisst du, was ich nie werden will?» Und sie sagte: «Ja, ein Schriftsteller.» Max war wirklich ein professioneller Schriftsteller, er hat dafür gelebt, ist morgens als Schriftsteller aufgestanden, tags als Schriftsteller durch die Strassen und abends als Schriftsteller ins Bett gegangen. Ich habe ihn dafür bewundert, aber manchmal habe ich ihn auch ausgelacht und zu ihm gesagt: »Du hast immer das Gefühl, die Blätter fallen im Herbst für die Literatur vom Baum.»

Sie haben sich nicht mit Haut und Haar der Literatur verschrieben?
Ein ganzes Leben für die Literatur – dieser Preis wäre mir zu hoch. Vielleicht bin ich ganz einfach zu wenig verrückt zum Schreiben. Aber verrückt werden, nur um leidenschaftlich schreiben zu können: Dieser Preis wäre mir zu hoch.
Sie denken, man hat die Wahl?
Es habens jedenfalls Leute versucht. Bei Frisch war es sicher ein Müssen, es war ihm sehr ernst mit der Literatur. Er hatte durchaus Skrupel, all die privaten Geschichten publik zu machen. Wir waren öfters bei ihm im Tessin, Jürg Federspiel, Jörg Steiner und ich, und es hat ihn immer gequält, wie unprofessionell wir waren. Gleichzeitig war er ein grosser Förderer. Seine erste Frage war immer, woran wir gerade arbeiten, sein letztes Wort eine Ermahnung, unsere Aufgabe nicht zu vernachlässigen. Er war sehr daran interessiert, dass etwas Neues entsteht. Frisch hat für uns auch ein Thema gefunden: die Schweiz.
Ist Traurigkeit ein Antrieb zum Schreiben?
Schreiben ist ein sentimentales Geschäft. Ich habe mir schon überlegt, im Telefonbuch als Berufsbezeichnung «Sentimentalist» hinzuschreiben. Ja, ich habe eine natürliche Neigung zur Traurigkeit. Einer der schrecklichsten modernen Begriffe ist der des «positiven Denkens» – das ist fast so dumm wie der Ausdruck, jemand habe den Kampf gegen den Krebs verloren. Ich kenne Leute, die eine schwere Krankheit überstanden haben, weil sie total resignativ waren. Andere haben positiv gedacht und damit diese gigantische Wirtschaftskrise ausgelöst. Tausende werden jetzt arbeitslos, weil ein paar Idioten positiv gedacht haben. Da sind mir die traurigen Menschen lieber. ∎

BÖNIGER ELSBETH
INDERMÜHLE CHRISTIAN
MALERIN / FOTOGRAF

Zwei Atelierräume, eine Passion

Bevor er auf den Auslöser drückt, lässt er sie durch den Sucher schauen. Bevor ihre Werke Gestalt annehmen, will sie sich mit ihm austauschen. Die Malerin Elsbeth Böniger und der Fotograf Christian Indermühle teilen ihre passionierte Hingabe an die Kunst. Gleichwohl hüten sie sich davor, sich zu sehr in die Welt des anderen einzumischen: Zwischen ihren Atelierräumen gibt es weder Tür noch Verbindungstreppe.

2.9.2009

Wie lange sind Sie schon als Künstlerpaar gemeinsam unterwegs?
CHRISTIAN INDERMÜHLE: Zwanzig Jahre, dreissig Jahre? Ich weiss es nicht. Elsbeth malte schon immer. Ich habe zunächst als Architekt gearbeitet; in den Achtzigerjahren kam die Fotografie dazu. Seither bin ich zweigleisig unterwegs. Das hat Vorteile: Man kann mal dieses, mal jenes Gleis stärker befahren, je nach Verkehr und Route.
ELSBETH BÖNIGER: Es fühlt sich so an, als hätten wir immer zusammen gearbeitet. Die Kultur ist für uns das alles dominierende Lebensthema, die künstlerische Arbeit das verbindende Element. Ich hätte niemals mit einem Buchhalter zusammenleben können.
CHRISTIAN INDERMÜHLE: Nein, das wäre undenkbar. Eine Beziehung mit jemandem, der nicht ganz für die Kunst lebt – das hätte nicht geklappt.

Tauschen Sie sich intensiv aus über Ihre Arbeiten?
ELSBETH BÖNIGER: Wir haben uns von Anfang an geholfen, aber auch kritisiert. In der Malerei muss man viel Geduld haben, bis man mit seinen Werken unter die Leute geht. Für mich war es immer sehr wichtig, mich schon mit Christian austauschen zu können, bevor ein Werk seine Gestalt angenommen

hat. Ein Fotograf hat es da ja leichter auf den ersten Blick: Er ist unterwegs und kehrt mit vielleicht hundert Bildern heim, danach muss er nur noch die besten auswählen. Bei mir beginnt die Arbeit erst, wenn ich voller Inspiration von einer Reise zurückkehre.

Sie arbeiten im gleichen Atelier, sind gemeinsam unterwegs. Kommt es nie vor, dass Sie sich vor zu viel Nähe schützen müssen?

ELSBETH BÖNIGER: Doch, wir müssen stets auf der Hut sein, dass wir uns nicht zu nah kommen, uns nicht zu sehr in die Welt des anderen einmischen. Deswegen ist das Atelier hier in Gümligen, das Christian entworfen hat, auch zweistöckig. Hier unten ist Raum für die Fotografie und Architektur, oben dominieren meine Farben und Materialien. Wenn wir arbeiten, sind wir in unserer eigenen Welt, es gibt keine Verbindungstreppe im Haus, wir sehen und hören uns nicht. Wenn wir uns besuchen wollen, müssen wir unsere Welt verlassen und draussen beim anderen an die Tür klopfen.

Kommt es vor, dass Sie sich kritisieren?

ELSBETH BÖNIGER: Aber sicher. Manchmal bestärkt mich Christian in dem, was ich mache, ein anderes Mal merke ich, dass er Mühe damit hat. Er kann mir auch sagen: «Damit kann ich im Moment nichts anfangen.»

Wie sehr lassen Sie sich dreinreden, Herr Indermühle?

CHRISTIAN INDERMÜHLE: Ich verstehe mein fotografisches Schaffen als Teamwork, denn meistens sind wir zu zweit unterwegs. Ich schaue als Erster durch den Sucher, wähle einen Ausschnitt, mache mir Gedanken. Meistens lasse ich Elsbeth dann auch noch hindurchschauen, denn sie hat ein besseres Auge für die Proportionen, für die Komposition. Auch aus einem anderen Grund bin ich sehr dankbar für ihre Begleitung: Da ich nicht gut höre, bin ich darauf angewiesen, dass mir jemand den Rücken freihält, wenn ich meinen Kopf unter das schwarze Tuch meiner Sinar-Kamera stecke und mich auf ein Sujet konzentriere.

ELSBETH BÖNIGER: Mein Beitrag zu den Fotos ist kleiner, als Christian es jetzt darstellt. Im Wesentlichen fungiere ich als Sherpa für ihn, ich helfe beim Transport der Ausrüstung, beim Organisieren. Was den Bildausschnitt angeht, gibt es selten Differenzen. Ab und zu reden wir darüber, ob es richtig ist, ein Foto schon um 15 Uhr zu machen, oder ob das Licht drei, vier Stunden später noch mystischer wäre.

CHRISTIAN INDERMÜHLE: Das Licht ist für mich das wichtigste Medium. Diese Bilder hier vom Gornergrat am Monte Rosa sind zwischen 23 Uhr und Mitternacht entstanden mit Restlicht vom Mond und einer Belichtungszeit von etwa zehn

Minuten. Oder vor einem Monat war ich auf dem Jungfraujoch, ich durfte sogar dort oben bei der Sphinx übernachten, ganz allein. Das war grandios, die Einsamkeit in dieser Bergkulisse.

Warum fotografieren Sie nachts, wenn die Lichtverhältnisse viel anspruchsvoller sind?

CHRISTIAN INDERMÜHLE: In der Nacht sind die Kontraste und Konturen viel ausgeprägter, die Tiefenschärfe ist eindrücklicher. Am Tag ist meistens zu viel Dunst in der Luft...

ELSBETH BÖNIGER: ... und es sind zu viele Menschen unterwegs. Es ist wahnsinnig, wie es in den Bergen heute von Leuten wimmelt. Aber vielleicht hat Christians Vorliebe für Nachtaufnahmen auch noch einen anderen Grund: Du wolltest ja eigentlich Astronaut werden, hast dich dann aber doch der Familientradition gebeugt und bist wie dein Vater und dein Grossvater Architekt geworden.

CHRISTIAN INDERMÜHLE: Das stimmt, ich interessierte mich in der Jugendzeit enorm für die Weltraumforschung. Die Sterne haben mich immer magisch angezogen. Jetzt kann ich ihr Licht nutzen für meine Bergaufnahmen.

Wie sieht Ihr Arbeitsalltag aus? Sie sind oft auf Reisen, hat man den Eindruck.

ELSBETH BÖNIGER: Das hat sich erst in den letzten Jahren so ergeben. Christian baute dank der Initiative der Sammlerin und Galeristin Marlies Kornfeld ein Kloster und ein Kinderheim in Nepal. Wir nutzen dies, um China, Vietnam und Burma zu entdecken. Die Aufenthalte in Dubai, Hongkong oder Schanghai waren sehr inspirierend.

CHRISTIAN INDERMÜHLE: Wenn man dem Äquator so nahe ist, wirkt das Sonnenlicht ganz anders als in der Schweiz. Diese klaren Farben, die messerscharfen Konturen, die Üppigkeit der Vegetation – das ergibt unzählige Spielarten von Oberflächenstrukturen.

Beneiden Sie Ihren Lebenspartner manchmal darum, dass er viele Bilder im Kasten hat, wenn Sie von einer Reise zurückkehren, während bei Ihnen die Arbeit dann erst beginnt?

ELSBETH BÖNIGER: Beneiden trifft es nicht, aber manchmal werde ich kribbelig, wenn wir lange unterwegs sind und ich nicht mit meinen Farben arbeiten kann. Wenn wir hier sind, gibts für mich eigentlich nichts anderes als die Arbeit. Ich bin spätestens um 9 Uhr im Atelier und verlasse es kaum je vor 20 Uhr. Und das ist kein Müssen, sondern ein inneres Bedürfnis. Erst wenn ich alles beiseitelege, merke ich, wie kaputt ich bin. Meistens habe ich dann kein Bedürfnis, noch etwas zu unternehmen. Es genügt mir, wenn ich in meiner Welt sein kann.

Halten Sie sich an fixe Arbeitszeiten oder arbeiten Sie nach Lust und Laune?
ELSBETH BÖNIGER: Weder noch. Ich arbeite jeweils an einem Objekt, bis ich an einem Punkt angekommen bin, wo ich spüre: Jetzt muss ich erst einmal innehalten und schauen, was daraus werden soll. Das ist bei Christian ähnlich: Er hat die Gottesgnade, seine Fotos lange ruhen zu lassen, bevor er etwas mit ihnen macht.
CHRISTIAN INDERMÜHLE: Fotografieren braucht Geduld, ohne Geduld erreicht man gar nichts. Das muss ich auch meinen gelegentlichen Auftraggebern immer erklären. Wenn ich wie kürzlich im Auftrag des Kantons das Von-Roll-Areal fotografiere, ist das Wetter ebenso wichtig wie der Sonnenstand. Sind die Bilder erst einmal im Kasten, ist die Arbeit aber noch längst nicht getan. Eigentlich beginnt sie erst, wenn ich das Negativ in den Händen halte. Ich schaue die Negative an und lasse sie dann erst einmal ruhen und reifen.

Wie wissen Sie, ob ein Werk gut ist?
ELSBETH BÖNIGER: Das ist ein Erfahrungswert, ich kann Ihnen keine detaillierten Kriterien nennen. Meine Werke sollen die Betrachter packen. Es geht nicht einfach darum, ob sie schön sind; sie müssen interessant sein, und das heisst: Sie brauchen auch etwas, das stört, das Vertrautes infrage stellt.
CHRISTIAN INDERMÜHLE: Ich mache viele Fotos, die nicht auf den ersten Blick schön sind. Die Aufnahmen in den verlassenen Autofabriken in Detroit sind für mich etwas vom Schönsten, was ich gemacht habe. Alle rieten uns davon ab, ohne Bewilligung nach Detroit zu reisen und dort zu fotografieren, aber auf mich übte dieses industrielle Brachland eine wahnsinnige Anziehungskraft aus. Mich interessieren Bilder, die ein Vorher und ein Nachher evozieren. Lange Zeit habe ich ja verlassene, zerfallene Nobelhotels fotografiert. In diesen leeren Autofabriken stellte ich mir vor, wie hier vor nicht allzu langer Zeit voller Enthusiasmus Cadillacs gebaut wurden.
ELSBETH BÖNIGER: In der Architektur setzt sich Christian intensiv mit dem Aufbau auseinander, als Künstler schaut er immer wieder genau hin, was beim Verfall passiert, und wo allenfalls Neues entsteht im Brachland. Die Atmosphäre in Detroit war tatsächlich gespenstisch. Erst versuchten wir über den GM-Manager Bob Lutz eine Bewilligung zu erhalten, dann probierten wirs auf eigene Faust. Wir fühlten uns teilweise wie im Dschungel in diesen überdimensionierten Bauten. Manche werden heute von Gangs bewohnt, andere von Hunden, noch andere sind von Künstlern in Beschlag genommen worden. Andere sind komplett leer, man hört nur das gelegentliche Scheppern von Blech. Man fühlt sich teilweise wie in einem gigantischen Kinosaal nach dem Filmriss.

Wo finden Sie Ihre Ideen, Frau Böniger? Sie sind bekannt für Surfbretter, die Sie mit immer neuen Farbschichten überziehen, und für grossformatige Farbflächen-Bilder.

ELSBETH BÖNIGER: Der Ausgangspunkt ist oft ein Material, das mich nicht mehr loslässt. Das kann edle Ölfarbe sein oder auch Asphalt oder China-Tusch. Wenn ich ein Surfbrett mit dickflüssiger Farbe überziehe, kommt es beim Trocknungsprozess zu Ausbuchtungen und Rissen, wie man sie in Baumrinden sieht. Ich suche immer wieder nach einer neuen Haut, die andere interessiert und vielleicht irritiert. Die Haut ist eine fantastische Metapher: Als Künstlerin will ich, dass meine Arbeiten dem Betrachter unter die Haut gehen. Und ich spiele mit den Vorgängen des Verschleierns und Entdeckens, mit Häutungen. Letztlich geht es doch darum, die Wahrnehmung zu verfeinern für all die Wunder, die es auf dieser Welt gibt. Das könnte ich nicht als Juristin. Ich kann es am besten, wenn ich sinnlichen Materialien nachspüre.

Haben Sie diesen Prozess unter Kontrolle?

ELSBETH BÖNIGER: Nein, und ich bin dankbar darum. Wenn etwas missglückt, das heisst: nicht so gelingt, wie ich mir das vorgestellt habe, ist das oft besonders ergiebig, weil sich dadurch neue Wege eröffnen. Man lernt dort am meisten, wo ein Prozess ins Stocken geraten ist, wo es nicht mehr reibungslos weitergeht. Das ist, wie wenn jemand gut schreibt: Mit der Begabung allein wird er keine guten Bücher schreiben. Man muss einen Tunnel durchschreiten, muss Schwierigkeiten aushalten. Irgendwann spürt man: Man muss das machen, man kann – gerade wenn es schwierig wird – nichts anderes tun. Die Arbeit wird zur Obsession.

Ist es Ihnen wichtig, dass der Kunstmarkt die Obsession honoriert?

ELSBETH BÖNIGER: Auf den Kunstmarkt hat man wenig Einfluss, da ist man auf gute Galerien und leidenschaftliche Sammler angewiesen. Aber doch, es ist mir wichtig, dass sich unsere Werke zu guten Preisen verkaufen. Man macht das alles ja nicht nur für sich; ich wollte mich schon während der Ausbildung immer mit anderen messen. Ansonsten unterliegt der Kunstmarkt grossen Schwankungen. Als ich jung war, hiess es: «Vor 30 kannst du nicht ausstellen.» Heute gilt umgekehrt: Wer mit 30 Jahren noch nie ausstellen konnte, wird es wohl nie können. Der Markt ist zu einem grossen Durchlauferhitzer für junge Künstler geworden.

Bedauern Sie es manchmal, Künstlerin geworden zu sein?

ELSBETH BÖNIGER: Nein, nie. Es ist der schönste Beruf aller Zeiten, ich habe ihn im Blut, ich könnte mir nicht vorstellen, etwas anderes zu machen. Natürlich durchlebt man Wechselbäder, nicht nur, was die Anerkennung angeht, sondern auch im Umgang mit der eigenen Arbeit. Es ist nicht immer ein Genuss, Künstlerin zu sein und aus sich selber zu schöpfen, aber es ist hundert Mal schöner als alles andere. In welchem anderen Beruf hat man das Privileg, alles, was man erlebt, was einen bewegt, was man an Schönem aufspürt, in seine Arbeit einfliessen zu lassen?

Was fasziniert Sie an der Fotografie, Herr Indermühle?

CHRISTIAN INDERMÜHLE: Dieser Moment, wenn ein Bild im Kasten ist und man dennoch nicht genau weiss, was am Ende herauskommt, das ist unbeschreiblich. Manchmal kommt es mir so vor, als würde ich versuchen, die Erde zu kartografieren, die Oberfläche abzubilden. Mein Traum wäre es, all die Veränderungen in der Natur sehen und zeigen zu können, die Aufschichtung von Gesteinsmassen, die Schürfungen. Leider leben wir viel zu kurz, um das mitansehen zu können. So behelfe ich mir damit, Bilder aufzuspüren, die etwas von diesen Veränderungen erahnbar machen. ■

**BÜHLER
URS**
TIERKINESIOLOGE

Wie Urs Bühler lernte, Tiere nach ihrem Befinden zu befragen

Ein Pferdenarr war Urs Bühler schon lange, aber dass sich der Industrielle einmal hauptberuflich um die Gesundheit von Hund, Katze, Pferd, Leguan und Python kümmern würde, hätte er sich wohl selber nicht träumen lassen. Heute ist er überzeugt, dass jeder Wurm selber besser weiss, was ihm fehlt, als ein aussenstehender Experte.

29.5.2008

Herr Bühler, Sie sind Maschineningenieur und Präsident eines Industrieunternehmens, das letztes Jahr 1,8 Milliarden Franken umsetzte. Wie kam es dazu, dass Sie heute viel Zeit und Geld in ein Tiergesundheitszentrum stecken und dort mit Therapiemethoden arbeiten, die manche als esoterisch bezeichnen?

URS BÜHLER: Mir war stets klar, dass ich nicht zu jenen Firmenchefs gehören wollte, die dauernd vom Aufhören reden, es aber immer wieder hinausschieben. Ich fand 2001 in Calvin Grieder einen hervorragenden Nachfolger und zog mich daher mit 58 Jahren von der operativen Führung bei Bühler zurück. Gleichzeitig sah ich ein grosses Potenzial im Bereich Gesunderhaltung. Die westliche Medizin ist oft ziemlich stark darauf fokussiert, Krankheiten zu beheben, statt präventiv zu agieren.

1992 hatten Sie in dieser Hinsicht ein Schlüsselerlebnis: Sie wollten zur Military-Meisterschaft antreten und ihr Pferd hinkte kurz vor dem Wettkampf.

Ja, der Tierarzt diagnostizierte damals Arthrose, was nichts anderes bedeutet hätte als den Gang zur Schlachtbank. Durch einen sogenannten Zufall kam ich damals auf dem Wettkampfgelände mit einer Homöopathin in Kontakt. Als ich ihr den Fall schilderte, fragte sie nach einem Foto meines Fuchswallachs, analysierte auf ihre Weise, was das Problem war, und verordnete ihm eine andere Ernährung. So wurde mein Pferd nicht mit 14 Jahren eingeschläfert, sondern es starb mit 27 Jahren eines natürlichen Todes.

Was ging Ihnen durch den Kopf, als die Frau Ihnen sagte, sie müsse das kranke Pferd nicht sehen, um ihm helfen zu können?
Als sie mir sagte, ein Foto reiche vollauf, fragte ich mich: «Ist diese Frau vielleicht noch kränker als mein Pferd?»

Später liessen Sie sich selber zum Tierkinesiologen und Lebensenergieberater ausbilden.
Ja, das ist erstaunlich, ich war eigentlich immer überzeugt, dass ich als Technokrat kein besonders gutes Gespür für andere Lebewesen habe. Heute weiss ich, dass jedes Lebewesen uns sagen kann, welche Behandlungsmethode angemessen ist – sofern wir die richtigen Fragen präzis stellen. Jeder Schmetterling und jeder Wurm weiss besser über sich Bescheid als ein aussenstehender Experte.

Sie brauchen eine Metallfeder, einen sogenannten Biotensor, um auszupendeln, wo die gesundheitlichen Probleme liegen. Und Sie stellen den Tieren Fragen und empfangen Ja- oder Nein-Antworten. Können solche Verfahren zuverlässig sein?
Den Biotensor brauche ich als Hilfsmittel, um die Schwingungen besser zu spüren, andere schaffen das allein mit ihrem Körper als Resonanzraum. Da es um Wellen geht, brauchen wir das Lebewesen nicht vor uns zu haben, ein Surrogat, einige Haare und ein Foto, reicht aus. Das befähigt mich, mich auf den richtigen Sender einzustellen, die richtigen Signale zu empfangen. Das sind letztlich physikalische Vorgänge. Wenn ein Lebewesen kooperiert und wir die Fragen sauber stellen, dann erhalten wir klare Antworten.

Manche Tiere wollen nicht gesund werden?
Ja, das kommt vor. Wir hatten mal ein Frettchen – ein Haustier aus der Marderfamilie – bei uns, das trotz Antibiotika-Kur seinen Husten nicht überwinden konnte. Ich fand nicht viel Gescheites. Meine Lebenspartnerin Marisa Polanec, die einen direkteren Draht zu den Tierchen hat als ich, erkannte sofort: Das Frettchen hustete so arg, weil es unbedingt im Mittelpunkt der Familie stehen wollte. Als man ihm erklärte, es sei auch dann im Zentrum der Aufmerksamkeit, wenn es nicht huste, verschwanden die Beschwerden innert weniger Tage. Oft bringt es nichts, die Symptome zu bekämpfen. Wenn ein Pferd triefende Augen hat, kann die Ursache in der Blase oder der Niere liegen. Da kann man Augentropfen geben, soviel man will.

Wie setzt sich die Kundschaft des Health-Balance-Zentrums zusammen?
Meist entstehen Erstkontakte erst dann, wenn die Tierhalter bereits viele andere Sachen versucht haben und damit nicht erfolgreich waren. Sie kommen mit Hunden, Katzen, Pferden, aber auch Vögeln, Schildkröten, Leguanen und Pythons zu uns.

Vor eineinhalb Jahren haben Sie die Vital-Quelle gegründet, ein Zentrum, in dem sich Menschen behandeln lassen können. Verfahren Sie da nach den gleichen Grundsätzen?
Im Prinzip schon, ja. Das ergab sich ganz natürlich. Manchmal erzählten uns Tierhalter von Beschwerden, sie wollten wissen, warum sie aus dem Gleichgewicht geraten waren. Mit der Zeit kamen immer öfter auch Tierlose und wollten Rat, etwa nach einem Bandscheibenvorfall oder einem Schleudertrauma oder wenn nach einer Operation die Knieschmerzen nicht verschwanden. Wir entschlossen uns dann, diese Patienten nicht länger zwischen Pferdeställen rumspringen zu lassen, sondern sie an einem separaten Ort zu beraten.

Kommen auch diese Patienten erst, wenn der Leidensdruck gross ist?
Ja, die meisten Menschen denken ja zuverlässiger daran, ihr Auto in den Service zu bringen, als zu ihrem Körper Sorge zu tragen. Ich war da keine Ausnahme. Als ich mit 28 Jahren wegen Hüftproblemen zum Arzt ging, sagte er mir nach dem Studium der Röntgenbilder, spätestens mit 35 Jahren würde ich zwei künstliche Hüftgelenke haben. Zum Glück konnte ich durch die Umstellung meiner Ernährung einen solchen Eingriff vermeiden – heute bin ich noch immer ganz gut mit meinen alten Kriegsmodellen unterwegs. ■

www.healthbalance.ch

CAMENISCH
RETO
FOTOGRAF

«Erwiderte Liebe ist das Schönste»

«Ich habe in Kauf genommen, niemand zu sein für den Markt», sagt der Fotograf Reto Camenisch. Statt weiterhin im Auftragsverhältnis um die Welt zu fliegen, hat er Berge erwandert und in die eigenen Abgründe geschaut. Nun ruft das Himalaja-Gebirge.

25.2.2009

Herr Camenisch, wann haben Sie begriffen, dass die Bilder, die Sie machen, Kunst sind?
RETO CAMENISCH: Ich bin in erster Linie Fotograf. Mit dem Begriff «Künstler» habe ich meine liebe Mühe, weil er impliziert, dass alles, was ein Künstler anfasst und herstellt, dadurch zu Kunst wird. Oft glaubt das nicht nur das Publikum, sondern auch der Künstler selber. Ich habe das nie so empfunden.

Sie möchten am liebsten gar nicht von Kunst sprechen?
Doch, aber die Kunst manifestiert sich nicht nur im Werk, sondern auch in einer Lebenshaltung. Der Komponist Arnold Schönberg hat das sehr schön auf den Punkt gebracht, als er festhielt: «Kunst kommt nicht von Können, sondern von Müssen.» Insofern beinhaltet Kunst eine grosse Portion Kompromisslosigkeit – anderen und sich selber gegenüber. Als ich hauptsächlich im Auftrag anderer unterwegs war, floss zwar immer etwas von mir in diese Bilder ein, es handelte sich aber um die Bearbeitung eines mir fremden Grundgedankens.

Der Impuls muss also von innen kommen?
Ja, die Arbeit muss ganz direkt mit mir zu tun haben, es geht um die innere Verbindung zwischen Person

und Werk. Hier kommt der Faktor Zeit ins Spiel. Betrachten wir nur die Werkebene, entsteht manchmal in kurzer Zeit sehr viel. Dem geht aber oft ein sehr langer innerer Prozess voraus. Deswegen ist die Ausrichtung so wichtig. Ich kann nicht dauernd Aufträge ausführen und darauf hoffen, irgendwann in einer Pause von der Muse geküsst zu werden.

Sind die vielen Jahre im Fotojournalismus für Sie verlorene Jahre oder waren sie wichtig für Ihre Entwicklung?

Für mich war es wichtig, mit klaren Grenzen arbeiten zu können. Unsere Gesellschaft ist stolz darauf, dass es fast keine Grenzen mehr gibt, dass alles möglich ist. Ich bin der Überzeugung, dass wir Grenzen brauchen, wenn wir unser schöpferisches Potenzial voll entfalten wollen. Grenzen helfen mir bei der Orientierung, bei der Entwicklung. Aber wenn ich nur noch dazu da bin, die Wünsche anderer zu erfüllen, entferne ich mich von mir selber.

War es ein abrupter Wechsel vom Fotojournalismus zum Fotokünstler oder hat sich das organisch entwickelt?

Es war buchstäblich eine organische Entwicklung: Ich hatte Erfolg, wurde aber krank und kränker. Es klang so toll: der Schweizer Fotoreporter mit seiner Fototasche im Swiss-Flugzeug nach Delhi, nach Hongkong, Auftrag hier, Auftrag dort. Ich dachte, ich sei endlich das geworden, was ich immer sein wollte. Mit der Zeit spürte ich, wie hoch der Preis war. Einmal war ich mit Bänz Friedli im Auftrag von «Facts» unterwegs. Wir sind in sechs Tagen 7000 Kilometer gereist und haben vier Geschichten produziert. So etwas ist absurd. Man hastet durch die Welt, erlebt nichts und tut, als hätte man etwas Wichtiges zu sagen. Wenn ich diese Irrfahrten auf einer Weltkarte nachzeichnen wollte, bräuchte ich unzählige Fähnchen – und doch bin ich nirgends gewesen.

Daran änderten Sie erst etwas, als der Körper streikte?

Ja, da war ich nicht klüger als alle anderen. Dazu kam aber etwas Zweites: Ich hatte immer den Anspruch, nach der Wahrheit zu suchen, obwohl ich weiss, dass es sie nicht gibt. Wenn ich mich fotografisch auf jemanden einlasse, möchte ich herausfinden, wer er ist. Und gleichzeitig frage ich mich, warum ich diese Person so sehe. Ich muss mir die Zeit geben, meiner Wahrnehmung zu misstrauen. Die Beziehung zwischen dem Fotografen und seinem Objekt muss wachsen können. Wenn man einen Berg fotografiert, macht es einen grossen Unterschied, ob man ihn zu Fuss erklimmt oder ob man sich aus einem Helikopter absetzen lässt. Das musste ich mit viel Aufwand herausfinden, denn ich bin ein unruhiger Mensch, der sich mit Warten schwertut.

Wie sind Sie mit der Fotografie in Berührung gekommen?
Das war im Alter von 15 Jahren. Ein Kollege brachte eine Fotokamera in die Physikstunde und liess mich einen Blick hindurchwerfen. Ich sehe heute noch vor mir, was ich damals sah. Da war nur noch die Wandtafel, der Tisch mit den Plastikröhrchen, der Wasseranschluss. So ereignete sich für mich in diesem durch und durch hässlichen Raum etwas Spektakuläres. Ich war komplett fasziniert, wie ich durch die Kamera meine Umgebung auf einen bestimmten Ausschnitt begrenzen konnte. Dann entdeckte ich die vielen Zahlen auf dem Objektiv. Ich konnte nie mit Zahlen umgehen, aber diese Zahlen verstärkten die Anziehungskraft noch. Irgendwie gelang es mir, meinen Schulkameraden dazu zu überreden, dass ich seine Kamera mit nach Hause nehmen durfte.

Es begann mit einer Obsession?
Ja, ich probierte dann tage- und nächtelang aus, was man mit der Kamera anstellen kann. Ich habe nie einen Kurs besucht und nie eine Anleitung gelesen, sondern mir alles, was ich heute weiss, durch Erfahrung angeeignet. Wir lernen am meisten, wenn wir handeln – nicht wenn wir nachlesen und nachdenken. Es gab damals noch ein zweites wichtiges Erlebnis: Ich sah eines Tages das Bild «Juke Joint» von Robert Frank und war komplett erschlagen von dieser Ausdruckskraft. Ich begriff schlagartig, dass ein einziges Bild eine ganze Gefühlswelt eröffnen kann, dass ein Bild mich tragen, mir Geborgenheit geben kann. Das ist noch heute so. Wenn mir etwas Schweres widerfährt, kann ich mich an ein Bild erinnern und mich daran wieder aufrichten.

Sie machen selber Bilder, denen das Etikett «düster» anhaftet.
Was heisst das denn? Er macht düstere, schwere Sachen. Melancholie ist nicht mit Deprimiertheit gleichzusetzen, Schwere ist nicht nur ein Gewicht, sondern bedeutet auch Fundament – man steht schwer auf dem Boden. Solche Themen interessieren mich. Wenn man dem nachsteigt, findet man heraus, wie sehr man fremdbestimmt ist, wie viele Meinungen und Gefühle von anderen wir mit uns herumtragen. Mehr Achtsamkeit in der Wahrnehmung verhilft einem zu mehr Eigenständigkeit. «Etwas für wahr nehmen» – das ist eine aktive, selbstverantwortliche Handlung. Genau und geduldig hinzuschauen, ist deshalb auch ein Akt der Befreiung.

Wie war das, nach all den Jahren als Auftragnehmer plötzlich für sich selber verantwortlich zu sein – eine Befreiung oder eine Qual?
Da war zunächst nur eine grosse Angst, ich war in einem völlig luftleeren Raum. Ich wusste, dass ich mich bremsen musste, mich abwenden musste von allem, was

da draussen leuchtet und laut schreit, was den Blick anzieht. Ich begann, die Bergwelt zu erwandern, um meiner Unruhe Herr zu werden. Ich merkte, dass ich täglich den Niesen sah und nicht das Geringste wusste über diesen Berg. Ich hätte viel über ihn erzählen können, aber ich wusste nichts, weil ich bisher nie geduldig und demütig genug gewesen war, mich auf den Niesen einzulassen. Es war für mich sehr wichtig, die gewohnten Denk- und Handlungsraster aufzubrechen. Dazu gehörte auch, dass ich relativ oft nach Tagen in der Natur ohne ein einziges Bild zurückkam. Das Ziel der Wanderungen durfte nicht sein, tolle Bilder zurückzubringen, sondern etwas über mich in Erfahrung zu bringen.

Wie kamen Sie finanziell über die Runden?

Ich verdiente über längere Zeit mein Geld als Car- und Lastwagenchauffeur. Das war eine harte Zeit. Ich war 41 und schämte mich, hätte auf der Raststätte jedem erklären wollen, dass ich eigentlich Fotograf bin, nicht Lastwagenfahrer. Ich war aber überzeugt: Wenn ich mir begegne und meinen Weg gehen kann, dann wird das Fotografieren auch Geld generieren. Aber erklär das mal einer Bank oder einer Kulturförderungsinstitution. Den meisten Leuten sind Personen suspekt, die mit Arbeit kein regelmässiges Einkommen erzielen. Viele empfinden es zudem als Provokation, dass einer sich die Freiheit herausnimmt, einfach das zu tun, was er will. Das Künstlerdasein ist aber weit komplexer.

Inwiefern?

Viele glauben, kreativ zu arbeiten sei gleichbedeutend mit viel Zeit haben und auf Inspiration warten. Künstler seien Chaoten, sagt das Klischee. Meine Arbeit ist insofern chaotisch, als ich auf extrem vielen Kanälen Impulse empfange. All diese Informationen zu ordnen, sie zu kanalisieren, ist eine immense Arbeit. Sie gelingt nur, wenn ich extrem diszipliniert bin. Sonst würde mein System abstürzen.

Was heisst Disziplin für Sie?

Ich arbeite konsequent sechs Tage pro Woche, bin stets zwischen halb neun und neun im Atelier, gehe gegen 17 Uhr nach Hause und arbeite dann noch bis gegen 21 Uhr weiter. Am Sonntag zwinge ich mich, nicht zu arbeiten. Auch die Ernährung und die Jogging-Runden haben direkt mit meiner Arbeit zu tun. Ich mache das nicht, um Augensäcken oder Bauchansatz vorzubeugen, sondern ich muss meinem Körper die Kraft zur Verfügung stellen, die er braucht, um die vielen Sinneseindrücke zu materialisieren. Ohne dieses strikte Gerüst würde ich todsicher abstürzen. Der Künstler ist wie ein Motor, der immer läuft, wie ein Teebeutel, der alles aufsaugt. Wenn er dem Chaos aus Eindrücken keine eigene Ordnung entgegensetzt, ist er verloren.

Gelingt es Ihnen, mit Disziplin die Unruhe in den Griff zu bekommen?
Es bleibt eine Gratwanderung. Vor sieben Monaten habe ich meine Mutter verloren. Den Bildern von meiner toten Mutter auf dem Bett war ich wehrlos ausgesetzt, ich brachte sie nicht mehr aus dem Kopf. Ich sehe noch genau vor mir, wie sich die Haut an ihren Händen veränderte, ihre physische Präsenz langsam verschwand bis zum Tag ihrer Einäscherung. Das macht Angst und braucht unglaublich viel Energie. Wenn ich diese Energie nicht sorgfältig aufbaue, zerreisst es mich. Sich als Mensch auf die Welt einzulassen, braucht viel Kraft und Mut. Diese Arbeit hat nichts zu tun mit dem romantisch-schöngeistigen Künstlerideal.

Ihre Hauptarbeit besteht also darin, sich ganz auf die Welt einzulassen und gleichzeitig all dem Chaotischen, Bedrohlichen ein inneres Ordnungssystem entgegenzusetzen. Welchen Wert hat für Sie das Endprodukt dieses Prozesses, das Bild?
Manchmal werde ich gefragt, ob es mir wehtut, diese Fotografien wegzugeben. Dann muss ich mich beherrschen, nicht laut herauszulachen. Wichtig ist für mich, dass mir diese Begegnung möglich war, dass mir ein Fenster geöffnet worden ist und ich Zugang erhielt zu etwas, das grösser ist als ich, aber doch sehr stark mit mir zu tun hat. Das hat viel mit gutem Timing zu tun. Zum fertigen Bild habe ich keinen Zugang mehr, es interessiert mich kaum.

Immerhin hängt Ihr Einkommen vom Verkauf der Bilder ab.
Natürlich freut es mich, wenn meine Bilder andere Menschen berühren. Kürzlich sagte mir jemand, er habe eines meiner Bilder vor zwei Jahren in einer Ausstellung gesehen und er müsse es jetzt einfach kaufen. Das tut gut, unabhängig davon, was er im Bild sieht. Für mich manifestiert sich darin die Liebe zu diesem Moment. Wenn das Bild einen Betrachter fesselt und er mit Freude einen grösseren Betrag dafür bezahlt, ist das wie erwiderte Liebe. Erwiderte Liebe ist das Schönste, was es gibt. Ich würde das Gleiche machen, wenn sich niemand dafür interessierte, so wie man Menschen liebt, ohne auf Gegenliebe zu hoffen, aber es ist unendlich viel schöner, wenn dir jemand sagt: «Ig ha di gärn.»

Welche Themen beschäftigen Sie?
Ich interessiere mich für Zerfalls- und Erosionsprozesse, die im Gebirge gut zu sehen sind. Wichtig ist mir auch die Nähe zum Himmel. Ich meine das nicht im engeren Sinn religiös, aber der Satz «in den Bergen ist man nah bei Gott» hat für mich eine Bedeutung. Und ich suche Landschaften, in die der Mensch nicht zu sehr eingegriffen hat. Ich zeige nicht mehr den Menschen im Porträt, sondern das Menschsein und Menschwerden in der Landschaftsfotografie.

Wenn Sie den Zerfall und die Höhe ansprechen, denkt man unweigerlich daran, dass Ihr Vater auf der Jagd im Gebirge verunglückt ist, als Sie sechsjährig waren.
Ich musste früh lernen, Abschied zu nehmen: von meinem Vater, von meiner Schwester, kürzlich von meiner Mutter und von weiteren Personen aus meinem engsten Umfeld. Das hat mich geprägt und prägt auch mein Schaffen.

Hat das Aufkommen der digitalen Fotografie Ihre Arbeit verändert?
Nein. Ich fotografiere nach wie vor analog, meistens mit Schwarz-Weiss-Filmen. Die digitale Fotografie hat noch grosse Schwächen in der Vermittlung von Licht. Und: Es macht einen grossen Unterschied, ob ich als Schütze 30 Pfeile oder nur einen einzigen im Köcher habe. Im ersten Fall schiesse ich den ersten los und schaue dann, was passiert. Wenn ich nur einen habe, muss ich tiefer schürfen, dann ist die Bildauslösung nur die letzte Station einer langen Reise.

Wann drücken Sie den Auslöser?
Wenn ich glaube, in Berührung mit einem Material gekommen zu sein. Es ist ein intuitiver Vorgang. Ich muss keine spektakulären Sujets suchen. Ich nehme zur Kenntnis, dass ich über längere Zeit kontrovers zu dem gearbeitet habe, was auf dem Markt verlangt wird. Ich hätte vermutlich keine Geldsorgen gehabt, wenn ich in den letzten zehn Jahren farbig und grossformatig fotografiert hätte. Als Schwarz-Weiss-Fotograf wird man leicht in die Nostalgie-Ecke gestellt. Ich habe es in Kauf genommen, niemand zu sein für den Markt. Das ist immer wieder schmerzhaft, aber für meine Entwicklung war das wichtig. Heute loben mich manche als den Unbeirrbaren, die mich vor zehn Jahren als ewiggestrigen Ignoranten beschimpft haben.

Mit welchen Gefühlen sehen Sie dem Aufbruch in Richtung Himalaja entgegen?
Es ist Zeit, mich etwas Neuem, Fremdem auszusetzen. Gleichzeitig ist es unternehmerisch ein grosses Wagnis: Das Projekt kostet viel Geld. Meine Galeristen werden Ausstellungen in Zürich und in Köln organisieren. Wenn ich dort 2010 nicht einiges verkaufe, habe ich ein grosses Problem. Mit diesem Projekt lehne ich mich so weit zum Fenster hinaus wie noch nie. Das macht mir Angst. Ein bis zwei Mal pro Woche erwache ich um 4 Uhr morgens und spüre diese Angst. ∎

www.camenisch.ch

**CLAES
ANOUK**
THERAPEUTIN

«Hass fühlt sich sehr angenehm an»

«Wenn jemand mir sagt, woran er leidet, brauche ich rund zehn Minuten, um herauszufinden, was die Ursachen sind und wie er daran etwas ändern kann», sagt Anouk Claes. Die 36-Jährige ist aufgrund ihrer Hellsichtigkeit eine gefragte Therapeutin. Sie redet indes nicht nur mit Menschen, sondern auch mit Kokosnüssen und Weinflaschen.

29.5.2006

Muss man eine hellsichtige Frau benachrichtigen, wenn man nicht rechtzeitig zum Interview kommt, weil der Zug sich verspätet hat? Oder weiss sie das, schon lange bevor man anruft? Ich rufe dann doch an. Eine Viertelstunde später empfängt uns eine unscheinbare junge Frau und führt uns in ein kleines Büro bei der Heuwaage in Basel. Sie sei hier nur zur Untermiete, sagt sie beinahe entschuldigend zur Fotografin. Dann setzt sie sich hin und wartet auf die Fragen.

Frau Claes, Sie sind bekannt geworden durch Ihre Hellsichtigkeit. Wann sind Sie sich dieser Fähigkeit bewusst geworden?
ANOUK CLAES: Ich habe schon immer mehr gesehen, aber ich fand das als Kind nicht besonders nützlich. Ich konnte mir damals nicht vorstellen, dass die anderen nicht genau gleich sehen wie ich. Mit ungefähr zehn Jahren wurde mir bewusst, dass andere Menschen Fragen stellen, die sich für mich erübrigten.
   Zum Beispiel?
Wenn jemand erzählte, seine Schwester sei gestern traurig gewesen, wunderte ich mich, warum sein Gesprächspartner darauf einging, während ich sah, dass sie wütend geworden war, nicht traurig. Ich ver-

57

stand nicht, warum die Leute oft nicht sagen, was sie spüren. Irgendwann entschied ich mich, mich an die Worte zu halten, den Menschen den Freiraum zu lassen, was sie sagen wollen. Von da an konfrontierte ich sie nicht mehr damit, wenn die Worte nicht mit den Gefühlen übereinstimmten. Es hat immer einen Grund, wenn jemand sich so verhält, das muss man respektieren.

Sehen Sie den Menschen, die zu Ihnen in die Beratung kommen, an, welche gesundheitlichen Probleme sie haben?
Ich könnte das scannen, ja, aber ich gebe auch da jedem die Freiheit, mir zu sagen, worüber er reden möchte. Wenn jemand mir sagt, woran er leidet, brauche ich rund zehn Minuten, um herauszufinden, was die Ursachen sind und wie er daran etwas ändern kann.

Mit welchen Anliegen kommen die Menschen zu Ihnen?
Das ist sehr unterschiedlich. Viele kommen wegen chronischer Schmerzen, manche erst nach 10- oder 15-jähriger Leidensgeschichte. Andere möchten Rat in Beziehungsfragen, möchten ihre Schlafprobleme in den Griff bekommen. Viele Beschwerden haben mit verdrängten Emotionen zu tun. Ich kann erkennen, welche Emotionen unterdrückt sind, weil ich den Sitz der Emotionen im Körper sehe. Und ich kann helfen, verdrängte Gefühle wieder zu aktivieren.

Können Sie Menschen heilen, die schwer krank sind?
Manchmal tritt Heilung ein, ja. Ich habe erlebt, dass sich heftige chronische Schmerzen augenblicklich aufgelöst haben. Aber ich mache das nicht allein, das geschieht immer in Zusammenarbeit mit den Menschen, die meine Hilfe suchen. Ich kann nur Impulse geben zur Selbstheilung.

Anouk Claes ist in Belgien geboren. Als sie mit 14 Jahren auf einem Campingplatz an der Réception arbeitete, fiel ihr auf, dass viele Gäste ihre Nähe suchten, ihr Persönliches anvertrauten. «Ich habe schon immer gemacht, was ich heute mache, aber ich wusste lange nicht, dass das ein Beruf sein könnte», sagt die 36-Jährige. In Belgien hat sie Psychologie studiert, in Basel nochmals von vorn begonnen damit, weil der Abschluss nicht anerkannt wurde. Vor dem Lizenziat reiste sie für drei Jahre nach China, wo ihre Tochter geboren wurde. Zurück in Basel, begann sie als Therapeutin, Medium und Ausbildnerin zu arbeiten und studierte berufsbegleitend vier Jahre Theologie.

ENERGIEFELD WIE MÜCKENSCHWARM ▪ *Bei ihrer Arbeit stützt sich Anouk Claes auf zwei Grundpfeiler: Sie schaut, ob die fünf Emotionen Trauer, Liebe, Glück, Wut und*

Eifersucht sich im Gleichgewicht befinden oder ob etwas unterdrückt wird, was zu Krankheiten führen kann. Während sie mit Klienten spricht, sieht sie die fünf Emotionen als Farbflecken im Oberkörper. Der zweite Grundpfeiler ist das Energiefeld im und um den Körper. «Das sind Partikel, die frei herumfliegen», sagt Claes, «wie ein Mückenschwarm im Sommer.» Sie achte speziell auf die Grösse und die Dichte. Die Anfangsdichte sei von Mensch zu Mensch verschieden, es gebe keine Norm. Es sei aber wichtig, dass die Dichte kontinuierlich abnehme mit wachsender Distanz vom Körper und nicht schlagartig von 90 auf 30 Partikel pro Quadratzentimeter abfalle.

EMOTIONEN FARBIG, ENERGIE FARBLOS ▪ *Wenn Anouk Claes über ihre Arbeit spricht, hat das nichts Schwärmerisches, man gewinnt nie den Eindruck, sie halte das für etwas Besonderes, wolle sich interessant machen. «Ich habe das nicht angestrebt, es hat sich so ergeben», sagt sie denn auch. «Meine Arbeit ist in erster Linie eine Übersetzungsarbeit. Wenn ich einem Menschen gegenübersitze, ist da eine riesige Menge an Informationen. Diese alle auszuwerten, würde Stunden dauern. Deshalb muss ich die wichtigsten Informationen herausfiltern und dann in allgemeinverständliche Worte übersetzen.»*

Zunächst habe sie die Energiefelder farbig gesehen, erzählt sie, so, wie man das von Aura-Abbildungen in Büchern kenne. Da sie aber auch die Gefühle in Farben sehe, habe das zu Konfusionen geführt. Also habe sie sich entschieden, das Energiefeld in Schwarzweiss zu sehen und auf Grösse und Partikeldichte zu achten. «Die Verwandlung von Informationen in Bilder entsteht erst bei mir im Gehirn, da kann ich wählen, welche Darstellung am besten passt. Das ist wie in der digitalen Datenverarbeitung: Wenn ich eine SMS erhalte, fliegen ja auch nicht Buchstaben durch die Luft. Ich kann auswählen, wie mein Handy die Nachricht darstellt.»

WENN IDEEN NICHT ANKOMMEN ▪ *Und was hilft das, wenn jemand weiss, wie gross, wie dicht, wie regelmässig sein Energiefeld ist? Im zwischenmenschlichen Kontakt sei das wichtig, sagt Claes. Menschen mit zu dichtem Energiefeld hätten oft Schwierigkeiten, mit ihren Ideen andere zu erreichen. «Sie bringen einen Vorschlag ins Plenum ein und kein Mensch beachtet das. Eine Woche später kommt ein Kollege mit der gleichen Idee, und alle finden sie toll. Das kann am Energiefeld liegen. Wenn es zu dicht ist, dringt die Begeisterung nicht durch.» Weiter hätten solche Menschen Mühe, ihr Gegenüber zu erfassen. «Und sie werden im Gartenrestaurant immer als Letzte bedient, weil man sie schlicht übersieht.» Durch mentale Arbeit, sagt Claes, könne das Energiefeld verändert werden.*

Empfinden Sie Ihre Gabe als Auszeichnung oder als Verpflichtung?
Es ist für mich ganz normal. Wenn man musikalisch begabt ist, muss man nicht musizieren, aber man machts gerne.

Wie gehen Sie vor, wenn jemand wegen Schlafproblemen Ihre Hilfe in Anspruch nimmt?
Ich frage, seit wann die Person darunter leidet, wann die Probleme auftreten, wie es sich anfühlt. Während wir uns unterhalten, fängt meine Arbeit an, da beginne ich zu suchen, prüfe verschiedenste Ursachen. Oft haben Schlafstörungen mit einer geistigen Unterforderung zu tun. Ich teile den Menschen ein in Körper, Gefühle, Ego und Geist. Das Ego agiert auf der Handlungsebene, es repräsentiert das duale Denken, unterteilt in klein/gross, gut/schlecht, vorher/nachher. Der Geist ist nicht an Ort und Zeit gebunden. Menschen, die ihren Schwerpunkt im Geist haben, sind rasch gelangweilt, wenn sie den Geist zu wenig benützen. So kann es zu Ruhe- und Schlaflosigkeit kommen.

Und wie ändert man das?
Indem man dem Geist mehr Entfaltungsmöglichkeiten gibt. Wir können reisen mit dem Geist, in den letzten Winter eintauchen oder in den nächsten Sommer. Ansatzweise machen wir das alle, aber man kann es intensivieren, ausbauen. So wird der Geist mehr gefordert.

Meditationslehrer lehren uns doch gerade das Gegenteil: mehr im Hier und Jetzt sein, nicht immer in der Vergangenheit oder Zukunft leben.
Was ist denn das Heute? Für Menschen, die ihren Schwerpunkt im Geist haben, ist das Jetzt sehr beschränkt. Sich in Meditation auf diesen kleinen Punkt zu konzentrieren, bedeutet für sie eine Einschränkung, die Nervosität nach sich zieht; sie müssen in die Vergangenheit und in die Zukunft reisen können. Für Menschen, die mehr im Körper sitzen, kann die gleiche Meditationsübung sehr entspannend sein. Das ist alles sehr individuell.

Was sind die Hauptgründe, warum Menschen aus dem Gleichgewicht geraten?
Ein Hauptproblem ist, dass viele Menschen denken, dass etwas mit ihnen nicht stimmt, dass sie anders sein müssten. Sie halten sich für zu materialistisch, stellen das Unsichtbare über das Sichtbare. Für mich ist alle Materie göttlich, ich trenne das Menschliche nicht vom Göttlichen. Es ist deshalb kein Ziel, vom Körper, vom Ego unabhängig zu werden, ganz vergeistigt zu sein. Ohne Ego, ohne diese wertende Distanz auf der Handlungsebene, können wir nicht einmal einen Kaffee machen. Ohne Ego gäbe es keinen Ehrgeiz, keinen Sport, keinen Fortschritt. Wir brauchen das Ego im Alltag, aber es sollte nicht die einzige Instanz sein. Es gibt

aber auch keinen Grund, das Ego loswerden zu wollen. Das ist ein verbreiteter Wunsch. Dann schleicht sich das Ego in die geistige Welt ein. Die Menschen sagen dann: «Ich bin weiter als du, ich habe höhere Schwingungen.» Das empfinde ich als sehr anstrengend.

Weil es verlogen ist?
Weil es zu einseitig ist. Es ist nichts Schlimmes daran, negative Gedanken zu haben. Jeder hat sie, das normale Denken besteht zur Hälfte daraus. Aus geistiger Perspektive muss das nicht abgewertet werden. Ich sage den Menschen oft, sie sollen beginnen, wieder negativ zu denken. Man macht das so oder so, es zu überspielen oder zu verdrängen, ist sehr kräfteraubend. Irgendwann ist man erschöpft, und das Aufgestaute bahnt sich seinen Weg. Die Leute fühlen sich meistens schlecht, weil sie denken, dass sie schlecht sind; dass sie anders sein müssten. Entscheidend ist, dass man seinen Gefühlen und Gedanken Raum gibt. Sie verschwinden nicht, wenn man sie ignoriert. Hass zum Beispiel ist o.k., er fühlt sich sehr angenehm an, wenn man ihn zulässt. Hass heisst schlicht «Ich will nicht». Viele Leute erlauben sich nicht mehr, etwas zu wollen oder nicht zu wollen.

Wenn sie so spricht, könnte man denken, man sitze bei einer gewöhnlichen Psychologin. Doch dann erzählt Claes, wie sie im Auftrag von Managern Büromaterial und Weinflaschen befrage, um herauszufinden, warum sich manche schlecht verkaufen. Dass ihr unlängst eine Kokosnuss, die sie eigentlich essen wollte, über die schlechten Erntebedingungen in der Karibik geklagt habe. Und dass sie gerne im Supermarkt mit verschiedenen Waschmitteln diskutiere – nicht nur darüber, welches den Flecken am besten zu Leibe rücken kann, sondern auch über Politik.

«Alles in der Natur hat Zugang zu allen Informationsebenen», sagt Claes, «ob wir mit einem Hund, einem Baum oder einem Stein reden, macht keinen Unterschied, das ist alles Natur, alles gleich alt, alles aus der gleichen Masse.»

Sind Sie oft in anderen Welten unterwegs, Frau Claes? «Ja, eigentlich immer, ich bin das gewöhnt. Es gibt so viele Universen und Lebensformen. Da erkunde ich immer wieder neue Welten. Nicht ziellos, ich lade mir einen Plan herunter.» Aus dem Internet? «Nein, ich zapfe den Wissenspool an, der uns allen zur Verfügung steht.»

Dann wird es Zeit, eine Kundin wartet im Vorzimmer. Etwas desorientiert machen wir uns auf in Richtung Bahnhof. Der Zug kommt pünktlich. Wir reisen, ganz handfest, zurück nach Bern. ■

www.anoukclaes.ch

«Sie ist die Schnellste und Klarste»

Jakob Bösch, langjähriger Chefarzt der Externen Psychiatrischen Dienste Baselland, arbeitet seit 15 Jahren mit Medien und Heilerinnen zusammen. Sein Institut für spirituell orientierte Therapie suchen viele Menschen mit chronischen Schmerzen auf. «Drei Viertel dieser Schmerzen haben mit verdrängten Emotionen zu tun», sagt Bösch. Bei der Suche nach Ursachen und Therapiemöglichkeiten arbeitet Bösch seit fünf Jahren eng mit Anouk Claes zusammen. «Sie ist die Schnellste und Klarste», sagt Bösch, «ich staune immer wieder, wie rasch sie ins Schwarze trifft.» Claes könne dank ihrer Hellsichtigkeit die Gefühle direkt sehen; im Gegensatz zu anderen Medien müsse sie sich nicht in Trance versetzen, es sei ein «voll bewusster, strukturierter, zielorientierter Prozess», sie arbeite mit Suchbegriffen wie ein Computer.

BÖSCHS ERSTAUNLICHSTE ERFAHRUNG • Bösch hat am eigenen Leib erfahren, wie genau Claes Menschen erfasst. Als er, nach seinem Befinden gefragt, von Schmerzen in der lädierten Schulter redete, hakte sie nach. Schliesslich gestand er, an Liebeskummer zu leiden, fand aber, für solche Gefühle sei kein Platz im Arbeitsalltag. «Als ich den Schmerz an seiner typischen Stelle, am Stammsitz, zuliess, machte ich die erstaunlichste Erfahrung meiner 30-jährigen Psychiater- und Psychosomatikerkarriere: Der Schmerz in der Schulter verschwand augenblicklich», erinnert sich Bösch. Seither weiss er: Wenn die Schulter schmerzt, will sie ihn auf ein unterdrücktes Gefühl aufmerksam machen.

Wie Claes mit der Materie spreche, sehe er «eher kritisch», räumt Bösch ein; allerdings postuliere auch die moderne Quantenphysik, jedes Atom habe auf seiner Stufe Bewusstsein. Dass der menschliche Geist mit Materie kommunizieren könne, sei eines der am besten bewiesenen und am wenigsten bekannten Forschungsresultate. Bei Claes wurden sowohl an den Fingerkuppen wie im Gehirn ungewöhnlich starke Impulse gemessen, wie der SF-Dokumentarfilm «Hellsichtig» vor drei Jahren zeigte.

CORNELIUS
ROBIN
UNTERNEHMER

«Wir suchen keine Kunden»

Aus dem Traum des Studenten Robin Cornelius ist ein 80-Millionen-Franken-Geschäft geworden. Der Erfolg ist dem Switcher-Patron nicht in den Kopf gestiegen: «Was ich erreicht habe, ist nicht wichtig», sagt der 51-Jährige, «wichtig ist, dass ich heute mehr Energie spüre als vor 25 Jahren.»

16.10.2007

Herr Cornelius, wie hätten Sie reagiert, wenn Ihnen jemand vor 25 Jahren gesagt hätte, Sie würden dereinst 80 Millionen Franken Umsatz mit bequemer Kleidung machen?

ROBIN CORNELIUS: Zu Beginn orientierte ich mich nur an einem Ziel: Ich wollte so viele Shirts verkaufen, dass ich mir einen Lohn zahlen konnte. Als das geschafft war, entwickelte ich den Ehrgeiz, in einem bestimmten Feld die Nummer 1 zu sein – das bezog sich aber eher auf das Image als auf den Umsatz. Die Umsatzgrösse ist nicht so wichtig, es gibt keinen grossen Unterschied zwischen 8, 80 oder 800 Millionen; das ist eine Frage der Organisation.

Wie kamen Sie als Student auf die Idee, ein Geschäft mit T-Shirts zu lancieren?

Das war reiner Zufall: Ich schaute am Fernsehen einen Beitrag über Jimmy Carter. Man sah, wie der damalige US-Präsident in völlig unüblicher Kleidung joggen ging, um ihn herum die Bodyguards in Anzug und Krawatte. Das sah lustig aus und brachte mich auf die Idee, bequeme Sport- und Freizeitkleidung zu verkaufen. 1981 gab es ja noch keine Trainer. Die erste Switcher-Kollektion umfasste dann ein T-Shirt und ein Sweatshirt, beide sehr schlicht und unbedruckt.

Wo kauften Sie die Shirts ein?
In Portugal, alles andere wäre unerschwinglich gewesen. Ich studierte damals politische Wirtschaft, arbeitete an meinem zweiten Lizenziat und befasste mich mit der Entkolonialisierung in Afrika. Vormittags besuchte ich Vorlesungen, am Nachmittag und Abend baute ich mein Geschäft auf. Mir blieb keine andere Wahl, als etwas Eigenes aufzubauen; ich hatte eindeutig zu wenig Disziplin, um einen dieser Karrierejobs bei Nestlé oder Procter & Gamble antreten zu können. Es ist kein Zufall, dass ich fünf Mal durchgefallen bin in der Schule und später auch im Internat als sehr widerspenstig galt.

Wie fanden Sie Kunden für Ihre aus Portugal importierten Shirts?
Das war eine sehr aufwändige Sache zu Beginn. Ich klapperte von Lausanne aus in der halben Schweiz alle Läden ab, die nach Boutique aussahen – das hiess: alle mit Neon-Leuchtschrift. Einmal konnte ich gegen Abend am Telefon einen Termin mit einem Boutiquebesitzer in Davos vereinbaren. Am nächsten Morgen um 8 Uhr sollte ich ihm meine Kollektion zeigen. Ich weiss noch, wie ich mitten in der Nacht über den Flüelapass fuhr, um 2 Uhr in Davos eintraf und um 4 Uhr noch ein Hotelzimmer für 150 Franken nehmen musste, weil ich so durchfroren war. Der Aufwand hat sich zum Glück dann gelohnt, ich konnte dem Mann 500 Stück verkaufen, sehr viel für die damaligen Verhältnisse. Im Schnitt verkaufte ich da nicht mehr als 600 Stück pro Monat.

Heute sind Sie ein erfolgreicher Manager und erleben kaum noch solche Abenteuer – bedauern Sie das manchmal?
Wenn es so wäre, würd ichs bedauern, aber mein Leben ist zum Glück voller Abenteuer geblieben. Entscheidend ist nicht, was man erreicht hat oder was man plant; entscheidend ist immer die nächste Viertelstunde. Als mich zum Beispiel mein Partner in Indien, mit dem ich seit 23 Jahren zusammenarbeite, fragte, ob wir nicht eine Schule eröffnen könnten, sagte ich spontan: «Ja, das müssen wir machen.» Inzwischen sind daraus sieben Schulen und zwei Mobilschulen mit Busbetrieb geworden, die wir mit den Betriebseinnahmen finanzieren. Da ich im Moment der Zusage keine Vorstellung hatte von den damit verbundenen Schwierigkeiten, können Sie mir glauben: Das war und ist ein Abenteuer.

Sie haben gemäss eigenen Aussagen in den letzten Jahren rund 10 Millionen Franken in soziale Projekte investiert. Warum tun Sie das?
Weil ich gut schlafen will und weil es wichtig ist, dass ich als Unternehmer eine klare Vision habe. Einer der Grundsätze von Switcher ist, dass wir die Menschen in den Produktionsländern nicht ausnützen wollen. Wir produzieren einen guten

Teil unserer Ware in Indien, weil die Produkte sonst zu teuer würden. Kann es mir egal sein, dass die Menschen, die dort arbeiten, teilweise keinen Zugang zu Schulen und sauberem Trinkwasser haben? Als ich mich entschied, eine Wasseraufbereitungsanlage zu finanzieren, bin ich zunächst erschrocken, dass das drei Millionen Franken kosten wird in den ersten fünf Jahren. Setzt man das in Relation zu den 15 Millionen Stück, die wir in dieser Zeit in Indien produzieren, betragen die Kosten läppische 20 Rappen pro verkauftes Shirt.

Damit wollen Sie sagen: Wer bei Switcher kauft, tut etwas Gutes?
Meine Vision ist, dass die Menschen weniger einkaufen, dafür bedachter und sinnvoller. Es ist doch grauenhaft, wenn Leute aus Langeweile und Gedankenlosigkeit an einem Tag 20 Modeartikel kaufen und am Abend schon nicht mehr wissen, was sie gekauft haben. Wir sind nicht in erster Linie ein Textil-, sondern ein Ethikunternehmen. Wir suchen keine Kunden, sondern Fans, die unsere Vision teilen. Switcher ist keine aufpolierte Marke, sondern der Name steht für ein Versprechen: qualitativ gute und bequeme Textilien für clevere Konsumenten, die Verantwortung tragen wollen.

Wer ein Kleidungsstück kauft, schaut doch in erster Linie auf Preis und Aussehen, nicht auf die Produktionsumstände. Versuchen Sie, die Kunden zu erziehen?
Wir erziehen die Kunden nicht, aber wir sind so transparent, dass jeder Kunde die Möglichkeit hat, sich ins Bild zu setzen. Auf unserer Homepage www.respect-inside.org kann man die Produktionsgeschichte jedes Kleidungsstücks verfolgen. Auf Lebensmitteln muss die Herkunft deklariert sein, bei vielen Textilien hat der Käufer keine Ahnung, wo sie unter welchen Bedingungen hergestellt worden sind. Das wird sich in den nächsten Jahren ändern.

Wie gross ist der Anteil der Konsumenten, die sich für solche Fragen interessieren?
Er liegt derzeit etwa bei acht Prozent. Wie gesagt, wir wollen keine Kunden, sondern Fans. Wenn die Schweiz vier Millionen Konsumenten hat, gibt das mehr als 300 000 Switcher-Fans. Und dieser Anteil wird steigen. Derzeit verschiebt sich das Schwergewicht von männlichen zu weiblichen Werten. Unsere Gesellschaft kann sich nur mit weiblichen Werten wie Empathie, Solidarität und Fürsorge weiterentwickeln. Das spüren auch die Jugendlichen. Ich bekomme täglich Mails von Jugendlichen, die mit mir über unsere Einkaufspolitik oder Ressourcenfragen diskutieren wollen.

Switcher hat das Aktienkapital um 10 Millionen erhöht, um die Expansion in Europa zu beschleunigen. Sie haben vier neue Verwaltungsräte an Bord geholt und

einen Managing Director eingesetzt. Wie fühlt es sich an, nicht mehr Alleinbesitzer zu sein und nicht mehr allein entscheiden zu können?
Als CEO, Präsident und Mehrheitsaktionär bleibt mir genügend Kontrolle. Meine Hoffnung ist, dass ich dank guten Mitspielern besser werde. Die Neuen sollen meine Projekte hinterfragen und mich auch mal bremsen. Es hat sich zum Beispiel gezeigt, dass unsere Produktpalette zu breit geworden ist; wir müssen mehr fokussieren. Und ich will wieder näher am Tagesgeschäft sein, denn dort nützen meine Fähigkeiten am meisten: dass ich nie ganz zufrieden bin und dass ich immer wieder neue Träume habe.

Hatten Sie nie Angst, dass Ihnen das Ganze über den Kopf wächst?
Doch, täglich spüre ich diese Angst. Der Vorteil eines wertebasierten Unternehmens ist aber, dass sich 80 Prozent der Dinge von alleine entscheiden. Und beim Rest höre ich auf mein Managementteam und auf mein Bauchgefühl. Stärker als die Angst empfinde ich die Freiheit, meine Ideen verwirklichen zu können. Ich spüre heute mehr Energie als vor 25 Jahren, die Leidenschaft ist so gross wie noch nie. Und ich habe die gleichen Freunde wie vor 20 Jahren und weiss, dass ich ihnen nichts beweisen muss.

Sie sind heute ein reicher Mann. Steigert Geld die Freiheit oder schränkt es sie ein?
Ich begann mit 40 000 Franken aus der Lebensversicherung meines Grossvaters; ohne dieses Geld hätte ich meinen Traum nicht umsetzen können. Heute hat allein der Name Switcher einen Wert von rund 50 Millionen Franken. Das gibt mir die Freiheit, meine Träume zu verwirklichen und mich sozial zu engagieren.

Stimmt es, dass Sie sich 300 000 Franken Lohn auszahlen?
Das hängt davon ab, wie viel die Steuerbehörden von mir wollen. Ich brauche nicht viel Cash, bin aber dankbar, trotz drei Kindern im Teenageralter keine Budgetsorgen zu haben. Wenn ich Switcher verkaufen und als Berater arbeiten würde, wäre ich reich und würde fünfmal mehr verdienen – aber wozu? Ich habe doch hier mein Baby und bin noch lange nicht fertig mit ihm. ∎

www.switcher.com

**CURDY
ARIANE**
TRAINERIN

Vom Reiz, in der Fremde die eigene Kultur zu entdecken

Sie hat in 30 verschiedenen Ländern gearbeitet, doch den grössten Kulturschock erlitt Ariane Curdy, als sie sich wieder in der Schweiz niederliess. Heute lehrt die interkulturelle Trainerin Unternehmen und Individuen, wie man sich anpassen kann, ohne die eigenen Wurzeln zu verleugnen, und warum es ein Fehler ist, mit Chinesen Klartext zu reden.

12.7.2006

Frau Curdy, Sie sind in der Westschweiz geboren, in der Deutschschweiz aufgewachsen, haben in Deutschland studiert und danach in 30 verschiedenen Ländern gearbeitet. Waren Sie immer eine Nomadin?

ARIANE CURDY: Ich wusste schon als Kind, dass ich später im Ausland arbeiten wollte. In Basel nannten sie mich «die Welsche», in der Westschweiz war ich «Suisse toto», die Deutschschweizerin. Und als ich in Giessen, also nicht allzu weit von der Schweizer Grenze entfernt, mein Studium in Angriff nahm, erlebte ich einen mittleren Kulturschock, weil ich merkte, dass vieles in Deutschland komplett anders lief.

Offenbar war der Schock eine bereichernde Erfahrung, sonst hätten Sie in der Folge nicht im Auftrag des Roten Kreuzes die Welt bereist.

Ja, durchaus, man muss sich ja immer zuerst von der vertrauten Umgebung verabschieden, um die Besonderheiten der eigenen Kultur zu entdecken und schätzen zu lernen. Ich war zunächst sehr überrascht, wie stark der Wechsel nach Deutschland ins Gewicht fiel; später begriff ich, dass gerade die kleinen Unterschiede grosse Irritationen auslösen können. Ich lernte in Deutschland, bewusst die Konfrontation zu

67

suchen, forscher aufzutreten, aber ich machte mich weiterhin stark für meine Schweizer Werte. Das halte ich für sehr wichtig bei jeglicher Form interkulturellen Austauschs: dass man es versteht, sich anzupassen, ohne die eigenen Wurzeln zu verleugnen.

Was haben Sie über die Schweizer Kultur gelernt bei Ihren IKRK-Einsätzen in Afghanistan, Somalia, Mozambique, Uganda, Sierra Leone, Timor-Leste (Osttimor) und in anderen zerrütteten Ländern?

Ich lernte, dass es ein Privileg ist, in der Schweiz zu leben, aber auch, dass unser Sicherheitsbedürfnis manchmal beinahe die Lebensfreude erstickt. Ich habe in Somalia und Osttimor mehr Gastfreundschaft und Freude gesehen als in der Schweiz, wo wir in grosser Angst leben, das, was wir besitzen, zu verlieren. Aber man sollte das eine nicht zu sehr gegen das andere ausspielen: Ich erinnere mich, dass ich zur Zeit der Kurdenvertreibungen aus dem Irak zurückkehrte und meiner Freundin von meinen Eindrücken erzählte, bis diese am Ende kleinlaut sagte: «Da habe ich es ja gut, ich habe nur gerade meine Stelle verloren.»

Vor fünf Jahren haben Sie Ihre Arbeit fürs Rote Kreuz an den Nagel gehängt und sich als interkulturelle Trainerin selbständig gemacht. Fiel es Ihnen schwer, sesshaft zu werden?

Ja, ich glaube, das war der grösste Kulturschock – mich wieder ganz in der Schweiz niederzulassen, die IKRK-Familie zu verlassen und allein etwas Eigenes auf die Beine zu stellen. Ich war halt ein bunter Vogel und tat mich schwer, mich in dieser nicht sehr bunten Welt zurechtzufinden. Die ersten zwei Jahre, bis das Geschäft ins Rollen kam, waren nicht leicht.

Warum braucht es Trainerinnen für interkulturelle Kompetenz?

Ich kann Ihnen anhand von zwei Beispielen aus dem Marketing zeigen, was schiefläuft, wenn Firmen vergessen, dass es kulturelle Unterschiede gibt. Der Autokonzern General Motors beispielsweise scheiterte kläglich beim Versuch, das Automodell «Nova» in Mexiko und Lateinamerika zu vermarkten. Was in Deutsch und Englisch an «Supernova» erinnern mag, heisst auf Spanisch schlicht «no va – geht nicht». GM musste den Wagen schliesslich «Caribu» nennen.

Ein Pharmakonzern wollte solche Sprachprobleme umgehen und warb mit drei Comic-Bildern im Mittleren Osten für Kopfschmerztabletten: links ein schmerzgeplagter Mann, in der Mitte der gleiche Mann, der die Tabletten schluckt, rechts der Mann mit entspanntem Lächeln. Der Haken war, dass man in arabischen Ländern von rechts nach links liest, wodurch die Botschaft lautete: «Du fühlst dich wohl? Schluck unsere Tabletten, und es wird dir übel!»

Das sind spektakuläre, aber seltene Fehltritte. Wie arbeiten Sie selber mit Firmen und Einzelpersonen?
Ich unterstütze Firmen dabei, Mitarbeiter auf Auslandaufenthalte vorzubereiten, coache aber auch Unternehmen, die grössere Delegationen aus dem Ausland empfangen, aktuell zum Beispiel eines, das eine Gruppe aus China erwartet und sich professionell auf diesen strategisch wichtigen Besuch vorbereiten will. Dann arbeite ich für ein Unternehmen im Grossraum Basel, weil dort die Dreiländerthematik unter den Mitarbeitenden zu Spannungen geführt hat. Und die Uefa begleite ich bei der Vorbereitung der Fussball-EM 2008. Hier gilt es, einerseits die Erfahrungen aus Portugal und Deutschland zu nutzen, andererseits aber auch zu beachten, welche Dinge man nicht ohne weiteres importieren kann. Aus der Situation, dass die Schweiz und Österreich als Ko-Veranstalter auftreten, ergeben sich zusätzliche Herausforderungen.

Was entscheidet darüber, ob jemand über interkulturelle Kompetenzen verfügt oder nicht?
Wichtig sind Erfahrung, Selbstreflektion, Neugier und Bescheidenheit. Man muss sich systematisch in die Haut des anderen versetzen und ein Sensorium für kulturelle Unterschiede entwickeln. Oft versuchen Manager, Techniken, die sie in ihrer MBA-Ausbildung gelernt haben, eins zu eins im Ausland durchzupeitschen, ganz gleich, ob sie nun in Asien oder im ehemaligen Ostblock tätig sind. Damit erleiden sie mit grosser Wahrscheinlichkeit Schiffbruch. Während wir es uns in der Schweiz beispielsweise gewohnt sind, alles en détail festzulegen und bei Problemen Klartext zu reden, leben Chinesen eher in einer Kultur der Andeutung: Sie achten auf das Nichtausgesprochene, lesen zwischen den Zeilen. Wenn man das nicht weiss, scheitern sämtliche Verhandlungen.

Und auch sämtliche Marketinganstrengungen...
Genau. Ich habe das kürzlich mit meinen Studenten an einer Fallstudie durchgespielt. Als ich fragte, wie es der Schweiz gelingen könnte, mehr Touristen aus Thailand anzulocken, schlugen die Studenten vor, mit sonnigen Berglandschaften zu werben. Das wäre in doppelter Hinsicht problematisch: Sonne ist für Thailänder der Normalfall, schönes Wetter setzen sie deshalb mit Regen gleich, zweitens auch deshalb, weil Thailänder in aller Regel nicht Berge erklimmen, sondern primär in Städten einkaufen wollen. ∎

www.culture-relations.ch

**DÄHLER
OLIVER**
TÄNZER

«Ich wollte immer fliegen können»

Gegen den Willen seiner Eltern liess sich Oliver Dähler im Ausland zum Tänzer ausbilden. Er bezeichnet den Tanz als «härteste Schule» und als Chance, seine «Energie zu kanalisieren». Heute fliesst der Grossteil seiner Kraft in die Choreografie; sein Körper ist zu müde für all die Strapazen.

12.8.2009

Herr Dähler, ist man mit 41 Jahren als Tänzer unweigerlich im Ruhestand?

OLIVER DÄHLER: Nein, ich bin nach wie vor Tänzer und mache noch immer einige Solo-Auftritte. Aber es ist mir heute nicht mehr möglich, jeden Tag sechs bis sieben Stunden zu trainieren; der Körper macht das nicht mehr mit. Der Tanzberuf ist eine Zeitbombe. Wenn man Glück hat, sind einem 15 Jahre vergönnt. In dieser Zeit steckt man 200 Prozent Energie in seine Arbeit, denn die Anforderungen sind sehr hoch und die Konkurrenz ist gross.

Warum tut ein Tänzer sich das an? Der Lohn in Form von Geld und Aufmerksamkeit ist in den meisten Fällen bescheiden.

Der Moment des Auftritts ist Belohnung genug. Es gibt diese verdichteten Momente, in denen man ganz fokussiert ist – das ist ein beinahe meditativer Zustand von grosser Intensität. Manchmal fehlt mir das heute, diese Augenblicke extremer Fokussierung.

Sie kämpfen mit Entzugserscheinungen?

Der Tanz bleibt in mir wie eine Urkraft, manchmal denke ich: wie ein wildes Tier. Diese Kraft will sich ausleben. Als Zehnjähriger habe ich gelegentlich damit experimentiert: Ich hörte Musik und zwang mich, absolut bewegungslos zu verharren. Wenn ich nach einer Weile meinem Bewegungsdrang nachgab, fühlte ich eine unglaubliche Intensität. Viele Jahre später musste ich bei einer Vorstellung 50 Minuten lang bewegungslos im Raum stehen. Das war qualvoll, aber danach wurde die kleinste Bewegung zum Ereignis. Heute versuche ich, diese Kraft in Choreografien umzusetzen.

Und der Körper revoltiert nicht?

Die letzten Jahre war das manchmal schwierig. Als Freischaffender war ich zu 80 Prozent mit Organisieren beschäftigt. Die künstlerische Arbeit und speziell das Training kamen zu kurz. Deswegen bin ich dankbar, dass ich vor zehn Tagen die Stelle des Ballettmeisters und Haus-Choreografen am Luzerner Theater antreten konnte. Es fällt mir grundsätzlich schwer, wenn ich mich nicht bewegen kann, und ich hasse es, wenn ich nicht mehr im Körper bin. Als Tänzer kennt man seinen Körper unglaublich gut, man spürt sich in jeder Bewegung. Es ist nicht einfach, da Abstriche zu machen.

Gibt es Verschleisserscheinungen?

Ich machte mit 21 Jahren eine Erfahrung, die mich vor anderen Dummheiten bewahrt hat: Ich tanzte damals trotz hartnäckigen Knieschmerzen weiter, schluckte Schmerzmittel, wollte mit dem Kopf durch die Wand. Ich resignierte erst, als man mich regelrecht stilllegte und mir das Bein eingipste. Es war brutal, ich war ein Jahr lang weg vom Fenster, aber ich achtete danach besser auf meinen Körper. Viele Tänzer machen heute Yoga oder Feldenkrais, weil sie sich bewusst sind, dass permanenter Raubbau sich rächt. Die Anforderungen sind enorm hoch. Der klassische Tanz ist schneller geworden, die Tänzer müssen diverse Stilrichtungen beherrschen. Kein Wunder, gibt es heute spezifische Tanzmedizin, eine deutsche Unfallversicherung gibt sogar Broschüren heraus speziell für Tänzer.

Sind Sie schmerzfrei heute?

Ja, wenn ich mein Krafttraining für den Rücken diszipliniert mache, spüre ich keine Beschwerden. Aber manchmal wünschte ich mir, mein Körper hätte noch die gleiche Spannkraft wie vor 15 Jahren. Das ist die Tragik jedes Tänzers: Er muss gleichzeitig Spitzensportler und Künstler sein. Die verrücktesten Bewegungen müssen leicht und ausdrucksstark wirken, damit sie das Publikum bewegen. Mit 25 hat man körperlich ideale Voraussetzungen, der künstlerische Ausdruck hingegen erreicht meist erst dann den Höhepunkt, wenn die körperliche Leistungsfähigkeit schon merklich abgenommen hat.

Wie sind Sie zum Tanz gekommen?
Ich bin in einer sehr musikalischen Familie aufgewachsen. Mein Onkel Jörg Ewald Dähler ist Komponist, Musiker und Dirigent, meine jüngere Schwester Bratschistin. Ich spielte Geige, noch bevor ich zur Schule ging. Da ich aber weder ruhig sitzen noch ruhig stehen konnte, sondern einen enormen Bewegungsdrang hatte, war die Musik für mich nicht ideal. Ich wechselte zum Eiskunstlauf und bestritt bis zum 14. Lebensjahr Wettkämpfe. Dann zog es mich zum Ballett, weil das die härteste Schule ist. Da gibts nur den Boden, den Körper und die Schwerkraft – keine Kufen, kein Eis, nichts, das einem erlauben würde zu schummeln.

Wie kamen Sie auf die Idee, diese Passion zum Beruf zu machen? Es gab damals noch keine Ausbildung in der Schweiz.
Die hohen physischen Anforderungen und die strenge Struktur der Bewegungen waren genau das, was ich suchte. Das Ballett erlaubte mir, meine Energie zu kanalisieren. Eines Tages – ich war in der achten Klasse – verkündete ich, dass ich Tänzer werden wolle. Meine Eltern waren schockiert, sie versuchten, es mir auszureden. Musiker, das hätten sie akzeptiert, aber Tänzer: Das war unvorstellbar. Ich brauchte in dieser Zeit viel Kraft; um meinen eigenen Weg zu gehen und für den Ballettunterricht nach der Schule. Ich pendelte Abend für Abend von Rüfenacht in den Spiegel zum Unterricht und kam um 23 Uhr todmüde nach Hause. In der Französischstunde am Morgen holte mich oft der Schlaf ein.

Wie konnten Sie Fuss fassen als junger Tänzer?
Ich hatte das Glück, dass eine luxemburgische Ballettlehrerin in Bern Examen abnahm und mein Talent entdeckte. Sie versprach mir, mich auf die Aufnahmeprüfung in der Royal Ballet School in London vorzubereiten. So verliess ich mit 16 das Elternhaus. In den ersten paar Wochen in Luxemburg dachte ich fast jeden Abend: «Morgen packe ich den Koffer und fahre nach Hause.» Natürlich war ich körperlich am Limit, aber fast mehr noch hat mir die Härte im Umgang zugesetzt. Die Trainer gaben Anweisungen, korrigierten, tadelten – es war, als sprächen sie zu seelenlosen Wesen. Nicht von ungefähr gibt es den Ausdruck «teaching silent bodies»; es gab nicht mal ansatzweise einen Dialog. Seltsamerweise fallen in diese Zeit aber auch einige der glücklichsten Momente meines Lebens.

Sie schafften mit 17 Jahren die Aufnahmeprüfung in London.
Ja, ich kam als Ausländer in eine Gruppe, die über Jahre zusammengewachsen war. Der Leiter war dafür bekannt, dass er einen fertigmachen konnte, unter den Schülern gab es mehr Konkurrenz als Kollegialität. Kein Wunder, entwickelt man in dieser Phase fast ausschliesslich die Technik und nicht die künstlerische

Ausdruckskraft: Man braucht eine dicke Haut und viel Widerstandskraft, um das durchzustehen.

Mit 19 Jahren wurden Sie Profi und fanden im 50-köpfigen Ensemble in Antwerpen Unterschlupf. War das nicht eine sehr einsame Zeit?
Doch, aber das ist Teil des Berufs; für Tänzer ist es schwierig, soziale Kontakte zu pflegen oder gar stabile Beziehungen zu führen. Ich lebe heute mit über 40 zum ersten Mal mit einer Partnerin zusammen. In jungen Jahren ist man dauernd am Arbeiten, man verbringt sein Leben in der Kompanie, ist aber enorm mit sich selber beschäftigt. In Antwerpen war das Gerangel um prestigeträchtige Rollen enorm. Alle zitterten, bevor die Besetzungsliste bekannt gegeben wurde.

Haben Sie nie daran gedacht, den Beruf an den Nagel zu hängen?
Doch, mehrmals. Speziell nach Verletzungen kommt man leicht ins Grübeln. Ich absolvierte während der Zeit in Antwerpen im Fernstudium eine Ausbildung des New York Institute of Photography. Mich faszinierte diese Gegensätzlichkeit: Hier der Tanz, die flüchtigste aller Kunstformen, dort die Fotografie, die es schafft, eine Tausendstelsekunde einzufrieren und die Zeit überdauern zu lassen. Aber der körperliche Challenge und der zwischenmenschliche Austausch hätten mir gefehlt beim Fotografieren.

Nach sieben Jahren in Antwerpen kehrten Sie zu Martin Schläpfer ans Stadttheater Bern zurück. Was war das für ein Gefühl?
Zu Beginn hatte ich Mühe; Antwerpen war sehr liberal gewesen, und in Bern hatten sie gerade die kostenpflichtigen Kleber für Abfallsäcke eingeführt. Alles kam mir eng und engstirnig vor, wöchentlich erinnerten mich Parkbussen daran, dass ich es noch nicht geschafft hatte, mich anzupassen. Beruflich war es eine sehr gute Zeit. Parallel zum Tanz absolvierte ich die Ausbildung zum Tanzpädagogen, was mir später einen fliessenden Übergang vom Tänzer zum Ballettmeister und Choreografen ermöglichte.

Hat der Tanz heute in der Schweiz einen höheren Stellenwert?
Im September startet die erste Klasse, die drei Jahre später die eidgenössisch anerkannte Ausbildung zum Bühnentänzer abschliessen wird. Dafür habe ich mich eingesetzt, das ist ein gutes Signal. Wenn ich hingegen auf die letzten sieben Jahre zurückblicke, dann stelle ich fest, dass ich mich als Freischaffender nur knapp über Wasser halten konnte.

Warum hat der Tanz beim Publikum oft einen schweren Stand?
Für die klassische Musik und die bildende Kunst ist viel mehr Vermittlungsarbeit gemacht worden. Was unternehmen Schulen nicht alles, um den Kindern die

Arbeiten von Paul Klee verständlich zu machen. Der Tanz hat in der Schweiz keine Tradition, weil es hier keine höfische Kultur und deshalb auch keine Tanzakademien gab. Erschwerend kommt hinzu, dass die meisten Theaterintendanten von der Oper oder vom Sprechtheater her kommen, deswegen wird die Sparte Tanz oft stiefmütterlich behandelt. Und die Tänzer bilden oft eine sehr internationale, zusammengewürfelte Truppe.

Wie gehen Sie vor, wenn Sie ein Stück einstudieren?

Ich tauche in die Musik, in die Zeit ein und setze mich der Materie aus. Ich funktioniere in einer ersten Phase wie ein Trichter. Im Probesaal, wenn ich den Tänzern gegenüberstehe, beginnt der kreative Prozess, und das bedeutet: Ich beginne wieder bei null. Ich habe viel aufgesogen, einige Ideen im Kopf, aber keine klare Vorstellung, die ich bloss mittels Anweisungen weitergeben müsste. Es ist ein ähnlicher Prozess wie damals, als ich mich zwang stillzustehen, um nachher gut tanzen zu können. Ich muss mich aufladen, Eindrücke verschlingen, manchmal gehe ich am Vorabend unruhig auf und ab wie ein Tiger im Käfig – und am nächsten Tag im Probesaal kommt alles in Fluss, es ergibt sich auf ganz natürliche Weise eins nach dem anderen.

Das klingt, als wäre es kein sehr bewusster Prozess.

Natürlich gibt es Gesetzmässigkeiten in puncto Tempo, Dynamik und Struktur, die ich einhalten muss, sonst sind die Zuschauer überfordert. Aber der Grossteil einer Choreografie entsteht nach einem längeren Gärprozess auf eine Weise, die ich weder kontrollieren noch genau beschreiben kann. Und: Ohne den Dialog mit den Tänzern und die sofortige Umsetzung würde ich nicht erkennen, was funktioniert, was gut ist. Das Publikum erreichen wir nur, wenn die Tänzer meine Idee mittragen und weiterentwickeln, wenn sie während der Aufführung diese Idee verkörpern und trotz aller Probearbeit aus dem Moment schöpfen können.

Was entgegnen Sie Zeitgenossen, die behaupten, Tanzkunst sollte nicht subventioniert werden, da sie keinen Mehrwert schaffe?

Ohne Kunst würden die Menschen austrocknen. Die Seele braucht Nahrung, wir leisten hier einen Beitrag. Ich glaube, gerade in unserer durchrationalisierten, von Technologie geprägten Welt braucht es ein Medium, das uns den Zugang zu unserem Innenleben öffnet. Und Tanzen ist ja nichts Abstraktes, Abgehobenes. In der Freizeit tanzen viele, um einen Ausgleich zu finden zum kopflastigen Alltag. An der Street Parade tanzten Hunderttausende im Regen. Letztes Jahr ging Heinz Spörli mit seinem Ballett auf ein Love-Mobil der Street Parade. Ich finde das wunderbar, wenn man so Grenzen überwindet und Berührungsängste abbaut.

Was würden Sie einem Erstklässler sagen, der Ihnen erzählt, er wolle Tänzer werden?

Ich würde ihn in seinem Ziel bestärken, ihm aber auch den steinigen Weg schildern, den man zurücklegen muss, um ein paar Minuten zu gewinnen, in denen man fliegen kann. Ja, das ist es, ich wollte immer fliegen können. Als Kind flog ich im Traum schwerelos durch Landschaften, später übte ich Tag für Tag stundenlang, um im Eiskunstlauf oder Ballett für Sekundenbruchteile zu fliegen. (Lacht.) Und nun habe ich mit dem Segelflug begonnen. Da muss ich mich nicht mehr mit eigener Kraft gegen die Schwerkraft stemmen. ∎

**DANA
YVES
BILDHAUER**

«Dann staune ich wie ein Kind»

Yves Danas Werke sind gefragt; mal sind sie in Paris, mal in Mailand, London oder Madrid zu sehen. «Es bringt nichts, übermässig stolz darauf zu sein – den Stein beeindruckt das nicht», sagt der 50-jährige Bildhauer. Sitzt er in seinem Atelier vor einem neuen Objekt, fühlt er sich immer wieder wie ein Anfänger – wie ein sehr glücklicher allerdings.

8.4.2009

Herr Dana, Sie sind ein gefragter Künstler, dessen Skulpturen in grossen internationalen Ausstellungen gezeigt werden. Wie wichtig ist Ihnen der Erfolg und welchen Einfluss hat er auf Ihre Arbeit?

Es ist schön zu sehen, dass meine Kunst andere Menschen berührt. Die Steine, die ich bearbeite, kommen teilweise von weit her – sie zu finden und heil ins Atelier nach Lausanne zu transportieren, ist ein Kunststück für sich. Ich arbeite seit Jahren mit dem Steinhauer Alain Vos zusammen. Würden sich meine Werke schlecht verkaufen, könnte ich mir diesen Aufwand nicht leisten. Natürlich ist es schön, wenn man in Mailand oder London ausstellen kann, aber es bringt nichts, übermässig stolz darauf zu sein. Wenn ich vor einem Stein sitze, ist es egal, wo ich meine letzte Ausstellung hatte – das beeindruckt den Stein nicht.

Sie verdienten schon als 23-Jähriger Geld mit Ihrer Kunst, obwohl Sie kein Beziehungsnetz in der Schweiz hatten. Sie sind in Alexandria, Ägypten, geboren und von dort mit Ihren Eltern in die Westschweiz geflohen.

Das fand ich immer schön: Ich konnte mir sicher sein, dass niemand einen Dana gekauft hat, weil er mit dessen Vater befreundet gewesen war. Ich musste mir alles selber aufbauen, auch das Beziehungsnetz; ich hatte nur meine Hände, meine Energie und meinen Willen, um die Menschen zu überzeugen. Das kann ein Vorteil sein. Wenn man den Trumpf der Verwurzelung nicht in den Händen hat, muss man die anderen Karten besser spielen – das wissen alle, die im Exil leben.

Wann und warum haben Sie mit der Bildhauerei begonnen?
Mit etwa zwölf Jahren fing ich an, etwas ausgefallene Objekte zu bauen. Es war für mich ein kindliches Vergnügen, komplexe Spielzeuge mit Motor zu konstruieren, ich konnte ganze Wochenenden damit zubringen, allein im Zimmer Tinguely-artige Konstrukte zu bauen. Das Ganze hatte eine kritische Note: Ich wollte die Konsumgesellschaft aufs Korn nehmen. Die Objekte wurden dann immer grösser, aber ich hielt das nicht für Kunst.

Wie reagierten Ihre Eltern, wenn Sie tagelang im Zimmer werkelten?
Es gab zwei Seiten: Sie waren ganz froh, dass ich mich so gut selber beschäftigen konnte; manchmal waren sie aber auch etwas besorgt, wie exzessiv ich das betrieb. Meist sagten sie sich: Es sieht weder gefährlich noch schädlich aus, also wird es gut sein. Aber sie waren schon erleichtert, dass ich eine solide Ausbildung absolvierte und nicht mit 15 Jahren erklärte, ich sei ein Künstler. Ich studierte Soziologie und unterrichtete später Mathematik. Zum Bildhauer wurde ich erst, als ich an der Hochschule der Künste in Genf erstmals ein Metallatelier betrat. Ich war augenblicklich fasziniert vom Geruch und Klang des Eisens, von den Funken, vom Schmiedeeisen. Ich wusste sofort: Das will ich machen.

Dann schufen Sie in 20 Jahren rund 200 Metallskulpturen, manche davon bis zu fünf Meter hoch. Ist Künstler für Sie ein Beruf wie jeder andere oder betrachten Sie ihn als Mission?
Es ist ein Beruf, der mir erlaubt, das zu tun, was ich liebe; er braucht sich nicht auf; je mehr ich mache, desto öfter sage ich mir: «Mein Gott, es gibt noch so viel zu tun.» Ich spüre keine Müdigkeit und sehe kein Ende. Deshalb ist es wohl kein Beruf wie jeder andere. Aber eine Mission, nein, das ist es nicht.

Eher eine Obsession? Oder könnten Sie auch etwas ganz anderes tun?
Ich könnte, aber ich möchte nicht. Ich empfinde es als grosses Privileg, in meinem Beruf die Dinge bis zu Ende verfolgen zu können; nicht bis zur Vollendung, eine Skulptur ist nie ganz vollendet, aber ich habe alles von A bis Z in meinen Händen. Oft werden in unserer Gesellschaft Dinge bloss zur Hälfte gemacht, es zählt der rasche Erfolg, der Showeffekt. Ich kann in meinem Atelier zehn Tage an einem Detail feilen, und niemand redet mir drein – das ist ein grosses Glück. So

bin ich in gewisser Weise sehr frei, aber natürlich muss ich auch sehr diszipliniert und fordernd gegenüber mir selber sein. Die Steine verlangen mir viel Arbeit ab, manchmal 60, manchmal 80 Stunden pro Woche.

Leiden Sie bei der Arbeit oder ist das künstlerische Schaffen für Sie ein Genuss?
Leiden gehört dazu, denn ich habe viele Zweifel. Ich sage nie zu mir: «Ach, ist das grossartig», wenn eine Skulptur fertig ist. Im Gegenteil: Vor zwei, drei Jahren empfand ich zunehmend Unruhe und auch Angst.

Weshalb?
Ich fürchtete mich davor, in Dekoration oder Schmeichelei abzugleiten. Ich will ja nicht gefallen, sondern meine Sache gut machen, und ich hatte damals den Eindruck, dass der Weg, den ich gehe, immer schmaler wird.

Warum schaffen Sie derart imposante Steinskulpturen, oft vier oder fünf Meter hoch?
Wenn man in einem Steinbruch ist und dort diese grossen Gesteinsblöcke sieht, kann man sie unmöglich zertrümmern. Für mich ist das fantastisch, vor diesen Blöcken staune ich wie ein Kind, das zum ersten Mal einen grossen Lastwagen erblickt.

Aber es kompliziert Ihre Arbeit beträchtlich, wenn Sie 30 Tonnen Basaltgestein aus Schweden herbeischaffen müssen...
Ja, es kompliziert und verteuert die Arbeit. Aber es hat für mich etwas sehr Beglückendes, an einem Gegenstand zu arbeiten, der mich übersteigt.

Was kostet es, einen Dana zu kaufen?
Die kleinsten Arbeiten kosten 8000 Franken, die teuersten rund 300 000 Franken. Der Preis bemisst sich hauptsächlich an der Grösse und am Material. Die Skulpturen sind teuer, aber es sind keine Fantasiepreise.

Warum haben Sie vor acht Jahren aufgehört, mit Metall zu arbeiten, und sich ganz auf Stein konzentriert? Sie machten sich damit das Leben unnötig schwer.
Es war tatsächlich ein Risiko. Stein ist eine enorm faszinierende Materie. In Bronze und Eisen gibt es immer Hohlraum, der Stein dagegen ist ausgefüllt; er hat eine fantastische Statik und Ausstrahlung.

War der Wechsel Ausdruck eines Reifeprozesses?
Ja, die Arbeit am Eisen war immer auch ein wenig der Kampf des jungen Künstlers gegen die Materie, ein stetes Kräftemessen. Bei der Arbeit am Stein kann man nicht seine Kraft unter Beweis stellen, sondern lediglich Augenmass und Ruhe finden. Ich fühle mich eher als Archäologe denn als Bildhauer. Wenn man lange einen Kieselstein in einem Bachbett betrachtet oder ein Blatt an einem Baum,

dann kann man sich fragen: Wozu soll man Skulpturen machen? Warum sich mit Hammer und Staub herumschlagen? Die Perfektion existiert ja schon in diesen ganz einfachen Formen der Natur. Ich versuche, das Schöne auf meine Art darzustellen, zu zeigen, wie ich es verstehe. Meine Arbeit ist für mich wie eine Versöhnung mit der Welt.

Woher kommen Ihre Gestaltungsideen?
Oft bedingt eine Skulptur die nächste. Ich bin als Künstler zwar dabei, aber die Skulpturen entwickeln sich wie eine eigenständige Geschichte, ich folge ihnen bloss, renne ihnen gelegentlich hinterher und muss schauen, dass ich sie nicht verliere, denn manchmal gehen sie rasch voran und ich komme ausser Atem.

Wenn Sie hinterherrennen, heisst das auch, dass Sie den Weg nicht kennen; und dieser Weg, sagten Sie, wurde vor ein paar Jahren immer schmaler. Haben Sie manchmal Angst, nicht mehr weitergehen zu können?
Weil meine Formen immer schlichter wurden, befürchtete ich tatsächlich, einen Punkt zu erreichen, an dem ich nichts mehr vereinfachen konnte – am Ende bliebe das Nichts, das Nichtstun. Mir war klar: Wenn der Weg zu eng wird, muss etwas geschehen. Zum Glück gibt es in der Natur immer Zufälle, durch Fehler entsteht Neues. Ich mag Fehler sehr. Eine Arbeit, die misslingt, gibt plötzlich den Anstoss, etwas Neues zu tun.

Woran arbeiten Sie gegenwärtig?
Vor einiger Zeit hat Alain Vos, mein Steinhauer, mir hellen Kalkstein aus Ägypten mitgebracht. Das ist etwas ganz anderes als schwarzer Basaltstein aus Schweden. Zu Beginn hatte ich keine Ahnung, was ich damit machen kann. Ich musste an kleinen Stücken ausprobieren, welche Gesetze mir die neue Materie auferlegt, welche Geschichte sie mir erzählt. Inzwischen bin ich ganz glücklich mit dem Kalkstein. Dieser hier stammt aus der bekannten Weinregion Tavel in Südfrankreich. Er ist sehr fein, sehr weich. Ich musste alles vergessen, was ich über die Arbeit am Stein gelernt hatte, um den Kalkstein zu begreifen.

Was hat sich konkret verändert?
Der Kalk gibt mir die Möglichkeit, mehr Formen auszuprobieren. Weil er weich ist, kann ich viel schneller arbeiten damit. Ich mache ja nie Skizzen von meinen Skulpturen, ich beginne immer mit der Arbeit am Stein. Das neue Material erlaubt mir, etwas flüchtiger, etwas experimenteller zu arbeiten, Skizzen in Stein zu erstellen. Es ist, als hätte ich immer nur Ölbilder gemalt und dürfte nun erstmals einen Bleistift benutzen. Das ist sehr befreiend und es passt zu meiner derzeitigen Verfassung. Vor zwei Jahren stand meine Arbeit im Zeichen der

Unsicherheit und der Unruhe. Sie war nahezu minimalistisch, ich machte möglichst wenig mit dem Stein, um ihn in seiner schönsten Form zu zeigen; und doch war es eine sehr anstrengende Arbeit. Heute gehe ich zum Teil spielerisch an den Stein heran. Ich bin fokussiert, tatendurstig und fast euphorisch.

Was motiviert Sie, jeden Morgen hier ins Atelier zu kommen und neue Skulpturen zu schaffen?

Die Motivation hat sich mit der Zeit gewandelt. Zu Beginn wollte ich vor allem meine artistischen Fähigkeiten zeigen, manchmal auch provozieren; heute suche ich eher nach etwas in meinem Inneren. Ich würde es nicht Wahrheit nennen, ich versuche eher, etwas Überschaubares zu schaffen, das uns erlaubt, etwas Grösseres zu erraten. Ich möchte aber auf keinen Fall dieses Vollendete finden, ich möcht nie bei einer letzten Skulptur ankommen, von der ich sagen müsste: «Voilà, das ist die Summe dessen, was ich gelernt und verstanden habe.»

Es gibt Künstler, die im Alter damit beginnen, ihre frühen Werke zu kopieren...

...und manche davon kopieren sich furchtbar schlecht. Es gibt schreckliche Künstlerkarrieren. Das ist eine Besonderheit in unserem Beruf: Wir schöpfen so sehr aus unserem Inneren, dass wir nie genau wissen, wie lange das noch gut gehen wird.

Haben Sie noch unverwirklichte Träume?

Solange ich gesund bleibe und diese körperlich anstrengende Arbeit weiterführen kann, muss ich von nichts träumen. Ich bin jeden Morgen glücklich, wenn ich hier ins Atelier kommen und mich am Stein zu schaffen machen kann. ∎

www.yvesdana.ch

**DIENER
THOMAS**
LAUFBAHNBERATER

Gegenentwurf zum «alltäglichen Wahnsinn unserer Arbeitswelt»

Junge Menschen sollen sich bei der Berufswahl nicht an Normen und Stellenprofile anpassen, sondern sich primär auf ihre Leidenschaften besinnen, rät der Laufbahn- und Projektberater Thomas Diener. Der 43-Jährige blickt selber auf turbulente Wanderjahre zurück.

13.10.2004

Herr Diener, wie erlebten Sie den Übergang von der Schulzeit zur Erwerbstätigkeit?

THOMAS DIENER: In den Achtzigerjahren herrschte kein Lehrstellenmangel, ich hatte die Qual der Wahl. Nach einer dreijährigen Ausbildung in einer Werbeagentur suchte ich das Weite und schwor mir: Nie mehr in einem Büro arbeiten! Es folgten meine Wanderjahre: Ich arbeitete in einem Kulturzentrum, reparierte und verkaufte Rasierapparate, schlug mich als Kundendienstmitarbeiter und Buchhalter durch, lebte vorübergehend auf der Alp und versuchte mich auch als Naturfarbenmaler und Zimmermann. Erst mit 28 Jahren stellte ich mir ernsthaft die Frage, was ich aus meinem Leben machen wollte.

Sie beschlossen, eine theaterpädagogische und psychotherapeutische Ausbildung in Angriff zu nehmen. Ein vernünftiger Entscheid?

(Lacht.) Ich hatte keine Ahnung, was ich später damit anfangen sollte. Ich liess mich schon damals von meinen Interessen leiten und wusste, dass ich kreativ mit Menschen arbeiten wollte. Das klappte ganz gut. Ich machte mich früh selbständig, gründete ein Büro für Kommunikation. Als Leiter des «Alternativen Branchenbuches» kam ich immer wieder mit Menschen in Kontakt, die im Ökologiebereich arbeiten wollten. So ergab es sich, dass ich eine Ökostellenbörse aufbaute und vermehrt Kurse gab.

Heute tun sich viele junge Menschen schwer damit, eine Stelle zu finden. Sollten sich all diese Arbeitslosen selbständig machen?

Nein, es wäre unsinnig zu fordern, jeder Schul- oder Uni-Abgänger solle seine eigene Ich-AG gründen. Aber es können alle lernen, selbständiger zu denken. Wer meint, die Stellensuche beschränke sich darauf, möglichst viele Stelleninserate zu sammeln und darauf zu warten, bis eins der Anforderungsprofile sich mit den eigenen Interessen und Fähigkeiten deckt, wird kaum fündig werden. Deutlich erfolgversprechender ist es, mit eigenen Vorstellungen auf mögliche Arbeitgeber zuzugehen. Ich nenne Ihnen ein Beispiel: Ein Einkäufer, der seine Stelle bei einem Schweizer Grossverteiler verloren hatte, wunderte sich, dass beim letzten Club-Urlaub ausser seiner Partnerin keine Spanier teilgenommen hatten. Er wandte sich an den Marketingleiter und erfuhr, dass es der Firma noch nicht gelungen war, in Spanien eine Vertretung aufzubauen. Der Spanien-Fan erhielt sofort einen Termin für ein Vorstellungsgespräch. So können Stellen geschaffen werden, die nie ausgeschrieben worden wären.

Eine schöne Geschichte, aber sind das nicht bloss spektakuläre Einzelfälle?

Nein, keineswegs, es gibt zahlreiche solche Beispiele. Leider geht noch immer das Hirngespinst um, dass nur diejenigen, die eine stromlinienförmige Karriere vorweisen können, eine Chance auf anständig bezahlte und interessante Tätigkeiten haben. Der Fluch, der über vielen jungen Menschen lastet, sagt: «Es ist schwieriger geworden, also pass dich an!» Ich weiss aus zahlreichen Beratungsgesprächen, dass viele junge Erwachsene unter der Vorstellung leiden, die Arbeitswelt sei ein fertig gebautes Uhrwerk und sie müssten als Rädchen exakt in dieses Uhrwerk passen. Das ist ein folgenschwerer Irrtum. Originalität ist mindestens so wichtig wie Anpassung.

Tatsache bleibt, dass jene, die sich schlecht anpassen können, Mühe haben bei der Stellensuche.

Das hängt damit zusammen, dass Disziplin und Anpassung als Königsweg betrachtet werden. Wohin das führt, zeigt die hohe Zahl der Stresserkrankungen. Mehr als die Hälfte der Berufstätigen, die zu mir in die Beratung kommen, tun sich schwer damit, dass es keine sinnvolle Beziehung gibt zwischen ihrem Leben und ihrer Arbeit. Diese Menschen verkleiden sich jeden Morgen und schlüpfen in eine Rolle, die sie acht Stunden pro Tag spielen. Das ist der alltägliche Wahnsinn unserer Arbeitswelt. Viele von uns wurden nie darin unterstützt, einen Beruf zu wählen, der ihrem Wesen entspricht. Sie haben keine Ahnung, dass Arbeit auch Energie geben kann, nicht nur Energie verbrauchen. Aber es gibt genug Beispiele von Menschen, die den Mut aufbrachten, darauf zu bestehen, dass ihre Arbeit sinnvoll ist, dass sie mit ihrem Leben zu tun hat.

Die eigenen Interessen zu kennen und mit den Anforderungen des Arbeitsmarkts abzugleichen, ist für Schulabgänger eine schwierige Aufgabe...
Es gibt derzeit keine Institution, die es jungen Erwachsenen ermöglicht, aus dem Brennpunkt ihrer Leidenschaft heraus ihre eigene Beruflichkeit zu entwickeln. Ich halte es für ausgesprochen wichtig, dass junge Menschen lernen, ihre Fähigkeiten entlang ihren Interessen zu entwickeln. Das trifft speziell auf jene Schülerinnen und Schüler zu, die gemeinhin als «schwierig» gelten. Widerständige Menschen müssen zuerst den Sinn begreifen, bevor sie sich engagieren. Dann lernen sie jedoch mit Intelligenz, Herz und Ausdauer. Brave Schülerinnen und Schüler dagegen lernen, ohne den Sinn zu sehen. Sie passen sich an ohne Ende.

Für die erste Gruppe haben Sie das Netzwerk und Ausbildungskonzept «Berufsnavigation» geschaffen. Mit welchem Ziel?
Unsere Botschaft an die jungen Erwachsenen ist: Die Arbeitswelt ist nicht so starr, wie sie dargestellt wird; für jene, die ihre Träume und Stärken kennen, eröffnet sie sogar faszinierende Perspektiven, denn es gab noch nie so viele Möglichkeiten, eine sinnvolle Tätigkeit zur Erwerbsquelle zu machen, wie heute. Wir, ein Netzwerk von Profis aus den Bereichen Coaching, Laufbahnberatung, Schulung und Organisationsentwicklung, wollen die ein- bis dreijährige Berufsnavigationsausbildung im nächsten Jahr mit rund 20 jungen Erwachsenen beginnen. Das erste Modul wird im Zeichen der Standortbestimmung und gleichzeitigen Vernetzung stehen. Wer herausfinden will, was ihn begeistert, womit er in Resonanz ist, muss aus dem stillen Kämmerchen in die Welt hinaus. In einer zweiten Phase, wenn das innere Feuer brennt, kann er dann seine Schlüsselqualifikationen entwickeln und – betreut durch Mentoren – eigene Projekte realisieren. ∎

www.fairwork.ch

Thomas Diener: Essenz der Arbeit. Die Alchemie der Berufsnavigation. Arbor Verlag, Freiamt, 2006.

Heute arbeitet Thomas Diener in den Bereichen Laufbahnberatung, Supervision, Teamentwicklung, Konflikttraining und Projektmanagement. Er lebt in Zürich und Wien. 2010 leitet er eine Ausbildung in Berufsnavigation in der Slowakei.

**FÄH
MARKUS
PSYCHOTHERAPEUT**

«Stetes Jammern ist eine Sünde am eigenen Potenzial»

«Als Psychotherapeut bin ich eine institutionalisierte Klagemauer», sagt Markus Fäh. In seinem neuen Buch «Schluss mit Jammern» zeigt er auf, wo die Grenze zwischen gesundem Klageimpuls und destruktivem Jammern verläuft. Und er erläutert, warum er krampfhaft positiv denkende Zeitgenossen mindestens so schlimm findet wie Jammerlappen.

31.12.2008

Herr Fäh, was haben Sie sich für Vorsätze gefasst fürs neue Jahr?
MARKUS FÄH: Ich weiss nicht, ob das in der Zeitung stehen soll, aber ich sags jetzt trotzdem: Ich habe mir vorgenommen, endlich entscheidend mit meinem Roman voranzukommen. Ich arbeite seit fast zehn Jahren daran und komme nicht vom Fleck, weil mir immer andere Bücher dazwischengeraten.

Mit Ihrem letzten Sachbuch «Schluss mit Jammern» hatten Sie ein gutes Händchen. Wie kamen Sie auf dieses Thema? Damals gings der Börse noch gut.
Das Thema brennt mir schon lange unter den Nägeln. Als Psychotherapeut bin ich eine institutionalisierte Klagemauer, die Leute kommen zu mir, um zu jammern. Vielleicht habe ich über die Jahre eine Überdosis abbekommen.

Das Buch war also ein Versuch, Ihre Kundschaft abzuschrecken?
Ich habe nicht grundsätzlich etwas gegen das Jammern. Der primäre Klageimpuls ist etwas Gesundes. Wer nicht klagen kann, ist noch schlimmer dran, weil er keine Möglichkeit hat, sich zu erleichtern. Wenn sich das Klagen aber verselbständigt und jemand alle anderen missbraucht, um sein Klagelied

abzuspielen, wird das Ganze destruktiv. Dann ist es nicht nur eine Belästigung, sondern eine Versündigung am eigenen Potenzial. Wenn ich als Therapeut nur noch Klagemauer bin und nicht mehr als Geburtshelfer für Veränderungen fungieren kann, wird die Arbeit sehr unergiebig. Denn Jammern ist eine bewährte Strategie von Leuten, die sich dem eigenen Leiden nicht stellen wollen, sondern sich selber gegenüber eine passive, fatalistische Rolle einnehmen.

Haben Sie selber nie zum Jammern geneigt?
O doch, als Mensch mit melancholischen Zügen war ich lange ein furchtbarer «Jammeri», aber ich habe mich über die Jahre diszipliniert. Es gibt ja schöne Orte des institutionalisierten Jammerns, etwa das Fussballstadion, wo man 90 Minuten mit seinem Klub leiden und über den Schiedsrichter fluchen kann. Was mich nervt, ist das Jammern als Lebenshaltung. Als Vater habe ich meinen beiden Kindern oft zugerufen: «Hört auf zu jammern, unternehmt lieber etwas Sinnvolles.» Irgendwann hatten sie das wohl oft genug gehört, und sie rieten mir, besser ein Buch zu schreiben, statt meine Erkenntnisse auf sie niederprasseln zu lassen.

Es gibt doch schon viele Bücher, die einen zum positiven Denken anhalten.
Diese Denk-positiv-Ratgeber sind unglaublich platt. Sich dauernd zu beherrschen und zu tun, als wäre alles möglich und die Welt wunderbar, führt auf Umwegen ins Jammertal; irgendwann kommt jeder herunter von solch realitätsfremden Trips. Ich wollte eine Dialektik des Jammerns entwerfen. Der Impetus des Jammerns ist etwas durchaus Positives und Verbindendes.

Was macht das Jammern so attraktiv?
Es ist eine tief jüdisch-christliche Idee, dass diese Welt nie ganz gut sein kann. Viele Menschen, auch solche ohne engen Bezug zur Religion, orientieren sich an einem Idealbild. Vergleichen sie die Realität damit, landen sie im Jammertal. Das ist tief in uns verankert, dieses gnadenlos ermahnende innere Böse, das uns einflüstert: «Es ist nicht gut, es müsste alles besser sein, auch du selber genügst nicht.»

Weil es viel einfacher ist, ein Übel aussen zu orten als in seinem Inneren, zeigen wir auf die Dinge und jammern über sie. Deshalb gibt es viele Menschen, die sich geradezu auf die Anzeichen der Krise stürzen. Endlich haben sie einen Grund, eine Projektionsfläche für ihr chronisch-latentes Jammerbedürfnis. Die Legitimation einer Klage steigt proportional zur Anzahl der Leute, die mitklagen. Auch in vielen Firmen gibt es richtige Jammer-Klubs, das wird rasch gefährlich.

Warum?
Weil das Grundmuster immer dasselbe ist: Es wird ein Missstand angeprangert und sofort beteuert, dass man selber nichts tun kann, die Lösung also von aussen

kommen müsste. Jammern ist die Lieblingsbeschäftigung von Angestellten, denen die Fähigkeit, die Energie oder der Mut fehlt, selber etwas anzupacken. Die Grundposition ist immer die einer passiven Erwartungshaltung, die nicht erfüllt wird.

Das hat etwas sehr Kindliches.

Ja, das ist eine narzisstische Anspruchshaltung. Sie hat mit der vaterlosen Gesellschaft zu tun, die Alexander Mitscherlich schon vor 50 Jahren beschrieben hat. Die Menschen sehen nur noch sich mit ihren Bedürfnissen und ein vorgestelltes Befriedigungsobjekt, das die Wünsche erfüllen soll. Das können Eltern, Partner, Arbeitgeber oder der Staat sein. Was fehlt in dieser dualen Konstellation, ist eine korrigierende Instanz, die sagt: «Hallo, muss das sein? Erhebst du all diese Ansprüche zu Recht?» So läuft alles ab nach dem Muster: Bedürfnis – versagte Befriedigung – Enttäuschung, Jammern. Nicht alle beschränken sich aufs Jammern; manche schlagen um sich, andere betrinken sich aus Frustration.

Weil sie nicht zwischen Anspruch und Begehren unterscheiden können?

Bei Kleinkindern ist klar, dass sie schreien, wenn ihre Bedürfnisse nicht sofort befriedigt werden. Leider verwechseln viele im späteren Leben Wünsche mit Ansprüchen. Sie erwarten sofortige Befriedigung, sind nicht mehr in der Lage, sich auch an einem Wunsch zu erfreuen. Tragisch daran ist, dass jene, die nicht im Begehren ihre Lebendigkeit erfahren können, auch in der Wunscherfüllung keine Befriedigung finden. Das sieht man bei den vielen verzogenen Kindern aus reichen Familien ganz deutlich.

Jammern ist für viele Menschen ein wunderbarer Zufluchtsort, weil es sie von der Pflicht befreit, etwas aus ihrem Leben zu machen.

Ja, es ist das Tagwerk jener, die sich im Leiden eingerichtet haben. Das sind mehr Leute, als man denkt. Leiden ist eine sehr beliebte Lebenshaltung. Schon Goethe hat festgehalten, nichts sei so schwer zu ertragen wie eine Reihe von guten Tagen. Glück mobilisiert in uns auch Schuldgefühle. Wenn man in der Opferrolle lebt, wird man weniger angefeindet, man hat weniger Feinde und weniger Ängste, hat nichts zu verlieren. Nur ist es ein trauriger Lebensentwurf, so wenig zu unternehmen, dass man gar nicht scheitern kann. ∎

www.markusfaeh.com

Markus Fäh: Schluss mit Jammern... und das Leben kommt von selbst. Zytglogge Verlag, Oberhofen, 2008.

**FREY
BRUNO**
WIRTSCHAFTSPROFESSOR

«Menschen mit höherem Einkommen sind glücklicher»

Mit 24 Jahren promovierte er, mit 28 war er Professor, heute ist Bruno Frey einer der einflussreichsten Wissenschaftler in Europa. Hartnäckig hat der Wirtschaftsprofessor der Universität Zürich erforscht, wie man Glück empirisch messen kann. Eine seiner Erkenntnisse lautet: «Es hilft, wenn man Träume hat, denen man sich behutsam annähern kann.»

27.3.2010

Herr Frey, Sie gehören zu den meistzitierten Ökonomen. Macht Sie das glücklich?

BRUNO FREY: Ja, das gehört zu den Dingen, die mich glücklich machen. Wie den meisten Menschen ist es mir wichtig, was die Leute in meiner Umgebung über mich denken. Inzwischen ist ja die Messung von Zitierungen fast zu einem eigenen Wissenschaftszweig angewachsen.

Welchen Rang belegen Sie denn?

Ich gehöre zu dem einen Prozent der meistzitierten Wissenschaftler aller Disziplinen auf der Welt. Seit mehreren Jahren bin ich an der Spitze, was das Lebenswerk deutschsprachiger Ökonomen betrifft. Das ist ganz schön, wenn man bedenkt, dass es Tausende von Wissenschaftlern gibt. Die grösste Resonanz hat natürlich der Nobelpreis, aber da habe ich kaum Chancen, weil ich zu sehr interdisziplinär in verschiedenen Sozialwissenschaften forsche.

Sie sind also nicht restlos glücklich, weil andere noch mehr erreicht haben, zum Beispiel den Nobelpreis?

Das ist doch hochinteressant, nicht wahr? Man hätte so viele Gründe, zufrieden zu sein. Aber man vergleicht sich nicht mit den vielen, die weniger haben, sondern vielmehr nach oben mit jenen, die es noch weiter gebracht haben. Selbst wer den Nobelpreis bekommt, erinnert sich nach einem kurzen Augenblick des Glücks daran, dass es eine Handvoll Wissenschaftler gibt, die zwei Nobelpreise gewonnen haben. Dieses Streben nach immer mehr ist genetisch bedingt. Das evolutionäre Programm ist auf das Überleben und die Fortpflanzung ausgerichtet, nicht darauf, den einzelnen Menschen glücklich zu machen.

Wenn Sie aber hundert Menschen fragen, was das Ziel des Lebens sei, dann werden praktisch alle antworten: glücklich zu werden.
Schon Aristoteles hat gesagt, Glück sei der einzige Lebenszweck. Dagegen ist nichts einzuwenden, nur täuschen wir uns manchmal in der Frage, was uns glücklich machen kann. Ein praktisches Beispiel: Viele Menschen kaufen sich ein schönes Haus im Grünen; oder sie nehmen einen neuen Job an, der besser bezahlt ist, aber einen längeren Arbeitsweg nach sich zieht. Ans grössere Haus oder den höheren Lohn gewöhnen sie sich recht schnell, aber das ewige Pendeln am Morgen und am Abend macht sie unglücklicher. Wir überschätzen chronisch den Einfluss der materiellen Güter auf unsere Lebenszufriedenheit.

Kürzlich hat ein Glückspilz im Zahlenlotto 35 Millionen Franken gewonnen. Da stellt sich die Gretchenfrage: Macht Geld glücklich?
Vorübergehend schon, aber das Glücksgefühl nimmt rasch wieder ab. Beim Lottogewinn gewöhnt man sich rasch an die neuen Verhältnisse, und es kommen sogar negative Effekte hinzu: Man hat plötzlich viele falsche Freunde, und die richtigen Freunde ziehen sich womöglich zurück, weil sie nicht als Schmarotzer gelten wollen. Plötzlicher Reichtum ist eine problematische Sache, die zuweilen direkt ins Unglück führt. Anders ist es beim normalen Einkommen. Zwar sind auch hier ein Jahr nach einer Lohnerhöhung drei Viertel des Glückseffekts wieder verpufft, aber generell sind Menschen mit höherem Einkommen eindeutig glücklicher als solche mit geringem Einkommen. Es ist Sozialromantik, zu denken, die armen Menschen in den Entwicklungsländern seien eigentlich glücklicher als wir.

Macht das höhere Einkommen glücklicher oder verdienen glückliche Menschen mehr Geld?
Die empirische Forschung stützt beide Lesarten, aber das Einkommen hat stärkere Auswirkungen auf das Glückslevel als umgekehrt.

Seit wann interessiert sich die Ökonomie für das Glück?
Noch nicht sehr lange. Die erste Welle von Literatur in diesem Feld rollte vor gut zehn Jahren an. Ich habe mich schon immer gewundert, dass die Ökonomen so viel Gewicht auf Dinge wie das Sozialprodukt gelegt haben statt auf das eigent-

liche Ziel all des Wirtschaftens: dass die Leute zufrieden sind und ein gutes Leben führen können. Nur wusste ich lange Zeit nicht, dass man Glück empirisch messen kann. Das habe ich bei den Psychologen gelernt. Die Sozialpsychologie und die Ökonomie ergänzen sich hervorragend.

Was macht Sie persönlich glücklich?
Befriedigende Arbeit macht mich glücklich. Als Forscher geniesse ich viele Freiheiten in der Wahl und Bearbeitung meiner Themen, als akademischer Lehrer kann ich mich mit jüngeren Generationen auseinandersetzen – das ist sehr beglückend. Ebenso wichtig sind gute Familienverhältnisse und Freundschaften. Ich habe es genossen, das nun vorliegende Büchlein über das Glück mit meiner Nichte zu verfassen. Da haben sich Arbeit und Freundschaft schön verbunden.

Erfolgreiche Wissenschaftler tendieren oft zu «Workaholismus». Sie haben mit 24 Jahren promoviert, mit 28 Jahren waren Sie Professor. Da blieb vermutlich wenig Zeit für Musse und Beziehungen.
Meine erste Ehe ging nicht sehr gut, es kam zur Scheidung. Mit dem Wissensstand von heute hätte ich mich vermutlich anders verhalten. In einer Hinsicht bin ich dank meiner Glücksforschung klüger geworden: Ich reserviere mir heute konsequent Zeit für Familie und Freunde. Da kann eine Aufgabe noch so interessant oder dringlich sein – an diesen Terminen halte ich fest.

Eine der Haupterkenntnisse Ihrer Forschung besagt: Wer versucht, über materielle Güter das Glück zu steigern, wird feststellen, dass sich das Glücksgefühl rasch abnutzt. Kann man dagegen gar nichts tun?
Es hilft, wenn man Träume hat, denen man sich behutsam annähert. Die Forschung zeigt, dass Idealisten klar glücklicher sind als Materialisten. Man konnte das in den letzten Jahren im Finanzsektor beobachten: Wenn Geldanhäufung der Endzweck ist, dann sind kein Lohn und kein Bonus hoch genug. Zudem fällt ein Verlust emotional immer stärker ins Gewicht als ein Gewinn. Es ist deshalb ratsam, den Lebensstandard behutsam zu erhöhen. Wer mit 25 Jahren schon dauernd Business-Class fliegt und mit 30 Jahren in den preisgekrönten Lokalen die teuersten Weine trinkt, hat keine erfreulichen Perspektiven. Er oder sie lebt in ständiger Angst, die Privilegien einzubüssen. Ein bescheidener Lebenswandel mit sporadischen kleinen Höhepunkten verschafft viel mehr Glücksmomente. ∎

bsfrey@iew.uzh.ch

Bruno Frey/Claudia Frey Marti: Glück. Die Sicht der Ökonomie. Verlag Rüegger, Zürich 2010.

FURRER
ART
HOTELIER

«Bühnensüchtig bin ich wohl bis zum heutigen Tag geblieben»

Nur ein paar hundert Meter liegen zwischen dem Ort seiner Kindheit und der Riederalp, wo er mehr als die Hälfte aller Hotelbetten besitzt. Doch Art Furrer hat einen weiten Weg zurückgelegt. Er verlor früh den geliebten Vater, verärgerte die Schweizer Skilehrerzunft und wurde in den USA zum Showstar. Als er ins Wallis zurückkehrte, wünschten ihm viele Einheimische ein rasches Scheitern.

13.2. und 20.2.2010

Herr Furrer, man trifft Sie in der Hauptsaison immer noch beinahe täglich in Ihren Hotels und Restaurants an. Vergessen Sie chronisch, dass Sie 73-jährig sind und den Betrieb eigentlich an Ihren Sohn Andreas übergeben haben?

ART FURRER: Es ist keine leichte Aufgabe, den Platz zu räumen, sich zurückzuziehen. Zum Glück macht mein Sohn Andreas seine Sache sehr gut – gerade weil er es ganz anders macht als ich. Er ist ein Tüftler, ein Zahlenmensch. Ich habe aus dem Bauch heraus agiert und alles der Marke untergeordnet. Das war im Anfang gut, heute ist mein Sohn der bessere Chef. Seit er die Finanzen im Griff hat, sind die Betriebe viel rentabler.

Die Marke verkörpern noch immer Sie – da hat Ihr Sohn einen schweren Stand.
Mein Sohn ist kein Frontmann. Es wäre unzumutbar, wenn er unser Unternehmen alleine führen würde. Von daher ist es ganz gut, dass ich noch da bin und weiterhin den Hofnarr spielen darf. In dieser Funktion kann ich den Gästen gegenüber Sprüche machen, die sich sonst kein Gastgeber leisten darf. Und ich pflege die Marke. In Amerika habe ich meine Marke kreiert, ohne zu wissen, was das ist. In

den letzten vier Jahrzehnten habe ich das mehr und mehr verstanden. Es bringt nichts, eine Marke mit viel Feuerwerk zu lancieren, wenn man sie danach nicht täglich lebt. Zu einer Marke muss man jeden Tag Sorge tragen, genau wie zu einer Ehefrau – sonst kostet es rasch viel Geld.

Machen Sie es Ihrem Sohn und dem langjährigen Geschäftsführer Jean-Marc Theler nicht unnötig schwer durch Ihre unverändert dominante Stellung?

Ja und nein. Manchmal irritiert es mich selber, wenn Andreas von mir sagt: «Der Chef will das so.» Wir sind zu dritt in der Geschäftsleitung, alleine kann ich mich also nicht durchsetzen. Und meine Frau, die noch immer die Furrihütte leitet, hat ebenfalls ein wichtiges Wort mitzureden. Ich finde es gut, dass nicht in jeder Frage von Anfang an Harmonie herrscht. Kleine Reibereien und intensive Diskussionen sind wichtig für den Erfolg. Und dass mich die Leute regelmässig fragen, ob ich einen Sprung in der Schüssel habe, mit 73 Jahren noch so viel zu arbeiten, nehme ich sportlich. Die wissen halt nicht, dass das für mich keine lästige Pflicht ist.

Vielleicht brauchen Sie das ja, diese kleine Bühne. Sie waren in den USA ein Skiakrobatik- und Medienstar und auch in der Schweiz ein Liebling der Medien. Hat man da mit Entzugserscheinungen zu kämpfen, wenn es ruhiger wird?

Bis jetzt hatte ich wenig Probleme damit. In den USA war es extrem, da hatte ich TV-Auftritte mit 60 Millionen Zuschauern, Nachtessen mit den Kennedys und regelmässig Autogrammstunden. Als ich 1973 in die Schweiz zurückkam, liess ich das alles zurück. Da musste ich mir eine neue Bühne suchen. Denn bühnensüchtig bin ich wohl wirklich bis zum heutigen Tag geblieben. Nur wird die Bühne jedes Jahr kleiner, die Zuschauer werden älter. Ich brauche nicht mehr den grossen Vorhang. Wenn ich ab und zu in der Kellerbar der Alpenrose hier auf der Riederalp einen Abendhöck machen und meine alten Geschichten erzählen kann, bin ich ganz zufrieden. Und es ist seltsam: Plötzlich interessieren sich wieder mehr Junge für diese Geschichten. Das fühlt sich dann an, als würde ich Märchen erzählen.

Ihre Rückkehr auf die Riederalp im März 1973 verlief alles andere als märchenhaft. Schon vorher kauften Sie noch von den USA aus Land zusammen. Als Sie auf der Riederalp eintrafen, wurden Sie von vielen als Immobilienhai beschimpft.

Halb war ich ein verlorener Sohn, der zurückkehrte, halb ein König, der alle bei Laune halten musste. Ich hatte in den USA gelernt, mich hochzuarbeiten und schliesslich mit der grossen Kelle anzurichten. Als ich wieder hier war, zahlte ich viele Runden Bier. Ich begann mit vier Appartement-Häusern, dann kamen zwei Hotels dazu, die Alpenrose, die Riederfurka, dann die Furrihütte. Weil ein Dollar damals noch etwas wert war, konnte ich für relativ wenig Geld viel Land kaufen. Später habe ich jeden Franken sofort reinvestiert. So wurde der Kuchen immer grösser, er wuchs fast von selber – manche empfanden das wie ein Krebsgeschwür.

Sie schluckten kleinere Betriebe, wurden vermehrt angefeindet. War das nicht schmerzhaft, in der eigenen Heimat zum Feindbild zu werden?

Ich könnte Bücher schreiben über all diese Anfeindungen. Die Walliser CVP hätte mich x-mal lebendig begraben, wenn sie gekonnt hätte. Es ist klar, in Schweizer Berggebieten gibt es immer eine Antipathie gegen den Grossen, den Verdränger, der alles kauft und trudelnde Betriebe übernimmt. Wenn die anderen Vermieter und Hoteliers zusammengearbeitet hätten, hätten sie von meiner Grösse profitieren können. Aber ein richtiger Bergler macht das nicht, der zieht sich lieber zurück und attackiert den Grossen aus dem Hinterhalt. Aber ich verstehe gut, dass ich eine Provokation war: Als ich zu expandieren begann, liess ich grosse Räume und grosse Fenster bauen, wie ich das in den USA gelernt hatte. Das geht natürlich nicht auf einer Walliser Alp. Kein Wunder, hiess es im Dorf: «Dieser Bluffer, hoffentlich geht der bald pleite.» Manche sagten, ich hätte Kontakte zur Chicago-Mafia.

Hat Sie das nicht entmutigt?

Mich persönlich nicht, denn wenn es eng wird, wird es erst richtig schön – erst dann kann man alle Energie anzapfen. Für meine Frau und meine Kinder, die in der Schule all diese Räubergeschichten über mich anhören mussten, hat es mir aber leidgetan. Wir lebten über eine lange Zeit ziemlich zurückgezogen und mit wenig Kontakt zu den Einheimischen in unserem Penthouse.

Nun investieren Sie wieder mehr als 20 Millionen Franken. Nach der nächsten Ausbauetappe werden Sie über 400 Betten anbieten, mehr als alle anderen Anbieter zusammen. Und wieder fragen sich viele: Braucht es denn wirklich 180 Quadratmeter grosse Suiten und 5-Sterne-Komfort auf der idyllischen Riederalp?

Wir haben uns immer gegen überdimensionierte Wellness-Anlagen ausgesprochen. Da aber regelmässig Kunden mit Rang und Namen – vom spanischen König über Peter Brabeck bis zu Fürst Albert von Monaco – hier zu Gast waren und sind, bestand schon lange die Nachfrage nach einer gehobenen Unterkunft. Nun wollen wir diese Lücke schliessen.

Ein Kapitel in Ihrer Biografie heisst: «Ich mache mich wichtiger, als ich bin». Sind Sie oft so verfahren in Ihrem Leben?

Das bezieht sich auf die Zeit in den USA und meinen Aufstieg im Showgeschäft. Ich hatte herausgefunden, dass sich einer der grossen Stars dauernd ans Telefon rufen liess, obwohl gar niemand nach ihm verlangte. Ich kopierte diesen Trick sofort. Damals ging es mir tatsächlich nur darum, meine Popularität zu steigern und möglichst viele Dollars zu scheffeln. Für eine Autogrammstunde verlangte ich 250 Dollar plus Nachtessen. Im Gegensatz zu anderen Prominenten gab ich fast nichts aus. So flossen nach jeder Autogrammstunde 1000 Franken auf mein Bankkonto in Brig – der Wechselkurs lag in den späten Sechziger- und frühen Siebzigerjahren bei Fr. 4.30.

Auch nach der Rückkehr in die Schweiz lebten Sie auf grossem Fuss. Sie kauften sich zuerst ein Appartement in Zermatt und dann in Brig eine 500-Quadratmeter-Dachwohnung zuoberst in einem Hochhaus.

Die Wohnung bestand aus drei Trakten: Schlafzimmer, Kinderzimmer und ein 100 Quadratmeter grosses Wohnzimmer. Es dominierten Marmor und Nussbaumholz. Die Wohnung war so gross, dass wir Gegensprechanlagen brauchten, um unsere Kinder in der Nacht zu hören. Nach nur drei Wochen sind wir wieder ausgezogen – es war schrecklich.

Woher rührt diese Sehnsucht nach Reichtum und Grösse?

Ich war sicherlich geprägt von den Jahren in Amerika. Dort konnte man überall dieses Wettrüsten unter den Reichen beobachten. Es gibt aber wohl einen anderen, tieferen Grund: Ich bin ja in sehr bescheidenen Verhältnissen in Greich aufgewachsen, einem Weiler unterhalb der Riederalp. Mein Vater sagte immer: «Die dort unten im Tal sind nicht besser als wir – es geht ihnen nur besser, weil sie Wasser haben.» Schon damals wusste ich: Eines Tages will ich es mindestens so weit bringen wie die dort im Tal – wenn möglich ein bisschen weiter. So gesehen war der Wohnungskauf wohl auch eine Geste des Triumphs.

Ihr Vater ist an einer Staublunge gestorben, als Sie 13-jährig waren. Gleichwohl hat man das Gefühl, dass er Ihr Leben bis heute prägt.

Ich sehe meinen Vater noch heute praktisch jeden Tag vor mir – als jungen, starken Mann. Er war Wilderer und eine sehr starke Figur. Mitten in der Nacht stieg er über die Riederalp hoch zum Aletschgletscher und weiter bis aufs Olmenhorn über dem Märjelensee. In der nächsten Nacht kam er mit einer Gams auf dem Rücken zurück. Mein Vater war ein Wunderknabe, der alles konnte. Mit uns Kindern war er gleichzeitig streng und liebevoll. Ja, ich höre ihn bis heute reden. Er blieb für mich mein Leben lang wichtig als Mentor und Mutmacher. Bei ihm habe ich auch gelernt, dass es hilft, spitzbübisch zu sein.

Konnten Sie das anwenden in der Jesuitenschule in Brig?
Da wurden wir nach militärischem Vorbild gedrillt. Wir mussten stundenlang in den Gängen wortlos in Kolonne gehen. Ich habe das schlecht ertragen. Hätte mich der Rektor, der ebenfalls Halbwaise war, nicht ins Herz geschlossen, wäre ich eher früher als später von der Schule geflogen. Aber wahrscheinlich haben mir diese Jahre trotz allem gut getan. Später in den USA profitierte ich von der im Internat und im Militär gelernten Disziplin.

Mit der Karriere als Skirennfahrer hat es dann nicht geklappt. Waren Sie nicht gut genug?
Es fehlte nicht am Talent, aber am Geld. Jedes Mal, wenn ich mit einem Pokal von einem Rennen zurückkam, fragte meine Grossmutter, was der gekostet habe. Und sagte dann: «Mit diesem Geld hätten wir viel Brot kaufen können.» Dann absolvierte ich den Skilehrerkurs und wurde schon ein Jahr später Experte für Ausbildung. Leider gab es keine Lektionen in Diplomatie. Ich sagte den Skilehrern sofort, dass sie alles falsch machten: Sie setzten auf Kraft statt auf Balance und sie lehrten immer diese geduckte Fahrhaltung, die ich als «Hosenscheisser-Stellung» kritisierte. Diese undiplomatische Vorgehensweise kostete mich meinen Experten-Job. So blieb mir noch der Skilehrer-Job in Pontresina.

Was Sie damals als Tiefschlag empfanden, war Ihr Sprungbrett in Richtung Amerika.
Ja, eine ältere Skilehrerin in Pontresina hatte einen Freund in den USA. Dank diesem Kontakt hatte ich den Mut, mit 36 Dollar in der Tasche und ohne ein Wort Englisch nach New Hampshire zu fahren. Ich war vermutlich nie ein besserer Skilehrer als in dieser Anfangsphase, als ich mich nur mit Körpersprache verständlich machen konnte. Später lehrte mich Rachel Gibson, die Grossmutter des Spitzenfahrers Bode Miller, Englisch – jeden Tag zehn Wörter. Meine Faxen kamen in den USA sofort gut an. Alles, was die Schweizer schlecht gefunden hatten, beklatschten die Amerikaner. Ich spürte bald, dass ich das ausbauen und damit Geld verdienen konnte. So entwickelte ich in den USA die Grundformen der Skiakrobatik und wurde zum Vater dieser Disziplin.

Warum sind Sie eigentlich nach 13 Jahren ins Wallis zurückgekehrt? Amerika bot Ihnen doch die ideale Bühne.
Der «American Way of Life» ist schillernd, aber ziemlich oberflächlich. Alles drehte sich um Dollars – mein Leben, aber auch die Gespräche der anderen. Nach dem Vietnamkrieg war das Klima in den USA durch Nationalismus und Rassismus geprägt. Persönlich hatte ich zunehmend Mühe, Schritt zu halten mit der

Popularität der Marke Art Furrer. Ich jettete von einem Auftritt zum nächsten und musste mir eingestehen, dass ich vor einigen Sprüngen Angst hatte. Und ich vermisste die Schweizer Berge. Zudem hatte ich ja noch eine Rechnung offen mit den Talbewohnern im Wallis. Es gab also viele gute Gründe, in die Schweiz zurückzukehren.

Stehen Sie mit 73 Jahren immer noch regelmässig auf den Skiern?
Natürlich, ich bin noch sehr oft mit Gästen und Freunden unterwegs. Mit meiner Frau habe ich alle 48 Viertausender der Schweiz bestiegen und ich mache weiterhin jedes Jahr einen Sechstausender. Rhythmus und Balance sind sehr wichtig – nicht nur auf den Skiern, generell im Leben. Man muss regelmässig Hirn und Körper trainieren und sich Ruhepausen gönnen. Mein Wunschszenario ist, dass ich mit 90 Jahren noch aufs Matterhorn steigen und mit 101 Jahren nochmals ein Buch schreiben kann. Das bedingt ein massvolles Leben, viel Training – und ein bisschen Wohlwollen vom Herrgott. ∎

artfurrer@artfurrer.ch

**FURRER
CORNEL
BERATER**

Der «Spion», der durch die Tabuzonen fremder Firmen spaziert

Er liest die vertraulichen Mails von Managern, kopiert in Rechenzentren heimlich Daten und erschwindelt sich den Zugang zu Chefbüros: Cornel Furrer, Leiter Beratung bei der Swiss Infosec AG, klopft Firmen in deren Auftrag nach Sicherheitslücken ab. Seine Bilanz: Bislang überwand er noch jede Zutrittsbarriere.

29.6.2005

Herr Furrer, Computerspezialisten wird nachgesagt, sie verstünden von Maschinen alles, vom Menschen aber nur sehr wenig. Teilen Sie diese Einschätzung?

CORNEL FURRER: Ja, da steckt schon was Wahres drin. Technikspezialisten sind Null-eins-Menschen, sie denken oft schwarzweiss. Deshalb entwickeln sie manchmal Programme, welche die Benutzer nicht begreifen können.

Was Sie eben beschrieben haben, stellt für Ihr Geschäft, die Informationssicherheit, ein grosses Problem dar. Man entwickelt technisch perfekte Sicherheitsprogramme, aber man kriegt den Risikofaktor Mensch nicht in den Griff...

Der Mensch ist in der Tat die grösste Schwachstelle im Sicherheitssystem, aber zugleich auch die grösste Chance auf dem Weg zu mehr Sicherheit. Wenn jemand eine Firma schwächen oder aushorchen will, dann nutzt er die anfälligen Schnittstellen zwischen Technik, Organisation und Mensch.

Diese Strategie verfolgen schon Kinder. Wenn Mama sagt, Fernsehschauen komme nicht in Frage, geht der Knirps zu Papa und behauptet: «Mama hat gesagt, wir dürften, falls du nichts dagegen hast!» Die meisten Firmen haben in den letzten Jahren technisch hochstehende Sicherheitsvorkehrungen getroffen, doch leider meist ohne gebührenden Einbezug und Sensibilisierung der Mitarbeitenden.

Sie klopfen Firmen in deren Auftrag nach Schwachstellen im Sicherheitssystem ab. Wie gehen Sie dabei vor?
Wir überlegen uns, was für einen potenziellen Angreifer von Interesse sein könnte. Dabei nutzen wir nebst den technischen Schwachstellen meist diejenigen des Menschen. Es braucht nun einiges an Fantasie und viele scheinbar unwichtige Informationen, die wir puzzleartig für einen Angriff zusammenstellen, um dann trotz Überwachungskameras, Vereinzelungsanlage, Ausweis- und Personenkontrolle in ein Rechenzentrum oder in Managementbüros zu gelangen. Dabei sind auch Informationen aus der näheren Umgebung wie Baustellen, Mobilfunkantennen, Fassadenreinigung wichtig.

Was bringt Ihnen das?
Wir erfinden plausible Geschichten rings um solche Umstände. Bei einer Firma, deren Umgebung sich rasch veränderte, meldeten wir uns als Journalisten an, die eine Serie zum Thema «Ein Quartier im Wandel» realisieren wollten. Wir erhielten einen offiziellen Termin, rückten getarnt als Aufnahmeleiter, Profifotografen und Models an und passierten auf der Suche nach weiteren Steckdosen für unsere Geräte hochoffiziell die Vereinzelungsanlage. Schliesslich lenkte eine attraktive Frau mit noch attraktiverem Ausschnitt den Mitarbeitenden an der Loge ab, indem sie ihn um Kleingeld für den Zigarettenautomaten bat, so dass eines unserer «Models» in den gesicherten Trakt entwischen konnte.

Derart plumpes Vorgehen führt zum Ziel?
Ja, in vielen Fällen schon. Wir wurden auch schon hochoffiziell in ein Rechenzentrum gebracht, weil wir uns als Ungeziefervernichter ausgegeben hatten, welche die Räume von Schädlingen säubern sollten. Natürlich durften sich dabei keine Personen ohne Schutzmaske im Raum aufhalten ... Oder wenn eine Mobilfunkantenne in der Nähe der betreffenden Firma stand, massen wir im Auftrag irgendeiner Organisation die Strahlenbelastung an allen Arbeitsplätzen. Wir staunen selber immer wieder, wie rasch man sich einen Überblick über die Sicherheitseinrichtungen verschaffen kann und wie schnell die Menschen einem vertrauen, wenn man ihnen eine realitätsnahe Geschichte erzählt.

Scheitern Sie manchmal bei Ihren Attacken?
Nein, wir hatten noch jedes Mal Erfolg. Manchmal muss man halt mehrere Anläufe nehmen und etwas stärkeres Geschütz auffahren, etwa einen Brandalarm auslösen, einen Unfall oder Schwächeanfall fingieren. Bei solchen Insze-

nierungen arbeiten wir auch mit Schauspielern zusammen. Aber unser Ziel ist natürlich, mit möglichst geringem Aufwand an die Informationen zu gelangen. Es gibt so viele einfache Wege: Reinigungspersonal, Getränkelieferanten, Chauffeure, Sekretärinnen, Installateure – sie alle sind nahe an der heissen Quelle, relativ leicht täuschbar und meist nicht ins Sicherheitskonzept einer Firma integriert.

Welche Firmen sind besonders gefährdet, Opfer eines Angriffs zu werden?
Unternehmen, die vor einer Fusion oder Übernahme stehen, oder solche, die massiv in Forschung und Entwicklung investieren und dabei Markt- respektive Technologieleader sind. Viele Firmen merken erst sehr spät oder gar nie, dass sie Opfer von «Social-Engineering»-Angriffen geworden sind, denn meistens fehlt ja nichts. Ein professioneller Angreifer hinterlässt keine Spuren und verschafft sich langfristige Informationsquellen. So kennen wir im Rahmen eines Auftrags eines grossen Unternehmens seit sechs Monaten das Passwort eines wichtigen Informationsträgers. Dadurch erhielten wir fünf Tage vor der Verschreibung Kenntnis von einer millionenschweren Fusion – und konnten nebenbei mitverfolgen, mit welchen Strategien die eine Partei die andere über den Tisch zu ziehen gedachte. Dieses Wissen hätte einem echten Angreifer viel Geld an der Börse und fette Medienschlagzeilen beschert.

Sie würden besser verdienen, wenn Sie auf eigene Rechnung oder in anderem Auftrag arbeiten würden...
(Lacht.) Wir werden für unsere Tätigkeit anständig bezahlt. Aber Sie haben Recht: Man braucht nicht nur gutes Vorstellungsvermögen, sondern auch kriminelle Energie, um diese Arbeit professionell zu machen. Es ist wie bei einem erfolgreichen Kriminologen: Die besten sind jene, die auf dem Grat zwischen Gut und Böse auf der richtigen Seite hinuntergefallen sind.

Eines unserer Social-Engineering-Teams hat auch schon mehr oder weniger klare Anfragen erhalten, sich für kriminelle Zwecke einspannen zu lassen. Solche Gespräche beenden wir jeweils unmissverständlich, bevor die Anrufenden jene Fragen stellen können, aufgrund deren wir sie bei der Polizei anzeigen müssten...

Wie können Unternehmen das Risiko Mensch in den Griff bekommen?
Es braucht den Einbezug des Menschen ins gesamte Sicherheitskonzept. Mit überzeugenden Sensibilisierungskampagnen in leicht verständlicher, ja sogar in unterhaltsamer Form haben wir bei unseren Kunden grossen Erfolg. Sicherheit darf auch etwas Spass machen! ■

cornel.furrer@infosec.ch

GAMMA
ANNA
ZEN-LEHRERIN

Stossgebete statt Säbelrasseln

An Durchsetzungskraft und Willensstärke mangelt es Führungskräften selten, in Sachen Entspannung und Besinnung sind sie oft genug Anfänger. Das Lassalle-Institut lädt sie ein, den «Weg nach innen» zu beschreiben. Zen-Lehrerin und Institutsleiterin Anna Gamma erläutert, warum Chefs so gerne kriegerisch auftreten und weshalb sie Nähe als Bedrohung empfinden.

19.10.2006

Frau Gamma, das Lassalle-Institut lehrt Manager emotionale und spirituelle Führungskompetenz. Wer nutzt dieses Angebot?

ANNA GAMMA: Oft sind es Führungskräfte mit hervorragender Ausbildung, Kaderleute, die beruflich und privat viel Erfolg haben und sich irgendwann fragen: Welchen Sinn hat meine Arbeit? Was ist meine Aufgabe auf diesem Planeten? Diese Menschen haben auf den ersten Blick alles, was sie sich wünschen können, und doch fehlt ihnen etwas; sie sind unruhig, auf der Suche. Sie bringen existenzielle Fragen mit – das macht die Zusammenarbeit mit ihnen so spannend. Ausserdem suchen uns junge Hochschulabgänger auf, die unzufrieden sind, weil ihre Ausbildung ausschliesslich auf die mentale Intelligenz abgestützt war, ohne emotionale und spirituelle Aspekte einzubeziehen; ferner Menschen in Umbruchsituationen, die sich beruflich oder privat neu orientieren wollen; und Menschen, welche ihre Work-Life-Balance gesünder gestalten wollen.

Sie schulen die Kunden in Kursen darin, ihre spirituelle Intelligenz zu entdecken, unter anderem durch Zen-Meditation. Was bringt das Managern, die sich in der rauen Geschäftswelt durchsetzen müssen?

Zen steht für den Weg nach innen, der sich im Aussen vollendet. Seine spirituelle Intelligenz zu entdecken, ist für jeden Menschen eine lohnende Erfahrung, die nicht allein den frommen Menschen vorbehalten ist. Das Wunderbare ist, dass die Zen-Meditation an keine Religion gebunden ist; sie zielt auf die eigene Erfahrung ab, weckt die Kreativität und Lebendigkeit. Durch die Meditation lernen unsere Kunden, achtsam und gelassen zu werden und auch dann glücklich zu sein, wenn sie kein Glück haben. Viele erfolgreiche Menschen müssen sich nämlich früher oder später eingestehen, dass sie nicht glücklich sind, auch wenn sie materiell Glück und Erfolg hatten.

Es fehlt der innere Reichtum?

Genau. Sie sind reich an äusseren Gütern, spüren aber auch, dass sie diesen Reichtum verlieren können. Paradoxerweise nimmt diese Existenzangst – so eine amerikanische Studie – mit wachsendem Vermögen eher zu. Wohlhabende Menschen hätten allen Grund, glücklich und unbeschwert zu leben, aber die Sorge um ihre Geldanlagen raubt ihnen das nötige Vertrauen ins Leben. Wenn sie wieder staunen lernen, z. B. dem Wind in den Blättern zu lauschen und sich an einem Sonnenuntergang zu freuen, realisieren sie, dass sich Glück nicht kaufen lässt, dass es vielmehr jedem geschenkt wird, der offen und achtsam im Leben steht.

Wer ein Berufsleben lang um Positionen, Marktanteile und Gehälter gekämpft hat, tut sich vermutlich schwer mit Loslassen. Ist dieses Streben denn so schlecht? Unternehmen müssen doch Gewinn erzielen, damit ihr Weiterbestehen gesichert ist...

Auf jeden Fall. Seine spirituelle Intelligenz entfalten heisst nicht, sich nicht um materiellen Erfolg zu kümmern. Selbstverständlich sollen Firmen Gewinne machen. Man kann und sollte sich allerdings die Fragen stellen, wie hoch der Gewinn sein muss, wem er dient und wer dafür welchen Preis zahlt. Die Gefahr ist, dass wir aus einem Mangelgefühl heraus der Gier verfallen und so zu Kriegern werden, die einen mächtigen Panzer tragen.

Man kann ja nicht allein durch Meditation eine Firma führen.

Nein, aber wenn Menschen einseitig ihre Willenskraft, ihr Durchsetzungsvermögen, ihre Entscheidungskraft entwickeln, wenn sie das Berufsleben als steten Kampf sehen, den es mit aller Kraft zu gewinnen gilt, dann werden sie vielleicht unverletzbar und unabhängig, aber leider auch beziehungsunfähig. Chefs sagen mir, dass sie unter der Verhärtung leiden, da sie ihren Panzer nicht einmal mehr bei Frau und Kindern ablegen können. Jede Nähe hat für sie etwas Bedrohliches, also bleiben sie auf Distanz.

Müsste man also auf eine Karriere verzichten, um menschlich reifen zu können?
Nein, wenn unsere Kunden nach einem Seminar sagen, sie möchten aussteigen, haben wir etwas falsch gemacht. Wir helfen ihnen vielmehr, Begegnungen anders zu gestalten. Ein Vizedirektor einer Bank, der regelmässig ins Lassalle-Institut kommt, musste kürzlich ein Gespräch mit seinem Chef vorbereiten. Kollegen rieten ihm, sich gut zu wappnen und das Visier herunterzulassen, weil der Chef als hart und sehr fordernd gilt. Der Vizedirektor sagte: «Nein, ich will vom Herzen her diesem Mann begegnen.» Das Gespräch dauerte schliesslich 90 Minuten statt den vorgesehenen 20 Minuten. Wenn Menschen aus einer spirituellen Grundhaltung leben, haben sie Sicherheit und Kraft, mit positiven Gefühlen und achtsam in ein Gespräch zu gehen. Sie sehen keinen Gegner vor sich, sondern einen Menschen, mit dem sie die Sehnsucht teilen, vom Herzen her erkannt zu sein. Die Angst verliert dann ihre Macht.

Macht uns die Angst zu Kriegern?
Die Angst vor dem Fremden lässt uns oft hart werden und kriegerisch auftreten, betrachten Sie nur die letzten Abstimmungsergebnisse. Wer einen guten Halt in sich selber spürt, wird sich bewusst, dass Verschiedenheit ein Reichtum ist. Das ist auf kognitiver Ebene rasch erkannt, im Alltag allerdings ebenso rasch wieder vergessen – und schon empfinden wir die Verschiedenheit wieder als Bedrohung.

Schützt die spirituelle Erfahrung Sie vor dem Alltagsstress? Als Geschäftsleiterin des Lassalle-Instituts haben Sie vermutlich auch lange, hektische Arbeitstage...
Auch ich komme nicht mit acht Stunden pro Arbeitstag aus und ich kenne selbstverständlich Stressgefühle, aber ich finde mich selten im Hamsterrad vor. Ich praktiziere tagsüber Meditationen – früher nannte man sie Stossgebete –, die mir helfen, mich gut in kurzer Zeit zu regenerieren. Zudem pflegen wir im Team eine Kultur, die achtsames Arbeiten unterstützt. Wir beginnen jede Woche und jede Sitzung mit einer Meditation. Wenn es zu hektisch wird, rufe ich die Mitarbeitenden zusammen und frage: Wie können wir entschleunigen? In der Hektik passieren zu viele Fehler. Wenn man sich einen Moment ausklinken und sammeln kann, arbeitet man danach viel effizienter. ∎

www.lassalle-institut.org

GIGERENZER
GERD
PSYCHOLOGIEPROFESSOR

«Alle wichtigen Entscheidungen sind Entscheidungen in Unsicherheit»

«Früher galt die Intuition als sicherste Form der Erkenntnis, heute wird sie oft belächelt – völlig zu Unrecht», sagt Gerd Gigerenzer. Der Psychologieprofessor hat nachgewiesen, dass intuitive Entscheidungen unter Zeitdruck oft besser ausfallen als solche, die sich auf aufwändige Analysen und ausgiebiges Nachdenken stützen.

20.9.2007

Herr Gigerenzer, für wie intelligent halten Sie Ihren Bauch?
GERD GIGERENZER: (Lacht.) Nun, wir alle brauchen mindestens zwei Arten von Intelligenz: jene, die wir gemeinhin im Kopf ansiedeln, und jene, die wir Bauchgefühl nennen. Auch als Wissenschaftler höre ich auf meinen Bauch: Geht es beispielsweise um die Frage, in welche Richtung ich innovativ forschen soll, dann werde ich nie in der Lage sein, einen einwandfrei begründbaren Entscheid zu fällen. Ich kann noch so viele Faktoren berücksichtigen, am Ende werde ich auf meine Intuition hören. Das bedeutet natürlich nicht, dass klares analytisches Denken entbehrlich wäre; es ist vielmehr unverzichtbar im Alltag eines Wissenschaftlers.

Sie ermutigen Manager, vermehrt auf ihr Bauchgefühl zu hören. Woher nehmen Sie die Überzeugung, dass sie dadurch bessere Entscheidungen fällen würden?
Theoretische Überlegungen und Experimente sprechen dafür. Das Problem bei Entscheidungen ist ja, dass wir meist zu viele Informationen haben. Sie zu analysieren und zu gewichten, kostet Zeit. So viel Zeit man sich auch nimmt, am Ende hat man doch

meist kein klares Bild: Manche Informationen sind widersprüchlich, andere schlicht unzuverlässig, wieder andere wurden uns von Personen zugespielt, die eigene Absichten verfolgen. Deshalb muss man stets den besten Grund finden und sich von diesem leiten lassen. Dabei hilft uns das Bauchgefühl. Natürlich hat es seinen Sitz nicht wirklich im Bauch, aber eine schöne Metapher ist das allemal.

Mit welchen Experimenten konnten Sie zeigen, dass man besser nicht zu viele Informationen und Optionen in Entscheidungen einbezieht?

Mehrere Studien zeigen: Wenn Experten rasch Entscheidungen treffen, fallen diese meist besser aus, als wenn sie sich viel Zeit lassen. Nehmen Sie eine Untersuchung über erfahrene Golfspieler als Beispiel. Einmal wurden ihnen nur drei Sekunden Zeit für den Abschlag gelassen, das andere Mal hatten sie so viel Zeit, wie sie wünschten. Mit weniger Zeit und weniger Nachdenken waren die Resultate deutlich besser. Hier zeigt sich die Macht der Intelligenz, die im Unbewussten steckt. Diese Intelligenz funktioniert sehr gut, wenn man sie in Ruhe lässt. Kommt ihr das Bewusstsein in die Quere, wird es schwieriger.

Kann man das so verallgemeinern?

Ja, es gibt viele empirische Befunde, welche diese Aussagen stützen. Im Rahmen einer weiteren Studie haben wir Profihandballern eine Spielsequenz auf Videokassette vor Augen geführt. Mitten in einem Spielzug froren wir das Bild ein und fragten: Was soll der Spieler im Ballbesitz tun? Die befragten Profis mussten spontan eine Entscheidung fällen. Nach weiteren 45 Sekunden durften sie nochmals eine Einschätzung abgeben. Die Hälfte der Befragten hat sich in dieser Zeit umentschieden, obgleich die erste spontane Entscheidung meist besser war. Diesen Effekt haben wir in verschiedensten Settings beobachten können: Die spontane Entscheidung von Experten ist meist die beste, die zweite Option ist schon deutlich schlechter, jede weitere ist noch ungünstiger. Mit anderen Worten: Wenn man Experten die Zeit zur Entscheidungsfindung radikal begrenzt, ist die Chance am grössten, dass ihnen nichts Zweitklassiges einfällt. Das ist, nebenbei gesagt, ein gutes Argument, viele Sitzungen deutlich zu verkürzen.

Nur ist nicht immer klar, ob jemand Experte ist. Wenn viele Führungskräfte sich mit Entscheiden schwertun, dann doch deshalb, weil sie stets glauben, über zu wenig sichere Informationen zu verfügen, also immer noch Laien zu sein.

Vielleicht hilft es, sich vor Augen zu führen: Alle interessanten und wichtigen Entscheidungen sind Entscheidungen in Unsicherheit. Schon Benjamin Franklin hat erkannt: Nichts ist sicher ausser dem Tod und den Steuern. Als Naturwissenschaftler und Politiker wusste er, wovon er sprach. Deshalb macht mich die

Rhetorik der Sicherheit, mit der uns Politiker und Manager gerne betören, stets misstrauisch.

Das ist aber gut nachvollziehbar. Ein Konzernchef soll eine Identifikationsfigur sein, die den Weg vorgibt und weiss, was sie tut. Also muss er Sicherheit ausstrahlen.

Ein Chef muss in erster Linie mit einer gewissen Entschlossenheit die bestmögliche Entscheidung fällen. Er soll aber mutig genug sein, sich zur unvermeidlichen Unsicherheit zu bekennen. Es nützt niemandem, wenn wir ängstlich nach nicht existierenden Sicherheiten suchen und krampfhaft die Illusion von Gewissheit aufrechterhalten. Was wir brauchen, ist ein entspannter Umgang mit Risiken. Man läuft immer Gefahr, falsch zu liegen – in der Wirtschaft, in der Wissenschaft und auch in der Ehe.

Sie haben die Bedeutung der Intuition angesprochen. Was verstehen Sie genau darunter?

Intuition wird durch drei Komponenten definiert. Es ist erstens ein Gefühl, das schnell im Bewusstsein ist. Man weiss zweitens nicht, woher es kommt. Und drittens ist es stark genug, um unsere Handlungen zu leiten. Ich versuche seit Jahren, die der Intuition zugrunde liegenden Prozesse zu erforschen. Das Ziel ist nicht, Intuition gegen analytische Intelligenz auszuspielen. Die wirklich wichtige Frage ist vielmehr, wann welches Werkzeug wie gut funktioniert.

Ein Vorteil des intuitiven Entscheidens dürfte sein, dass man sich nicht endlos mit Spezialistenwissen befassen muss. Das kann aber direkt in Ignoranz führen.

Partielle Ignoranz vereinfacht und beschleunigt Entscheidungsprozesse in der Tat merklich – und die Resultate leiden oft nicht darunter. Das zeigt sich schön am Beispiel der Geldanlagen an der Börse. Ich habe mehrmals mit meinem Team an Wettbewerben um das beste Aktienportfolio teilgenommen. Beim Wettbewerb des Wirtschaftsmagazins «Capital» gingen im Jahr 2000 über 10 000 Teilnahmen ein. Wir setzten auf die implizite Weisheit in der Ignoranz von Fussgängern, das heisst, wir befragten eine grössere Gruppe von zufällig ausgewählten Laien, die wir auf der Strasse trafen, welche börsenkotierten Unternehmen sie kannten. So ermittelten wir die zehn bekanntesten Firmen und bildeten daraus unser Portfolio. Dieses erreichte im damals rauen Klima eine Performance von plus 2,5 Prozent. Das von diversen Finanzexperten aufwändig zusammengestellte Portfolio des Herausgebers tauchte in der gleichen Zeitspanne um 18,5 Prozent. Wir liessen dank unseren Ignoranten von der Strasse 88 Prozent der anderen Portfolios hinter uns und schlugen in weiteren Untersuchungen auch den Gesamtbörsenkurs und die nach dem Zufallsprinzip zusammengestellten Pakete.

Darf man daraus schliessen, dass Sie keine Anlageberater beschäftigen?

Wenn es um Aktien geht, dann verlasse ich mich nicht auf Berater, sondern auf meine Intuition und das Prinzip der Diversifikation. Das spart viel Zeit und Kosten. Eine Reihe von Studien zeigt, dass professionelle Berater Aktienkurse nicht besser vorhersagen können als Laien. Was sie jedoch besser können, ist, im Nachhinein zu erklären, warum gestern Siemens nach unten gegangen ist. Testen Sie mal Ihren Berater.

Sie singen hier ein Loblied auf die Intuition. Wer sich zu sehr auf sie stützt, wird doch anfällig für Täuschungen.

Das ist richtig, Intuition kann ausgenutzt werden. Firmen, die in der Werbung keine Information über ihre Produkte vermitteln, sondern immer nur gebetsmühlenartig ihren Namen wiederholen, versuchen, das Gefühl, dass man Bekanntem eher traut, für ihre Zwecke zu nutzen. Wer aber versteht, wie Intuition funktioniert, kann sich davor schützen. Mir ist es ein Anliegen, dass der Ruf der Intuition nicht länger ramponiert bleibt. Früher galt Intuition als sicherste Form der Erkenntnis, sie zeichnete Engel und andere Lichtgestalten aus. Heute wird sie als trügerische Richtschnur des Handelns belächelt, weit unterhalb der Ratio angesiedelt und spöttisch mit weiblicher Einfühlung in Verbindung gebracht. Intuition verdient einen weitaus höheren Stellenwert. Deshalb bin ich stolz, dass unser Forschungsteam hier Gegensteuer gibt. Wir konnten als Erste aufzeigen, dass Entscheidungen, die auf nur einem guten Grund beruhen, oft besser sind als solche, die auf multipler Regression basieren.

Bedeutet das, dass Grossunternehmen ihre stattlichen Analyse-, Marktbeobachtungs- und Controllingabteilungen schliessen und sich auf die Intuition ihrer Manager verlassen sollten? Der langjährige Nestlé-Chef Helmut Maucher sagte kürzlich im Interview: «Man kann sich nur bedingt auf Analysen und Beratung stützen, letztlich kommt eine Mischung aus Erfahrung, Gefühl und Instinkt zum Tragen.»

Es bringt tatsächlich wenig, wenn Dutzende von Analysten Tausende von Daten zusammentragen und damit Hunderte von Seiten füllen. Diese Akribie führt selten zu besseren Entscheidungen, sie dient vielmehr der defensiven Absicherung für den Fall eines Misserfolgs. Ich halte Einfachheit für ein wichtiges Gut in Unternehmen, sie ermöglicht Überschaubarkeit, schafft Transparenz und Vertrauen. Und Intuition funktioniert nur in einem solchen Umfeld. Gigantische Analyse- und Dokumentationsabteilungen dienen dagegen oft weniger der Sache als der defensiven Absicherung der leitenden Personen. Nur hören das die wenigsten gern.

Haben Sie schlechte Erfahrungen mit solchen Aussagen gemacht?
Ich referierte kürzlich in London in einer grossen Investmentbank, zeigte dem Kader auf, warum es oft besser ist, nicht zu lange nach zusätzlichen Informationen zu suchen. Kurz bevor ich mich mit dem Chef zum Essen zurückziehen wollte, nahmen mich zwei Abteilungsleiter beiseite und baten mich, das Thema doch bitte beim Dinner mit dem Chef nicht weiter zu vertiefen. Es war offensichtlich, dass sie um ihre Stelle fürchteten. Der Chef hat dann keine Sparmassnahmen beschlossen, sondern mir 1,5 Millionen Euro für weitere Forschung auf diesem Gebiet zugesichert.

Die Einfachheit, für die Sie plädieren, setzt Mut voraus; in vielen Unternehmen dominiert aber die Angst. Und wenn man Angst hat und sich dann vom Bauchgefühl leiten lässt, führt das zu unguten Entscheidungen.
Ja, in diesem Fall kann das Bauchgefühl sogar das Leben kosten. Nach den Anschlägen am 11. September sind viele Amerikaner weniger geflogen als vorher. Die wenig beachtete Schattenseite dieser Reaktion war: Die Zahl der im Auto gefahrenen Meilen stieg für zwölf Monate um drei bis fünf Prozent, und 1500 Amerikaner liessen ihr Leben in Verkehrsunfällen. Menschen haben Angst vor Situationen, in denen viele zum gleichen Zeitpunkt sterben, nicht aber vor Situationen, wo gleich viele oder sogar mehr Menschen über die Zeit verteilt sterben – wie beim Autofahren. Wären diese Ängste analysiert und die Gefahren intuitiver Reaktionen erläutert worden, hätte das vermieden werden können. ∎

Gerd Gigerenzer ist Psychologie-Professor und Direktor am Max-Planck-Institut in Berlin. In Fragen der Entscheidungsfindung ist er ein weltweit geachteter Fachmann. Sein neustes Buch «Bauchentscheidungen» vermittelt Einblicke in die Intelligenz des Unbewussten und die Macht der Intuition.

**GUGGENBÜHL
ALLAN
PSYCHOTHERAPEUT**

Intrige und Sabotage unter dem Deckmantel der Harmonie

Aggressionen werden am Arbeitsplatz kaum je offen ausgelebt – gerade deshalb gedeiht Mobbing. «Weil es sozial nicht akzeptiert ist, dass man sich prügelt oder das Büro anzündet, intrigiert man beim Chef, behält wichtige Informationen zurück oder streut Unwahrheiten», sagt der Psychotherapeut Allan Guggenbühl, Autor des Buchs «Anleitung zum Mobbing».

25.6.2008

Herr Guggenbühl, haben wir nicht Ärger genug am Arbeitsplatz, oder warum haben Sie eine «Anleitung zum Mobbing» verfasst?

ALLAN GUGGENBÜHL: Ich wollte darauf hinweisen, dass wir nicht so edel sind, wie wir uns gerne sehen. Meistens gibt es bei der Arbeit nicht viel direkte Gewalt und offene Konflikte, aber sehr viel Intrige: Wir benutzen fiese Tricks und verstecken unsere Aggressionen hinter der Maske des Guten. Unsere bösartigen Seiten verdrängen wir zugunsten eines tollen Selbstbilds. Wir heucheln uns selber etwas vor, indem wir an deklarierte Absichten glauben und unsere effektiven Handlungen übersehen.

Wenn man Ihr Buch liest, gewinnt man unweigerlich den Eindruck, Mobbing sei allgegenwärtig in der Arbeitswelt.

Wir leben in einer Gesellschaft, in der Rollen und Aufgaben oft nicht klar definiert sind. Es gibt wenig eindeutige Codes und viele Grauzonen, die wir selber gestalten können. Wer sich durchsetzen will, muss intrigieren; Mobbing ist eine der wichtigsten Waffen beim Aufstieg.

Ist es denn naiv zu glauben, man könne auch kraft guter Leistung aufsteigen?

Ja, das ist naiv. Leistungsstärke und Kompetenz sind hilfreich, aber oft steigen nicht die Besten auf, sondern jene, welche das System mit Tricks aushebeln und dabei in Kauf nehmen, dass andere unfair ausmanövriert werden. Die meisten Unternehmen suchen Führungskräfte mit Sozialkompetenz – nur ist Sozialkompetenz nicht per se etwas Gutes, sie darf nicht mit sozialer Einstellung verwechselt werden; Empathie und Kommunikationsfähigkeit helfen einem, wenn man mobben will, man kann andere dadurch besser für seine Zwecke einspannen, sie aushorchen, instrumentieren.

Was meinten Sie, als Sie vorhin von Grauzonen in Betrieben gesprochen haben?
Früher konnte ein Firmenpatron einen Mitarbeiter entlassen, weil ihm dessen Gesicht nicht passte. Ungerechtigkeiten waren offensichtlich. Heute gibts spezialisierte Personalabteilungen, Personalkommissionen, Gewerkschaften – jemanden loszuwerden, ist ein schwieriges Unterfangen geworden. Man schafft das nur, wenn man den Code des Systems sehr gut kennt und ein sozial anerkanntes Argument ins Feld führt.

Weil Unternehmen komplex und unübersichtlich geworden sind, müssen die Mitglieder raffinierte Strategien anwenden. Man überträgt einem Mitarbeiter beispielsweise eine scheinbar ehrenvolle Aufgabe, der er mit grosser Wahrscheinlichkeit nicht gewachsen ist, die Aggression wird hinter einer Fördermassnahme versteckt. Oder man schiebt Kunden oder Experten vor und sagt, andere hätten sich über den Betreffenden beklagt oder die Konfliktkompetenz habe sich im Assessment als ungenügend erwiesen. So wahrt der Aggressor sein Gesicht, obwohl er destruktiv vorgeht.

Würde weniger gemobbt, wenn es öfter zu offenen Konflikten käme?
Ja, direktere Auseinandersetzungen wären sicher hilfreich, man weiss dann, worum es geht. Aber wir sind alle Teil eines Kollektivs, und eine der wichtigsten Spielregeln lautet, dass der Schein der Harmonie gewahrt werden muss. Diese Haltung drückt sich auch in unserem Selbstbild aus: Wir präsentieren uns so, wie es unsere Bezugsgruppe sehen will, als guter Zuhörer, vernünftig und sozial denkender Mensch. Wir verdrängen unsere Schattenmotive, werden unehrlich. Man spricht oft von Jugendgewalt; die uneingestandenen Aggressionen der Erwachsenen wären jedoch ein viel wichtigeres Thema.

Was wären gesunde Formen, die Aggressionen, die Schattenseiten im Arbeitsumfeld auszuleben?
Wenn man in einem Unternehmen auch mal fluchen, streiten oder einen blöden Spruch machen darf, hat das eine wichtige Ventilfunktion. In kleinen Unterneh-

men, wo man sich besser kennt und mal zusammen ein Bier trinkt, sind solche Äusserungen eher möglich als in Grossbetrieben, wo Emotionen oft verdrängt werden und man sich im engen Korsett des Berufscodex bewegen muss.

Wer läuft Gefahr, gemobbt zu werden?
Wer profiliert ist, aneckt, die kollektive Harmonie stört und akzeptierte Überzeugungen infrage stellt. Wenn wir in eine neue Organisation eintreten, müssen wir uns erst einmal anpassen – es ist selten so, dass jene, die Basiseinstellungen und Grundwerte infrage stellen, befördert werden. Auch ertragen es nur wenige, wenn sie feststellen müssen, dass ein anderer in ihrem Bereich besser ist. Die meisten versuchen instinktiv, ihn oder sie zu eliminieren. Weil es sozial nicht akzeptiert ist, dass man sich prügelt oder das Büro anzündet, intrigiert man beim Chef, behält wichtige Informationen zurück oder streut Unwahrheiten.

Wenn so viele Menschen mobben, ist das eine Bankrotterklärung ans Gewissen.
Nicht unbedingt, die meisten haben ein gutes Gewissen dabei; das Interessante ist ja, dass der Eindruck von uns selber, unser Selbstbild, unsere Persönlichkeit verzerrt wiedergibt. Aggressionen werden meistens aus scheinbar edlen Motiven begangen. Täter sagen oft: «Das ist ein Missverständnis, das habe ich doch alles nicht so gemeint, ich wollte doch das Beste.» Das hängt damit zusammen, dass wir uns selber schlecht kennen, dass unser Selbstbild wenig mit der Realität zu tun hat, sondern uns zu Propagandazwecken dient; es muss uns stabilisieren, unangenehme Selbsterkenntnisse verdrängen. Das Denken ist meistens eine Funktion des Selbsterhaltungstriebs; wir geben uns edle Motive, damit wir ungestört asozial handeln können. Wir neigen zu einer Überschätzung der Vernunft und des Bewusstseins; gesteuert werden wir von tieferen, unbewussten Motiven. Unsere Worte sind meistens nachträgliche Rechtfertigungen, die dazu dienen, uns selbst und die Umgebung zu täuschen.

Teilen Sie die Ansicht des Psychiaters Gerhard Dammann, dass in Unternehmen meistens Narzissten und Psychopathen Karriere machen?
Ja, leider ist das so. Wirkliche Selbsterkenntnis und die Fähigkeit, unsere Schattenpersönlichkeit zu erkennen, bremsen beim Bestreben, die Karriereleiter emporzuklettern. Wer andere ungehemmt instrumentalisieren und sich selber dabei ein reines Gewissen konstruieren kann, hat bessere Aufstiegschancen. ∎

info@ikm.ch

Literatur: Allan Guggenbühl: Anleitung zum Mobbing. Zytglogge Verlag, Oberhofen, 2008.

**HAESLER
ALDO**
SOZIOLOGIEPROFESSOR

«In 10 Jahren werden kaum noch Geldnoten im Umlauf sein»

Beim Stellenwechsel, vor der Scheidung, in den Ferien – immer spielt Geld eine wichtige Rolle. Der Soziologieprofessor Aldo Haesler erläutert, warum wir mit dem Geld nicht fertigwerden und uns ohne Geld vermutlich massakrieren würden. Und er zeigt auf, wie uns das Plastikgeld verändern und zu Fetischisten degradieren wird.

26.1.2002

Herr Haesler, wann sind Sie erstmals mit Geld in Berührung gekommen?

ALDO HAESLER: Als Vierjähriger war ich ganz versessen aufs Geld, denn ich konnte damit die neu auf den Markt gekommene Kaugummisammlung kaufen. Meine ersten Erinnerungen ans Geld sind die an ein wundersames Tauschmittel. Eigentlich liegen die frühesten Erlebnisse noch ein Jahr weiter zurück. Als Dreijähriger erhielt ich in Frankreich von meiner Grossmutter einen Sou, also das Pendant zu einer 5-Rappen-Münze; ich ging damit in den Quartierladen und zerbrach mir den Kopf, wofür ich sie am besten einsetze. (Lacht.) Das waren meine ersten Optimierungsversuche.

Welchen Stellenwert hat Geld heute für Sie?

Geld bietet eine minimale Sicherheit, das Existenzminimum bestreiten zu können. Es ist aber nicht ein an sich wünschenswertes Gut. Die späten Sechzigerjahre waren für mich prägend, ich fühlte mich sehr angezogen vom Autarkie-Ideal dieser Zeit; wirtschaftliche Unabhängigkeit und Naturnähe, wie sie in den Longo-Mai-Projekten angestrebt wurden, übten eine starke Anziehungskraft auf mich aus und tun es heute noch.

Würden Sie sagen, Geld mache eher unglücklich als glücklich?
Ich kann mit dem deutschen Philosophen Georg Simmel sagen: «Mit Geld kann man nicht glücklich werden, ohne aber bestimmt sehr unglücklich.» Das Schicksal des amerikanischen Multimilliardärs Howard Hughes, des Prototyps des Dagobert Duck, beeindruckte mich. Er lebte die letzten Jahre seines Lebens zurückgezogen und vereinsamt; die Angst um seinen Reichtum füllte sein Leben aus. So gesehen kann man sagen, dass Geld sinnstiftend sei, aber es stiftet einen absoluten Minimalsinn. Wenn menschliche Beziehungen auf ein Minimum geschrumpft sind, bleibt das Geld als letzter Nenner, als letzte Kommunikationsmöglichkeit. Geld ist immer auch das, was die Menschen auseinanderbringt.

Wäre uns wohler in einer geldlosen Gesellschaft?
Nein, wenn das Geld verschwände, hätte dies dramatische Konsequenzen. Wenn man den Menschen die Dinge, die Bezugsobjekte, wegnimmt, richtet sich die Gewalt direkt vom einen Menschen auf den andern; darauf hat Marx hingewiesen. Solche Gräueltaten waren bei den Roten Khmer zu beobachten: Nach der Abschaffung des Geldes wurde ein Drittel der Bevölkerung massakriert – Geld ist auch unsere Grenze zum Monstrum.

Beim Jahreswechsel zu 2002 wurde Geld in vielen europäischen Staaten zum Happening. Weshalb stellten sich Menschen mitten in der Nacht in eine Warteschlange, um ein paar Euro zu ergattern?
Viele liessen sich von den Dimensionen dieser logistischen Übung begeistern; sie rechneten insgeheim mit dem Chaos und staunten, dass die Einführung so gut klappte. Eine wichtige Rolle spielte auch, dass Geld für Momente wieder sinnlich fassbar wurde, was beim Plastikgeld nicht der Fall ist. Dank dem Euro kamen wildfremde Menschen in Warteschlangen miteinander ins Gespräch. Die Euphorie wird sich aber schnell wieder legen.

Sie verfechten die Theorie, dass sich bei Veränderungen des Geldes auch die Denk- und Handlungsmuster der Menschen fundamental wandeln. So gesehen stünden uns unheimliche Umbrüche bevor.
Diese Theorie scheint mir in der Tat ergiebig zu sein. Als im 7. Jahrhundert vor Christus die ersten Geldmünzen auftauchten, meisterten die Menschen den Übergang vom Mythos zum Logos; es war die Geburtsstunde der griechischen Naturphilosophie und der Prostitution. Die Einführung des abstrakten Papiergelds in der Renaissance fällt mit dem Beginn der abendländischen neuzeitlichen Philosophie zusammen. Die entscheidende Frage ist: Sind die Veränderungen beim Geld bloss die Folgen des gesellschaftlichen Wandels, oder sind sie dessen

Ursache? In Anbetracht der Tatsache, dass Geld zur alles dominierenden Weltsprache geworden ist, scheint mir das Zweite wahrscheinlicher.

Welche Folgen wird der Euro zeitigen?

Diese Währung ist zunächst die Folge einer langwierigen Europapolitik. Sie wird eine starke Wirkung haben. Einheitswährungen wirken immer integrierend, auch politisch; der Euro wird also zu einer stärkeren Identifikation mit Europa führen – ich sehe ihn da als ähnlich starkes Symbol, wie es eine gemeinsame Armee oder Fussball-Nationalmannschaft wäre. Zudem wird er die kleineren Währungen bald verdrängen.

Auch den Schweizer Franken?

Nein, der Franken wird überleben als Spezialfall und als Zufluchtswährung für Menschen mit ausgeprägten Ängsten. So wie die Schweiz als Loch in Europa überleben wird.

Sie haben vor 15 Jahren gesagt, das Geld werde bald aus unserem Alltag verschwinden. Möchten Sie diese Aussage heute revidieren?

Nein, wir sind auf dem besten Weg zum elektronischen Portemonnaie. Die Anhänger des Papiergeldes haben durch den Euro, diese milliardenteure Rematerialisierung des Geldes, noch einmal etwas Zeit gewonnen. Es ist aber eine Geldfrage, wann das Geld als Tauschmittel im herkömmlichen Sinn abgeschafft sein wird. Sobald die wichtigsten technischen Probleme beseitigt sind, werden wir nur noch mit Kärtchen oder Handy bezahlen. In zehn Jahren werden kaum noch Noten und Münzen im Umlauf sein.

Sehen Sie in diesem Übergang bloss eine Formalität oder einen tief greifenden Einschnitt?

Mit dem Opfercharakter des Geldes wird etwas sehr Grundsätzliches verschwinden, nämlich das Erfahrungswissen, dass man etwas geben muss, um etwas zu erhalten. Dass den Rechten keine Pflichten mehr gegenüberstehen, wird auch unsere Auffassung von Gerechtigkeit verändern. Wenn wir fünf Hunderternoten hinlegen, ist damit ein Trennungsschmerz verbunden; wenn wir mit der Karte bezahlen, diesem Passierschein für den Eintritt in den weltweiten Selbstbedienungsladen, ist bloss noch spannend, ob wir unsere Unterschrift hinkriegen und ob die Technik uns das Spiel nicht vermiest. Eine Folge ist, dass wir den Marketingleuten schutzloser ausgeliefert sind und die Überschuldung zunehmen wird.

Da schwingt eher Sorge als Begeisterung mit...

Das Erschreckende ist, dass wir immer mehr der Gewalt des Geldes unterworfen sind, ohne das zu merken. Solange das Geld ein Gegenstand war, wehrten sich

Intellektuelle von Aristoteles über Goethe bis Simmel gegen dessen Vergötterung. Nun, da es sich davonschleicht und unfassbar wird, verfallen wir unbewusst einem kollektiven Monetärfetischismus. Es liegt an uns, dafür zu sorgen, dass Geld nicht alles vergleichgültigen kann, was es antrifft. ∎

aldohaesler@wanadoo.fr

Aldo Haesler, geboren 1954 und Absolvent der HSG (Dr. oec. 1983), arbeitet derzeit als Ordinarius für Soziologie an der Universität Caen und beschäftigt sich mit dem Zusammenhang zwischen Geld und Moderne, insbesondere mit der Entstofflichung des Geldmediums.

**HALTER
MARTIN / JÜRG
GLASMALER / DICHTER**

Glas malen und Räume öffnen

«Dein Problem ist, dass du zu ehrlich bist», sagt Jürg Halter zu seinem Vater Martin Halter, der seit 40 Jahren Kunst aus Glas schafft. Jürg Halter ist aus der Familientradition ausgeschert, er schreibt Gedichte und rappt als Kutti MC. «Als ich seine erste Lesung besuchte, dachte ich, da sitze ein anderer am Mikrofon», erinnert sich Martin Halter.

25.3.2009

Jürg Halter, macht einen die Herkunft zum Künstler oder das Leiden an der Welt?
JÜRG HALTER: Wenn ich mit allem auf dieser Welt einverstanden wäre, würde ich heute wohl Blumen verkaufen statt Gedichte und Lieder schreiben. Aber das Umfeld hat mich schon geprägt: Ich war als Kind oft im Atelier meines Vaters. Er hat mich früh in der genauen Beobachtung geschult, gab mir Bilder und Farbstifte und liess mich zeichnen. Die spätere Auseinandersetzung mit Sprache und Musik war dann nichts fundamental Neues: Auch das Schreiben beginnt mit genauem Beobachten.

Sie sind heute als Rapper Kutti MC und als Dichter tätig – warum gerade diese beiden Kunstformen?
JÜRG HALTER: Es begann damit, dass ich Texte zu Musik schrieb. Ich spiele kein Instrument, meine Instrumente sind die Sprache und meine Stimme. Künstler war ich vielleicht schon immer, nur wusste ich dies nicht von Anfang an. Durch die Lancierung der Literatur- und Kunstzeitschrift «Art.21-zeitdruck» und erste Auftritte bei Poetry-Slams kam ich mit dem Literaturbetrieb in Berührung. Bei einer meiner Lesungen war Ruth Schweikert im Publikum. Sie legte bei Egon Ammann ein gutes Wort für

mich ein, so dass Ammann mich eines Tages fragte, ob ich noch mehr Gedichte habe, er möchte daraus etwas machen. So konnte ich mit 25 Jahren einen ersten Gedichtband veröffentlichen.

Wie haben Sie die Berufswahl Ihres Sohnes erlebt? Immerhin ist er nach drei Generationen Glasmalerei aus der Familientradition ausgeschert.

MARTIN HALTER: Ich wollte ihm das immer offenlassen. Natürlich hätte ich mich gefreut, wenn er den Betrieb weitergeführt hätte, aber wenn ich die Entwicklung in den letzten Jahren betrachte, bin ich ganz froh, dass er in einer anderen Sparte tätig ist. Die Nachfrage nach Glasmalerei ist heute relativ gering. Das hat wenig mit unserer Arbeit, aber viel mit Mode zu tun: Zehn Jahre vor der Jugendstilzeit wollte niemand etwas von farbigen Fenstern wissen, dann konnte es nicht farbig genug sein. Wenn heute die Architekten Herzog & de Meuron farbige Fenster in eines ihrer Projekte einbauen würden, könnten wir uns morgen nicht mehr vor Anfragen retten. Noch nie wurde in der Architektur so viel Glas eingesetzt wie heute – leider bleibt es meist kahl und unfarbig.

Glasmalerei wird oft auf die Gestaltung von Wappenscheiben reduziert. Was umfasst sie noch?

MARTIN HALTER: Die Restauration und Sanierung von Kirchenfenstern und privater Glasmalerei. Dazu kommt die Gestaltung von Glaskreationen. Vieles entsteht im Auftrag von und in Absprache mit Kunden. Hier decke ich das ganze Spektrum von ornamentaler, gegenständlicher und abstrakter Kunst ab.

Wie sieht die Kundschaft aus?

MARTIN HALTER: Oft sind es Privatkunden, die sich zum Beispiel eine schöne Gestaltung für ihren Wintergarten oder einzelne Fenster wünschen. Kürzlich habe ich für eine Kundin ein Blumenmotiv für ihr Küchenfenster erarbeitet. Da geht es nicht darum, sich künstlerisch auszuleben, sondern darum, genau hinzuhören, den Geschmack der Kundschaft zu treffen und sich dennoch mit dem Werk zu identifizieren.

JÜRG HALTER: Damit hast dus dir vielleicht selber schwer gemacht. Du hast die Glasmalerei als Kunsthandwerk immer sehr ernst genommen und deine freie künstlerische Arbeit fast ein wenig dahinter versteckt. Ein anderer mit einem Werk wie deinem hätte schon längst Ausstellungen in Kunstmuseen machen können. Die Kunstszene ist leider nicht so offen, wie viele Experten behaupten. Einerseits wird heute menschlicher Kot als Kunst verkauft, andererseits wird zwischen Kunst und Kunsthandwerk so unterschieden, als ob dies die zwei grössten Gegensätze wären.

Möchten Sie denn, dass Ihre freien Werke mehr Beachtung finden?
MARTIN HALTER: Ich will mich nicht anbiedern. Es gibt ja in der Arbeit mit Glas einen Trend in Richtung «fusen». Da werden farbige Glasstäbe bei sehr hohen Temperaturen auf eine klare Glasschicht geschmolzen. Es entsteht ein Farbengemisch, das an einen abgelutschten Schleckstängel erinnert...
JÜRG HALTER: ... wie geschaffen für den amerikanischen Kunstmarkt.
MARTIN HALTER: Für mich ist das jedenfalls zu einfach; das kann jeder machen und behaupten, es sehe toll aus. Ich stelle mich gerne der Herausforderung, materialgerecht Glasmalerei zu gestalten. Die Arbeit mit verschiedenen Originalsubstanzen und mit den 5000 verschiedenen Farbtönen ist eine grosse Bereicherung. Leider wird man als seriöser Glasmaler im Restaurationsbereich mehr und mehr zum Handlanger irgendwelcher eitler Akademiker, die sich am liebsten selber die Glasmaler-Krone aufsetzen.
JÜRG HALTER: Dein Problem ist, dass du zu ehrlich bist, um dich als Klischee eines Künstlers zu verkaufen. Du gehst vom Werk aus, lässt deine Arbeit sprechen. Aber heute scheint viele Kunst nur noch durch kunsttheoretische Vermittlung erfahrbar zu sein. Das hat meinen Blick auf die ganze Gegenwartskunst geprägt. Einerseits ist die Kunstkritik fast verschwunden, andererseits wird in vielen Katalogen auf teurem Papier seitenweise metaphysischer Schwachsinn gedruckt. Zum Glück gibt es immer noch genügend gute Künstler – die Nadeln im Heuhaufen der Gegenwartskunst.

Vor einiger Zeit sagten Sie, Ihr Grossvater habe mit der Glasmalerei angefangen, vielleicht müssten Sie lernen, damit aufzuhören.
MARTIN HALTER: Die Zusammenarbeit mit Historikern und Architekten ist nicht einfach. Man kann mehrere Jahrzehnte gute Arbeit machen und wird dann plötzlich einfach entfernt. Das ist schmerzhaft, auch wenns mehr mit der Konstellation als mit der eigenen Person zu tun hat. Ich konzentriere mich jetzt auf Dinge, die mich interessieren. Und ich habe damit begonnen, ein Inventar dieser Schätze aus drei Generationen Glasmalerei zu erstellen, inklusive der Originalentwürfe bekannter Kunstmaler. Es gibt immer Interessenten, die einen solchen Atelier-Nachlass erwerben möchten.

Jürg Halter, Sie sagten, Sie seien schon immer Künstler gewesen. Was macht den Künstler aus?
JÜRG HALTER: Schwer zu sagen. Ich bin heute nicht grundsätzlich jemand anderes als der dreijährige Jürg Halter. Ich bin schon immer mit wachen Sinnen durchs Leben gegangen; seit ich denken kann, versuche ich, die vielen Eindrücke zu

reflektieren und fassbar zu machen. Das Medium Kunst ist für mich die beste Möglichkeit, mehr über die Welt, über das Leben zu erfahren. Mich interessiert mehr die poetische Auseinandersetzung mit der Welt als die theoretische Annäherung. Das Fassbare zu beschreiben, reizt mich nicht. Aber es fliessen auch wissenschaftliche Erkenntnisse in meine Arbeit ein. Ich habe zum Beispiel gelesen, dass eine Schneeflocke 0,004 Gramm wiegt. Das fand ich so faszinierend, dass es Eingang in ein Gedicht gefunden hat.

Wie erleben Sie den Kulturbetrieb – hat man Einfluss darauf, was aus dem eigenen Werk und mit der eigenen Person gemacht wird?
JÜRG HALTER: In meiner Kunst zeige ich meine ganze Persönlichkeit. Aber Privates mache ich ausserhalb der Kunst, in der es oft verschlüsselt ist, nicht öffentlich. Ich habe stets versucht, möglichst viel Kontrolle zu behalten, unabhängig zu bleiben, CD- und Buchcovers selber zu wählen. (Schmunzelt.) Deswegen habe ich mich vermutlich nie getraut, bei «Music-Star» mitzumachen. Dort hätte ich immerhin lernen können, wie man am schnellsten die Glaubwürdigkeit verliert und das Karriereende erreicht. Und hätte danach Blumen verkaufen können.

Im Ernst: Erschreckt es Sie nie, was andere in Ihre Texte hineinlesen?
JÜRG HALTER: Kritik interessiert mich nur, wenn sie intelligent ist, unabhängig davon, ob sie nun negativ oder positiv ist. Das Wichtigste ist, was die Leute in meinem Umfeld zu meiner Arbeit sagen. Wer nur auf die Gunst der Öffentlichkeit spekuliert, verliert rasch sein künstlerisches Format.

Spüren Sie keinen Druck, eine spannende Figur darzustellen? Sie seien «der perfekte Anti-Entertainer», hat man über Sie geschrieben, ein «Mann für seltsame Kulte».

JÜRG HALTER: Manche Attribute werden einmal verteilt und dann ohne Überprüfung ständig wiederholt, obwohl man sich als Künstler längst weiterentwickelt hat. Zum Thema Selbstinszenierung: Jeder Künstler, der auf der Bühne steht, betreibt Selbstinszenierung. Wer das abstreitet, ist unehrlich. Ein bewusst bescheidenes Auftreten ist unter Umständen anmassender als ein egozentrischer Auftritt.

MARTIN HALTER: Als ich die erste Lesung meines Sohns in der Reitschule besuchte, dachte ich, da sitze ein anderer vorne am Mikrofon. Er hatte alle Hemmungen abgestreift, trug seine Texte mit einem Stimmorgan vor, von dem ich nichts gewusst hatte, und brachte die Zuhörenden mit zynischen Überleitungen zwischen den einzelnen Texten zum Lachen.

JÜRG HALTER: Diese Improvisationen zwischen Gedichten oder Liedern sind mir noch heute wichtig. Mich interessiert kein Auftritt, der nicht ein gewisses Risiko beinhaltet. Wer nur sein Programm abspult, verliert selber die Aufmerksamkeit, die er vom Publikum erwartet.

Wenn Sie heute Lesungen besuchen, sehen Sie da immer noch einen Fremden auf der Bühne?

MARTIN HALTER: In der Zwischenzeit haben wir uns mit diesem anderen Sohn angefreundet, er gehört jetzt quasi zur Familie.

Was charakterisiert die Kunst Ihres Vaters?

JÜRG HALTER: Er ist für mich ein Profi. Er ist seit 40 Jahren mit all seiner Aufmerksamkeit und Aufrichtigkeit Glasmaler und kann seit 40 Jahren davon leben. Ich bewundere ihn für seine Ernsthaftigkeit und für seine Bereitschaft, immer noch einen Schritt weiterzugehen, neue Wege zu suchen. Der Selbstverständlichkeit, mit der er von der Kunst und für die Kunst lebte, verdanke ich viel. Es beeindruckt mich, welch umfangreiches Werk er geschaffen hat, wie er in weit über 100 Kirchen 6000 m² Glasmalereien saniert oder erneuert und gegen 400 freie Werke in Glaskunst umgesetzt hat. Da stehe ich noch am Anfang.

Wie entstehen Ihre Gedichte? Schreiben Sie nach Stundenplan oder in Übereinstimmung mit einem inneren Rhythmus?

JÜRG HALTER: Meine Hauptaufgabe besteht darin, jeden Tag aufmerksam zu sein. Ich habe keine geregelten Arbeitszeiten. Es kommt vor, dass ich vor Abgabeterminen drei Tage und drei Nächte durcharbeite. Aber man darf sich nicht immer unter Druck setzen. Seit im September mein Gedichtband «Nichts, das mich hält» erschienen ist, habe ich fast keine Gedichte mehr geschrieben. Ich darf das nicht forcieren.

In den letzten Monaten habe ich intensiv Liedtexte geschrieben, Ende August wird das dritte Kutti-MC-Album herauskommen. Ich mag diese Abwechslung. Und ich bin dankbar, dass ich vorderhand zu viele Ideen habe und zu wenig Zeit, diese umzusetzen. Das Gegenteil wäre schrecklich.

Erarbeiten Sie 20 Versionen Ihrer Gedichte, oder warten Sie so lange, bis Sie die gültige Version aufs Papier bringen können?

JÜRG HALTER: Meistens gibt es sehr viele Fassungen. Ich arbeite immer an mehreren Gedichten gleichzeitig. In der Regel weiss ich gefühlsmässig ziemlich früh, wo das Gedicht am Ende sein muss. Manchmal bleibt eine Fassung drei Monate liegen, und erst dann kommt der entscheidende Einfall, der mich weiterbringt. Oder er kommt nie, und das Gedicht erweist sich als sprachlich nicht realisierbar. Dass ich den Stift ansetze und in kurzer Zeit die gültige Fassung niederschreibe, ist die Ausnahme. Ein gutes Gedicht muss einen Raum öffnen. Manchmal spüre ich, dass nur wenig fehlt, aber wenn ich ein Wort austausche, verliert das Ganze sein Gleichgewicht. Da muss man vieles ausprobieren, und wenn man Glück hat, stimmts plötzlich.

MARTIN HALTER: Das charakterisiert die schöpferische Arbeit, dieses Ringen mit der Form und sich selber. Es ist wichtig, dass man dem Werk diese Anstrengung nicht anmerkt. Es muss so wirken, als hätte der Künstler sein Ziel spielend erreicht.

JÜRG HALTER: Immer wenn ein Künstler sagt, er leide an seiner Arbeit, ist er in meinen Augen verdächtig. Es ist doch befreiend, durch schöpferische Tätigkeit etwas verarbeiten zu können.

Viele Künstler leiden daran, nie die vollkommene Ausdrucksform zu finden. Sie nicht?

JÜRG HALTER: Klar, man sucht immer die Vollkommenheit und scheitert fast immer. Ich empfinde es als schöne Herausforderung, auf möglichst hohem Niveau zu scheitern.

MARTIN HALTER: Für mich ist die gestalterische Arbeit dann besonders befriedigend, wenn der Kunde nicht nur mit meiner Komposition zufrieden ist, sondern wenn er darin noch mehr sieht als ich, wenn er also das Bild weiterentwickelt.

JÜRG HALTER: Das ist bei Liedern und Gedichten ähnlich. Man arbeitet sehr lange an einem Text, und am Ende hört das Publikum Sachen heraus, von denen man beim Schreiben keine Ahnung hatte. Das ist auch ein Antrieb: Man gibt etwas in die Welt hinaus und wartet auf ein Echo. Ein Gedicht, ein Lied ist erst verwirklicht, wenn ein Leser, ein Hörer es aufnimmt.

**HASLER
LUDWIG**
PHILOSOPH

«Der Chef muss eine Vision verkörpern»

Wenn der Philosoph und Publizist Ludwig Hasler über gute Führung referiert, hängen ihm die Manager an den Lippen. Dabei sagt er Unbequemes zur «überforderten Funktionselite». Ein Gespräch über Fachidioten, die Macht der Inspiration und die Kunst als Kristallkugel.

16.1.2008

Sie sind Philosoph und Publizist, heute referieren Sie regelmässig vor Führungskräften. Warum müssen erfahrene Manager von Ihnen lernen, was gute Führung ist?

LUDWIG HASLER: Ich bin ohne jede Absicht eine Art Vortragstourist geworden und rede heute tatsächlich pausenlos über alle möglichen Themen – an Ärztekongressen, Managerforen, Lehrerkonventen und Anwaltstagungen. Ich spüre immer wieder: Die Funktionselite, die ich da vor mir habe, ist verunsichert. Deshalb ist sie dankbar, dass ein Auswärtiger einen ganz anderen Blick auf das immer gleiche Thema wirft. Manchmal wirkt das wie eine kollektive Katharsis, wenn 1500 Manager einem Referat über gute Führung lauschen.

Wissen Sie denn mehr über Führung als all die Spezialisten?

Fachlich sind die meisten hervorragend geschult, es geht nicht um Kompetenzlücken. Entscheidend ist, was jemand mit seinen Kompetenzen anfangen kann. Das hat mehr mit der Person zu tun als damit, was jemand in der Ausbildung gelernt hat. Und je weiter die Spezialisierung fortschreitet, desto mehr kann der Laienansatz bewirken.

Die Spezialisten hören auf Sie, gerade weil Sie ein Laie sind?
Der Laie hat gegenüber dem Profi den Vorteil, dass er die Dinge unbefangen betrachten kann, weil der Durchblick nicht mit Wissen zugepflastert ist. Als Philosoph darf ich mir die Unverfrorenheit leisten, zu heilsamer Verunsicherung anzustiften. Das wird meist gut aufgenommen, wenn man ein wenig rhetorisches Geschick und vor allem Humor einsetzt. Wer die Leute zum Lachen bringt, kann ihnen die bitterbösesten Frechheiten zumuten.

Damit haben Sie nie gespart. Sie sagten zum Beispiel, Sie seien noch nie einem Manager begegnet, der seinen Mitarbeitern erklären konnte, was aktuell passiert.
Heute kenne ich ein paar, die das können, aber viele sind es nicht. Es ist doch grauenhaft, in welchem Fachjargon sich Manager an ihre Mitarbeiter wenden. Ich habe selber einige solche Sitzungen erlebt, wo man nur denken konnte: «Hoffentlich versteht der Wichtigtuer wenigstens selber, was er sagt.»

Sie haben wiederholt bemängelt, es fehle Schweizer Führungskräften an kultureller Bildung. Braucht man die, um ein Unternehmen erfolgreich leiten zu können?
Ja, ob ein Chef führen kann, hängt wesentlich davon ab, ob er ein kluger, weltinteressierter, sinnlicher Kopf ist oder nur ein Fachidiot. Ein Chef braucht starke Ideen und die Fähigkeit, seine Mitstreiter dafür zu begeistern. Wie schafft er das? Vermutlich nicht durch das übliche Training in Methoden, Techniken und Strategien. Gute Ideen setzen Originalität voraus, sie hängen vom Gedankenreichtum einer Person ab. Die entscheidende Frage ist doch, wie ein Manager heute etwas entscheiden kann, was sich erst in zwei bis fünf Jahren als richtig oder falsch erweist. Die Antwort liegt auf der Hand: Er braucht einen Riecher für die Zukunft. Diese kommt ja nie gänzlich überraschend, sie deutet sich an, sie liegt in der Luft.

Ist das ein Werbespot für die Trendforschung?
Nein, es gibt einen viel besseren Indikator: die Kunst. Sie erlaubt eine Expedition in die Zukunft, sie macht greifbar, was erst in der Luft liegt. Ein Manager muss der heutigen Nachfrage immer einen Schritt voraus sein – wer ins Vibrationszentrum der Kunst eintaucht, hat hier entscheidende Vorteile.

Lernt man viel über die Zukunft, wenn man Anker-Bilder an die Wände hängt oder Opern hört?
Es gibt in dieser Hinsicht sicher bessere Inspirationsquellen. Ich kenne einen sehr erfolgreichen Manager, der sein Kader einmal pro Monat während der Arbeitszeit ins Kino schickt. Das ist besser, als wenn sie den ganzen Tag im Büro sitzen und abends zu Hause «Eurosport» schauen. Manager müssen nicht Kunstexperten

werden, aber sie sollten neugierig genug sein, sich auch von Dingen ausserhalb ihres Fachgebiets inspirieren zu lassen.
Wer beeindruckt Sie in dieser Hinsicht?
Der langjährige SBB-Chef Benedikt Weibel hat mich immer verblüfft mit seiner Neugier. Für Weibel war das Zugfahren nie eine Pflicht, er geniesst das Reisen, weil er unglaublich viele Bücher liest. Auch Axpo-Chef Heinz Karrer ist eine grosse Leseratte, er sagt, er fliege schon nur deshalb gerne nach Indien, weil er dann zwei Bücher lesen könne. Oder Phonak-Chef Andy Rihs: Ich weiss nicht, ob er wirklich was von Zahlen versteht, ehrlich gesagt habe ich da meine Zweifel, aber mit ihm kann man sich problemlos einen Abend lang über die Unterschiede von Auge und Ohr unterhalten. Rihs ist kein Businessplan-Referent, er hängt mit seiner ganzen Seele am Gehör und setzt daher alles daran, die akustische Wahrnehmung möglichst vieler Menschen zu verbessern.

Viele Manager argumentieren, ihnen fehle die Zeit, etwas anderes als Fachliteratur zu lesen.
Das ist ein Trugschluss. Inspiration und Innovation kann man nicht systematisch-beharrlich erarbeiten, sie stellen sich immer nebenher ein. Als der Zürcher Arzt Alexander Sprenger Ende des 19. Jahrhunderts zum Wandern ins Oberengadin reiste, lagen viele seiner Patienten im Sterben. Zufällig sah Sprenger, dass die Bauern im Engadin das Fleisch zum Trocknen in die Luft hängten. Da kam ihm der Gedanke, diese Luft könnte auch die nassen Lungen seiner Tuberkulose-Patienten trocknen. Es war die Geburtsstunde des ganzen Zauberberg-Kur-Business. Die Geschichte zeigt: Der Blitz schlägt dann ein, wenn man sein beharrliches Streben für einen Moment unterbricht. Auch das Glück erreicht einen ja oft nebenher.

Manager müssen nicht nur sachkompetent, innovativ und inspiriert sein, sie sollten auch noch Menschen führen können...
...es gibt einen engen Zusammenhang zwischen Inspiration und Führungsstärke. Ich verwende gerne die Dirigentenmetapher, um das zu illustrieren. Wenn sich das Stadttheater Bern entscheidet, Puccinis Oper «La Bohème» aufzuführen, dann verfügt der Dirigent in der Regel nicht über die grösste Sachkompetenz. Manche Orchestermitglieder kennen die Partitur vielleicht besser, und der Archivar im musikwissenschaftlichen Institut weiss entschieden mehr über das Werk. Entscheidend ist aber etwas anderes: ob der Dirigent eine Werkidee hat und wie sehr er durchtränkt ist von ihr. Ob er die Orchestermitglieder begeistern kann, hängt nicht von seinen methodischen Fähigkeiten ab. Das Orchester sieht seinem

Dirigenten auch eine stümperhafte Schlagtechnik nach, solange er die Partitur mit seiner Vision durchdringt und seine Idee verkörpert.

Manche Manager fragen sich vermutlich, wo die Partitur versteckt ist, nach der sie dirigieren könnten.

Ja, das ist eine zusätzliche Herausforderung, diese Partitur muss erst geschaffen werden. Das entsprechende Instrument heisst Leitbild, nur gibt es leider viele Leitbilder, die bloss auf dem Papier existieren. Auch hier gilt: Ein Chef muss das Leitbild nicht bloss verfassen, sondern vorleben, versinnlichen, verkörpern. Wer ausschliesslich über Organisation und Befehle führen will, erreicht höchstens Dienst nach Vorschrift – für alles, was darüber hinausgeht, brauchts Führung durch Vorbild. Die Angestellten wollen im Chef die Verkörperung ihrer Ansprüche erkennen. Sie wollen, dass sich im Wirken des Chefs der Sinn ihrer Tätigkeit offenbart.

Das klingt, als würden sich alle Berufstätigen grenzenlos mit dem Unternehmen identifizieren, das ihnen den Lohn zahlt. Die Tendenz geht doch in eine andere Richtung: Wir sind Unternehmer unserer Talente und Fähigkeiten, halten uns arbeitsmarktfähig und sind, je nach Konstellation, für ganz verschiedene Auftraggeber tätig.

Das wird seit Jahren so propagiert, aber ein Grossteil der Erwerbstätigen absolviert nicht solche Patchwork-Karrieren. Was sich allerdings geändert hat: Früher waren Beruf und Privatleben viel klarer getrennt. Heute wird von Angestellten erwartet, dass sie sich nicht nur als Arbeitskräfte, sondern als ganze Menschen mit all ihrer Kreativität und Fantasie einbringen. Weil neue Mitarbeiter bis zu zwei Jahre brauchen, bis sie produktiv werden, müsste das Management alles unternehmen, damit gute Angestellte heimisch werden und sich mit dem Betrieb identifizieren. Das ist nur möglich, wenn an der Spitze jemand steht, der die Angestellten nicht bloss als Funktionsträger, sondern als Personen ernst nimmt. Und ihnen darüber hinaus aufzeigen kann, dass sie ihre Energie nicht nutzlos verschwenden, sondern damit etwas Sinnstiftendes tun. Ums mit dem Bild der drei Steinmetze zu sagen: dass sie nicht einfach Steine behauen oder Geld verdienen, sondern an einer Kathedrale bauen. ∎

Ludwig Hasler ist Philosoph, Publizist und Kunstsammler. Er war Mitglied der Chefredaktion der «Weltwoche» und des «St. Galler Tagblatts» und ist heute als Referent, Hochschuldozent und Kolumnist für diverse Medien tätig.

HÄUSLER
RENATO
TURMWÄCHTER

Die Einsamkeit des Turmwächters vor dem Glockenschlag

Nacht für Nacht wacht Renato Häusler im Turm der Kathedrale über der Stadt Lausanne und ruft die Stunden aus. Vor zweieinhalb Jahren hat er sich gegen 57 Konkurrenten durchgesetzt, die ebenfalls Turmwächter werden und die 600-jährige Tradition fortführen wollten. Der 45-Jährige sieht sich als Vermittler zwischen Vergangenheit und Gegenwart.

5.5.2004

Herr Häusler, seit Anfang 2002 sind Sie Turmwächter der Kathedrale in Lausanne und rufen zwischen 22 Uhr und 2 Uhr jede volle Stunde in alle vier Himmelsrichtungen aus. Was fasziniert Sie an diesem Beruf?

RENATO HÄUSLER: Ich würde nicht von einem Beruf sprechen, ich stelle ja keine Produkte her und erbringe streng genommen auch keine Dienstleistung. Ich sorge lediglich für die Aufrechterhaltung einer Tradition, die in Lausanne seit dem 4. November 1405 nie unterbrochen worden ist.

Welche Funktion hatten die Turmwächter im späten Mittelalter?

Damals arbeiteten in allen grösseren Städten Wächter. Die Stadt Lausanne war zu dieser Zeit in fünf Quartiere aufgeteilt. Jedes dieser Quartiere beschäftigte einige Wächter, die abends die Zugangstüren zur Stadt schlossen und patrouillierten. Am Abend ging man damals nicht aus, es waren nur Wächter und Diebe unterwegs. Zu später Stunde stiegen dann die Turmwächter zu ihren Plätzen in der Kathedrale und in der Kirche St-François hinauf und wachten über die Stadt. Ihre Hauptaufgabe war es, Brandherde frühzeitig zu erkennen und so Stadtbrände zu verhindern.

Heute gibt es dafür zuverlässigere Sicherheitsvorkehrungen. Seit wann sind die Turmwächter funktionslos?

Betrachtet man es aus der Perspektive der Sicherheit, sind wir seit 1880 überflüssig. In den meisten Städten verschwanden die Turmwächter Ende des 19. Jahrhunderts. In der Kathedrale von Lausanne hat man sie weiterbeschäftigt, weil die Glocke jeweils von Hand für die nächsten Schläge vorbereitet werden musste. So hatten die Wächter zwei Aufgaben: Glöckner und Stundenausrufer. Lausanne ist die einzige Stadt Europas, die auf eine seit bald 600 Jahren ununterbrochene Tradition mit Turmwächtern zurückblicken kann. Einige deutsche und englische Städte haben den Brauch in den letzten 25 Jahren wieder aufgenommen – allerdings nur sporadisch in folkloristischer Form.

Was hat Sie bewogen, Turmwächter zu werden?

Ich habe bereits 1987 bei meinem Vorvorgänger Willy Annen, der das Amt während 30 Jahren ausübte, die Stellvertretung übernommen. Ich weiss noch, wie sehr ich mich privilegiert fühlte in der ersten Nacht, ganz allein in dieser geschichtsträchtigen Kathedrale sein zu dürfen. Als Ende 2001 mein Vorgänger, der Comiczeichner Philippe Becquelin, aufhörte, bewarb ich mich um die Stelle.

Waren Sie der einzige Bewerber?

(Lacht.) Nein, ich war einer von 58 Interessierten, darunter 8 Frauen. Die Stadt erstellte in der Folge einen Anforderungskatalog und lud 9 der Kandidierenden zum Probeschreien ein. Wir waren oben auf dem Turm, und der Personalverantwortliche bewertete unten unsere Stimme und Intonation. Aber ich denke, es war nicht meine Stimme, die den Ausschlag gab. Wichtiger waren wohl meine Dreisprachigkeit, die es mir erleichtert, Besucher aus aller Welt hier oben im Turm zu empfangen, und meine Zuverlässigkeit, die ich in 15 Jahren Stellvertretung bewiesen hatte.

Welchen Sinn sehen Sie in Ihrer Funktion?

Einen doppelten: Indem ich eine Tradition weiterführe, die ein wenig aus unserer Zeit herausfällt, bin ich ein Vermittler zwischen Vergangenheit und Gegenwart. Darüber hinaus ist die Arbeit für mich persönlich ein grosser Gewinn: Mir tut es sehr gut, diese Einsamkeit hier oben über allen Dächern zu erleben. Hier bin ich für Stunden ein Eremit – das ist ein ganz anderes Gefühl, als wenn man alleine zu Hause ist. Ich glaube im Turm dieser Kathedrale die positive Energie zu spüren, die beim Bau hatte investiert werden müssen. Es ist also sicherlich kein banaler Arbeitsort.

Aber die Arbeitszeiten sind gewöhnungsbedürftig...
Ja, zu Beginn hatte ich Mühe, mich an den Rhythmus zu gewöhnen. Inzwischen habe ich mich darauf eingestellt, unter der Woche bloss vier bis fünf Stunden pro Nacht zu schlafen. Das klappt aber nur, weil ich mir einen Mittagsschlaf gönne und mich am Wochenende vertreten lasse. Aber es ist klar, man ist eingeschränkt, wenn man zwischen 22 und 2 Uhr immer in der Kathedrale ist. Ich könnte keinem Klub beitreten und gehe kaum ins Theater. Sagen wir es so: Es braucht Disziplin, aber es schneidet mich nicht von der Welt ab.

Wie ist das Echo auf Ihre Stundenrufe?
Oft höre ich gar keines; ab und zu applaudieren die Leute oder rufen «Auf bald», um mir zu signalisieren, dass sie in einer Stunde wieder da sein werden. Ganz selten kommt es vor, dass eine Gruppe Jugendlicher mal «Halt den Mund!» hinaufruft. Ein einziges Mal hat sich eine Anwohnerin beklagt, seit zwei Wochen rufe jemand die Stunden aus und richte sich dabei nicht einmal nach der Stuttgarter Zeit. Wir teilten ihr dann mit, dass das seit nunmehr fast 600 Jahren jede Nacht so geschehe und dass es für sie wohl einfacher sei, wegzuziehen, als diese Tradition zu bekämpfen...

Haben Sie auch schon kritische Momente erlebt hier oben?
Ja, ich war im Dienst, als der Lothar-Sturm einsetzte. Weil starker Westwind hier keine Seltenheit ist, dachte ich mir nichts Besonderes dabei und machte meine Runde. Natürlich hatte ich mich gut festhalten müssen, aber ich war dann trotzdem erstaunt, als ich am nächsten Tag vom Ausmass der Katastrophe hörte. Ein andermal, am 28. August 2003, ging um 22 Uhr über dem Jura ein Gewitter los, wie ich es noch nie erlebt hatte. Wenn ich mich richtig erinnere, haben die Experten damals über 300 Blitze pro Minute gezählt. Glücklicherweise fielen die stärksten Turbulenzen in Lausanne nicht auf die vollen Stunden...

Wie lange möchten Sie diese Arbeit noch behalten?
Möglichst lange, im besten Fall also noch 20 Jahre. Ich geniesse die freie Zeit in diesem Turmzimmer zwischen den vollen Stunden sehr – mal in Einsamkeit, mal mit Besuchern. Und oft nutze ich die Stunden, um an einem neuen Projekt für ARES zu arbeiten, einen Verband, den ich vor gut fünf Jahren gegründet habe, um die Kinder-Aidsforschung und die Betreuung von Waisen in der Dritten Welt zu unterstützen. ■

Tel. 021 312 74 91 (zwischen 22 und 2 Uhr; auch für Besuchstermine) oder www.ares-sida.ch

**HÖHLER
GERTRUD**
GERMANISTIKPROFESSORIN

Warum Weltkonzerne bei einer Rilke-Expertin Rat suchen

Die Germanistikprofessorin Gertrud Höhler aus Berlin gilt als eine der begehrtesten Managementberaterinnen Europas. Sie erläutert, weshalb sie einfach und zurückgezogen lebt, was Rilke sie über die moderne Arbeitswelt gelehrt hat und welche Gemeinsamkeiten es zwischen den heutigen Managern und den antiken Drachentötern gibt.

3.8. und 10.8.2002

Frau Höhler, die «Süddeutsche Zeitung» hat Sie als «eine der begehrtesten Managementberaterinnen Europas» bezeichnet. Wie lebt es sich im Zentrum der Macht?
GERTRUD HÖHLER: Ich lebe nicht so, wie man aufgrund solcher Formulierungen meinen könnte. Mein Leben ist durch starke Kontraste geprägt. Während ich als Beraterin oft komplizierte Zusammenhänge bearbeite, ist mein privates Umfeld einfach geblieben. Ich habe weder Stäbe von Mitarbeitern noch riesige Büros, sondern ich lebe zurückgezogen und verbringe möglichst viel Zeit mit meinem Pferd. Es spürt sofort, ob ich entspannt oder genervt bin.
Immer wieder hört man, wichtige Geschäftskontakte ergäben sich irgendwann vor Mitternacht in Bars. Können Sie es sich denn leisten, zurückgezogen zu leben?
Ich bin nie auf Partys oder an öffentliche Empfänge gegangen. Dass während einer Party ein wichtiger Auftrag vergeben wird, kommt vielleicht einmal in 10 000 Fällen vor. Speziell Männern macht es Spass, solche Zufälle überzubewerten und ausführlich darüber zu palavern. Ich habe im Berufsleben derart viele gute Kontakte, dass ich es als Zeitverschwen-

dung betrachten würde, mir mit wahllosen Partybesuchen die Nächte um die Ohren zu schlagen.

Wenn Sie nicht unterwegs sind, arbeiten Sie zu Hause. Können Sie überhaupt abschalten?

Ich trenne nicht strikt zwischen Arbeit und Privatleben, weil ich mit meinen Lebensinteressen sehr nahe bei der Arbeit bin. Viel zu arbeiten, ist für mich lustvoll. Entscheidend ist, dass ich immer ein grosses Freiheitsgefühl verspürt habe. Das hat sicher auch damit zu tun, dass ich alles Organisatorische an meine einzige Mitarbeiterin delegiere. Sie regelt meine Termine, besorgt mir Tickets, erarbeitet mir Reiserouten – und sie weiss, dass sie mich warnen muss, wenn sich die Fixtermine häufen. Diese logistische Absicherung leiste ich mir als kleinen Luxus. Er ermöglicht mir, mich ganz auf die Inhalte zu konzentrieren.

Inhalte, das hiess bei Ihnen vorerst Walter von der Vogelweide, Goethe und Rilke. Wer kam auf die Idee, die Germanistikprofessorin Gertrud Höhler könnte Weltkonzerne weiterbringen?

Es fing Ende der 70er-Jahre mit IBM an, diesem ganz und gar amerikanisch geprägten Unternehmen. Der Computergigant vertrat in Europa die Idee, dass Leistung Spass machen müsse; seine drei Buchstaben standen für Leistungs- und Belohnungskultur. IBM zeigte regelmässig, welche Mitarbeiter am besten gearbeitet hatten – ein Widerspruch zur Gleichmacherei, die in deutschen Bildungsprogrammen gepredigt wurde. Ich hielt bei IBM Vorträge zum Thema Lust und Leistung und erklärte den Chefs, warum deutsche Mitarbeiter eine andere Einstellung hatten als amerikanische.

Was befähigte Sie dazu? Sie hatten weder Betriebswirtschaft noch Psychologie studiert.

Ich habe als Germanistin psychologische und psychoanalytische Literatur geradezu verschlungen. Auch naturwissenschaftliche und medizinische Themen interessieren mich sehr. Ich fand in diesen Gebieten viele Antworten, nach denen Ökonomen gar nicht erst suchen.

Und die Germanistik? War sie diesbezüglich unergiebig?

Nein, keineswegs. Ich habe innerhalb von 15 Monaten eine tausendseitige Habilitationsschrift über Rilke verfasst. Dabei ging es um das Erlösungsbedürfnis der Menschen, oder genauer: um Rilkes Konzept, in der Kunst statt in der Religion Erlösung zu finden, «niemandes Sohn» mehr zu sein. Das Riesen-Ego der Moderne, die Tendenz zur Ich-AG in der modernen Arbeitswelt, hat mit demselben Erlösungsbedürfnis zu tun – es sind Selbsterlösungsansätze.

Haben diese sich bewährt?
Nicht unbedingt. Seit jeher sehnten sich die Menschen nach Dingen, die für sie unerreichbar blieben auf dieser Welt. Solange die Religion den Menschen ermutigte, seine Leistung werde sich lohnen, lebte er einsatzfreudig. In der heutigen Spasskultur, wo Zocker und Dealertypen ganz nach oben kommen, sieht man kaum mehr, weshalb es sich lohnt, etwas zu leisten. All die Empörungswellen wegen überzogener Managementgehälter muss man vor diesem Hintergrund sehen. Unser Gerechtigkeitssinn ist zutiefst verletzt worden. Ohne Sinn, ohne Ziele ist keine gute Leistung möglich. Jeder Mitarbeiter braucht eine Antwort auf die Frage, warum es sich lohnt, am Morgen aufzustehen.

Sie fordern, Firmen sollten Sinnagenturen, Führungskräfte Sinnstifter werden. Ist das nicht ein wenig hochgegriffen?
Das finde ich nicht. Wir müssen uns vielleicht zuerst klarwerden, weshalb es grosse Organisationen gibt. Ihr Zweck ist es, den Erfolg zu vergrössern. Jeder Mensch soll darin mehr erreichen können, als ihm als Einzelnem möglich wäre. Erfolg ist aber nur möglich, wenn der Einzelne dabei ein immaterielles Ziel vor Augen hat und ein Glücksgefühl empfindet, wenn ihm Anerkennung zuteil wird. In allen wichtigen Umfragen zeigt sich: Das Wichtigste für jeden Mitarbeiter ist es, Reputation und Ansehen zu geniessen. Der Mitarbeiter will spüren: «Dich muss es geben. Du bist einzigartig.» Leider sind die meisten Organisationen so beschaffen, dass die Gleichartigkeit betont wird. «Es gibt Tausende wie dich, du bist nichts Besonderes», lautet die tägliche Botschaft. Die Aufgabe für Sinnagenturen und Sinnstifter ist es, dem Einzelnen immer wieder zu zeigen, weshalb es gerade auf seinen Beitrag ankommt.

In letzter Zeit wurden viele Topmanager vom Sockel gestürzt. Weshalb?
Wir haben uns alle zu lange einer grossen Illusion hingegeben: der Illusion des allmächtigen Helden. Auch nüchterne Ökonomen und kritische Journalisten verfallen ihr immer wieder. Es ist der Traum, dass in einer kritischen Situation ein Einzelner auftritt und mit einem mächtigen Hammerschlag alle erlöst. Ob es nun ein Topmanager oder – wie in vielen Märchen – ein Drachentöter ist, spielt keine Rolle: Beide werden von der Sehnsucht des Menschen nach Helden getragen. Gefährlich wird es dann, wenn der Manager durch die hohe Erwartungshaltung zu Selbstüberschätzung und Paukenschlägen verleitet wird. Erfolg ist nur dem beschieden, der sich in Demut und in kleinen Schritten an die Arbeit macht.

Das Wort Demut mutet in diesem Kontext seltsam an. Hat es Ron Sommer, dem gescheiterten Chef der Deutschen Telekom, an Demut gemangelt?

Bei der Deutschen Telekom ist über lange Zeit mit globaler Gier eingekauft worden. Ron Sommer ist dieser Versuchung erlegen. Und er beging den Kardinalfehler, an der Hauptversammlung Zorn und Ängste der Aktionäre geringzuschätzen. Das waren ja grösstenteils unerfahrene Anleger, die zum Kauf der Aktie verleitet worden waren. All diese Enttäuschten erlebten an der Hauptversammlung einen zynischen, arroganten Chef, der kaltschnäuzig über die Existenzprobleme vieler Aktionäre hinwegredete, statt auf ihr Leid einzugehen. Hätte Sommer bei dieser Gelegenheit zu einer Erklärung angesetzt, hätte er viel gewinnen können.

Unabhängig davon bleibt die Frage, ob ein Einzelner überhaupt einen Betrieb von 260 000 Mitarbeitern führen kann.
Das ist tatsächlich eine wichtige Frage. Wenn Firmen sehr gross sind, laufen deren Chefs Gefahr, sich abzukoppeln. Wenn man keine Gesichter mehr vor sich sieht, sondern nur noch eine homogene Masse, verliert man schnell jegliche Skrupel – das ist psychologisch erwiesen. Sommer sah an der HV eine gigantische schwarze Masse vor sich, und er ging mit den Aktionären um, als wären sie eine abstrakte Grösse. Es wäre allerdings zu einfach, ihm allein die Verantwortung für die Probleme bei der Telekom zu geben. Management und Verwaltungsrat verfielen einem kollektiven Gruppenrausch, niemand hatte den Mut, als Warner und Bremser aufzutreten. Gruppenrausch und Grössenwahn sind suchtartige Prozesse, die für viele Manager eine grosse Gefahr darstellen. Zahlreiche Entscheide, die auf höchster Ebene gefällt werden, sind nicht das Resultat vernünftiger Überlegungen, sondern Ausdruck der Sucht nach Macht und Weltherrschaft. Ein Topmanager, der die Möglichkeit sieht, auf der Branchenskala zwei Ränge nach oben zu klettern, vergisst leicht, dass er unzähligen Menschen Erfolg schuldet.

Wäre das anders, wenn vermehrt Frauen die obersten Positionen innehätten?
Ja, Frauen lassen sich weniger leicht vom Rausch anstecken – das ist medizinisch erforscht. Sie sind besser geerdet, achten tendenziell mehr auf Gemeinverträglichkeit und Harmonie. Das zeigt auch ein Blick zurück: Die grossen Eroberer waren allesamt Männer, die Frau war immer das mässigende Element.

Wird sich die nächste Managergeneration besser verhalten?
Menschen ändern sich dann, wenn ihre Bedürfnisse nicht mehr erfüllt werden. So gesehen waren die letzten Jahre fruchtbar. Ich habe den Eindruck, dass es heute nicht mehr so viele Menschen gibt, die auf Kosten ihres Privatlebens Karriere machen wollen; die Bereitschaft, Raubbau an Körper und Seele zu betreiben, um ganz nach oben zu kommen, hat abgenommen. Jüngere Manager glauben

nicht mehr, dass Entbehrung zu grossen Erfolgen führt. Sie legen wieder mehr Wert auf Lebensqualität und haben dadurch ein stärkeres Fundament.

Sie haben in den letzten 20 Jahren 18 Bücher geschrieben, sich in zugespitzter Form über den «Herzschlag der Sieger», die «Wölfin unter Wölfen» und über «Spielregeln des Glücks» geäussert. Sind Sie heute noch auf all Ihre Texte stolz?
Mir ist keine Aussage bekannt, die ich heute revidieren müsste. Selbstverständlich musste ich die Dinge vereinfachen, als ich begann, für ein breites Publikum statt für Forscherkollegen zu schreiben. Als Literaturwissenschaftlerin verbrachte ich Wochen damit, Bleistiftnotizen bedeutender Autoren zu entziffern. Bei derart detektivischer Arbeit habe ich gelernt, im Detail genau zu sein. Da ich mir diese Gründlichkeit auch als Bestseller-Autorin bewahrt habe, brauche ich mich nicht zu schämen, wenn ich einfache Bilder verwende. Odysseus beispielsweise ist ein wunderbares Bild für den irrenden Manager, der verschiedensten Mächten ausgesetzt ist.

Auch Buddha, Sokrates und Machiavelli haben Eingang gefunden in betriebswirtschaftliche Literatur. Ist das sinnvoll?
Wer andern einen Zugang zu destilliertem Menschheitswissen verschaffen kann, sollte dies tun. Es liegt auf der Hand, dass Unternehmer ihre Zeit nicht damit zubringen können, griechische Mythologie oder fernöstliche Religionsgeschichte zu studieren. Ich habe es mir zur Aufgabe gemacht, gewisse Schätze aus diesem Fundus zu bergen, sie greifbar werden zu lassen, damit wir gemeinsam ein Stück weiterkommen. Bewusst arbeite ich beim Schreiben mit klaren Bildern – das entspricht dem Ordnungsbedürfnis der Menschen. Aber sie können sicher sein, dass hinter jedem einfachen Bild, das ich verwende, aufwändige Arbeit und beträchtliche Detailkenntnis stecken. Man sollte immer wesentlich mehr wissen, als man schreibt – nicht umgekehrt. ■

Gertrud Höhler: Das Ende der Schonzeit. Alphafrauen an die Macht. Econ Verlag, Berlin, 2008.
Gertrud Höhler: Götzendämmerung. Die Geldreligion frisst ihre Kinder. Heyne Verlag, München, 2010.

HUNGER
SOPHIE
MUSIKERIN

«Wir sind wie Wüstenpflanzen»

Sophie Hunger auf Tournee: in 70 Tagen 43 Konzerte in sechs Ländern. Für eine 26-Jährige, die sich schämt, wenn sie irgendwo die eigene Musik hört, kein leichtes Unterfangen. Ein Gespräch über Angstgefühle, Euphorie und die Kunst, auf der Bühne sich selber zu vergessen.

30.9.2009

Frau Hunger, Sie sind in den letzten Monaten durch halb Europa getourt und Abend für Abend in einer anderen Stadt aufgetreten. Wie schaffen Sie es, dem Publikum jedes Mal das Gefühl zu vermitteln, es wohne einem einmaligen Ereignis bei?

SOPHIE HUNGER: Das geht nur, wenn man es selber jedes Mal neu erlebt. Nur wenn ich selber nicht weiss, was gleich passieren wird, kann ich das Publikum fesseln.

Nutzen sich Lieder nicht ab, wenn man sie Abend für Abend spielt?

Es gibt die Gefahr, routiniert zu werden. Am besten ist es, man beginnt immer wieder bei null, als wäre man vor einem weissen Blatt Papier. Solche Dinge kann man trainieren. Auch bei Studioaufnahmen ist es wichtig, vor jeder neuen Einspielung die vorangegangene zu vergessen. Man muss sich jedes Mal wieder der frei machen von früheren Erfahrungen und Ängsten. Wenn das gelingt, kann die Arbeit im Studio sehr beglückend sein – früher habe ich sie als unbefriedigend erlebt. Live-Konzerte habe ich immer geliebt, weil es nur diesen magischen Moment gibt, kein Vorher, kein Nachher.

Erleben Sie noch Überraschungen in Konzerten?

Wenn es einmal so weit sein sollte, dass wir keine Überraschungen mehr erleben, müssten wir sofort aufhören. Das Publikum, die Band, die eigene Befindlichkeit – das alles ist jedes Mal anders. Kürzlich war ich vor einem Konzert sehr erschöpft. Das hat sich sofort auf die Tempi ausgewirkt: Die Lieder gerieten viel langsamer.

Was erleben Sie, wenn Sie auf der Bühne stehen und singen?
Das ist eine schwierige Frage, ich habe noch keine Antwort darauf gefunden. (Schweigt.) Es ist sicher eine Tätigkeit, die über meine Person hinausreicht. Wenn ich mich selber während eines Konzerts in Betracht ziehe, bin ich sofort eingeschränkt. Dann tauchen Ängste auf. Wenn ich mir zuschaue, bin ich gespalten, nicht mehr ganz in der Musik.

Am schönsten sind also Momente, in denen Sie «ohne Biografie und ohne Ego» sind, wie Sie das einmal nannten?
Diese Erfahrung teile ich mit allen Menschen, die konzentriert einer Arbeit nachgehen. Wer sich konzentriert, muss alles andere ausschliessen können.

Nur verrichten Sie Ihre Arbeit vor Publikum. Fällt es Ihnen manchmal schwer, auf die Bühne zu gehen?
Nicht manchmal – immer. Es gibt kurz vor jedem Konzert einen Moment, in dem es für mich unvorstellbar ist, dort hinauszugehen und zu singen.

Macht das nicht müde, sich Abend für Abend in einer neuen Stadt so überwinden zu müssen?
Auf der Bühne spürt man keine Müdigkeit, da fliesst uns Energie zu – durch das Spielen und vom Publikum. Anstrengend auf langen Tourneen sind die 22 Stunden vor und nach den Konzerten.

Wie spüren Sie die Müdigkeit?
Musikmachen ist ja in erster Linie etwas Physisches. Wenn man Raubbau am Körper betreibt, führt das zu Einschränkungen. Kranksein liegt nicht drin auf einer Tournee, aber ich habe dann plötzlich weniger Luft, weniger Körperspannung. Wenn mir die Energie fehlt, kann ich auf der Bühne nicht alles machen.

Die Stimme verloren haben Sie noch nie?
Vor ein paar Wochen spielten wir zum Abschluss der Sommertournee in Paris im Theater «Bouffe du Nord». Das ist für Künstler ein mystischer Ort. Ich war niedergeschlagen, weil ich an diesem wichtigen Tag fast keine Stimme mehr hatte. Dann tauchte der Pianist Malcolm Braff auf; er ist ein guter Freund, ein aussergewöhnlicher Mensch, der Mathematik studiert hat, nebenbei Spiele erfindet, also nicht nur von Musik etwas versteht. Er fragte mich, ob ich wisse, dass er auch studierter Reflexologe sei. Wir hatten 45 Minuten Zeit; er massierte meine Füsse

so, dass ich fast schreien musste, aber ich durfte kein Wort sagen. Dann ging ich auf die Bühne und meine Stimme war da, als wäre nichts gewesen.

Machen Sie manchmal Ferien?
Nein, nicht mehr, denn ich habe die Erfahrung gemacht, dass ich mich in Ferien extrem anspanne, dass ich paranoid und unausstehlich werde. Ich sehe nicht ein, wozu das gut sein soll.

Zwischendurch nichts leisten müssen und sich entspannen – das ist doch ein vernünftiges Konzept.
Vielleicht, wenn man als Bauarbeiter hart schuftet oder sich im Büro abmüht. Das kann ich nicht beurteilen. Mich erfüllt meine Arbeit, ich muss mit ihr verbunden bleiben. Wenn mir etwas Zufriedenheit gibt im Leben, dann diese Tätigkeit.

Aber eigentlich auch sie nicht?
Doch, immer wieder. Bei der Studioarbeit der letzten Wochen in Paris war ich zuweilen sehr glücklich, da erlebte ich immer wieder Euphorie und Glücksgefühle.

Sie haben Lieder eingespielt für die nächste CD?
Ja. Ich hoffe, sie kommt im Frühling heraus. Ich möchte noch ein paar zusätzliche Lieder einspielen, was frühestens im Januar möglich sein wird. Bis Ende Jahr sind wir auf Tournee, es stehen noch 43 Konzerte an bis Mitte Dezember.
Wohin führt die Tournee?
Noch einmal durch Deutschland und Frankreich, dann nach Holland, Belgien, Österreich, Tschechien.
Ein nahrhaftes Programm.
Ja, ich weiss auch nicht, wessen dumme Idee das war. (Lacht laut.)
Sind Sie Ihrem Management so hilflos ausgeliefert?
Nein, ich reagiere naturgemäss sehr unreif und radikal auf Unterdrückungsversuche. Das wissen meine Leute und formulieren darum ihre Begehren immer mit viel Liebe und Philosophie. In diesem Fall war ich es, die sagte: Lasst uns spielen! Ich hätte mir im Frühling nie erträumt, dass wir im Herbst gleich eine zweite Tournee anhängen. Das hat sich so ergeben, weil viele Konzerte so schnell ausverkauft waren. Das ist ein fantastisches Erlebnis, ich bin so dankbar für dieses Abenteuer.
Springt der Funke immer und überall aufs Publikum über, oder gibt es auch Konzerte, in denen Sie die Menschen nicht erreichen?
Ja, das ist ein paar Mal passiert. Nach diesen Konzerten sind wir alle am Boden zerstört. Ich kenne keine Musiker, die in dieser Hinsicht nicht verletzlich wären. In solchen Momenten merke ich auch, wie hilflos wir eigentlich sind, uns selbst gegenüber. Auf der Bühne Musik zu spielen, das ist das, was wir haben, das ist unser Leben. Um das zu verwirklichen, brauchen wir aber das Publikum, die Menschen, ihre Konzentration, ihre Verletzlichkeit. Wenn alles gut läuft und am Ende der Applaus nicht mehr aufhören will, verlassen wir die Bühne und schämen uns ein bisschen.
Schämen wofür?
Wenn wir realisieren, was wir gemacht haben, wie sehr wir uns exponiert haben, gibt es einen Moment der Scham. Da ist man seltsam berührt. Ich schäme mich auch, wenn irgendwo Musik von mir läuft. Ich kann das schlecht ertragen. Die Fernsehbeiträge über mich auf 3SAT oder ARD habe ich nie gesehen. Ich finde das sehr albern.
Als Ihre letzte CD im Herbst 2008 herauskam und von den Musikkritikern gefeiert wurde, sagten Sie, Sie könnten sich unmöglich auf die Karriere vorbereiten, die Sie nun erwarte. Fühlt es sich so an, als würden Sie einem Zug hinterherhecheln?

Ja, das ist so, aber ich hole auf. Nun befinde ich mich fast auf der Höhe der Lokomotive – ich verstehe immer besser, wie alles funktioniert.
Bleibt etwas auf der Strecke von dem, was Ihnen vorher wichtig war?
Bis jetzt fehlt mir nichts. Aber wir leben schon in einer eigenen Welt, sind enorm abgekapselt vom Rest. Durch das permanente Reisen haben wir kein Zuhause. Wir sind wie Wüstenpflanzen aus einem Westernfilm, die langsam über die Steppe rollen.
Sie haben einmal gesagt, der grösste Luxus sei, frei über seine Person und Zeit verfügen zu können. Diesen Luxus haben Sie preisgegeben.
Das sehe ich nicht so. Im Vergleich zu anderen Künstlern kann ich sehr viel selber bestimmen. Und der Erfolg verschafft mir neue Freiräume. Sonst hätte ich mir jetzt nicht fünf Wochen Zeit für Studioaufnahmen mit all meinen Musikern in Paris nehmen können.
Aber Sie können nicht mehr spontan nach Lust und Laune machen, worauf Sie gerade Lust haben – womöglich etwas ziemlich Unvernünftiges, das nicht der Karriere dient.
Mein ganzer Beruf ist in sich so unvernünftig, dass ich diese Seite mehr als genug ausleben kann. Natürlich sind die Tage und Abende verplant, aber wie genau würde ein unverplantes Leben aussehen? In Berlin so angestrengt ungezwungen um 15 Uhr nachmittags frühstücken und sich mit arbeitslosen Kunsthochschulabsolventen zu Gesprächen über die Ästhetik von Arafat-Schals treffen?
Halten Sie es noch immer für eine Grundvoraussetzung künstlerischen Schaffens, dass man nichts über sich selber weiss?
In einem gewissen Sinne, ja. Damals, im Interview, habe ich den Satz so absolut formuliert, um mich an der unerträglichen, permanenten Psychologisierung zu rächen. Ich halte die Psychoanalyse für eine Krankheit – schreiben Sie das ruhig so hin. Nur nach den individuellen, psychischen Motiven zu forschen, ist sehr einseitig und irreführend. Alles, was wir machen, steht doch in Bezug zu anderen Menschen und zur Natur. Zu Ihrer Frage: Man müsste einfach bereit sein, Widersprüche auszuhalten: Natürlich hat meine Musik nur mit mir zu tun, und natürlich hat sie überhaupt nichts mit mir zu tun.
Deswegen nervt es Sie so, wenn Sie dauernd gefragt werden, warum Sie eine so erfolgreiche Sängerin geworden sind?
Ich weiss es schlicht und einfach nicht. Mein Geschäft ist Musik, nicht Analyse. Am Ende ist es wohl eine mysteriöse Mischung aus purem Zufall und gefühlter Notwendigkeit.

Eine andere Antwort wäre: weil Sie im Grunde weder singen noch Klavier noch Gitarre spielen können.

(Lacht.) Ja, das triffts ziemlich gut. Mein Vater hat mir als Kind CDs abgespielt von Künstlern, die wirklich Klavier spielen oder singen können. Ich würde das nie für mich in Anspruch nehmen. Bis jetzt hat es mich jedes Mal handlungsunfähig gemacht, wenn ich zu viele Kenntnisse hatte über eine Sache. Deswegen pflege ich die Ignoranz und versuche, mir ein Höchstmass an Dilettantismus zu erhalten.

Lassen Sie uns noch über die Anfänge reden. Stimmt es, dass Sie als Kind schon Radiosendungen produziert haben?

Ja, mein Radiosender hiess «Radio 22210». Ich machte Informationssendungen, produzierte Werbespots, imitierte geladene Gäste wie Professoren oder Politiker. Eine wichtige Rubrik bildeten die Dankesreden von Oskar-Preisträgern. Als Kind liebte ich es, mir solche Sachen auszudenken. Und eigentlich mache ich ja heute immer noch das Gleiche. Meine einzige Fähigkeit ist wohl, dass ich mir sehr gut Dinge vorstellen kann – so sehr, dass die Imagination alles andere verdrängt. Was ich mir vorstelle, wird zu meiner Realität.

Wann komponieren Sie? Müssen Sie sich dafür von allen anderen Verpflichtungen befreien?

Nein, das würde nicht funktionieren. Früher liess ich mich eher vom Wort oder von Melodien inspirieren. Bei der Arbeit an der neuen CD bin ich viel stärker vom Sound ausgegangen, von Beats von Schlagzeuger Julian Sartorius, vom Spiel mit Klangeffekten.

Gibts auch Phasen ohne jede Inspiration?

Je mehr ich arbeite, desto mehr Neues entsteht. Es muss alles in Bewegung bleiben. Ich brauche eine grosse Portion Unrast, um produktiv sein zu können. Das Uninteressanteste wäre für mich vermutlich, «ausgeglichen» zu sein.

Was ist Ihr grösster Traum?

Dass ich lerne, meine Ängste loszulassen und jene Beschränkungen zu überwinden, die mich davon abhalten, das zu tun, was ich möchte. Mein Traum ist, dass das Musizieren mich mit der Zeit von all den persönlichen Zwängen befreit. Das Schlimmste, was man machen kann, ist, sich selber im Weg zu stehen.

Ermöglicht die Kunst einem, den eigenen Ängsten zu entkommen?

Nein, aber man muss lernen, sie auszuhalten, um etwas kreieren zu können, das grösser ist als etwas Privates. Private Zusammenhänge haben keine kommunikative Kraft, sie sind das Uninteressanteste, was es gibt. Was wir an grossen Künstlern bewundern, ist ihre Gabe, eine Sprache zu entwickeln, die unter die Haut geht, die Bedeutung hat weit über die einzelne Existenz hinaus. Es ist vermutlich einfacher, so etwas zu schaffen, wenn man nicht den ganzen Tag damit beschäftigt ist, seine eigenen Zehennägel zu untersuchen.

Gibts neben den Wunschträumen auch Albträume?
O ja, ich bin eine extrem kleinkarierte und verkrampfte Person mir selber gegenüber, entsprechend gibt es viele Anlässe, Angst zu haben. Ich weiss nicht, woher diese Angst kommt. Sobald ich mich wahrnehme in meinem Beruf, erkenne, dass es um mich geht, habe ich Angst. In Albträumen wird mir das Risiko vor Augen geführt. Dann habe ich einen Auftritt und kann meine Finger nicht mehr bewegen, stehe auf der Bühne ohne Stimme. Ausserdem habe ich festgestellt, dass ich zunehmend paranoid werde.

HUTTER
GARDI
CLOWN

«Ich weiss nie, ob die Quelle der Kreativität wieder sprudelt»

Nach ungezählten Auftritten als Clown im In- und Ausland gönnt sich Gardi Hutter dieses Jahr eine Auszeit, um all die Eindrücke zu verarbeiten. Das klingt schöner, als es ist. «Die Landung war hart», sagt Hutter, die sich mit Papierbergen, Zukunftsangst und Langeweile herumschlägt.

28.2.2007

Frau Hutter, nach 25 Jahren auf der Bühne und 2700 Auftritten in 22 Ländern nehmen Sie sich dieses Jahr eine Auszeit...

GARDI HUTTER: ...mit Ausnahme von ein bisschen Welttournee. Ich trete an Festivals in Rio de Janeiro, Lissabon und New York auf – allerdings kombiniere ich die Arbeit mit längeren Ferienaufenthalten in diesen Ländern. Oft sah ich ja nicht viel von den Spielorten, es waren bloss Vorstellungen mit längerem Arbeitsweg. Und das Publikum reagiert in Rio de Janeiro erstaunlich ähnlich wie in Wollishofen.

Trotz den vereinzelten Auftritten: Sie haben auf dieses Jahr hin zwei Gänge runtergeschaltet. Sind Sie der Langeweile schon begegnet, seit Sie Pause machen?

Nein, überhaupt nicht, ich bin ziemlich ausgelastet damit, die Büroaltlasten abzutragen. Sie können sich gar nicht vorstellen, was alles liegen geblieben ist, in meinem Büro gibts so viele Papierberge, es ist eine richtige Alpenlandschaft. Hier Ordnung zu schaffen, ist ungefähr das Unerfreulichste, was ich mir vorstellen kann. Wäre da nicht die Hoffnung, dass sich beim Aufräumen auch in meinem Innern das eine oder andere ordnet, würde ich es gar nie anpacken.

Im Innern herrscht auch Unordnung?
Mein Beruf ist eine wunderbare Passion zwischen Rausch, Stress und kreativem Dauerdruck. Das Tempo ist dauernd hoch, die Eindrücke sind derart intensiv, dass ich sie nicht mehr verarbeiten kann. Wenn ich nicht ab und zu pausiere, verliere ich die Lust und die Energie. Ich kann mich nicht mehr entspannen.

Wie merken Sie, dass Sie eine Pause brauchen?
Ein untrügliches Zeichen ist, wenn mich die Mehrheit der Menschen in meiner Umgebung zu nerven anfängt. Oder wenn ich im Hotel vor der Speisekarte sitze und mich nicht entscheiden kann, was ich bestellen soll. Das sind Signale, die mir zeigen, dass ich zynisch, gleichgültig und dumpf werde.

Nun haben Sie sich Zeit und Ruhe geschenkt. Ist das auch eine schmerzhafte Erfahrung?
Ja, wenn man das Tempo hinunterschraubt, durchlebt man immer zunächst eine irritierende Bremsspurphase. Ich kenne diese harte Landung, sie stellt sich nach jeder Tournee ein. Nun, da ich am Anfang einer längeren Auszeit stehe, kommen auch Ängste dazu: Man ist schnell weg vom Fenster in diesem Business.

Fühlen Sie sich wie auf Entzug in diesen Tagen?
Die Leere, der ich mich ausgesetzt habe, hat neben der Entspannung auch etwas Unangenehmes und Bedrohliches, aber sie ist notwendig. Das ist auch vor jeder neuen Produktion so. Ich weiss nie, ob die Quelle der Kreativität noch sprudelt. Ich übe mich nun in Gelassenheit: den Lichtspielen an den Wänden in meinem Haus zuschauen, ohne Angst, die Welt laufe mir davon. Das ist gar nicht so einfach, wenn man wie ich früh gelernt hat, dass es zentral ist, viel zu leisten, sich nützlich zu machen. Ich bin aber überzeugt, dass es nicht entscheidend ist, ob ich am Ende meines Lebens sieben oder zehn Programme gemacht haben werde. Ich bin jetzt über 50, meine beiden Kinder sind am Ausfliegen, das ist ein guter Moment, innezuhalten und zu schauen, was war und was künftig sein soll.

Wenn Sie auf Ihren beruflichen Werdegang zurückblicken, sehen Sie da eine zwingende Entwicklung oder eine Summe von Zufällen?
Ich sehe eine gewisse Logik, aber sie ist gespickt mit Zufällen. Jedenfalls staune ich, wie viel von den Träumen des kleinen Mädchens sich verwirklicht hat. Ich bin am Rand der Schweiz in einer Kleinstadt aufgewachsen und habe mir immer gewünscht, ein buntes, spannendes Leben zu führen und viel in der Welt herumzukommen. Das Schlimmste, was ich mir vorstellen konnte, war Langeweile. Nun ist mein Leben so farbig geworden, dass ich mich gelegentlich zurückziehen und mir ein wenig Langeweile verordnen muss.

Warum sind Sie Clown und nicht Schauspielerin geworden?
Ich war alles andere als eine Überfliegerin an der Schauspielschule. Das Frauenbild in der Theaterwelt ist eng, es gibt wenig Reichtum an Varianten. Ich versuchte es ein Jahr lang, dann folgte ich dem seit Jahren immer lauter werdenden Ruf, Clown zu werden. Tragikomische Figuren wie Charles Chaplin und Buster Keaton haben schon früh eine grosse Anziehungskraft auf mich ausgeübt.

Weibliche Vorbilder gab es kaum – hat das die Sache erschwert?
Clown werden zu wollen bedeutet, durch 100 Krisen zu gehen. Ich durchlief halt noch eine zusätzliche «biologische» Krise, weil die Meinung herrschte, Frau und Komik seien unvereinbar. Ich brauchte drei volle Jahre, bis ich meine Figur entwickelt hatte; es war ein Irrweg voller Hoffnungslosigkeit – die Logik des Prozesses zeigte sich erst im Nachhinein.

Ist es denkbar, dass Sie am Ende Ihrer Auszeit die Clownschuhe an den Nagel hängen?
Mit dem Clown-Sein bin ich nicht in Krise. Clowns werden mit zunehmendem Alter besser, es besteht also Hoffnung auf eine schöne Altersmeisterschaft. Und es ist auch eine permanente Auseinandersetzung mit mir selber, ich kann aus meinen verschiedenen Stücken meine Biografie ablesen.

Und wie schützen Sie sich davor, nach der Auszeit wieder ins alte Fahrwasser zu geraten?
Mit dem Vorsatz, künftig weniger Engagements einzugehen. Gestern erhielt ich zum Beispiel eine Anfrage eines italienischen Künstlers. Ich war sofort Feuer und Flamme für seine Ideen, aber weil ich inzwischen weiss, dass ich den Aufwand stets unterschätze, sagte ich ihm: «Sehr gerne, aber frühestens in einem Jahr.» Der Kalender für 2008 füllt sich ja schon wieder. Erfolg, Geld, gute Kritiken sind existenzsichernd, sie können aber auch süchtig machen. Deshalb gilt: aufpassen, Distanz bewahren, entspannen, durchatmen ... ∎

www.gardihutter.ch

Im Moment ist bei Gardi Hutter keine Pause angesagt. Sie arbeitet intensiv am neuen Stück «Die Schneiderin». Ab Herbst 2010 wird sie damit auf Wanderschaft gehen.

**KAEGI
HEINZ**
TEAMENTWICKLER

«Wer nur Erfolg anstrebt, gerät leicht in Abhängigkeit»

Es gebe in der Schweiz zu viele Manager, die sich «von kurzfristigen Zielen und von Angst leiten lassen», sagt der Teamentwickler Heinz Kaegi. Er ermutigt Führungskräfte dazu, nebst Erfolg auch Erfüllung anzustreben und mutig die eigene Vision zu verfolgen, statt sich schon mit vierzig auf die frühzeitige Pensionierung zu freuen.

10.10.2007

Herr Kaegi, Sie bringen dieser Tage ein Buch mit dem Titel «Gesucht: Leader» auf den Markt. Mangelt es der Schweizer Wirtschaft an Leadern?
HEINZ KAEGI: Ja. Ich erhalte täglich Einblicke ins Innenleben grosser und kleiner Unternehmen und sehe immer wieder das Gleiche: Viele Manager möchten etwas Aussergewöhnliches verwirklichen, sehen sich aber ausserstande, dieses Vorhaben umzusetzen, weil sie sich als Opfer von einengenden Rahmenbedingungen erleben. Echtes Leadership würde bedeuten, den Mut aufzubringen, sich hinauszulehnen, auch mal allein im Regen zu stehen, statt in der Glaubensgemeinschaft der Opportunisten zu verharren und die eigene Ohnmacht zu beklagen.

Warum prägen Opportunisten die Chefetage?
Weil sich viele Manager von kurzfristigen Zielen und von Angst leiten lassen statt von ihrer Mission und ihren Werten. Wer sein Tun auf Zahlen, Funktionen und Status ausrichtet, macht sich abhängig. Ist erst mal eine hohe Position erreicht, sind die Leute nicht mehr bereit, den Preis für Freiheit und Unabhängigkeit zu bezahlen. Nur wer den Sinn seines Daseins kennt und eine klare Vision verfolgt, kann werteorientiert führen und als Leader vorangehen.

In einer Grossbank beispielsweise stehen doch nicht Sinnfragen oder Werte im Zentrum, sondern das Geldverdienen.

Wenn eine Bank nur noch das Ziel hat, Geld zu verdienen, wird sie nie ihr ganzes Potenzial ausschöpfen. Ich beobachte immer wieder, welch verheerende Folgen es hat, wenn das Topmanagement sich nicht auf gemeinsame Werte stützt. Ich habe mehrere Jahre lang mit 35 Topmanagern einer Schweizer Grossbank Teamentwicklung gemacht. Zum Abschluss sollten sie auf dem Diablerets-Gletscher mit 40 Tonnen Schnee die höchste Bank der Welt bauen. Nach dem Briefing setzte sofort hektisches Treiben ein, jeder Einzelne packte an, nur leider verfolgte jeder ein anderes Ziel, statt dass die Kräfte gebündelt worden wären. Erst als wir innegehalten und sichergestellt hatten, dass alle ein ähnliches Bild im Kopf haben, klappte die Zusammenarbeit. Das heisst auch: Je rasanter die Wirtschaft läuft, desto wichtiger wird die Verständigung über gemeinsame Werte.

Sie grenzen in Ihrem Buch den fremdbestimmten, kurzfristig denkenden, opportunistischen Manager vom von seiner Mission erfüllten Leader ab.

Ich will den einen Typ nicht gegen den anderen ausspielen, wir tragen alle beide Seiten in uns. Das Hauptorgan des Managers ist sein Hirn, jenes des Leaders sein Herz. Nur wenn beide zusammenspannen, entsteht Grosses. Das Ziel muss sein, eine Balance zwischen Erfolgsorientierung und Erfüllungsorientierung zu finden. Wer nur Erfolg anstrebt, wird innerlich unfrei, macht sich abhängig. Wer nur Erfüllung sucht, dem fehlt die Energie, nach oben zu streben, etwas Einzigartiges zu erreichen. Gute Manager gibt es viele in der Schweiz, im Bereich Leadership sehe ich jedoch noch beträchtliches Entwicklungspotenzial.

Manche sind überzeugt, dass man als Leader geboren wird.

Leader werden tatsächlich geboren, aber nicht in der Geburtsabteilung von Spitälern, sondern in herausfordernden Situationen. Ich habe das selber erlebt. Lange Zeit absolvierte ich eine respektable Karriere in einem Nahrungsmittelkonzern. Als ich in einer Direktionssitzung vom Big Boss respektlos niedergekanzelt wurde, setzte ein Umdenken ein. Mir wurde klar, dass ich mehr und mehr gegen meine eigenen Werte verstossen müsste, würde ich hier weiter Karriere machen. Dadurch hätte ich meine Kraft verpufft, wäre mir selber untreu geworden.

Ich kenne viele gut qualifizierte Manager, die ihre Kräfte für Intrigen, Mobbing und Schlammschlachten verbrauchen. Manche sind gerade mal 40-jährig und freuen sich insgeheim schon auf die frühzeitige Pensionierung, weil sie glauben, dann fange das richtige Leben an. Soll man sich wundern, dass diese Menschen weder Kunden noch Mitarbeiter begeistern können?

Dass in Unternehmen Konkurrenz um gute Positionen herrscht und Kandidaten mit harten Ellbogen kämpfen, lässt sich kaum vermeiden.
Das stimmt, aber wenn Unternehmen eine Seele haben, dominiert der Konkurrenzkampf nicht das Klima. Es liegt am Management, den Mitarbeitern aufzuzeigen, für welche Werte das Unternehmen einsteht und wie viel durch Kooperation erreicht werden kann. Wenn dagegen die Seele in einem Unternehmen fehlt, dominieren Zahlen, Daten und Fakten den Alltag. Sein Tun daran auszurichten, ist töricht; Zahlen, Daten, Fakten sind immer das Resultat, nie das Ziel.

Können Sie ein Beispiel eines Unternehmens nennen, das stark über Werte geführt wird?
Electrolux ist so ein Betrieb. Dort haben sich Chef und Geschäftsleitung verpflichtet, sich langfristig zu engagieren und gemeinsam mit den Mitarbeitern ein Wertesystem zu entwickeln. Einer dieser Kernwerte heisst Zuverlässigkeit. Der ist inzwischen so gut auf allen Ebenen verankert, dass die Kunden Electrolux als Inbegriff der Zuverlässigkeit wahrnehmen, was dem Unternehmen erlaubt, in einem schrumpfenden Markt deutlich zuzulegen. Aber man soll sich keine Illusionen machen: Werte zu definieren, ist leicht, sie zu kommunizieren schon schwieriger, sie ins Unternehmen zu integrieren, eine Kunst. Die Werte schliesslich durchzusetzen und auf allen Stufen zu verkörpern, das gelingt nur wenigen Unternehmen. Die Durchsetzung erfordert im Übrigen auch Härte: Wer die Werte nicht teilt, von dem muss man sich trennen.

Woran messen Sie persönlich Ihren Erfolg?
Daran, ob mir der Balanceakt zwischen Erfolg und Erfüllung gelingt. Ich will glücklich sein in dem, was ich tue, und ich will etwas bewegen können. Man soll sich nicht ein Berufsleben lang etwas vormachen: Jeder spürt, wenn er am Abend zu Bett geht oder wenn er am Morgen aufsteht, ob er das Richtige tut. Wir sollten nicht dauernd mit anderen wetteifern und andere kopieren, sondern das Potenzial verwirklichen, das in uns angelegt ist. ∎

info@empurpose.com

Heinz Kaegi: Gesucht: Leader. Der Weg vom Manager zur Führungspersönlichkeit. A & O des Wissens, Basel, 2007.

**KAPPELER
BEAT
ÖKONOM**

«Nur wenn Väter Windeln wechseln, gibt es künftig genug Rente»

Wenn Väter weiterhin kaum Familienarbeit übernehmen, «stirbt Europa hochgebildet und reich aus», prophezeit Beat Kappeler. Der Ökonom erläutert, weshalb es schwieriger ist, einen Zweitklässler zu coachen, als einen mittelgrossen Betrieb zu führen, und warum der Schlüssel zum Mentalitätswandel in den Händen der Frauen liegt.

24.3.2004

Herr Kappeler, weshalb schrieben Sie als Ökonom ein Buch mit dem Titel «Die Neue Schweizer Familie»?

BEAT KAPPELER: Der alte Kontinent Europa hat keine Kinder mehr – das ist ein elementar ökonomisches Problem. Ich stelle fest, dass alle Formen der Geburtenförderungspolitik fehlgeschlagen haben. Die jungen Frauen sind gut ausgebildet, sie wollen arbeiten, nicht zurückstehen, nur weil ihre Männer zu Hause nicht mithelfen. Wenn wir uns jetzt nicht ernsthaft die Frage stellen, was eigentlich schiefgelaufen ist, stirbt Europa hochgebildet und reich aus.

Jetzt übertreiben Sie aber.

Keineswegs. In 30 bis 40 Jahren wird Europa bevölkerungsmässig kleiner sein als die USA, als Russland, kleiner auch als Ägypten und Vietnam. Wenn wir voraussehen wollen, in welche Richtung wir uns bewegen, brauchen wir nur nach Japan zu schauen. Die Stagnation Japans ist nicht bloss eine wirtschaftliche, sondern primär eine gesellschaftliche Stagnation. Die Geburten- und Einwanderungsquoten sind noch tiefer als in Europa, entsprechend stellt sich ein grosser Teil der erwerbstätigen Bevölkerung auf den Ruhestand ein. Das hat fatale Folgen für eine Volkswirtschaft. Die Gefahr des Aussterbens besteht für

Europa effektiv, wenn der Kontinent nicht von seinen veralteten Rollenmustern wegkommt.

Was sprechen Sie konkret an?
Der Mythos, der unsere Geburtenraten tief hält und unsere Volkswirtschaft lähmt, lautet: Wer Verantwortung ausübt, kann nicht Teilzeit arbeiten. Auch andere Kulturen und Kontinente hielten sich an scheinbar unverrückbare Wahrheiten – und gingen in Sturheit unter. Ludwig XVI. sah sich nicht in der Lage, die Ausgaben seines Hofes zu reduzieren, die Sowjetfürsten hielten trotz besserem Wissen an der Planwirtschaft fest.

Wie sieht die «neue Schweizer Familie» aus, die Ihnen vorschwebt?
Während der ersten Lebensjahre ihrer Kinder arbeiten beide Elternteile zwischen 70 und 80 Prozent. Mit ein wenig externer Hilfe und guter Organisation ist das durchaus realistisch. Heute arbeiten nur sehr wenig Männer Teilzeit; die statistisch gesehen ebenso gut qualifizierten Frauen stehen vor der Wahl, entweder auf Kinder oder auf eine anspruchsvolle Berufstätigkeit zu verzichten; oder – das ist der dritte Weg – zu versuchen, beides zu vereinbaren, was in der Regel einer Quadratur des Kreises gleichkommt. Es ist kurzsichtig, wenn wir versuchen, die Frauen mit Kindergeldern, Haushaltshilfen, Tagesschulen und Kinderkrippen zu entlasten – all dies ersetzt die aktive Rolle der jungen Väter nicht. Wenn sich junge Väter länger der Arbeitsteilung verweigern, wird es bald gar keine Kinder mehr geben. Oder noch drastischer formuliert: Nur wenn junge Väter Windeln wechseln, gibt es künftig genügend Rente.

Es soll ja auch Frauen geben, die Kindererziehung und Hausarbeit nicht als Strafe empfinden...
Das bestreite ich nicht. Aber es muss ja nicht ewig so sein, dass die Mutter putzt, Mahlzeiten kocht, Kinder wickelt und sie im Krankheitsfall betreut, während der Vater abends nach Hause kommt und ein wenig mit den Kleinen spielt. Ich verlange keinen kompletten Rollenwechsel, sondern dass die jungen Väter ihren Frauen einige wenige Stunden pro Woche abnehmen. Ein Mann verabschiedet sich nicht von der Welt, wenn er Kinder hüten hilft. Im Übrigen wünscht sich laut Umfragen jeder sechste berufstätige Mann, weniger als 100 Prozent zu arbeiten.

Was müsste sich ändern, damit aus den Wünschen Taten werden?
Der Schlüssel zum Mentalitätswandel liegt in den Händen der Frauen. Sie können Druck machen und ihrem Partner die Frage stellen, ob er mitmacht über die Zeugungsnacht hinaus. Zusätzlich müssten Firmen vermehrt Teilzeitstellen anbieten. Mir ist klar, dass es hierzulande für einen Mann Mut braucht, für vier

bis fünf Jahre eine Pensenreduktion auf 70 Prozent zu verlangen. In Skandinavien ist das längst alltäglich – mit gutem Grund: Die Männer arbeiten nicht mehr am Fliessband oder in Unternehmen, wo Kasernendisziplin unerlässlich wäre; Aufgaben sind teilbar geworden, gerade auf Kaderstufe.

Vielfach ist die Daueranwesenheit für mittlere Kader nur deshalb Pflicht, weil sich die obersten Kader schlecht organisieren. Es müssen jederzeit alle da sein für den Fall, dass dem Chef einmal etwas einfällt... Mit fortschreitender Globalisierung dehnen sich die Arbeitszeiten aber sukzessive in Richtung 24 Stunden aus, da wird ohnehin niemand mehr dauernd präsent sein können.

Oft sind es auch die Arbeitnehmer, die sich vor Teilzeit fürchten...

...weil sie mit ihrem Managementlatein im Haushalt und bei der Kinderbetreuung schnell am Ende sind. Einen Zweitklässler morgens fachgerecht über die Schwelle zum Schulgang zu bringen, erfordert mehr Managementkniffe, als einen 200-Mann-Betrieb zu leiten. Ein Manager hat mir kürzlich anvertraut, er stelle sehr gerne Wiedereinsteigerinnen ein, weil diese schnell arbeiteten und immer das Unangenehme zuerst machten. Das spricht Bände. Manche jungen Väter tun sich tatsächlich schwer mit den ersten Arbeitstagen zu Hause. Aber die Arbeit mit Kindern zeigt ihnen auch, dass Macht und Reichtum allein noch kein erfülltes Leben bedeuten, dass es intensivere Existenzformen gibt, als in Feinschmeckerrestaurants und auf Kreuzfahrten zu altern.

Wie viel persönliche Lebenserfahrung haben Sie in Ihr Buch einfliessen lassen?

Einiges. Ich versprach meiner Frau damals, die Hälfte der Haus- und Familienarbeit zu übernehmen, und habe das eingehalten, obwohl ich die ersten fünf Jahre noch als Sekretär des Gewerkschaftsbundes arbeitete. Ich bin sehr dankbar für diesen Entscheid, denn ich habe selber viel gelernt – auch über mich, in den Kindern spiegeln sich immer auch die eigenen Charaktereigenschaften.

In den letzten zehn Jahren konnten meine Frau und ich den Beschäftigungsgrad wieder sukzessive erhöhen. Heute sind meine Buben 17- und 19-jährig, also längst froh, wenn ich nicht zu Hause bin... ∎

bekappeler@sunrise.ch

Beat Kappeler: Die Neue Schweizer Familie. Familienmanagement und Rentensicherheit. Nagel & Kimche, Zürich, 2004.

KOLLER
ANDREAS
UNTERNEHMENSBERATER

«Hinter der Wirtschaftskrise verbirgt sich eine tiefe Sinnkrise»

«Diese Krise ist nicht auf rein intellektueller Ebene zu bewältigen», sagt Unternehmensberater Andreas Koller. Er appelliert an Führungskräfte, nicht bloss darauf zu hoffen, dass bald wieder der «courant normal» eintrete. Vielmehr sei es an der Zeit, sich dem eigenen Nicht-Wissen zu stellen und ein neues Führungsverständnis zu entwickeln.

20.5.2009

Herr Koller, Sie waren ein erfolgreicher Projektmanager und IT-Unternehmer. Warum sind Sie Unternehmensberater geworden?

ANDREAS KOLLER: Ich habe 30 Jahre lang Projekte auf der ganzen Welt realisiert und dort alle Facetten des Managements kennengelernt. Um die Jahrtausendwende gründete ich meine eigene Firma. Wir boten Softwarelösungen im Internetbereich an. Zu Beginn lief es wie von selber, dank einem grossen Projekt beschäftigte ich neun festangestellte und 25 freischaffende Mitarbeiter. Nach drei Jahren wurde das Projekt abrupt gestoppt; wir versuchten danach ein Jahr lang, die Firma neu auszurichten, ihr einen neuen Sinn zu geben. Vergeblich, der Drive war gebrochen, schliesslich musste ich die Angestellten entlassen. Dieses Erlebnis hat mich geprägt. Deshalb steht heute die Frage, was Projekte und Unternehmen wirklich erfolgreich macht, im Zentrum meiner Arbeit.

Haben Sie eine Antwort gefunden?

Ich habe in knapp 30 Jahren kein Projekt gesehen, das ursächlich an technologischen Mängeln gescheitert wäre, entscheidend war stets die Frage, wie gut die involvierten Menschen miteinander umgingen.

Das ist – mit Verlaub – eine banale Erkenntnis.
Vielleicht – umso wichtiger wäre es, sie zu beherzigen. Was tun denn Unternehmer und Manager in der Praxis, wenns schlecht läuft, wenn sie unter Druck geraten? Sie verschärfen die Kontrollmechanismen, sie ziehen ein rigides Projektmanagement auf, sie setzen alles daran, jede Bewegung im Griff zu haben. Wohlverstanden, solides Projektmanagement ist die unverzichtbare Basis, aber der derzeitigen Verunsicherung ist nicht mit Projektmanagement und Reorganisationen beizukommen. Diese Krise ist nicht auf rein intellektueller Ebene zu bewältigen. Wer seine Mitarbeiter einfach in ein noch engeres Korsett zwingt und hofft, sie funktionierten dann klaglos und zuverlässig wie Rädchen im Uhrwerk, der wird feststellen, dass er wertvolle Potenziale nicht mehr zur Verfügung hat. Wenn der Einzelne keinen Handlungsspielraum mehr hat, sondern nur noch an Zahlen gemessen wird, wird er nicht sein Bestes geben, sondern alles daran setzen, die Indikatoren zu erfüllen.

Wenn der Umsatz sinkt, müssen die Unternehmen sparen – was ist daran falsch?
Natürlich braucht es kurzfristig wirksame Massnahmen, damit die dringlichsten Probleme gelöst werden können. Aber vermutlich bräuchte es gleichzeitig etwas Zweites, nämlich Orientierung, eine Antwort auf die Frage, wie künftig sinnvolles Handeln aussehen könnte. Hinter der Wirtschaftskrise verbirgt sich eine tiefe Sinnkrise. Ich werde den Eindruck nicht los, dass primär auf Zeit gespielt wird, in der Hoffnung, dass wir möglichst schnell wieder zum «courant normal» zurückkehren können. «Durchhalten!», scheint die geheime Parole zu sein. Zwar wird immer wieder davon gesprochen, dass die Welt nach der Krise eine andere sein wird als zuvor, aber ich habe noch niemanden gehört, der ein wirklich schlüssiges Bild zeichnen konnte.

Manager und Unternehmer sind ja auch keine Prognostiker oder Philosophen; sie haben die Aufgabe, das Unternehmen im Markt gut zu positionieren.
In turbulenten Zeiten wird von Managern und Unternehmern zu Recht primär Orientierung und Leadership erwartet. In unsicheren Zeiten stellen Mitarbeiter vermehrt die Sinnfrage, sie reagieren dann sehr empfindlich auf Unstimmigkeiten. Sie versuchen, den Sinn einer Massnahme zu erspüren, um sich eine eigene Meinung zu bilden. Für Führungskräfte, die über emotionale und spirituelle Intelligenz verfügen, bietet diese Situation eine grosse Chance: Nie ist die Gelegenheit günstiger, das volle Commitment der Belegschaft zu gewinnen. Das gelingt aber nicht, wenn Vorgesetzte die eigene Unsicherheit und Ratlosigkeit überspielen und den Eindruck zu erwecken versuchen, sie hätten alles im Griff.

Sollen Führungskräfte zugeben, dass sie überfordert und orientierungslos sind?
Es ist wichtig, dass sie das Nichtwissen bewusst akzeptieren und sich nicht vorschnell in Massnahmen flüchten, die offensichtlich nicht zielführend sind. Wer das Nichtwissen nicht aushält, verfällt immer wieder in die gleichen Muster. Sich darauf einzulassen, hat dagegen etwas Befreiendes. Wenn man sich erlaubt, genau hinzuschauen, ohne sofort Massnahmen zu ergreifen, sieht man Neues, und mit der Zeit tauchen Lösungen auf. Vertrautes loszulassen bedeutet, den Verlust von Kontrolle zu akzeptieren, die Illusion von Sicherheit und Voraussehbarkeit abzulegen und sich dem Fluss des Lebens anzuvertrauen. Wenn es Führungskräften gelingt, die Mitarbeiter zu einem Gespräch auf Augenhöhe einzuladen und gemeinsam mit ihnen den Raum des Wissens und Nichtwissens zu erforschen, dann werden die Mitarbeiter ihnen das mit sehr grossem Engagement danken.

Es braucht doch jemanden, der die Richtung vorgibt.
Ja, daran ändert sich nichts, aber es ist entscheidend, welche Prozesse zu diesen Entscheidungen führen. Ein Hauptproblem in vielen Unternehmen ist, dass die Chefs krampfhaft den Eindruck zu erwecken versuchen, sie hätten alles im Griff und die heikle Situation sei durch gutes, nüchternes Management zu bewältigen. Wir sollten von der Vorstellung wegkommen, ein Manager müsse alles alleine entscheiden und er könne eine komplexe Organisation von oben steuern. Grosse Führungspersönlichkeiten haben schon immer anders gehandelt.

An wen denken Sie?
Eine Führungspersönlichkeit, von der wir lernen können, auch in Zeiten grösster Ungewissheit mutig voranzugehen, ist Sir Ernest Shackleton. Er lebte vor, wie sich Mut, Entschlossenheit und Leistungswille unter schwierigsten Umständen auf ein Team übertragen lassen. Auf seiner dritten Antarktis-Expedition wurde sein Schiff im Packeis eingeschlossen. Nach monatelangem Kampf musste das Team im Oktober 1915, mitten im antarktischen Winter, das Schiff aufgeben – in einer Zeit ohne jede Funk- und Flugverbindung das sichere Todesurteil. Mit beispielloser Entschlossenheit, Klarheit, aber auch Einfühlsamkeit stellte sich Shackleton der Situation. Er schilderte jederzeit seine Sicht der Dinge und blieb mit jedem Teammitglied im Dialog. Unter extremsten Bedingungen führte er seine Mannschaft während 635 Tagen quer durch die Eiswüste in Sicherheit. Kein einziger Mann verlor das Leben. Daran können wir uns orientieren. ■

www.artesis.ch

KÖNIG
PETER
GELDBERATER

«Wer Lotto spielt, hat schon verloren»

Wer emotional vom Kontostand abhängig ist, durchlebt derzeit schwierige Tage. «Frei und glücklich ist nicht, wer viel Geld hat, sondern wer es schafft, seine Projektionen vom Geld zu lösen», sagt Peter König. Er hat Wohlstand und Armut erlebt und lehrt seit 15 Jahren in Seminaren einen gesunden Umgang mit Geld. Zu seinen Kunden gehören Schuldner und Millionäre.

20.10.2008

Herr König, haben Sie viel Geld verloren durch die taumelnden Börsen?
PETER KÖNIG: Nein, ich habe gar nicht investiert, ich habe mein Geld auf verschiedenen Sparkonten verteilt.

Jemand wie Sie müsste doch wissen, dass Aktien langfristig mehr Ertrag bringen als Kontozinsen.
Das besagen Statistiken und die stützen sich naturgemäss auf die Vergangenheit. Von dieser auf die Zukunft zu schliessen, ist riskant. Die Rahmenbedingungen sind heute ganz anders als noch vor zehn Jahren. Liquidität ist für mich eine gute Strategie. Ich habe keine Lust, mich dauernd mit Aktienkursen zu beschäftigen oder mir zu überlegen, wie ich eine noch höhere Rendite erzielen könnte.

Viele Kleinanleger hat der Einbruch hart getroffen.
Das ist unvermeidlich. Wer als Laie aufspringt, wenn alle anderen profitieren, steigt immer im falschen Moment ein. Die meisten Experten sind längst ausgestiegen. Oder sie haben sich so abgesichert, dass sie auch bei fallenden Kursen profitieren – manche verdienen dieser Tage dank dem Auf und Ab besser denn je. Nur sollte man nicht glauben, das verschaffe ihnen Befriedigung. Viele Händler sind gestresste

und getriebene Menschen, und wer von seinen Trieben gesteuert wird, kommt nicht zur Ruhe.

Wer Millionär ist, hadert damit, es noch nicht zum Milliardär gebracht zu haben?
Ja, weil es nicht ums Geld geht, sondern um jene Gefühle, die man ans Geld koppelt. Geld ist in erster Linie eine grosse Projektionsfläche. Viele rennen ihm hinterher, weil sie sich davon Sicherheit, Glück, Freiheit oder Zuwendung erhoffen. Sie glauben, ein schwaches Selbstwertgefühl sei mit einem Porsche, einer gigantischen Villa und einem Haufen Geld zu kompensieren. Das ist eine Illusion. Wer so viel Geld anhäufen muss wie manche Topmanager, signalisiert Unsicherheit und einen eklatanten Mangel an wirklicher Macht und Freiheit.

Nicht alle rennen dem Geld hinterher.
Stimmt, mindestens die Hälfte der Menschen stossen das Geld von sich weg, weil sie es für schmutzig, böse oder schlecht halten – viele tarnen diesen unbewussten Trieb mit einem karitativen Engagement. Anders würde das gar nicht funktionieren, es können ja nicht alle zahlenmässig gewinnen; jeder Buchhalter weiss, dass jedes Plus irgendwo ein Minus nach sich zieht. Einige vermischen beide Stile, sie rennen dem Geld hinterher und weisen es dann von sich, sobald es in ihre Nähe kommt. Diese Konfusen betreiben einen immensen Aufwand.

Warum tun sich Menschen schwer, Geld anzunehmen oder zu besitzen?
Weil sie Eigenschaften wie «schmutzig» oder «böse» auf das Geld projizieren und fürchten, das falle dann auf sie als Besitzer zurück. Es ist eine Furcht vor der Auseinandersetzung mit den eigenen dunklen Seiten, mit der eigenen Boshaftigkeit. Viele, die sich als Engel gebärden und sich selber auch so sehen, haben grosse Mühe, sich im Alltag zu schützen und Projekte zu realisieren; sie sind – etwas vereinfacht gesagt – nicht böse genug.

Sie veranstalten seit 15 Jahren Geldseminare für Private. Wer besucht sie und wo setzen Sie den Hebel an?
Vom Schwerverschuldeten bis zum Multimillionär kommen ganz verschiedene Leute. Entscheidend ist nicht ihr Vermögen, sondern wie weit sie im Reflexionsprozess fortgeschritten sind. Alle wollen etwas gewinnen – ob es um ein Verständnis für das ganze Geldsystem geht, um die eigene finanzielle Lage, um Entscheidungen oder einfach darum, freier und ruhiger zu handeln. Ich lasse die Teilnehmer im Seminar Übungen mit realem Geld durchführen. Da zeigt sich sehr deutlich, ob jemand Schweissausbrüche hat, wenn er unkontrolliert Geld weggeben muss oder wenn er viel Geld in den Händen hält. Ein anderes Instrument ist die Biografiearbeit. Der Umgang mit Geld ist oft stark von Kindheits-

erlebnissen geprägt – diese früh erworbene Welt- und Geldsicht hat vielfach die Funktion eines unsichtbaren roten Fadens, der die Berufswahl, Partnerwahl und manch andere Dinge massiv beeinflusst.

Können Sie das konkretisieren?

Eine sehr verbreitete Projektion besagt, dass viel Geld viel Freiheit bedeutet. Ein Baby nimmt sich, was es braucht; als Kleinkind merkt es, dass das nicht geht, dass man für viele Dinge Geld braucht. Mit der Zeit lernen wir: Wenn wir hart genug arbeiten, verdienen wir Geld, und wenn wir genug Geld haben, können wir irgendwann tun, was wir wollen, sind also frei. Leider kenne ich keinen einzigen Menschen, der nach diesem Schema sein Glück gefunden hat. Die meisten sterben, ohne richtig gelebt zu haben, weil sie nicht realisiert haben, dass man entweder hier und jetzt frei ist – oder nie und nirgends.

Würden Sie bestreiten, dass ein Mensch mit viel Geld mehr Optionen hat?

Wer überzeugt ist, Geld bedeute Freiheit, wird immer Beispiele finden, die das beweisen. Ich kenne allerdings viele Menschen, die mit sehr wenig Geld einen hohen Grad an Freiheit erlangt haben, und Schwerreiche, denen ihr Geld zum Gefängnis geworden ist. In Brasilien zum Beispiel besuchen die Reichsten einander mit dem Hubschrauber, sie errichten immer höhere Mauern um ihre Villen und fahren gepanzerte Autos. Weil sie der Projektion «Geld = Sicherheit» verfallen sind, beschäftigen sie sich pausenlos mit der Absicherung, Verwaltung und Kontrolle ihres Vermögens. Sie leben in chronischer Unsicherheit und Unfreiheit. Es gibt nur wenig Menschen, die viel Geld haben und innerlich frei sind.

Demnach macht Geld unglücklich?

Nein, aber wer sein Glück aufs Geld projiziert, wird nicht glücklich. Geld verschafft nie für lange Zeit Zufriedenheit. Das zeigt die Statistik der Lottogewinner – ein Grossteil ist ein Jahr später weniger glücklich als vor dem Gewinn. Wer Lotto spielt, hat schon vor der Ziehung verloren, weil er sich vom Geld Glück oder Freiheit erhofft. Wenn man den Leuten hilft, ihre Projektionen auf das Geld zurückzunehmen, beginnen sie das zu tun, was sie lieben. Sie sind dann motiviert und erfüllt, und das Geld kommt ziemlich von alleine. Getriebene Menschen reagieren panisch, wenn sie viel Geld verlieren wie dieser Tage, weil sie damit auch ihr Sicherheitsgefühl verlieren und die Legitimation für ihre unbefriedigende Arbeit.

Gilt das, was Sie übers Lottospielen gesagt haben, auch für das Spekulieren an der Börse?

Ja, die Aktienmärkte haben heute den gleichen Stellenwert wie die Lotteriegesellschaften, die Börse ist – obwohl sie ursprünglich guten Zwecken diente – zu einem Casino geworden und darüber hinaus zu einem tollen Spiegel für unsere Gesellschaft. Das Auf und Ab spiegelt sehr genau die Emotionen der Spieler, die sich in rascher Folge neue Hoffnung und neuen Lebenskitzel kaufen.

Hat das Wohlstandsstreben nicht auch gute Seiten?
Wenn mehr Menschen ihren wahren Leidenschaften folgen würden, statt ihre Hoffnungen aufs Geld zu projizieren und sich wie Ratten treiben zu lassen, wäre diese Welt freundlicher. So erzeugt die Gesellschaft durch unbewusstes Handeln das mehr und mehr kritisierte System immer wieder neu.

Wie kamen Sie auf die Idee, unseren Umgang mit Geld zu erforschen?
Ich war die ersten 33 Jahre meines Lebens auf der Spar- und Karriereschiene unterwegs. Auch als ich fünfmal mehr verdiente als meine Kollegen, wollte ich mein Einkommen noch verzehnfachen. Dann wurde mir schlagartig bewusst, dass ich sehr unfrei geworden war. Da das Thema Geld in sämtlichen Führungskursen ausgeblendet worden war, obwohl es Entscheidungen und Beziehungen prägt wie kaum ein anderer Faktor, machte ich mich auf, dieses wenig erforschte Gebiet zu durchleuchten. Dazu gehörte auch ein Selbstversuch: Ich gab all mein Geld weg, besass irgendwann nur noch sieben Franken. Zunächst litt ich unter grossen Ängsten, dann entdeckte ich eine andere Form von Reichtum: Ich war gesund, voller Motivation, erfuhr Zuspruch und Unterstützung – kurz: Ich machte die befreiende Erfahrung, dass es eine Existenz gibt auch ohne Geld.

Und heute laufen Ihre Seminare so gut, dass Sie riskieren, schwerreich zu werden?
Mit diesem Risiko kann ich ganz gut leben. Ich biete meine Geldseminare für Private in sieben Ländern an und bin bis nächsten Juni ausgebucht. Zusätzlich bilde ich Therapeuten und Unternehmensberater weiter, weil für diese der Projektionsaspekt von grosser Bedeutung ist. Meine Arbeit macht mir grossen Spass, nicht weil sie viel Geld einbringt, sondern weil sie hochspannend ist. Wäre ich im alten Fahrwasser geblieben, wäre ich mit 50 Jahren tot umgefallen.

Was kosten die Seminare für Private?
Ich habe keinen fixen Preis, schlage aber den lokalen Veranstaltern folgende Formel vor: Fünf Franken mal Lebensjahre plus ein Drittelprozent des Bruttojahreseinkommens plus/minus zehn Prozent nach eigenem Gutdünken. Das ist aber nicht verbindlich. In Deutschland verlangt der Veranstalter ein Prozent des Jahreseinkommens und das Seminar läuft sehr gut; jeder Preis zieht eine bestimmte Kundschaft an.

■

http://peterkoenig.typepad.com/de

**KREBS
JÜRG**
SUPERVISOR

«Viele Menschen opfern sich auf dem Altar der Arbeit auf»

«Richtiger Erfolg ist, was sich einstellt, wenn man gut mit sich ist und konsequent der inneren Stimme folgt», sagt Jürg Krebs. Der diplomierte Supervisor begleitet Menschen beim Selbstcoaching und ermutigt sie, sich mehr mit Sinnfragen als mit Problemen zu beschäftigen. Etliche Menschen, sagt Krebs, kämpften im Beruf gegen einen eklatanten Mangel an Selbstliebe an.

9.12. und 16.12.2009

Herr Krebs, sind Sie heute zuversichtlich in den Tag gestartet?
JÜRG KREBS: Ja, tatsächlich, da war ein Gefühl von Zufriedenheit und Vorfreude auf das, was kommt.
War das Zufall oder eine bewusste Entscheidung?
Es ist die Konsequenz aus vielen kleinen Entscheidungen in den letzten Jahrzehnten. Mit 53 Jahren und nach 17 Jahren Selbständigkeit kann ich mein Leben heute bewusst gestalten. Ich fühle mich materiell und innerlich frei. Das Hauptproblem ist, dass ich so viele Interessen habe und notorisch eher zu wenig Zeit, um allem nachzugehen, was ich vertiefen möchte.
In Ihren Workshops und Seminaren vermitteln Sie unter anderem die Erkenntnis: «Gefühle sind Entscheidungen». Da könnte man viele Gegenbeispiele anführen.
Ich bin kein Vertreter des Positivismus, der glauben machen will, alles sei möglich, wenn wir nur genug wollen. Eine solche Haltung wird rasch totalitär. Natürlich gibt es besondere Lebensumstände, schicksalshafte Existenzen – dann haben Gefühle nicht viel mit Entscheidungen zu tun. Ich verneine nicht die Grenzen des Menschseins, ich halte es sogar

für sehr wichtig, dass wir uns diese bewusst machen. Aber etliche Menschen leben weit unter ihren Möglichkeiten. Sie realisieren nicht, was sie alles positiv beeinflussen könnten, wenn sie es aktiv angehen würden.

Wir streben doch alle nach Glück. Wie kommen Sie dazu zu sagen, viele versuchten es nicht?
Meine Coaching-Erfahrung hat mich das gelehrt. Viele Menschen verharren lieber in der Opferrolle und negieren die Möglichkeit der Entwicklung, als sich auf einen unbekannten Weg zu begeben. Die Verliebtheit in Probleme ist weiter verbreitet, als man annehmen würde. Wer in seinen Mustern gefangen ist, erwartet mit Recht nicht viel vom Leben und wird in dieser düsteren Weltsicht bestätigt. Das führt zu Verbitterung und Zynismus.

Sie ermutigen solche Menschen, sich mit Hilfe von Selbstcoaching-Techniken weiterzuentwickeln. Wie muss man sich das vorstellen?
Selbstcoaching ist keine Hexerei. Gesunde Menschen machen das ganz automatisch. Das beginnt mit heilsamen Selbstgesprächen, einem inneren Dialog der Teilpersönlichkeiten. Ein Tagebuch bietet die Möglichkeit, diesen inneren Dialog als Rendez-vous mit sich selbst zu reflektieren. Nachts melden sich Träume, auch da kann man ein Logbuch führen – C. G. Jung hat dies als «Königsweg zur Seele» beschrieben. Der Mensch hat als einziges Lebewesen die Fähigkeit, mit sich selbst Kontakt zu pflegen und dabei wahrzunehmen, wie es ihm geht. Bei manchen – speziell bei Männern – ist diese Fähigkeit aber teilweise verkümmert.

Warum?
In der Bibel heisst es «Liebe deinen Nächsten wie dich selbst!». Man hat das zu Recht als Appell verstanden, den Nächsten zu lieben. Dass in diesem Gebot, als unabdingbare Voraussetzung für die Nächstenliebe, die Aufforderung enthalten ist, sich liebevoll um sich selbst zu kümmern, ging vergessen. Viele Menschen opfern sich heute auf dem Altar der Arbeit auf – diese grenzenlose Einsatzbereitschaft im Beruf und Härte im Umgang mit sich selber ist zu einer neuen Form der Askese geworden. Und es zementiert das Bild vom heroischen Mann, der sich – unerschrocken und unverletzlich – in den Dienst einer Sache stellt. Die Kehrseite ist, dass Männer kaum je aus eigenem Antrieb zum Arzt gehen, dass sie oft kaum mehr merken, wie es ihnen geht, und nicht realisieren, dass sie im Grunde gegen einen eklatanten Mangel an Selbstliebe ankämpfen.

Und dann müssen Macht und Status das fehlende innere Erleben kompensieren?
Ja, Erfolg und Anerkennung werden dann auf bedrohliche Art und Weise zum dominierenden Thema. Ich will nicht ungerecht sein gegenüber den Managern

mit ihren 70-Stunden-Wochen. Erstens brauchen wir alle Erfolg und Anerkennung, wir sind soziale Wesen, also bedürftig von Geburt an. Es ist befreiend, sich einzugestehen, dass man abhängig ist, andere Menschen braucht. Wenn wir das anerkennen, kann daraus eine neue Sicherheit erwachsen, so dass es nicht mehr nötig ist, das latente Gefühl des Nicht-Genügens mit selbstzerstörerischer Leistung zu bekämpfen. Hochleistung ist dann positiv, wenn sie mit innerer Beteiligung und aus einer Grundfreude heraus erbracht wird. Denn richtiger Erfolg ist, was sich einstellt, wenn man gut mit sich ist und konsequent der inneren Stimme folgt.

Nicht immer. Manchmal sagt die innere Stimme auch: «Das schaff ich eh nicht.» Oder: «Immer kommen andere zum Zug.»

Deshalb ist es so wichtig, sich den inneren Dialog bewusst zu machen und ihn zu pflegen respektive zu verändern. Das sind ziemlich elementare Formen des Mentaltrainings, der Selbstführung. Es ist ein folgenschwerer Entscheid, ob man sich von einem Leitsatz führen lässt oder von einem Leidsatz. Viele Menschen, die diesen Entscheid nie bewusst gefällt haben, folgen einem Leidsatz. «Ich werde nicht gehört», «Ich bin ein Nichts», «Ich bin nicht gut genug», «Ich falle bestimmt auf die Nase»... Es gibt unzählige Leidsätze, negative Prophezeiungen, deren Gemeinsamkeit es ist, dass sie sich alle erfüllen, wenn man nur stark genug an sie glaubt. Und dann gibt es noch den zumindest in der Schweiz sehr weit verbreiteten kollektiven Leidsatz, dass man sich über etwas, das einem gelungen ist, auf keinen Fall richtig freuen darf und es schon gar nicht feiern sollte – besser redet man den Erfolg klein. Das nenne ich kollektive Abwertung.

Was wäre ein guter Leitsatz?

Den kann nur jede und jeder für sich selbst finden. Viele machen sich die Mühe nicht und hören deshalb auf den beliebten Leitsatz «Gefalle den anderen!». Damit lässt sich sogar Geld verdienen, beispielsweise in Dienstleistungsberufen; die Kosten sind allerdings hoch. Wer dies vor dem Burnout merkt, hat Glück gehabt, sonst braucht es nicht selten einen «gesunden Nervenzusammenbruch» – als Grenzerfahrung. Besser wäre es, statt dem Gefallen-Leitsatz die Sinnfrage ins Zentrum zu stellen. Dazu gehören Fragen wie: Habe ich einen Beruf oder eine Berufung? Was will durch mich in die Welt kommen? Fühle ich mich aufgehoben? Hat mein Leben eine Richtung? Spüre ich Halt? Lebe ich in sozialen Netzen? Aus der Beschäftigung mit solchen Fragen resultieren eine klare Haltung und eine Motivation, die einen in die glückliche Lage versetzt, dass das schöne Leben nicht erst am Freitagnachmittag, sondern schon am Montag früh beginnt.

Kann man seinem Leben im Erwachsenenalter eine ganz neue Richtung geben?
Wir können unser Erbgut und unsere Prägung durch die Umwelt nicht verleugnen, aber wir können uns beides bewusst machen und dadurch den zwanghaften Anteil unseres Verhaltens verkleinern. Im Alter von fünf Jahren haben wir ein inneres Bild davon, wie wir selber sind, wie die anderen sind, wie die Welt ist, was aus uns wird und wie wir sterben werden. Diese inneren Bilder verdichten sich zu einem Drehbuch, sie leiten uns bei allem, was wir tun. Als Coach habe ich mehrfach miterleben dürfen, dass Menschen Verhaltensmuster hinterfragen und überwinden können.

Nun sagt uns aber die Neurobiologie, der Mensch sei schon in ganz jungen Jahren weitestgehend festgelegt. Ein Pessimist bleibe Pessimist, auch wenn er sein Leben lang noch so viel Glück habe, ein Optimist lasse sich seine Zuversicht auch durch mehrere Schicksalsschläge nicht nehmen. Was kann Coaching bewirken?
Ich kenne diese Literatur und bin gleichwohl überzeugt, dass Temperament kein Schicksal ist. Es gibt Menschen, die haben tatsächlich schlechte Karten – und schaffen es doch, ihrem Leben eine erstaunliche Wende zu geben. Ihnen gelingt der Schritt von der Kernverletzung zur Kernkompetenz. Ich habe eine noch nicht 30-jährige Langzeitarbeitslose begleitet. Sie lief mehrmals vor ein Auto – nicht absichtlich, aber vom unbewussten Wunsch gesteuert, sich das Leben zu nehmen. Jedes Mal wurde sie schwer verletzt und überlebte. Ihr Leben änderte sich, als ihr bewusst wurde, dass sie immer wieder versucht, sich das Leben zu nehmen. Gleichzeitig merkte sie, dass sie psychisch angeschlagene Menschen versteht. Die ausgebildete Schauspielerin nahm eine Psychiatrieausbildung in Angriff und arbeitete danach im Grenzbereich zwischen kreativen und heilenden Tätigkeiten.

Haben Sie andere einschneidende Veränderungen bei Klienten erlebt?
In einem Kurs für Stellenlose erhielt eine Frau, die von sich behauptete, sie könne nicht einmal vor kleinstem Publikum etwas präsentieren, eine Anfrage, auf dem Bundesplatz vor ein paar tausend Leuten zu reden. Ihr Selbstbild sagte sofort: «Unmöglich!» Die anderen aus der Gruppe signalisierten ihr aber: «Wir haben das Gefühl, dass du das kannst.» Alle um sie herum sahen diese Fähigkeit, die sie sich selber nie zugesprochen hatte. Und sie täuschten sich nicht, denn die Frau hielt am Ende eine eindrückliche Rede.

Sind Sie ein Anhänger des strikt lösungsorientierten Coachings, das nach dem Motto verfährt: «Der Lösung ist es egal, welche Probleme es gab»?
Manchmal führt das zu erstaunlichen Erfolgen, denn nicht selten befinden wir uns in einer unbewussten Problemtrance. Wir sind dann zu wenig auf die Lösung

fokussiert. Für gewisse Fragestellungen ist diese ressourcenorientierte und oft auch provokative Art wirklich notwendig. Oft muss allerdings der Weg bis zum heutigen Tag gewürdigt werden. Dann führt es nicht weiter, wenn man die Verletzungen und Überzeugungen der letzten Jahrzehnte einfach ausblendet. Das Ziel sollte aber stets sein, dass das Leben gelingt. Und nicht, dass man die Probleme bis ins letzte Detail versteht.

In der Beschäftigung mit unseren Problemen sind wir aber besonders stark.
Der Kreativitätsforscher Wilfried von Gunten hat in der Schweiz eine subdepressive, melancholische Stimmung registriert, eine Bescheidenheit mit vielen neurotischen Komponenten. Ich stelle das Gleiche fest, wenn ich mit erfolgreichen Führungskräften Rhetorik-Trainings absolviere. Da brechen jeweils rasch grosse Selbstzweifel durch. Viele können trotz allen Erfolgen partout nicht anerkennen, dass sie gut sind. Das heisst, sie agieren stets aus einem Unbehagen heraus, aus einer Angst, als Hochstapler entlarvt zu werden. Das sind keine guten Voraussetzungen, um eine packende Rede zu halten. Einen schönen Gegensatz dazu bildet die Frau, die neulich aus 30 Tagen Stille zurückgekommen ist mit der beglückenden Erkenntnis: «Mein Ungenügen genügt.» Sich annehmen heisst, sich mit seinen Grenzen anzunehmen.

Muss man der Alltagshektik entfliehen, um einen Schritt weiterzukommen?
Ich persönlich muss mich regelmässig auf Reizentzug setzen, um mir selber ganz zu begegnen. Ich ging schon in die Stille, als ich noch gar nicht wusste, dass das eine Methode ist. Vor 17 Jahren nahm ich an einem 30-tägigen Workshop auf einer abgelegenen Alp teil. Im Zentrum die Stille. In dieser Zeit war es nicht vorwiegend still in meinem Innern; das Getöse ging auch bei mir richtig los, wurde mir bewusst. Was ich wusste: Ich will nicht mit Ödön von Horvath alle paar Jahre seufzen müssen: «Ich ist ein anderer. Er kommt nur so selten dazu.» Seither habe ich mehrmals miterleben dürfen, wie Menschen in der Stille ganz eindrücklich zu sich gefunden haben. Das ist nicht immer nur ein Vergnügen, es tauchen auch Themen auf, die man nicht verarbeitet hat, aber eigentlich immer nur in dem Mass, wie man sie annehmen kann. Und am Ende überwiegt der beglückende Eindruck, das eigene Gesicht sei freigelegt.

Gibt es das denn, dieses eine Gesicht, dieses eine Ich?
Es geht nicht darum, nie mehr eine Rolle zu spielen, das wäre ein gefährlicher Perfektionismus. Wir alle spielen viele Rollen, und das ist gut so – es wäre schrecklich, wenn wir uns nicht an unsere Umgebung anpassen könnten. Aber es gibt sakrale Momente vollständiger Echtheit. Momente, in denen wir ganz bei uns

sind. Wer das von Zeit zu Zeit erlebt, schöpft daraus Kraft und Sicherheit – und den Mut zur Unsicherheit. Es geht darum, sich mit sich selber auseinanderzusetzen, um wieder frei zu werden von sich, offen für das, was einem begegnet. Manchmal erschüttert es mich, dass viele Menschen die Neugier auf sich selber verloren zu haben scheinen. Sich selber entdecken gehört zu den schönsten Erfahrungen, die wir machen können. Vielleicht fehlt uns der Mut?

Welche Bedeutung haben dabei die Träume?
In den Träumen liegt das Geheimnis des Menschen verborgen. Leider sind wir es nicht mehr gewohnt, die Nachrichten aus dem Unbewussten zu registrieren. Wir leben in einer solchen Hektik und Reizüberflutung, dass wir die Verheissungen und Warnungen oft überhören. Und dass wir nicht mehr hellhörig sind für die Signale der Sehnsucht. Wenn wir in die Natur und in die Stille gehen, steigen diese Bilder eher in uns auf, als wenn wir täglich vor dem TV-Gerät meditieren. ∎

www.krebs-partner.ch

KUCKART
JUDITH
SCHRIFTSTELLERIN

«So versuche ich, Gott zu betrügen»

Judith Kuckart hat nie davon geträumt, Schriftstellerin zu werden. Doch der Zufall wollte es, dass ihr eines Tages ein gut dotierter Vertrag für einen Roman vorgelegt wurde. 20 Jahre später sagt Judith Kuckart: «Wenn ich vier Stunden am Schreibtisch sitze, habe ich acht Stunden gelebt.» Ein Gespräch über Disziplin, Widerstände und den Dialog mit Toten.

9.9.2009

Frau Kuckart, ist Schreiben für Sie eine Berufung oder ein Job?

JUDITH KUCKART: Am Anfang wars ein Job, später wurde es nicht eine Berufung, aber eine Lebensform. Als ich den ersten Roman beendet hatte, wusste ich, dass ich als Schreibende ein ganz «behagliches Leben» führen konnte, wie Robert Walser das gerne nannte.

Sie schrieben kürzlich in einem Aufsatz ganz nüchtern, Sie gehörten nicht zu den Schriftstellern, die zum Schreiben verdammt seien, Sie könnten auch etwas ganz anderes machen. Was denn?

Bis zum 29. Lebensjahr habe ich als Tänzerin gearbeitet. Eigentlich wollte ich ja Fallschirmspringerin werden, ich träumte oft vom Glücksgefühl der Schwerelosigkeit, aber meine Augen waren einfach zu schlecht, als dass man es hätte verantworten können, mich in die Luft zu lassen. Später wollte ich Polizei-Kommissarin werden...

...um wenigstens auf Erden Gerechtigkeit durchzusetzen?

Darum ging es mir nicht. Ich war da sehr romantisch angehaucht, sah mich im Regen böse Menschen jagen und anschliessend – jetzt kommts – unter der

Schreibtischlampe einen eindrücklichen Bericht verfassen. Da hat sich die Schriftstellerei eigentlich fast schon abgezeichnet.

In einem Aufsatz haben Sie kürzlich geschrieben: «Mir war es fremd, Schriftsteller sein zu wollen», Sie hätten sich «auch in den trostlosesten Stunden» nicht mit dem Fernziel Schriftsteller über das Gefühl des Überflüssigseins auf dieser Welt hinweggetröstet. Warum betonen Sie das?
Ich finde, es hilft, wenn man etwas anderes im Leben gemacht hat, bevor man beginnt, professionell zu schreiben. Bei vielen jungen Kolleginnen und Kollegen, die aus einer dieser Schreibschulen kommen, stelle ich fest, dass sie sich zwar sehr gewieft ausdrücken können, dass sie aber nicht besonders viel erlebt haben. Und sie haben sich immer nur in ihrer Generation bewegt. Daraus resultieren ziemlich beschränkte Geschichten, Storys aus Berliner Clubs, Folge 1 bis 28.

Inwiefern ist Ihre Zeit als Tänzerin prägend für das, was Sie heute machen?
Zu tanzen und getanzt zu haben, schafft eine Haltung gegenüber dem Leben, eine innere und eine äussere. Man bleibt lebenslang Tänzerin. Der Tanz hat mich gelehrt, wie man mit Schmerz, mit Zurichtung, mit Niederlagen umgeht. Wenn Sie jeden Tag im Spiegel mitansehen müssen, wie Sies immer noch nicht können, lernen Sie eine Menge. Sie fangen beispielsweise mit 25 Jahren an, darüber nachzudenken, wie es ist, alt zu werden. Da verfällt man nicht so leicht diesem Jugendwahn, den ich zum Teil bei meinen 40-jährigen Schriftstellerkollegen noch beobachte.

Wie kamen Sie als Tänzerin zum Schreiben, ohne davon geträumt zu haben?
Ich verdanke das einem komischen Zufall. 1989 erhielt ich von der Oper Duisburg den Auftrag, ein Tanzstück anlässlich von 200 Jahren Französische Revolution einzustudieren. Als Musiker wurden die «Einstürzenden Neubauten» verpflichtet. Da trafen diese Punk-Musiker morgens um zehn mit Bierdose in der Hand auf meine Tänzerinnen, die sich mit Nivea-Creme und Deodorant frisch machten. Es passte einfach nicht zusammen; die Musik war viel zu laut. Ich entschied, dass die Tänzerinnen ihre Präsenz durch Sprechauftritte erhöhen mussten. Weil ihnen nichts einfiel und ich nicht wusste, wo ich Texte hätte klauen können, schrieb ich ihnen lauter Vierzeiler auf den Leib.

Und das wurde gleich Literatur?
Nein, es kam ja noch schlimmer. 20 Minuten vor der Premiere fiel die zweite Hauptrolle aus, ich musste in untrainiertem Zustand und fortgeschrittenem Alter einspringen. Ich tanzte in einem viel zu kleinen rosa Kleid die Rolle und schämte mich ein bisschen, meine eigenen doofen Texte aufsagen zu müssen. Als

ich nach der Aufführung mit rotem Kopf und mit dem Gefühl, etwa 20 Jahre gealtert zu sein, in der Garderobe sass, kam eine nette ältere Dame auf mich zu und sagte: «Das war jetzt aber wunderschön.» Es dauerte eine Weile, bis ich merkte, dass sie die Texte meinte, nicht den Tanz. Dann konnte sie nicht glauben, dass eine Tänzerin überhaupt schreiben kann. Schliesslich stellte sie sich als Monika Schoeller vor, die einflussreiche Verlegerin vom S.-Fischer-Verlag.

Sie hat Sie gleich als Autorin unter Vertrag genommen?
Sie bat mich, am nächsten Tag mit ihr spazieren zu gehen. Ich hatte wenig Lust, aber weil sie so nett und so schüchtern war, sagte ich zu. Am Ende des zweistündigen Spaziergangs holte sie einen Vertrag aus der Tasche und sagte: «Sie können schreiben. Schreiben Sie mal einen Roman!» Ich war dreist genug, den Vertrag durchzuschauen und zu gucken, wie hoch der Vorschuss ist. Die Summe war so hoch, dass ich bedenkenlos zusagte, obwohl ich keine Ahnung hatte, was auf mich zukommt. Das war der Startschuss zu «Wahl der Waffen», meinem ersten Roman.

Warum schreiben Sie heute – immer noch wegen des Vorschusses?
Ich würde wohl nicht schreiben, wenn ich nicht davon leben könnte, aber natürlich gibt es andere, innere Gründe. Die ändern sich allerdings immer wieder. Einer ist, dass man das Leben für sich strukturieren kann, indem man davon erzählt. Zudem habe ich viele Fragen; die ergeben ein schönes Gerüst von Widerstand. Ich mag Widerstände, auch die Momente, wo ich fürchte, es gehe gar nicht mehr weiter.

Gehen Sie von einer Frage aus, wenn Sie ein Buch beginnen?
Nicht von einer konkreten Frage, die ich formulieren könnte. Letztlich geht es immer um die grosse innere Frage, die da lautet: Was mache ich eigentlich hier? Diese Frage hat schon Tschechow umgetrieben. Und viele andere vor und nach ihm.

Geht es Ihnen auch darum, Gegenwelten zu schaffen zu dem, was wir für die Realität halten?
Mich fasziniert es, wenn ich Menschen begegne, denen man ansieht, dass es auch noch eine ganz andere Möglichkeit von Leben gäbe, wenn es an einem bestimmten Punkt anders gelaufen wäre. Solche Menschen haben eine Aura, sie tragen eine ganze Geschichte – auch wenn die Geschichte, die ich dann erzähle, nicht ihre reale Lebensgeschichte ist.

Und Sie haben einmal gesagt: «Ich schreibe, weil man sterben muss.» Möchten Sie Spuren hinterlassen, etwas Bleibendes?

Nein, darum ging es mir nicht. Manche finden es unmöglich, vier Jahre Arbeit in einen Roman zu investieren. Ich kann nur sagen: Es ist sehr gut investierte Zeit. Oft denke ich: «Jetzt habe ich vier Stunden am Schreibtisch gesessen, aber acht Stunden gelebt.» So versuche ich, den lieben Gott ein wenig zu betrügen, ihm ein bisschen mehr Lebenszeit abzuringen, als er mir wahrscheinlich geben will. Ich hoffe, er lässt mich deswegen nicht früher sterben.
  Sind Sie eine disziplinierte Schreiberin?
O ja, ich lege grossen Wert auf Disziplin und einen geregelten Tagesablauf. Jeden Morgen um 10 Uhr setze ich mich in der Trainingshose an den Schreibtisch. Als ich tanzte, haben sich Körper und Geist an die Regelmässigkeit gewöhnt, als Schriftstellerin behielt ich diese Rituale bei. Ich schreibe dann bis 14 Uhr, mache drei Stunden Pause und schreibe nochmals von 17 bis spätestens 22 Uhr.
  Und das Abschalten um 22 Uhr klappt immer?
Nein, es braucht seine Zeit, bis das Gehirn zur Ruhe kommt nach dem letzten Satz. Es schreibt einfach weiter, die Geschichte hat ja ein Eigenleben, die Figuren agieren weiter. Da hilft nur eiserne Disziplin. Ich habe nie verstanden, wie Kollegen bis Mitternacht oder länger an ihren Texten sitzen können; das frisst doch den Schlaf weg und raubt die Energie. Wenn man sich so weit vorwagt und dann noch beginnt, Alkohol zu trinken, sitzt man leicht der Illusion auf, dass man grad besonders gut schreibt und die Nacht einem total hilft – und am nächsten Tag stellt man fest, dass man nur besonders schwachsinnig war.
  Ein Kafka hat untertags gearbeitet und nachts geschrieben.
Aber getrunken hat er nicht. Ich bin ziemlich sicher, dass Kafka heimlich auf der Arbeit geschrieben hat. Anders ist das gar nicht vorstellbar.
  Sie betonen sehr die Bedeutung der Nüchternheit. Die Literaturgeschichte ist auch eine Geschichte der Berauschung – haben Sie nie damit experimentiert?
Nein, ich habe bloss zwei Mal eine Likörpraline gegessen beim Schreiben, ansonsten war ich stets nüchtern. Ich bin nicht so asketisch, wie das jetzt klingt. Im Zusammenhang mit dem Schreiben ist es eine Vernunftsache. Diese Vernunft gibt mir eine grosse Freiheit.
  Gibt es eine gute und eine schlechte Tagesform, oder schreiben Sie wie ein Metronom?
Ich zwinge mich, in jeder Verfassung zu schreiben. Es ist besser, wenn man nach vier Stunden zwei Seiten vor sich hat, die man sofort wegschmeisst, als wenn man nichts geschrieben hat. Und einen Satz, der stimmt, bringt man meistens zustande. Man kann nicht einfach auf Eingebungen warten. Aber natürlich vari-

iert die Tagesform. Wenn ich einen besonders guten Tag hatte, folgt meistens ein weniger guter – als hätte ich zu viel Kraft in diesen einen Tag investiert.

Wo schreiben Sie?
Wenns regnerisch ist, gerne in der Badi Utoquai in Zürich. Und so oft wie möglich draussen, im Garten. Auch da habe ich das Gefühl, Zeit zu gewinnen: wenn ich in der Natur bin und arbeiten kann dazu.

Wie beginnt ein Buch? Mit einer Begegnung, einer Frage, einem ersten Satz?
Oft ist es ein erster Satz. Für den letzten Roman, «Die Verdächtige», gibts eine Auslösergeschichte. Da hat mir eine Freundin im Utoquai erzählt, sie sei mit ihrem Liebsten nach Skandinavien gefahren und habe dort mit ihm ein Geisterhaus besucht. Sie hat dort richtig Angst gekriegt, hat geschrien, ist weggelaufen. Ihr Freund, ein Opernsänger, stimmte hinten im Dunkeln ein gespenstisches Lachen an. Das war furchtbar für sie. Als sie mir die Geschichte erzählte, fragte ich sofort, ob sie sie mir schenkt. So kam es dazu, dass der Freund meiner Hauptfigur Marga zu Beginn des Romans auf einer Geisterbahn spurlos verschwindet.

Für wen schreiben Sie? Denken Sie beim Schreiben an ein Publikum?
Ich sehe kein anonymes Publikum vor mir, sondern ich schreibe seit Längerem für drei Menschen: für mein Patenkind Antonia, die sich rasch einmal langweilt und fragt: «Muss wieder so viel Atmosphäre beschrieben werden – wo bleibt die Handlung?»; dann für meine Mutter, die leider mit 59 Jahren schon gestorben ist; sie steht für die strenge innere Stimme, die sagt: «Das kannst du aber nicht so machen.» Und drittens für jemanden, der mir eine grosse Freiheit gegeben hat: einen Schriftsteller, der einen ähnlichen Weg gegangen ist wie ich. Auch er ist tot. Sie sehen: Ich schreibe zu zwei Dritteln für Tote.

Roland Barthes hat geschrieben, glückliche Menschen hätten keinen Anlass zum Schreiben. Muss man am Leben leiden, um gut schreiben zu können?
Nein, das glaube ich nicht. Ich kenne viele glückliche Menschen, die sehr gute Bücher schreiben. Natürlich gibt es Schriftsteller wie Wilhelm Genazino, denen in der Tat ein grosser Schmerz innewohnt. Das trifft aber auch auf Menschen zu, die nicht schreiben. Ich mag diese Attitüde nicht, wenn Schriftsteller dauernd betonen, wie sehr sie an der Welt leiden. Es gibt viele Leute, die leiden mehr an der Welt als ich.

Auch in anderer Hinsicht sind Sie sehr nüchtern. Sie sagen offen, dass Sie an die Verkaufszahlen denken. Wie viele Bücher muss man verkaufen, um gut vom Schreiben leben zu können?

Natürlich sind die Verkaufszahlen wichtig, ich habe ja keine Rente, da muss ich gucken, dass etwas geht. Neuere deutsche Autoren verkaufen so zwischen 3000 und 5000 Bücher. Ich verkaufe ein bisschen mehr.

Wie viel?

Das sage ich nicht. Aber wichtig sind nicht nur die Verkaufszahlen, es gibt ja diverse Nebenwirkungen, wenn ein Buch gut läuft: Lesungen, Taschenbuchausgaben, Film-Optionen, Regieangebote, Einladungen zu Podien. Mir ist diese Resonanz sehr wichtig. Wenn niemand mich lesen möchte, würde ich ins Fitnesscenter gehen. Ich hätte nicht so viel Ausdauer, um mit zehn Manuskripten in der Schublade ein elftes zu beginnen. Mein Schreiben ist sehr auf Dialog ausgerichtet.

Wie wissen Sie, ob ein Buch gut geworden ist?

Wenn ich mit einem Text fertig bin, denke ich jedes Mal: «Was für ein Quatsch, das interessiert doch kein Schwein.» Diese Unsicherheit, ob jemand im Lesen die Geschichte mit mir teilen mag, kann quälend sein. Aber eigentlich ist die Antwort simpel: Wenn ich mich traue, den Text jemandem vorzulesen, merke ich schnell, was überflüssig ist und wo die Spannung hoch ist. Gut ist ein Buch dann, wenn ich es geschafft habe, etwas einzufangen, was anders nicht einzufangen wäre. Wenn ich einer Geschichte, die sonst niemand bemerkt hätte, durch Sprache Präsenz und Dauer verschaffen kann, bin ich ganz zufrieden. ∎

KUNJAPPU
JOLLY
LEBENSKÜNSTLER

«Ein Pfahl weckt keine Sehnsucht»

Er ist erfolgreicher Musiker, Unternehmer und Berater, aber glücklich ist er erst, seit er weiss, dass er all dies jederzeit loslassen könnte. Der Grenzgänger und Querdenker Jolly Kunjappu erläutert, wie die Arbeit zur Feier wird und warum viele steile Karrieren in die Abhängigkeit statt ins Glück führen.

30.11.2006

Herr Kunjappu, Sie sind nicht nur Managementberater, sondern auch Maler, Restaurantbetreiber, Musiker und Schauspieler. Was antworten Sie, wenn jemand nach Ihrem Beruf fragt?

JOLLY KUNJAPPU: Wenn ich Formulare ausfüllen muss, schreibe ich jeweils hin: «kein Beruf». Das ist die Wahrheit. Ich habe keinen Beruf, sondern diverse Herzensangelegenheiten – für manche zahle ich, für andere erhalte ich Geld. Ich halte es mit dem «Banyan Tree», einem indischen Baum, der bis zu 40 Meter hoch werden kann, dessen Zweige aber so weit herunterfallen, dass sie sich im Boden verwurzeln können. So erhält ein Baum bis zu 100 Wurzeln. Ich habe beruflich in vielen Feldern Wurzeln geschlagen. Darüber bin ich glücklich, denn je mehr Felder ich mir erschliesse, desto mehr interessante Wege kann ich beschreiten.

Sie sind in Madras, Indien, geboren und in ärmlichen Verhältnissen aufgewachsen. Wie wurden Sie zum Berater so namhafter Firmen wie BMW, HP, IBM oder Siemens?

Durch Hunger und Neugier. Während meiner Schulzeit litt unsere Familie Hunger, weil mein Vater als Unternehmer Konkurs gegangen war. Daraus erwuchs mein kindlicher Wunsch, ein Restaurant zu eröffnen, damit wir nie mehr Hunger leiden müssten. Mit gut 17 Jahren las ich in einer Zeitungsanzeige, dass eine Universitätskantine in Madras einen Pächter suchte. Ich lieh mir beim Bäcker etwas Geld, um die Fahrt zum Vorstellungsgespräch bezahlen zu können.

Woher nahmen Sie den Mut?
Die gute Schulbildung und der unternehmerische Geist des Vaters waren ein starkes Fundament.

Wurde Ihre Bewerbung ernst genommen?
Der Universitätsdirektor fragte mich, wie viel «running capital» ich einbringen könne. Ich antwortete ihm, ich hätte kein Geld, aber gute Ideen. Ein Restaurant an guter Lage zu führen, ist ja nicht so schwierig. Es braucht gute, preiswerte Produkte, einen kompetenten Service, ein angenehmes Ambiente und viel Respekt gegenüber den Mitarbeitern. Der Direktor gab mir eine Chance, und ich konnte von der zweiten Woche an Geld zurückzahlen.

Wie kamen Sie nach Deutschland?
Ich baute in der Folge ein Catering auf, mit dem ich die meisten Generalkonsulate in Madras belieferte, auch jene aus der Schweiz und aus Deutschland. Der damalige Generalkonsul aus der BRD, Karl Pfauter, gab mir die Chance, in Deutschland als Hotelpraktikant zu arbeiten.

Von da an trieb die Neugier Sie an?
Ja, ich litt keinen Hunger mehr, aber der Hunger nach neuem Wissen blieb ungestillt. Parallel zur Tätigkeit in der Hotellerie begann ich Musik zu machen. Einmal, nachdem ich am Abend auf einer Kleinkunstbühne getrommelt hatte, fragte mich eine Gruppe, ob ich mit ihr in Schweden Musik machen möchte. Am nächsten Tag reisten wir bereits ab.

Und wie schafften Sie es, mit den Rolling Stones eine Platte einzuspielen?
(Lacht.) Da spielte wieder eine finanzielle Notlage mit. Ich hatte gerade kein Geld mehr, um meine Miete zu bezahlen, und erfuhr, dass die Stones in München eine Platte aufnehmen wollten. Also rief ich Mick Jagger an ...

... Sie meinen, sein Management?
Na ja, an seiner Empfangsdame kam ich vorbei, indem ich sagte, ich riefe aus London an und sie kriege Ärger, wenn sie mich nicht verbinde. Schliesslich war Billy Preston, der Sänger und Komponist, am Apparat und lud mich ins Studio ein. Das funktionierte natürlich nur, weil ich tatsächlich über die erforderlichen musikalischen Fähigkeiten verfügte. So konnte ich als Perkussionist bei den Aufnahmen für «It's only Rock 'n' Roll» mitspielen. Was mich sehr beeindruckt hat:

Mick Jagger gab mir kaum Anweisungen, sondern sagte: «Spiel, was du fühlst!» Dadurch erhielt er mehr von mir, als er hätte fordern können. Das ist auch im Management wichtig. Viele Chefs hindern ihre Mitarbeiter durch Vorschriften an der Entfaltung – dadurch verspielen sie die Chance, selber dazuzulernen. Jedenfalls schenkte mir Mick Jagger ein Jahr später zum Dank eine goldene Platte.

Wie wurden Sie zum Managementberater?
Zunächst entdeckte ich die Malerei. Ich merkte rasch: Wenn ich das, was in mir brennt, gut mache, dann stellt sich der Erfolg automatisch ein. Mit der Zeit fragten mich Führungskräfte, wie man Innovation fördern könne, wie man zu einem Querdenker werde. Ich begann, intensiv über solche Fragen nachzudenken. Was beschränkt uns, was öffnet uns? Was beängstigt und was beflügelt uns?

Heute geben Sie Seminare zum Thema Sinn, Leidenschaft, Erfolg. Wo setzen Sie an?
Oft lassen wir uns zu stark von Erwartungen einengen – von eigenen und von fremden. Herkömmliche Karrieren führen in den meisten Fällen in eine subtile Abhängigkeit; wir hören auf, uns zu hinterfragen, uns neu zu entdecken, uns auszuprobieren. Viele Führungskräfte haben Angst um ihre Stelle, weil ihr Job definiert, wer sie sind und als was sie gelten. Ich kann morgen alles aufgeben, weil nicht meine Arbeit mich definiert, sondern ich entscheide, was ein guter Job ist für mich.

Im Ernst, Sie würden von heute auf morgen alles liegen lassen, was Sie sich aufgebaut haben?
Ja, wenn mich morgen jemand für einen guten Film engagieren will, dann lasse ich alles fallen. Ich bin schon einmal Hals über Kopf für zweieinhalb Monate in die Wüste verreist, um dort die Trinkwassergewinnung zu erforschen. Wir sollten lernen, unseren Wünschen zu folgen und nicht vom Besitz abhängig zu werden. Ein Multimillionär wird nicht glücklicher durch mehr Geld, sondern nur durch mehr Geist. Mich treibt der Wunsch an, mehr über die Welt und mehr über mich zu erfahren. Ein Bonmot besagt, man solle die Menschen nicht lehren, Schiffe zu bauen, sondern in ihnen die Sehnsucht nach dem Meer wecken. Ein Pfahl mag Sicherheit vermitteln, aber er weckt nie die Sehnsucht. Die Geschichte zeigt, dass jene Kulturen und Firmen untergegangen sind, die aufgehört haben, sich neu zu orientieren.

Was heisst das konkret, sich neu zu orientieren?
Für europäische Unternehmer kann das zum Beispiel bedeuten, sich mit der asiatischen Kultur zu befassen. Die Asiaten lernen unsere Sprache, befassen sich mit

unserer Kultur, unseren Managementmodellen, aber was lernen wir in Europa von Indern, Chinesen, Japanern? Weder die Kultur noch die Sprache noch die Methodik, wir möchten bloss Zugang zu ihrem Markt. Wenn wir an dieser Haltung nichts ändern, werden wir rasch abgehängt.

In Ihren Seminaren setzen Sie oft Musik ein. Warum?
Weil ich so die Emotionen der Teilnehmer besser erreiche als mit Worten. Rund 80 Prozent unserer Entscheidungen stützen sich auf Emotionen, aber wir lernen in keiner Schule, mit diesen Emotionen umzugehen. In der Malerei, beim Tanzen oder durch Musik finden wir leichter den Zugang zu unseren Emotionen. Wir müssen wieder lernen, wie Kinder auf Entdeckungstouren zu gehen. Immer hören wir, wie wichtig es ist, gut zu sein, beherrscht zu sein; ich bin erst glücklich, seit ich gelernt habe, loszulassen. Mein höchstes Ziel ist es, das Leben zu erkennen und schätzen zu lernen, denn was ich schätze, das schütze ich auch. Geld gibt mir keinen Kick mehr.

Und woran lesen Sie ab, ob Sie erfolgreich sind?
Wenn ich die Menschen erreiche und ihnen Impulse geben kann. Ich will ein Impulsgeber sein, kein Wegweiser – Recht zu haben, macht nicht glücklich. Natürlich bestärkt es mich in meinem Weg, dass grosse Unternehmen wie BMW seit 15 Jahren die Zusammenarbeit mit mir suchen.

Als gefragter Berater und Referent sind Sie doch sicher auch gelegentlich der Sklave Ihres Erfolgs.
Solche Phasen gab es, aber durch gutes Zeitmanagement kann man sie vermeiden. Eine der anspruchsvollsten Aufgaben ist es, ganz im Moment zu leben. Wir müssen wieder lernen, das Mobiltelefon auszuschalten, den elektronischen Briefkasten ruhen zu lassen. Ich persönlich habe gelernt: Für vieles braucht es mich nicht, auch wenn mich andere vom Gegenteil überzeugen wollen. Für einige wichtige Dinge brauche ich aber meine ganze Kapazität und Konzentration. Seither mache ich weniger Dinge, aber die mache ich besser.

Sie haben beruflich in diversen Sparten viel erreicht – wo sind Ihre Grenzen?
Beruflich sehe ich kaum Grenzen, da konnte ich bisher alles erreichen, was ich mir gewünscht hatte. Aber natürlich habe ich noch ein paar Pläne. Ich möchte ein Buch schreiben, Filme machen, endlich Physik studieren, um die universalen Gesetze besser verstehen zu lernen. Menschlich dagegen stosse ich wie alle anderen an Grenzen. Ich wäre gerne ehrlicher zu mir selbst und wünschte mir mehr Gelassenheit – ich wollte immer unbedingt alles schaffen und war dadurch oft zu verbissen.

Als Berater und Coach lebt man doch davon, dass man seinen Kunden das Gefühl vermittelt, sie könnten alles schaffen, es gebe keine Grenzen.

Es ist eine Dummheit, das zu behaupten; wir sind nun mal nicht alle mit den gleichen Möglichkeiten ausgestattet. Deshalb halte ich nichts von Gurus, die ihren Schülern zurufen: «Ihr könnt alles erreichen, wenn ihr nur fest genug daran glaubt.» Meine Schwester ist eine hochintelligente Frau, die unter Depressionen leidet. Ich kann sie noch so lange in den Arm nehmen, streicheln und ihr alles Liebe sagen – wenn sie ihre Medikamente nicht bekommt, wird sie unzurechnungsfähig. Durch ihre Krankheit kann sie ihre Ziele nicht mehr verfolgen. Wir sollten nicht überheblich sein, sondern jeden Tag dazulernen und versuchen, anspruchsvoll bescheiden zu werden.

Unterscheiden Sie überhaupt noch zwischen Arbeit und Freizeit?

Nein, ich sehe da keinen Unterschied. Deshalb finde ich das Wort Feierabend seltsam: Tagsüber hart arbeiten und am Abend feiern? Ich habe den Anspruch, dass auch die Arbeit zur Feier wird. ∎

www.kunjappu.com

**MARTIN
HANS-JÜRGEN
BUSINESS ANGEL**

Wie der «fliegende Pastor» die Herzen der Manager gewinnt

Hans-Jürgen Martin stammt aus einer Unternehmerfamilie, wurde Pfarrer und Entwicklungshelfer in Südamerika und ist heute, mit 65 Jahren, ein gefragter «Business Angel», weil er beste Kontakte in die Chefetagen der Schweizer Konzerne hat. Er sagt von sich: «In meinem Leben spielt sich laufend die Weihnachtsgeschichte ab.»

12.12.2007

Herr Martin, Ihnen eilt der Ruf voraus, Sie seien ein Pfarrer mit besten Kontakten zur Schweizer Wirtschaftselite. Wie kommt das?

HANS-JÜRGEN MARTIN: Richtig gut sind diese Kontakte, seit ich letzten September den Unternehmer Peter Spuhler zum Traualtar führen durfte. Ich kenne ihn schon seit zehn Jahren. Als er mich anrief und fragte, ob ich etwas läuten gehört hätte und ob ich ihn verheiraten würde, da konnte ich es mir nicht verkneifen, ihn erst einmal zu fragen, ob er überhaupt Zeit zum Heiraten habe. Er nahm mir das nicht übel, und es wurde eine sehr schöne Trauung; natürlich mit viel Prominenz aus allen möglichen Chefetagen.

Und das sind jetzt alles Ihre Freunde?

Nein, so weit würde ich nicht gehen, aber wenn ich ein Projekt in der Schublade habe, von dem ich denke, es könnte die UBS oder ABB oder Swiss Life oder Novartis interessieren, dann weiss ich, wen ich anrufen muss. Man darf diese Kontakte nicht zu sehr strapazieren, aber wenn ich aus gutem Grund anrufe, haben die Manager ein offenes Ohr. Die sind ja auch froh, dass sie mit einem Pfarrer mal nicht nur über Gott reden müssen; dass da einer ist, der ihre Anliegen ernst nimmt und ihnen kein schlechtes Gewissen machen will, sondern eine Gelegenheit bietet, etwas Gutes zu tun. Es gibt so viele Menschen, die etwas Gutes tun, aber kein Geld haben, und genau so viele, die Unmengen von Geld haben, aber wenig Gelegenheiten, etwas Gutes zu tun und ein bisschen glücklich zu werden.

Sie selber stammen ja auch aus einer Unternehmerfamilie. Warum sind Sie Pfarrer geworden?

Ja, die Martin-Schuhe waren ein Begriff, jedenfalls in Tuttlingen, wo sie hergestellt wurden. Leider hatte ich ein sehr schwieriges Verhältnis zu meinem Vater. Ihm war mehr an der Firma als an der Familie gelegen. Also trat ich nicht ins Familienunternehmen ein, sondern machte eine Lehre im Elektrogrosshandel. Begünstigt durch die Spannungen in der Familie und einen sehr gläubigen Lehrmeister driftete ich dann ziemlich stark ins Religiöse ab.

In den Sechzigerjahren liessen Sie sich als Pfarrer in der Schweiz nieder. Wie kam es zu Ihren Engagements in Südamerika?

In den Siebzigerjahren sagte meine Frau zu mir: «Hans-Jürgen, wir haben nur ein Kind und kriegen, wies aussieht, keines mehr – lass uns ins Ausland gehen.» Ich zögerte und gab zu bedenken, dass man von Palmen und blauem Himmel allein auf die Dauer nicht leben kann. Schliesslich klappte es im dritten Anlauf dann doch, und wir zogen nach Venezuela, wo ich rasch den Übernamen «Der fliegende Pastor» erhielt. Ich war tatsächlich oft mit dem Flugzeug unterwegs und nicht selten dankbar, dass ich einen guten Draht zum Herrgott hatte. Es wäre schrecklich gewesen, in diesen Maschinen zu sitzen und nicht beten zu können.

Nach einem weiteren kurzen Intermezzo in der Schweiz waren Sie zehn Jahre lang in Brasilien tätig.

Ja, diese Zeit hat mich geprägt. Als ich 1991 nach Bad Ragaz zurückkehrte, weil mir ein Kollege gesagt hatte, wenn ich je noch eine Stelle in der Schweiz finden wolle, sei es jetzt höchste Zeit, da wusste ich, dass ich die Verbindungen nach Brasilien nicht abbrechen wollte. Ein Jahr später wurde ich von einem verzweifelten Jugendrichter in Sao Paulo angefragt, ob ich mithelfen könnte, eine Heimschule für hörbehinderte Kinder in Brasilien zu finanzieren. Ein Banker sicherte mir zu, 25000 Dollar fürs erste Jahr zu zahlen, sofern ich eine Stiftung gründen würde, die danach die Kosten tragen würde. So entstand der Verein Brascri, den ich heute noch präsidiere.

Sie wussten also schon damals, wen Sie anrufen mussten, um Geld zu organisieren.

(Lacht.) Ja, meine Beziehungen sind mein Goldschatz, ich habe fast zu allen Menschen einen guten Draht gefunden, ausser zu meinem Vater. Zudem reagiere ich schnell, wenn mir etwas am Herzen liegt. Und ich war nie ein Pfarrer, der in der Vergangenheit lebt. Oder kennen Sie andere Pfarrer, die schon 1992 ein Mobiltelefon besassen? Das hat damals 2600 Franken gekostet und war 20 Zentimeter gross, ein Riesenkaliber. Ich wollte mir nicht länger anhören müssen, ich sei nie da, bloss weil ich das tat, was ein Pfarrer tun soll: bei den Leuten sein.

Heute sind Sie mehr «Business Angel» als Pfarrer.

Ja, als Pfarrer bin ich letztes Jahr pensioniert worden, da helfe ich nur noch gelegentlich aus, zum Beispiel an Heiligabend, da darf ich den Gottesdienst in Flums feiern. Sie haben Recht, ich bin heute eine Art «Business Angel». Oder man könnte auch sagen: In meinem Leben spielt sich laufend die Weihnachtsgeschichte ab. Sie beginnt mit den Worten: «Es begab sich aber zu der Zeit...» Bei mir hat sich wirklich immer zur richtigen Zeit das Richtige ergeben. Vor einiger Zeit lernte ich zum Beispiel den Entwickler eines faszinierenden Lebensmittelzusatzes kennen, der die Immunabwehr stärkt und gegen gewisse Krankheiten hilft. Er brauchte dringend 400 000 Franken, um die wissenschaftlichen Tests finanzieren zu können. Ich konnte zum Glück den Kontakt zu einem ehemaligen Finanzmanager herstellen und dem Projekt so weiterhelfen.

Und seit einiger Zeit sind Sie auch noch in ein Projekt der Firma Oro verde GmbH involviert, die in der Schweiz Saft aus tropischen Früchten verkauft.

Ja, davon habe ich durch einen Freund in Manaus erfahren. Er überzeugte mich, dass es gut ist, ein Projekt zu lancieren mit Biobauern aus dem Amazonas. Es bringt nichts, den armen Menschen jeden Tag Reis und Bohnen zu schicken, wir müssen ihnen eine Rute geben, damit sie angeln können. Durch den Früchteexport haben Hunderte von Menschen im Amazonasgebiet eine gute Lebensgrundlage, das bremst die Brandrodung im Regenwald.

Ihre Erfahrung zeigt offenbar auch: Es gibt viele wohlhabende Menschen, die gerne mit Geld etwas Gutes tun.

Ja, ich spüre bei den Menschen, die in der glücklichen Lage sind, etwas geben zu können, eine wachsende Bereitschaft, solche Projekte zu unterstützen. Wenn Sie 100 Millionen oder 10 Milliarden besitzen, können Sie dieses Geld in Ihrem Leben unmöglich selber brauchen, und die weitere Vermehrung macht Sie nicht glücklich. Also ist es doch auch in Ihrem Interesse, etwas Gutes zu tun damit. ∎

www.brascri.ch / juerg.martin@brascri.ch

MESSNER
REINHOLD
ABENTEURER

«Ich bin ein Eroberer des Nutzlosen»

«Unsere intensivsten Erfahrungen sind jene, welche wir erleiden», *sagt Reinhold Messner. Am Berg ist der weltbekannte Abenteurer nur noch selten anzutreffen. Der 64-Jährige betreibt vier Museen und arbeitet an einem Film, der jene Frage endgültig beantworten soll, die ihn seit nunmehr 38 Jahren verfolgt.*

20.12.2008

Herr Messner, Sie sind ein Grenzgänger, haben unzählige Grenzen überschritten ...

REINHOLD MESSNER: ... das würde ich bestreiten. Ich habe nur Vorurteile beiseitegeräumt. Niemand kann seine Grenzen überschreiten. Ich bin jemand, der zwischen dem Möglichen und dem Unmöglichen durchkommt, ohne dabei umzukommen. Natürlich habe ich Dinge gemacht, die als nicht überwindbare Grenzen galten – aber das waren nur Vorurteile.

Was ich Sie eigentlich fragen wollte: Ist das ein Genuss oder eher ein Zwang?

Ein Genuss ist es nicht. Die Vorstellung, dass das alles Spass macht, ist komplett falsch. Jeder Könner fängt dort an, wo der Spass aufhört – das gilt fürs Tanzen ebenso wie für die Kunst und das Bergsteigen. Natürlich gehört die Lust, etwas scheinbar Unmögliches zu erreichen, dazu. Aber Spass ist nicht mein Antrieb. Wir brauchen nicht dauernd Spass, auch wenn das heutzutage viele meinen. Ich halte diesen Anspruch für völlig verkehrt. Unsere intensivsten Erfahrungen sind jene, welche wir erleiden.

Bei Ihnen hatte man manchmal den Eindruck, Sie seien ein Getriebener, ein Sisyphus, der nie oben ankommt.

Das würde ich nicht abstreiten. Das Sisyphus-Bild passt sehr gut – jedenfalls wenn man die Camus-Vorstellung nimmt, wonach Sisyphus ein glücklicher Mensch war, weil er mindestens etwas zu tun hatte.

Er tat allerdings etwas sehr Nutzloses.

Ja, ich bin auch kein nützlicher Mensch, ich bin ein Eroberer des Nutzlosen.

Sie sagten einmal, Sie eroberten gar nicht Berggipfel, Polareis oder Wüsten, sondern verborgene Winkel in Ihrer Seele. Gibts da noch viel unentdecktes Land?

Ja, allein schon das Altern ist ein unentdecktes Land. Damit muss man zurechtkommen. Ich muss respektieren, dass ich heute nicht mehr in der Lage bin, schwierige Berge zu besteigen. Der Mensch kann nicht ein Leben lang wachsen in seinen Fähigkeiten. Er ist wie ein Bogen: Es fängt langsam an, steigert sich und fällt dann steil wieder ab. Da muss man sich im richtigen Moment auf ein anderes Feld verlegen.

Das muss für jemanden wie Sie eine schmerzhafte Erkenntnis sein.

Nein, nicht unbedingt.

In Ihrem Tagebuch aus der Wüste Gobi, deren Durchquerung Sie sich zum 60. Geburtstag geschenkt haben, steht der Satz: «Ich muss mich endlich damit abfinden, dass ich älter werde.»

Ich habe dieses Gobi-Buch dazu benutzt, über das Altern nachzudenken. Der Prozess des Alterns hat viele Ähnlichkeiten mit der Durchquerung einer Wüste. Eine Wüste ist ein alterndes Stück Erde, dort zerbröseln die Berge nach Jahrmillionen; das Gleiche passiert mit dem Menschen, nur rascher.

Wie spüren Sie das Altern?

An allen Ecken und Enden. Ich bin nicht mehr so schnell, meine Geschicklichkeit nimmt ab, meine Sinneseindrücke sind gedämpft. Ein junger Bergsteiger sieht viel schneller, wie seine Situation ist, er riecht die Gefahr, reagiert sofort, wenn etwas passiert. Ein stürzender Kletterer in der Eigernordwand muss in Sekundenbruchteilen reagieren. Wenn Ueli Steck den Halt verliert, kann er sich vielleicht noch festhalten. In meinem Alter fällt man unweigerlich runter – deswegen sollte mans besser nicht mehr tun. Man sollte sich nicht daran festklammern, was man einmal gekonnt hat, und dann mit mehr Aufwand versuchen, es wieder hinzukriegen. Ich habe nie von der Vergangenheit gelebt, mein Antrieb sind die Herausforderungen, die ich vor mir sehe.

Klettern Sie gar nicht mehr?

Doch, ich klettere immer noch ein bisschen, über Weihnachten bin ich in Afrika unterwegs, alles in einem unteren Schwierigkeitsgrad. Und einmal im Jahr gehe ich auf eine Expedition, eine leichte Tour, kleine Berge, kleine Eiswüsten. Mein Hauptfokus ist aber im Moment ein kultureller. Ich habe ja zuletzt ein Museum zum Thema Bergvölker gestaltet – da bin ich viel im Gebirge unterwegs zu Recherchezwecken, bei den Sherpas in Tibet oder in Ostafrika.

Es gibt Fussballer, die sagen: Wenn du mit 25 Jahren vor 90 000 Zuschauern ein entscheidendes Tor schiesst, gehts nachher nur noch abwärts, solche Gefühle erlebst du nie mehr. Verliert das Leben mit dem Alter an Intensität?
Wir Bergsteiger und Abenteurer kennen die Problematik des Arbeitens in einer grossen Arena nicht. Es gibt am Berg keine Emotionen, die von einem Publikum verhunderttausendfacht werden. Wir agieren in der Arena der Einsamkeit. Mich hat nicht primär interessiert, wie die Welt ausschaut, meine Hauptfrage war immer, wie ich und meine Mitstreiter reagieren in heiklen Situationen. Im Gebirge und in der Wildnis entsteht der Weg erst im Gehen.

Den Kitzel, das Leben aufs Spiel zu setzen, vermissen Sie nicht?
Das ist kein Kitzel. Es geht nicht um den Kick. Vielleicht in der Halle oder im Klettergarten, wenn viele Zuschauer dabeistehen, aber nicht in der Natur. Dieses vorsichtige Vortasten ist eine entschleunigte Tätigkeit in absoluter Konzentration.

Aber es schwingt schon immer die Frage mit: Komme ich mit dem Leben davon?
Ja, ohne Gefahren ist ein Berg kein Berg, sondern eine Attrappe. Gottfried Benn hat Bergsteigen sehr treffend als «Widerstand gegen den herausgeforderten Tod» charakterisiert. Es ist eine sehr todesintensive Tätigkeit. Der grösste Abenteurer ist derjenige, der die verrücktesten Sachen macht, ohne umzukommen. Wenn man das schafft, dann ist das Zurückkommen aus dieser menschenfeindlichen Welt wie eine Wiedergeburt. Dort liegt der Schlüssel – im Zurückkommen, nicht in der Eroberung. Wer umkommt, ist aus dem Spiel. Damit sage ich auch: Es ist ein Spiel, ein sehr radikales Spiel. Wenn man die Grenzgänge der letzten hundert Jahre aufschlüsselt, die Bergsteigerei und die Polfahrten, stellt man fest: Es waren lauter Bubenspiele. Aber es sind sehr viele Leute dabei umgekommen.

Muss man denn das Leben aufs Spiel setzen, um es nachher schätzen zu können?
Das mag sein. «Aufs Spiel setzen» ist aber ein zu starker Ausdruck; ich war nie ein Hasardeur, aber ich habe in Kauf genommen, dass es schiefgehen kann.

Als Sie bei der Mount-Everest-Besteigung ohne Sauerstoff auf 7000 Metern in eine Gletscherspalte stürzten, schworen Sie sich, umzukehren, wenn Sie da lebend wieder rauskommen. Irgendwie kamen Sie raus – und stiegen auf in Richtung Gipfel.
Ja, irgendetwas zog mich damals aufwärts. Ich gebe gerne zu, dass man ein bisschen verrückt sein muss. Sie dürfen nicht vergessen: Ich habe mich auf diese

anstrengendste Tour meines Lebens zwei Jahre vorbereitet. Ich hatte alle meine beweglichen Güter verkauft, um die 80 000 Dollar zu bezahlen, die die chinesische Regierung verlangt hatte. Ich war vor der Besteigung 700 Abende mit der Idee, oben anzukommen, ins Bett gegangen und mit der gleichen Idee am Morgen aufgewacht. Dieser Sog erwies sich als stärker als der aus Angst geborene Wunsch, aufzugeben.
    Warum war es die schwierigste Tour?
Das hat nichts mit den technischen Anforderungen zu tun, sondern damit, dass es enorm belastend ist, wenn man die Ängste und Zweifel nicht teilen kann. Alleine ohne Sauerstoff so weit über 8000 Meter hochzusteigen, war die ultimative Selbstprüfung. Auf sich zurückgeworfen sein heisst, die ganze Verantwortung selber zu tragen. Das war die grosse Lektion des klassischen Alpinismus. Den gibts heute nicht mehr. Heute passiert im Alpinismus das, was in den Dreissigerjahren mit dem Skifahren passiert ist: Es werden allerorten Pisten geschaffen, Routen mit Sicherungen fest eingebaut. Der Everest ist heute abgesichert von unten bis oben, Reiseveranstalter führen all die Leute auf den Gipfel, die den Gipfel konsumieren wollen. Ich habe nichts dagegen, es ist nur eine völlig andere Welt.
    Sie tun sich schwer damit.
Ich sage nur: Es ist nicht mehr wie früher ein anarchistisches Tun in einer anarchischen Welt. Das war die grosse Faszination des Alpinismus. In der Wand machte jeder instinktiv, was er tun musste, es gab keine moralische oder juristische Instanz. Das verstehen die meisten Leute nicht. Dieses Setting erlaubte es, Erfahrungen zu machen, wie sie der Mensch vor 100 000 oder 200 000 Jahren gemacht hatte: zurück in die Ur-Genetik seines Wesens zu blicken. Niemand würde den anderen in der Eigernordwand hängen lassen, er weiss, dass er ihn braucht. Diese Instinkte sind uns eingepflanzt. Deshalb bringt man keine Mitglieder des eigenen Clans um, der Selbsterhaltungstrieb funktioniert auch auf Gruppenebene.
    Erstaunlich, dass Sie hier ein Loblied auf das Teamwork singen. Bei anderer Gelegenheit sagten Sie, Sie seien ein «Autist, der geliebt werden will».
Wer will das nicht? Der Alleingänger will zeigen, dass er das auch ohne Partner kann. Ohne Partner zu steigen, ist um ein Vielfaches schwieriger, als ohne Technologie zu steigen. Wir ertragen es schlecht, dass niemand da ist, wir sind von Natur aus keine Einzelgänger, ich auch nicht. Ich habe mir bloss immer wieder harte Selbstprüfungen aufgezwungen.

Wo setzen Sie heute diese Willenskraft ein?
Ich eröffne und betreibe heute Museen; vier sind fertiggestellt, ein fünftes entsteht noch. Das ist mindestens so schwierig, wie auf Berge zu klettern. Es ist schwierig, einen Museumsbetrieb kostendeckend zu organisieren. Das Alpine Museum in Bern ist das erfolgreichste Bergmuseum weltweit; es steht, wie kürzlich zu lesen war, vor der Pleite, sofern die Macher nicht eine halbe Million Franken pro Jahr erhalten. Ich erhalte von niemandem Subventionen und schaffe es trotzdem dank den vielen Besuchern, die wissen wollen, was passiert, wenn Mensch und Berg sich begegnen.

Das gelingt auch deshalb, weil Ihr Name Magnetwirkung entfaltet. Sie sagten einmal, über 30 Jahre lang habe Ihnen in Sachen Bergsteigerei niemand das Wasser reichen können. Sehen Sie das heute noch so oder gibts würdige Nachfolger?
Ich sprach vom Leadership, das ich früh übernommen und nicht abgegeben habe. Im Höhenbergsteigen war ich lange führend, weil ich mit den Expeditionen ohne Sauerstoff die Kosten auf einen Fünfzigstel des damals Üblichen reduzieren konnte. Ich bezog die Aussage primär auf die geistige Auseinandersetzung. Ich habe sehr früh begonnen, Bücher zu schreiben. Noch heute lesen junge Engländer und Amerikaner, was ich mit 22 Jahren geschrieben habe.

Also keine würdigen Nachfolger in Sicht?
Doch, es gibt inzwischen einige gute junge Bergsteiger, manche sind auch noch gute Denker. Den Deutschen Alexander Huber bewundere ich sehr, der reflektiert all die verrückten Dinge, die er macht. Auch Ueli Steck ist ein fantastischer Bergsteiger.

Hätten Sie das auch gekonnt zu Ihren besten Zeiten, die Eigernordwand solo in 2 Stunden und 47 Minuten durchsteigen?
Nein, das ist eine völlig neue Dimension. Wir kletterten sie zu zweit in zehn Stunden, allein hätte ich es sicher in weniger als fünf Stunden gekonnt. Ich hatte eine sehr gute Ausdauer am Berg, schaffte auf Touren 1000 Höhenmeter in 35 Minuten. Aber von knapp fünf Stunden noch einmal auf die Hälfte runterkommen – das ist, wie wenn man von jemandem verlangen würde, den Marathon in einer Stunde zu laufen. Steck kann man da nur bewundern.

Sie selber haben oft Neid gespürt und gelegentlich durchblicken lassen, dass Sie den Neid durchaus geniessen.
Es ist natürlich frustrierend, wenn man als junger Mann sich in einen Bereich vorkämpft und dann feststellen muss, dass ein so alter Mann wie ich immer noch mehr «Standing» hat. Mir soll das recht sein.

Auch wenn manche Ihnen den Tod wünschen?
Das hat mit der Geschichte am Nanga Parbat zu tun, wo mein Bruder Günther 1970 sein Leben verloren hat. Warum gab es all diese Skandalgeschichten, all die Intrigen, die besagen, dass ich ihn im Stich gelassen habe? Weil die Leute ein Problem damit hatten, dass ich wieder aufgetaucht bin. Wir waren allein auf den Gipfel gestiegen, befanden uns beim Abstieg permanent in Todesgefahr, hatten keinerlei Kontakt mehr zur Expeditionsleitung. Nach mehreren Tagen herrschte Konsens, dass wir umgekommen seien; sie fuhren nach Hause.
Da hätten sie sich ja auch freuen können, als Sie lebend wieder auftauchten.
Das haben sie auch. Gleichzeitig wars ein Schreck, weil damit klar wurde, wie sehr sie sich getäuscht hatten. Ich war ein Mahnmal für diese Täuschung, diese Leute wollen sich bis heute nicht getäuscht haben.
Deswegen wünscht man Ihnen den Tod?
Das ist eine sehr komplexe Geschichte. Im Fleisch der anderen blieb als Stachel die Frage zurück: «Warum haben wir nichts getan? Warum haben wir uns einem Vorurteil hingegeben?» Um sich von dieser Frage zu befreien, sagten sie sich: «15 Leute können sich nicht getäuscht haben. Dieser Verbrecher Reinhold Messner muss das geplant haben und seinen Bruder in die Rupal-Wand zurückgeschickt haben.» (Laut:) Sie brauchten mein Überleben als Ausrede und als Beweis dafür, dass ich ein Verbrechen an meinem Bruder begangen hatte, das ist der Skandal. Deshalb sage ich: Die hätten mich lieber tot gehabt, dann hätten sie nie ein Problem gehabt. Zum Glück ist seit dem Fund von Günthers Leiche vor drei Jahren bewiesen, dass diese Lügengeschichten frei erfunden waren. Wer etwas anderes behauptet, hat keine Ahnung von den topografischen Verhältnissen.
Warum wollten Sie eigentlich alleine den Gipfel besteigen? Ihr Bruder war ja deshalb so entkräftet, weil er Ihnen erst später nachgestiegen ist.
Das ist eine psychologisch interessante Frage. Sie wird im Spielfilm zu den Ereignissen am Nanga Parbat beantwortet, den wir gerade realisieren. 1970 schauten alle an die Rupal-Wand und sagten: Es ist unmöglich, diese Wand zu durchsteigen. Wir waren als junges Team dort mit einer Expeditionsleitung, die vom Bergsteigen keine Ahnung hatte, aber den Berg gebucht hatte. Als Günther und ich die Schlüsselstelle erreicht hatten, funkte ich der Leitung im Basislager zu, dass ich alleine hochsteige, wenn das Wetter schlechter wird. Das machte ich direkt neben meinem Bruder, ohne mich mit ihm abgesprochen zu haben. Es war mein Entscheid, den ich alleine zu verantworten habe. Die Expeditionsleitung nahm die Nachricht mit Freuden auf. Als mein Bruder später realisierte, dass ich bei der

Schlüsselstelle durchgekommen war, kletterte er mir nach. Das war seine Entscheidung. Vom Moment an, als er mich eingeholt hatte, fühlte ich mich dann wieder verantwortlich für ihn.

Erstaunt hat mich, dass Sie im Zusammenhang mit dem Tod Ihres Bruders einerseits von einer Amputation, andererseits aber auch von einer zweiten Geburt gesprochen haben.

Es war ein Schock für mich zu sehen, dass man umkommen kann am Berg. Ich hatte danach zwei Optionen: brav mein Studium beenden und daheim bleiben, wie man mir riet. Oder mein zum zweiten Mal geschenktes Leben noch dezidierter in die Hand nehmen und das tun, was ich will. Ueli Steck hat das Gleiche getan, nachdem er am Annapurna abgestürzt ist. Niemand auf der Welt hat das Recht, das moralisch zu beurteilen. Alle Leute, die mit der Moral kommen, sind gefährlich. Die grössten Verbrecher auf dieser Erde haben stets die Moral ins Feld geführt.

Sie teilen Ihr Leben in Phasen ein und haben davon gesprochen, in Ihrem siebten Leben in einer Höhle zu wohnen. Ist das noch ein Projekt?

Ja, ich werde sporadisch irgendwo am Ende der Welt leben. Früher habe ich Expeditionen unternommen, nun organisiere ich mir meine stillen Auszeiten vom Museumsbetrieb. Zudem besitze ich ja noch selbst versorgende Bergbauernhöfe, die ich unter der Bedingung verpachtet habe, dass ich jederzeit zurückkehren kann. Diese Bauernhöfe sind heute mehr wert als die meisten Aktien, nicht wenige Banker beneiden mich darum. Noch mehr beneiden sie mich wohl darum, dass ich immer mehr Ideen als Geld hatte. Es gibt nichts Langweiligeres, als zu beobachten, wie das Geld auf der Bank mehr oder weniger wird. ∎

Reinhold Messner, Jahrgang 1944, ist als Lehrersohn in Brixen im Südtirol aufgewachsen. Nach dem Studium als Hoch- und Tiefbauingenieur in Padua verschrieb er sich dem Bergsteigen. Bekannt wurde er zunächst durch verschiedene Erstbesteigungen in den Alpen und dann durch die Expedition ohne Sauerstoffgerät auf den Nanga Parbat im Himalaja, bei der sein Bruder Günther in einer Lawine den Tod fand. Es folgten spektakuläre Touren im Himalaja ohne Sauerstoffgerät. 1986 hatte Messner als Erster die 14 höchsten Gipfel der Erde bezwungen. Danach machte er u. a. durch Expeditionen in der Antarktis (1989/90) und in Grönland (1993) von sich reden. Seit 2006 betreibt er sein Messner Mountain Museum (MMM) über das Südtirol und über die Berge und Kulturen im Himalaja-Gebiet. Messner, Autor vieler Bücher und Dokumentarfilme, war von 1999 bis 2004 auch Europaparlamentarier für die Grünen. Er lebt mit seiner Lebensgefährtin und ist Vater dreier Kinder.

MICHEL
CHANTAL
KÜNSTLERIN

«Wir sind alle so furchtbar ängstlich»

Chantal Michel hat die Kunst der Inszenierung und des Rollenspiels so sehr perfektioniert, dass sie sich manchmal selber abhandenkommt dabei. In ihren Performances, Fotos und Videoarbeiten setzt sie den eigenen Körper als Material ein. «Ich brauche diese Verwandlungen, um die Welt zu begreifen», sagt die 41-Jährige, die im Schloss Kiesen arbeitet.

19.08.2009

Frau Michel, ist es das Privileg der Künstlerin, sich stets in erster Linie mit sich selber beschäftigen zu können?

CHANTAL MICHEL: Als Künstlerin hat man jedes Privileg der Welt. Man geniesst Narrenfreiheit. Mir ist es recht, wenn alle in meiner Kunst etwas anderes sehen. Stören tut mich einzig, wenn man mir vorwirft, ich sei selbstverliebt. Oder wenn die Leute fragen: «Muss die sich jetzt schon wieder zeigen?»

Vermutlich hängt das damit zusammen, dass Sie auf all Ihren Fotos und in all Ihren Videoarbeiten selber zu sehen sind.

Ja, und weil das so ist, spricht man sofort von Selbstinszenierung. Es stimmt, ich arbeite im Prinzip immer mit mir selber, brauche meinen Körper als Material. Mein Thema ist aber nicht die Selbstdarstellung, sondern der Versuch, Räume zu erforschen, indem ich sie erlebe und verkörpere, indem ich mich ihnen anverwandle. Die Figur steht immer im Bezug zum Raum, ich möchte nicht dominieren.

Wie kam es dazu, dass Sie den eigenen Körper als Material einsetzen?

Ich komme ursprünglich von der Bildhauerei her, habe einige Preise erhalten für meine Arbeit mit

Objekten. Trotzdem fand ich es zunehmend absurd, persönliche Aussagen in ein Kunstprodukt zu verpacken. Warum nicht direkt mit dem eigenen Körper reden wie beim Tanz?

Warum tanzen Sie nicht?

Ich habe getanzt, aber ich war viel zu schüchtern, um in einer Gruppe bestehen und mich ausdrücken zu können.

Wie fanden Sie zur passenden Ausdrucksform?

Ich habe in einer wichtigen Phase ein Buch von Bruce Nauman gelesen. Er hat mir geholfen, mich vom Druck zu befreien, etwas Gescheites, etwas Bedeutendes schaffen zu müssen. Naumann filmte sich in einer Krisensituation, er dokumentierte, wie er auf und ab geht wie ein Raubtier im Käfig. Durch ihn fasste ich Mut, intuitiv zu arbeiten und aus dem Moment zu schöpfen.

Was heisst das konkret?

Ich habe zu Beginn keine klare Idee und kein Konzept. Ich erforsche mit meinem Körper Räume, verlasse mich auf die Kraft des Unterbewussten und hoffe, einen Ort zu schaffen, wo die Dinge zu leben beginnen. Ich mag Räume mit Geschichte, in denen man eine grosse Kraft spürt. Auf solche Räume – etwa im alten Hotel Schweizerhof oder hier im Schloss Kiesen – reagiert mein Körper sehr intensiv. Ich spüre ein Kribbeln in den Armen, der Puls verändert sich ... Es ist wie Verliebtsein.

Im Hotel Schweizerhof veranstalteten Sie vor vier Jahren Ihre erste grosse Ausstellung abseits der Galerien. Wie war die Resonanz an diesem ungewöhnlichen Schauplatz?

Das war für mich ein einschneidendes Erlebnis. In drei Tagen strömten 5000 Besucher durch die Räume, darunter viele, die eigentlich Angst haben vor der Kunst, die nie ein Museum betreten würden. Es kamen ältere Damen, die nur widerwillig die drei Franken Eintritt zahlten und in erster Linie einmal den Schweizerhof von innen sehen wollten. Und am Ende wollten sie gar nicht mehr gehen und umarmten mich, weil meine Kunst sie berührt hatte. Ja, es war schön, eine so breite Akzeptanz zu spüren.

Was meinen Sie, wenn Sie sagen, viele hätten «Angst vor der Kunst»?

Viele haben Angst, sie müssten etwas wissen, müssten begreifen, was die Werke bedeuten, was die Künstlerin sagen will. Ich denke, es braucht keine eindeutigen Antworten. Es reicht, wenn die Besucher sich auf ein Werk einlassen und berührt werden – wenn sie entweder zu träumen beginnen oder durch Irritationen aufgerüttelt werden.

Sie erkennen in Ihrer Kunst keine Botschaft?
Jedenfalls keine eindeutige. Und wenn doch, dann könnte ich sie nicht benennen. Ich rede nicht gern, kann nicht gut formulieren. Wenn ich meine Botschaft klar fassen könnte, würde ich vermutlich schreiben. Oder gar keine Kunst machen. Ich habe wenig Worte – deswegen sind Interviews eine Qual – aber ich habe ein ausgeprägtes Gefühl. Ich nehme die Welt auf wie ein Schwamm. Und ich schaffe durch meine Reaktionen auf die Welt Figuren und Bilder, welche den Betrachter zum Nachdenken bringen. Ich lade sie ein, in eine sinnliche Welt einzutreten, in der vieles auf dem Kopf steht. Eine Figur wird zum Gegenstand und beginnt dann zu leben...

Sie verwischen die Grenzen zwischen Realität und Fiktion und schlüpfen immer wieder in neue Rollen. Woher kommt dieser Hang zur permanenten Inszenierung?
Ich hatte stets Mühe mit der Abgrenzung. Ich stamme aus einer scheinbar glücklichen Familie, alles war nett inszeniert in dieser Familie, wir trugen sogar die gleichen bunten Batikshirts und wohnten in einem schmucken Einfamilienhaus, aber eigentlich stimmte gar nichts. Als ich meine erste Wohnung bezog, hatte ich grosse Mühe, mich irgendwie einzurichten. Ich spürte nicht, wer ich bin, was mir entspricht. Alles, was mir begegnete, war künstlich, war Verkleidung. Dagegen versuchte ich anzukämpfen.

Wie sah es aus in der ersten Wohnung?
Schrecklich, ein mintfarbener Teppich und eine karierte Decke, dazu grosse Spinnweben und ganz viel Deko-Sachen. Anfänglich versuchte ich, in der Kunst eine Gegenwelt zu der scheinbar heilen Welt im Elternhaus aufzubauen. Heute kann ich akzeptieren, dass die Inszenierung und die Suche nach dem schön Arrangierten zu mir gehört.

Unterscheiden Sie zwischen verschiedenen Rollen, die Sie als Künstlerin spielen, und der Privatperson Chantal Michel?
Nein, es ist alles eine Art Verkleidung, ein Spiel mit Rollen. Das machen ja nicht nur wir Künstler – verkleiden wir uns nicht alle täglich und spielen im Alltag viele Rollen? Ich treibe die Inszenierung auf die Spitze, weil man immer übertreiben muss, um deutlich zu sein. Ich liebe meine Figuren, aber ich habe auch genug Distanz zu ihnen, um sie ironisch brechen zu können. In gewisser Weise bin ich wie ein Kind, das einmal Prinzessin ist und einmal eine Fee. Ich brauche diese Verwandlungen, um die Welt zu begreifen. Gleichzeitig überfordert mich dieser permanente Rollenwechsel manchmal, weil ich nicht mehr genau weiss, wer ich wirklich bin.

Sie unterscheiden also nicht zwischen Kunst und Privatleben?
Ich lebe jetzt seit mehr als einem halben Jahr in diesem alten, wunderschönen Schloss in Kiesen und arbeite hier eigentlich rund um die Uhr. Ich bin Hausmeisterin, Köchin, Putzfrau, Gastgeberin, Wirtin, Managerin, Sekretärin, gute Fee…
… und Künstlerin.
Die Künstlerin ist vermutlich die Summe aus all den oben erwähnten Tätigkeiten. Wenn ich nachts durch die 20 Räume geistere und versuche, die anderen Geister, die noch hier wohnen, in die Schranken zu weisen, hat das etwas Surreales. Ich habe wenig Struktur in meinen Arbeitstagen. Am Wochenende ist die Ausstellung offen, da kommen im Durchschnitt 400 Leute, am Samstag bewirte ich rund 40 Leute mit selber gemachten Suppen und Kuchen und Kaffee. Dabei helfen mir jeweils vier Freiwillige im Service. Unter der Woche bin ich meistens alleine, und das ist gut so. Ich habe die Einsamkeit immer geliebt, aber seit ich Schlossherrin in Kiesen bin, kann ich es geniessen, im Mittelpunkt einer Gesellschaft zu stehen. Plötzlich habe ich keine Ängste mehr, muss nicht mehr vor den Leuten fliehen. Das muss am Ort liegen – oder an meiner permanenten Übermüdung.

Ich bin erstaunt, dass Sie Ihre Schüchternheit so betonen. Immer wieder haben Sie in den letzten Jahren durch provokative Performances für Aufsehen gesorgt.
Das ist oft eine Qual für mich, aber manchmal braucht es das: eine Irritation, welche die Menschen aufrüttelt. Wenn plötzlich eine weisse Gestalt oben am Käfigturm hängt und die Leute sich fragen: Was macht die dort oben? Wer ist das? Will sie sich das Leben nehmen? Jemand sagt: Nein, das muss eine Prinzessin sein. Und dann kommt die Polizei und gibt dem Ganzen nochmals eine neue Note. Auf Kirchtürmen ist es schön: Alle sehen dich, aber du bleibst unerreichbar.

Am Freitag haben Sie ein «Dîner Blanc» veranstaltet im Schlossgarten. Als die Gäste kamen, sassen Sie auf einem hohen Pfahl inmitten der Tafelrunde, mehr als fünf Stunden später, als sie gingen, sassen Sie immer noch dort oben. Wie schaffen Sie das?
Ich habe einen sehr starken Willen und ich glaube an die Figuren, die ich schaffe. Es war ein wunderbarer Abend. Alle kamen in Weiss, die Gäste, die Kellner, sogar die Speisen waren weiss, und ich thronte in einem langen weissen Brautkleid, das direkt ins Tischtuch überging, über der Gesellschaft. Es war, als wäre ich das Hirn und die Gäste meine Organe – eine fantastische Einheit, die durch diese Märchenfigur zusammengehalten wurde.

Haben Sie nie die Kontrolle über Ihren Körper verloren bei solchen Performances?
Doch, einmal, als ich stundenlang auf einem schmalen Sims stand, wurde ich ohnmächtig und fiel herunter. Manchmal erschrecke ich selber, wie man Grenzen immer weiter hinausschieben und Schmerzen ausschalten kann dank einem starken Willen. Die letzte Grenze wäre der Tod – da habe ich manchmal Angst, dass ich nicht rechtzeitig bremse vorher.

Mehrmals haben Kritiker geschrieben, Sie lebten in Ihrer eigenen Welt. Teilen Sie diese Einschätzung?
Das klingt ein wenig so, als würde ich mich nur um mich selber drehen. Es stimmt, dass ich mir immer wieder eine neue Welt erschaffe, aber ich kapsle mich nicht ab. Charakteristisch ist vielleicht eher, dass ich viele Dinge nicht eindeutig sehe. Oft nehme ich widersprüchliche Standpunkte ein, weil sie beide wahr sind. Die Welt ist nicht schwarz oder weiss, man sollte sie nicht nur mit klarem Kopf oder verträumt sehen, es braucht die Verbindung von beidem.

Viele Ihrer Figuren haben etwas Verstörendes und Verlorenes.
Das ist Ihre Sicht, ich will ihr nicht widersprechen. Meine Bilder zeigen Möglichkeiten des Seins, Ängste, Sehnsüchte. Ich mag Figuren, die vieles offen lassen. Unwohlsein und Verlorenheit sind sicher Themen, man kann aber auch Harmonie, Ironie, Geborgenheit in den Bildern erkennen. Wenn sich jemand auf meine Kunstwerke einlässt, dann erfährt er mindestens so viel über sich wie über mich.

An welchen Projekten arbeiten Sie derzeit?
Ich habe künstlerische Arbeiten verschieben müssen, weil ich hier nicht dazu komme, mich über längere Zeit in ein Kunstwerk zu vertiefen. Ich arbeite hier so viel, dass ich keine Zeit und Energie habe, mir über Sinnfragen Gedanken zu machen. Ich funktioniere wie eine Maschine. Der Körper möchte schon lange schlappmachen, aber ich zwinge ihn, weiterzumachen. Es kommt vor, dass ein Anlass am Freitag bis Mitternacht dauert und ich danach noch bis vier Uhr morgens in der Küche stehe, um Spaghettisaucen einzukochen. Um acht Uhr mache ich alles bereit für die Ausstellung, ab 11 Uhr kommen die Besucher, am Abend bewirte ich 40 Gäste.

Warum tun Sie sich das an?
Das frage ich mich manchmal auch. Dann sage ich mir: «Du bist blöd, du könntest irgendwo sitzen und das Leben geniessen wie andere auch, statt ein Schloss zu unterhalten, das vorher zwei Jahrzehnte lang leer gestanden hat.» Aber dann wird mir bewusst: Das hier ist ein Gesamtkunstwerk und seit Langem das Beste, was mir passiert ist. Ich funktioniere einfach und merke, dass es gut ist. Die viele

Arbeit versetzt mich in einen euphorischen Zustand. Und wenn der Körper irgendwann nicht mehr mitmacht, kann ich diese Krise ja dokumentieren – sofern ich dann noch einigermassen klar denken kann.
Sind Sie nicht eitel?
Ich weiss nicht, was diese Frage hier soll. Natürlich habe ich mir heute Morgen überlegt, was ich anziehe, schliesslich gibt es ein Pressebild. Aber es geht mir nie darum, irgendwelchen Schönheitsidealen nachzueifern. Ich finde es auch schön, wenn ich mich mit Ringen unter den Augen abbilde, das hat etwas Tierisches. Und ich freue mich aufs Altwerden und bin neugierig, wie mein Körper dann aussehen wird.
Haben Sie gelegentlich Angst, dass die Kreativität versiegt?
Es kann gut sein, dass das aussetzt, vielleicht wäre das sogar eine Erleichterung. Aber es ist nicht primär eine Frage der Ideen. Ich lebe von der Reaktion auf den Moment und ich kann mir nicht vorstellen, dass das irgendwann nicht mehr möglich sein wird. Aber manchmal überlege ich mir schon, wie das wäre, wenn ich einfach aufhören würde; ob ich das überhaupt könnte. Kürzlich hat jemand zu mir gesagt: «Chantal, du wirst allmählich normal.»
Und da sind Sie erschrocken?
Es hat mich irritiert, ja, aber eigentlich ist es ein schönes Kompliment. Ich möchte, dass die Menschen wieder kindlicher werden, zurück zum Ursprung finden, Sachen machen, die andere emotional berühren. Ich möchte dazu beitragen, dass sich die Leute wieder mehr öffnen und auf andere einlassen können; dass wir wieder träumen wie Kinder, blöde Dinge sagen, spinnen. Wir sind alle so furchtbar ängstlich und gehemmt, ich auch. Diesen Panzer muss man doch aufbrechen. ∎

**MÜLLER
STEPHAN**
PROZESSARBEITER

«Meine unheilbare Krankheit hat mir viele Türen geöffnet»

Mit 33 Jahren erkrankte Stephan Müller an Morbus Bechterew. Was ihn damals in eine Lebenskrise stürzte, sieht er heute als Geschenk. «Erst durch die Krankheit habe ich mein ganzes Potenzial kennengelernt», sagt Müller, der heute als Prozessarbeiter tätig ist. «Meine alte Identität musste sterben, damit etwas Neues entstehen konnte.»

21.11.2007

Herr Müller, was Arbeitsprozesse sind, ist mir bekannt – aber was versteckt sich hinter der Berufsbezeichnung Prozessarbeiter?

STEPHAN MÜLLER: Ein Prozessarbeiter vertraut darauf, dass in Krankheiten, Beziehungsschwierigkeiten oder Krisen ein Sinn enthalten ist. Er versucht, das, was uns stört, zu packen und zu entfalten, so dass am Ende etwas Gutes dabei herauskommt. Sein Grundanliegen ist Ermächtigung durch Wahrnehmung.

Es wäre gut, wenn Sie das konkretisieren könnten.

Angenommen, jemand ist in einer schwierigen Lebenssituation und kommt zu mir in die Praxis zur Beratung. Im Moment klagt er zusätzlich über Kopfschmerzen. Ich gehe davon aus, dass das, was gerade geschieht, ein Weg zu seinem gesamten Lebensprozess ist. Ich frage ihn, wie er den Schmerz erlebt, frage also nach seiner genauen Wahrnehmung. Nehmen wir an, es sei ein hämmernder Schmerz. In einem zweiten Schritt geht es dann für ihn darum, den aktiven, hämmernden Teil für sich zu erschliessen und Zugang zur positiven Kraft darin zu finden.

Was hiesse das in diesem Fall?

Vielleicht äussert sich in diesem Hämmern eine Energie, die er in seinem Alltag nicht genügend lebt.

Der Betroffene hat möglicherweise gelernt, in Beziehungen und im Arbeitsumfeld immer beherrscht zu sein. Vielleicht ist er bekannt für seine ruhige und zurückhaltende Art. Die hämmernden Kopfschmerzen könnten ein Anlass sein, sich zu überlegen, wo er mehr für sich und andere einstehen muss, wo er leidenschaftlicher werden kann. Prozessarbeit ist also oft Arbeit an Glaubenssätzen und Glaubenssystemen.

Sind Sie selber ebenfalls über den Schmerz mit Prozessarbeit vertraut geworden?
Ja, ich habe längere Zeit ein geordnetes Leben als Lehrer und Familienvater geführt. Mit 33 Jahren erschütterte mich eine grosse Lebenskrise: In jener Zeit wurde bei mir Morbus Bechterew diagnostiziert, eine unheilbare, sehr schmerzhafte Entzündungskrankheit der Wirbelsäule.

Wie haben Sie darauf reagiert?
Lange Zeit suchte ich verzweifelt nach einer Möglichkeit, die Krankheit zum Verschwinden zu bringen – es war ein langer Weg mit verschiedensten Therapien. Nichts half. Es blieb mir nichts anderes übrig, als Ja zu sagen zu meiner Krankheit. Dann begegnete ich der Prozessarbeit, die mir half, in Kontakt zu kommen mit der Kraft in der Entzündung. Meine alte Identität musste sterben, damit etwas Neues entstehen konnte. Durch die Krankheit kam ich mit etwas in Berührung, das grösser ist als ich, sie verschaffte mir Zugang zu spirituellen Erfahrungen.

Die Krankheit als Sinngeberin?
Jedenfalls hat sie mich, indem sie mich aus der Bahn geworfen hat, dazu veranlasst, mich mit grundlegenden Sinnfragen auseinanderzusetzen. Prozessarbeit glaubt daran, dass sich in unseren frühesten Kindheitsträumen und -erinnerungen der Kern eines Lebensmythos verbirgt. Eine meiner ersten Erinnerungen geht zurück in mein zweites Lebensjahr. Mein Vater hielt mich auf dem Arm und wir sahen ein grosses Feuerwerk über Basel. Ich sehe heute meinen Morbus Bechterew nicht als bedrohliches Monster, sondern als ein solches Feuerwerk, als eine Energie, die sich entzünden will. Schmerz ist ein Zustand, der sich durch seine Wahrnehmung verändert. Durch die Krankheit war ich gefordert, meinem subjektiven Erleben, meiner eigenen Realität mehr Raum zu geben neben der Alltagsrealität.

Was meinen Sie damit?
Viele Berufstätige erleben sich als Gefangene ihrer Rolle und der Ansprüche, die sie oder andere an sie stellen. Sie grenzen die subjektive Realität, ihre eigenen Wünsche und Träume, aus dem Alltag aus und funktionieren nur noch. Im bes-

ten Fall geraten sie in eine Krise. Dadurch können sie in Kontakt kommen mit ihrem eigentlichen Potenzial. Das zeigt mir meine Tätigkeit als Berater immer wieder.

Viele Berufstätige empfinden sich heute als fremdgesteuert, sie haben den Eindruck, ihr Handlungsspielraum sei sehr klein.
Wir sind immer beides, Gesteuerte und Steuernde – was für Kopfschmerzen oder Bechterew gilt, hat auch fürs Berufsleben und fürs Privatleben seine Gültigkeit. Wer steuert es denn, unser Leben? Oft sind wir es, die Vorstellungen und Erwartungen anderer internalisieren und uns danach ausrichten – indem wir sie erfüllen oder uns vehement dagegen wehren. Ich habe durch meine Krankheit gelernt, dass wir verschiedene Rollen innehaben können, dass das Korsett viel weniger eng ist, als wir glauben. Die meisten Menschen verhalten sich trotzdem sehr rollentreu, sie verwechseln die Rolle, die sie spielen, mit ihrem Leben. Ich bin überzeugt, dass wir kein festes, sondern ein fliessendes Ich haben und daher ganz verschiedene Aspekte integrieren können.

Gehen Sie heute so weit, Dankbarkeit für Ihre Krankheit zu empfinden?
Ja, kein Zweifel, sie hat mir viele Türen geöffnet – ich hätte mir vorher nie zugetraut, Menschen auf ihrem Weg zu begleiten und Seminare zu leiten. Ich will nicht idealisieren, es gibt auch Schmerzen, Qual und Einschränkungen; was aber weit mehr zählt, ist, dass sich mein Leben gewandelt hat und dass gerade diese Erfahrungen meine grösste Ressource im Leben und in der Arbeit geworden sind. ∎

s.mueller@datacomm.ch / www.raum-prozessarbeit.ch

**OPPLIGER
ERNST
SCHERENSCHNEIDER**

«Zahltag gibts nur alle drei Jahre»

Seit 35 Jahren arbeitet Ernst Oppliger im gleichen Raum an seinen Scherenschnitten. Er beginnt sein Tagwerk um 8 Uhr und legt die Schere um 23 Uhr nieder. Gelegentlich gönnt er sich einen kleinen Luxus – mit schlechtem Gewissen. Nun steht der 58-Jährige vor einem «Experiment mit offenem Ausgang»: Er probt den Abschied von der Schere.

11.3.2009

Herr Oppliger, vor unserem Gespräch wusste ich nicht, dass Scherenschneider ein Beruf ist. Wie kam es, dass Sie diese Richtung einschlugen?

ERNST OPPLIGER: Ich wusste das auch nicht. Ich habe als Kind sehr gerne gezeichnet, war ein Stubenhocker, ein Grübler. Meine Mutter sagte damals: «Was soll es aus dem nur geben? Der kann eine Viertelstunde dasitzen und einer Kuh zuschauen, wie sie Gras frisst.»

Zuerst machten Sie den Vorkurs zur Grafiker-Ausbildung.

Ja, aber da zeichnete sich schnell ab, dass ich nicht zu den Besten gehörte. Ich machte dann eine Lehre als Fotolithograf. Zu Hause war ich immer von Volkskunst umgeben, speziell von der Bauernmalerei und Kerbschnitzerei meines Vaters. In den letzten Schuljahren sah ich die ersten Scherenschnitte und spürte bald, dass mir das gut entsprach: aus der Vorstellung heraus Tiere und Ornamente schaffen. Ich schloss mich in mein Zimmer ein und schuf mit der Schere des Sackmessers den ersten Scherenschnitt.

Sie brachten sich das selber bei?

Ich schaute mir Bücher an. Mit der Zeit merkte ich, dass meine Vorbilder im Oberland lebten. Ich be-

schloss, eine «Chüejer»-Stelle im Diemtigtal anzunehmen, um der zu werden, der ich sein wollte. Das lief ganz gut, zumal ich im Oberland eine Freundin fand. Erst zwanzig Jahre später merkte ich, dass es hier in Meikirch ums Haus mehr als genug Sujets für einen Scherenschneider gibt. Das musste wohl so sein: Erst versuchte ich, so wie andere zu werden, heute kann ich das schneiden, was aus mir entsteht.

Konnten Sie rasch von der Scherenschneiderei leben?

Nein, aber ich übernahm als junger Mann die Bauernmalerei von meinem Vater, so ging es. Ich hatte zudem Glück, dass ein Cousin meiner Mutter die Scherenschnitte der Oberländer Künstler sammelte. Er probiere, mich unter seine Fittiche zu nehmen, und sagte mir, ich solle auf keinen Fall in irgendeinem Tea-Room ausstellen; er war es, der mich an eine Galerie vermittelte. Als ich mit meinem Demonstrationsstück die Galerie verliess, spürte ich, dass das mein Weg war. Zum Künstler reichte es nicht, aber in der Volkskunst war ich am richtigen Ort.

Wie sehen Ihre Arbeitszeiten heute aus? Achten Sie auf die Tagesform oder gibts geregelte Zeiten?

Es ist mir nicht wohl, wenn ich um 8 Uhr noch nicht am Arbeiten bin. Das Ziel wäre eigentlich, schon um 7 Uhr zu beginnen, aber das fällt mir heute schwer, man wird halt älter. Grundsätzlich habe ich schon feste Arbeitszeiten, von 8 bis 12 Uhr und von 14 bis 18.30 sowie 20 bis 23 Uhr. Ich sage oft: «Um 22.55 Uhr sitze ich noch an meinem Scherenschnitt, um 23.05 aber nicht mehr.» Manchmal gönne ich mir kleine Auszeiten. Vorhin habe ich die Skis gewachst. Bei so was habe ich ein wenig ein schlechtes Gewissen. Man ist halt im Dorf hier, es gibt soziale Kontrolle. Im Sommer arbeite ich ja oft im Lehnstuhl im Garten. Manchmal frage ich mich schon, was die Bauern, die vorbeifahren, sich denken. Von weitem sieht man ja nicht, dass ich einen Scherenschnitt in den Händen halte.

Ihr Werk ist doch Leistungsausweis genug.

Ich spüre auch eine Verantwortung gegenüber jenen, die meine Scherenschnitte kaufen. Die haben ein Anrecht darauf, dass ich seriös daran gearbeitet habe.

Wie viele Stunden Arbeit stecken in einem Scherenschnitt?

Wenn ich nur die effektive Schneidearbeit zähle, sind es bis zu 200 Stunden. Natürlich beginnt die Arbeit schon beim Hinschauen, bei der Ideenfindung, diese Zeit ist nicht messbar. Ich glaube, die Tatsache, dass man beim Scherenschnitt lange an einer Sache sitzt und in ganz kleinen Schritten vorwärtskommt, hat in der heutigen schnelllebigen Zeit einen besonderen Reiz. Mir hat das immer gefallen. Ich arbeite lieber mehrere Tage am Gleichen, als dauernd Neues aufzugreifen und Entscheidungen zu treffen.

Wie hat sich die Nachfrage entwickelt, seit Sie 1975 Ihr eigenes Atelier eröffnet haben?
Ich hatte Glück. Schon bei der ersten Ausstellung in der Galerie Aarequai in Thun ging alles weg. 45 Schnitte in zwei Tagen.

Wer setzte die Preise fest? Der Galerist?
Nein, da verbrennen sich nicht mal Galeristen die Finger. Der erwähnte Sammler beriet mich, aber er hat die Preise sehr tief angesetzt – vermutlich nicht ganz uneigennützig. Ich war lange zu lieb, wollte nicht viel verlangen, dachte, so hätte ich einen Bonus gegenüber dem Kunden, wenns wenigstens billig ist. Es brauchte viel Überzeugungskraft meiner Frau, dass ich die Preise mit der Zeit anhob. Sie erinnerte mich daran, dass wir für unsere drei Kinder keine Zulagen bekamen und uns auch um AHV-Beiträge selber kümmern mussten.

Was kostet heute ein Scherenschnitt von Ihnen?
Je nach Grösse und Aufwand zwischen 50 und 8000 Franken.

Wie sieht Ihre Kundschaft aus?
Das Spektrum ist breit. Von Sammlern traditioneller Schnitte und Stiche über Privathaushalte, die sonst moderne Kunst kaufen, bis zu Ärzten.

Wie haben sich die Sujets verändert?
Ich brauchte einige Zeit, um mich vom Ornamentalen zu befreien. Lange galt das ungeschriebene Gesetz: Scherenschnitte zeigen bäuerliche Idylle, sie haben einen Ornamentrahmen, und die vorhandene Fläche muss schön ausgefüllt sein. Zuerst habe ich den Rahmen weggelassen, oft brauchte dieser mehr Zeit als das Hauptsujet. Jemand sagte mir einmal, das sei «dem Herrgott die Zeit gestohlen», was ich da mache; vor einigen Jahren begann ich schliesslich, die Scherenschnitte zwischen zwei Glasplatten zu montieren, sie mit Luft zu umgeben. Ein wesentliches Merkmal des Scherenschnitts ist ja die Gegenständlichkeit; ein aus Papier geschnittener Hund ist ein bisschen mehr Hund als ein gemalter Hund.

Wie entsteht ein neuer Scherenschnitt?
Ich lasse mich von der Natur inspirieren, verdaue die vielen Eindrücke und schaffe daraus etwas Neues. Dieser Prozess läuft teilweise unbewusst ab. Manchmal machen mich Betrachter meiner Scherenschnitte auf Dinge aufmerksam, die ich selber gar nicht gesehen habe.

Woran denken Sie?
In einem Scherenschnitt zeigte ich einen Mann, der in Unmengen von Holz steht und seine Scheite hackt. Vordergründig interessierte ich mich für die Holzstrukturen, die sich sehr schön darstellen liessen im Scherenschnitt. Ein Betrachter

sagte mir, dieser Schnitt erinnere ihn an Jugendgefühle, an seinen Vater und Grossvater, an die viele Arbeit, mit der man nie fertig wurde. Erst dadurch wurde mir bewusst, dass mich mehr mit meinem Werk verband als die Freude am dankbaren Sujet und das handwerkliche Können. Oben am Haus sieht man nämlich noch eine Laube, zu der keine Treppe hochführt. Das ist einer meiner wiederkehrenden Träume: Die anderen erreichen diese Laube, ich schaffe es nicht. Vielleicht steht diese Laube ja symbolisch für die richtige Kunst, zu der ein Volkskünstler wie ich keinen Zugang hat.

Wenn man Ihre Schnitte der letzten Jahre anschaut, sind Sie doch längst nicht mehr der traditionsverhaftete Volkskünstler.

Weil hier vor dem Haus eine prächtige Birke steht, begann ich, mich mehr und mehr mit Baumstrukturen zu beschäftigen. Da arbeitete ich ab Fotovorlage. Keiner, der einen Baum zeichnet, bringt so viele verschiedene Winkel, so unterschiedliche Einteilungen von verbleibenden Flächen hin, wie die Natur sie schafft. Es kommt aber auch vor, dass ich ohne fotografische oder zeichnerische Vorlage aus dem Bauch heraus schneide und schaue, was entsteht.

An Ideen mangelt es Ihnen nie?

Wenn man ein bis zwei Monate braucht, um einen Schnitt zu schneiden, muss man nicht besonders kreativ sein, um mehr Ideen zu haben, als man realisieren kann. Die Inspiration ist deutlich grösser als die Schaffenskraft. Ich hole mir Ideen zum Beispiel auf langen Spaziergängen am Sonntag, das ist mein wöchentlicher sechsstündiger Gottesdienst in der Natur. Auf diesem Blatt hier stehen noch gut 20 Ideen, die ich umsetzen möchte.

Zum Beispiel?

Darüber will ich nicht reden. Viele Ideen sterben wieder, erweisen sich als utopisch. Was ich aber spannend finde: Auch in der freien Kunstszene tauchen jetzt internationale Künstler mit grossen Namen auf, die plötzlich mit Scherenschnitten arbeiten. Zwei meiner Werke könnte man neben diese Kunst hängen, ohne dass sie abfallen würden. Aber mein Hintergrund ist mir da im Weg. Man kann nicht im Scherenschnitt-Verein verwurzelt sein und dann mit zwei Werken in einer anderen Liga spielen.

Warum nicht?

Als Scherenschneider wird man schubladisiert, manche assoziieren das sofort mit Basarware. Meine Tochter hat einmal an einer Vernissage gesagt, es sei schwierig, zu schubladisieren, wenn die Schubladen nicht angeschrieben seien und es hinten geheime Durchgänge gebe. Die meisten Menschen schubladisieren aber stark.

An einer Ausstellung in Zug wurden unlängst traditionelle Scherenschnitte gezeigt und in einem anderen Raum Werke von modernen Künstlern, die mit Scherenschnitttechnik arbeiten. Ich hing bei den Vereinsscherenschneidern, sehr ungünstig platziert. Man habe zu wenig Platz, sagte man mir. Ich antwortete, vorne bei den Künstlern wäre noch eine weisse Wand, begriff aber schnell, dass das nicht zur Diskussion stand. Ich kann damit leben. Es ist schöner, einer der besseren Vereinsscherenschneider zu sein als ein Anhängsel in der Kunstwelt.

Hängt das auch mit dem Hintergrund zusammen? Ausser dem Abstecher ins Diemtigtal haben Sie das elterliche Haus in Meikirch nie für längere Zeit verlassen.
Das mag eine Rolle spielen. Ein anderer Scherenschneider hat kürzlich ein halbjähriges Stipendium für einen New-York-Aufenthalt bekommen. Dieses Geld wäre bei mir wohl schlecht investiert.

Sie haben ihn nicht beneidet?
Doch, ich beneide jeden, der es weiterbringt als ich – nicht weil ichs ihm missgönnen würde, sondern weil ich auch gern so weit gekommen wäre; nicht geografisch, ich glaube nicht, dass man den Ort wechseln muss, um sich zu bewegen. Ich bin ihm aber dankbar, dass er gezeigt hat, dass es möglich ist, aus dem klassischen Scherenschnitt heraus in die Kunstwelt vorzustossen. Ja, diese Tür hätte ich ganz gerne selber aufgestossen. Aber ich bin halt ein «Chnorzi», der sich schwer damit tut, Kontakte zu knüpfen und in eigener Sache zu werben. Ich schaffe es nicht einmal, mit den lokalen Künstlern hier auf vernünftige Weise ins Gespräch zu kommen. Über Bücher bin ich aber mit vielen Künstlern im Dialog.

Nun betreten Sie Neuland. Vor Ihnen liegt ein Werk, das Sie mit dem Messer statt mit der Schere schneiden.
Ja, ich hatte Lust, nach 35 Jahren etwas Neues zu probieren. Wenn man mit grossen Formaten arbeitet, wird es schwierig mit der Schere, da braucht es ganz neue Haltetechniken. Jetzt versuche ich es mit dem Messer – ein Experiment mit offenem Ausgang. Mich reizt es, die Grenzen aufzuweichen. Wer soll denn das Festgefahrene lockern, wenn nicht die Künstler? Man sollte aber die Regeln gut kennen, bevor man sie über den Haufen wirft.

Können Sie heute gut leben von Ihrer Kunst?
Meine Frau trägt mit der Kerbschnitzerei zum Lebensunterhalt bei. Wir brauchen wenig Geld. Dank dem grossen Garten und der Nähe zu den Bauern sind wir praktisch Selbstversorger. Der Steuerprüfer war zu Beginn mehr als einmal da, weil er dachte, von diesem deklarierten Einkommen und Vermögen könne

man unmöglich leben. Man kann, sogar gut. Wenn man nicht viel verdient, macht man weniger Umwelt kaputt und lebt gesünder.

Geld gilt auch als Indikator für Anerkennung und Wertschätzung. Stört es Sie vor diesem Hintergrund, dass der Erlös nicht grösser ist?

Ich bin dankbar, dass ich davon leben kann. Als Kind hätte ich mir nicht erträumen können, dass ich vom Bildermachen leben kann. Speziell ist einzig, dass es nur alle drei Jahre, wenn eine Ausstellung stattfindet, Zahltag gibt. Das nächste Mal im Oktober in Kirchlindach.

Gönnen Sie sich gar keinen Luxus?

Doch, wenn ich untertags meine Skis wachse oder draussen im Lehnstuhl arbeite, ist das Luxus. Und alle drei bis vier Jahre gönnen wir uns Ferien im Ausland – meistens, wenn der Scherenschnitt ruft. Wegen einer Ausstellung in den USA bin ich seit Langem wieder einmal geflogen. Auch nach China wäre ich eingeladen gewesen, aber da habe ich gestreikt. Jetzt ist eine Ausstellung in Moskau geplant. Ich hoffe, wir können es uns leisten, den Zug zu nehmen. Sonst müssen wir halt fliegen.

Ist es Ihnen nie verleidet, immer Scherenschnitte zu machen?

(Dezidiert.) Nein, nie. (Schweigt.) Ganz selten gabs Gedanken in diese Richtung, aber sie waren schnell wieder verflogen. Die wenigen Versuche in Malerei sind immer tief in einer Schublade verschwunden. Nein, ich habe keine Möglichkeit und keine Energie, da zu Lebzeiten wieder herauszukommen. Aber ich empfinde es nicht als Gefängnis. Je mehr man sich damit beschäftigt, desto vielseitiger wird die Arbeit. ∎

**PELZMANN
LINDA**
WIRTSCHAFTSPSYCHOLOGIN

«Die Stimmung schlägt um, jetzt stürzen die Blender ab»

Warum wollen Chefs, die 20 Millionen Franken pro Jahr erhalten, 25 Millionen bekommen? «Es geht nicht um Geld, es geht darum, durch Schlauheit zu imponieren», sagt Linda Pelzmann, Professorin für Wirtschaftspsychologie an der Uni Klagenfurt. Sie erläutert, warum der «Wettkampf der Gerissenheit» mörderisch ist und weshalb jetzt bessere Zeiten anbrechen.

23.7.2008

Frau Pelzmann, Sie kritisieren Topmanager dafür, dass sie sich in einem monströsen Wettbewerb um Salär, Marktanteile und Einfluss gegenseitig hochschaukeln. Sind Sie gegen den Wettbewerb?

LINDA PELZMANN: Nein, keineswegs, der Wettbewerb ist nützlich, er sorgt dafür, dass sich Menschen ins Zeug legen, dass Firmen produktiver werden und Gewinne erzielen. Das Problem ist, dass der Druck, den der Wettbewerb erzeugt, nur bis zu einem gewissen Grad funktionell ist. An einem Punkt schlägt er ins Gegenteil um, dann sorgt er dafür, dass die Leistung zurückgeht, dass Gier und Angst dominieren und erfahrene Chefs geradewegs in die Katastrophe laufen.

Können Sie das an einem Beispiel konkretisieren?

Mir fallen zwei ein: Jürgen Schrempp feierte als Konzernchef bei Daimler-Benz in der zweiten Hälfte der Neunzigerjahre mit Zukäufen einige Erfolge, dann steigerte er sich in einen wahren Fusions- und Beteiligungsrausch, wollte höher hinaus, noch grösser sein, weltumspannend das Sagen haben ... und scheiterte dabei. Oder unser ehemaliger Finanzminister, Karl Heinz Grasser. Der wurde beim Amtsantritt als Star gefeiert, ein Jahr danach verkündete er forsch, er werde ein Nulldefizit für den Staatshaushalt erreichen, was ein Ding der Unmöglichkeit war. Als ihn ein Mitarbeiter darauf hinwies, sprach er einen Monat lang kein Wort mehr mit ihm; mit dem Sektionschef, der sich ebenfalls kritisch geäussert hatte, verfuhr er gleich. Irgendwann machte ihn niemand mehr auf seine Fehler aufmerksam; diese waren aber so offensichtlich, dass es für die Medien ein gefundenes Fressen war.

Wie kommt es zu solchem Grössenwahn, solcher Selbstüberschätzung?
Eine der stärksten Antriebskräfte des Menschen ist der Drang, den anderen zu übertreffen. Der amerikanische Ökonom und Philosoph Thorstein Veblen hat nach eingehender Beobachtung der Reichen schon vor mehr als hundert Jahren bilanziert: Die Hauptbestrebung geht dahin, anderen zu imponieren, als Sieger hervorzugehen aus dem Wettbewerb der Gerissenheit. Es ist der psychologische Gewinn, der Menschen antreibt, nicht nur der finanzielle. Es geht nicht darum, ob ein Herr Zumwinkel die Steuermillionen, die er dem Fiskus vorenthalten hat, unbedingt braucht. Die entscheidende Frage ist, ob er psychologisch mithalten kann mit den anderen, ob er durch Schlauheit imponiert. Kurz und gut: Jeder möchte mit den grossen Hunden pinkeln gehen.

Und jeder möchte ein bisschen mehr Lohn als der andere...
Genau. Als Josef Ackermann, Chef der Deutschen Bank, gefragt wurde, ob er wirklich so viel Geld brauche, antwortete er, von Brauchen könne keine Rede sein, aber ohne Steigerung hätte er ja gar keinen Marktwert mehr. Es geht darum, ein Maximum abzuschöpfen und nicht schlecht dazustehen im Vergleich zu den anderen. Dieser Wettkampf der Gerissenheit basiert nicht auf rationalen ökonomischen Beweggründen, auch wenn das gerne behauptet wird; er ist vollkommen entkoppelt von jeglichem Sinn und Zweck.

Man kann durchaus ökonomisch argumentieren: Ein Chef hat als Entscheidungs- und Imageträger einen erheblichen Einfluss auf das Wohlergehen eines Unternehmens. Da es angeblich nicht viele Leute gibt, die global tätige Konzerne führen können, sind die Saläre entsprechend hoch.

Der amerikanische Bankier John P. Morgan hat vor langer Zeit nachgewiesen, dass keine Korrelation zwischen Manager-Gehältern und Leistung besteht. In seinem Firmenimperium entdeckte er, dass die Manager der schlechtesten Firmen die höchsten Löhne bezogen. Ökonomisch ist es relativ unwichtig, ob an die wenigen Spitzenführungskräfte obszön hohe oder moderate Boni ausgezahlt werden; psychologisch dagegen macht es einen himmelweiten Unterschied. Die Selbstbedienungsmentalität vergiftet das Klima.

Das sicherste Kriterium, um zu erkennen, wie weit in einem Unternehmen der Wettbewerb der Gerissenheit fortgeschritten ist, ist die Frage, ob Fehler erkannt und behoben oder vertuscht werden.

Das ist ein bisschen spät, wenn man erst reagieren kann, wenn Fehler passiert sind.

Genau, man sollte den Blick für die Vorboten des Desasters schärfen. Warum sind alle Risikomanagementsysteme auf den Misserfolg ausgerichtet? Warum taucht eine Person erst auf dem Radar auf, wenn sie Verluste eingefahren hat? Viel wichtiger wäre, Leute zu identifizieren, die unerklärliche Gewinne erzielen, indem sie Regeln missachten und Sicherungen herausnehmen. Jérôme Kerviel, der die französische Société Générale um fünf Milliarden Euro erleichtert hat, fiel zuvor ebenso durch ausserordentliche Gewinne auf wie Nick Leeson bei der britischen Barings Bank. Die Arbeitgeber mochten nicht zu genau hinschauen, weil sie nicht auf die zweifelhaften Gewinne verzichten wollten.

Auch bei der UBS gab es Warnungen aus den eigenen Reihen. Warum sahen die Chefs bloss die Gewinnchancen?

Wer von einer Mischung aus Gier und Angst getrieben ist, vernachlässigt die Reflexion und neigt zu Gruppendenken. In vielen Entscheidungsgremien bestärken sich die Mitglieder gegenseitig in einem realitätsfernen Gefühl der Unverletzbarkeit. Wer als Warner aus der Reihe tanzt, wird aussortiert. Allerdings schlägt jetzt die Stimmung um. Ich spreche bewusst von Stimmung, denn es ist ja nicht so, dass wir es einfach mit dem Versagen einzelner Fehlbarer zu tun hätten, die man bloss eliminieren musste. Entscheidend ist dieser Nährboden mit den falschen Anreizstrukturen. Er sorgt dafür, dass die falschen Leute nach oben kommen und dort ungehindert grossen Schaden anrichten.

Woran erkennen Sie, dass die Stimmung umschlägt?

An den Karriere-Brüchen. Die Karrieren der Blender stürzen ab, unspektakuläre, seriöse Schaffer erhalten wieder eine Chance. 1999 war das ganz anders. Ich erlebte damals, wie Warren Buffett, der wohl erfolgreichste Unternehmer der Welt, an der Harvard Business School von den Studenten gnadenlos verspottet und ausgepfiffen wurde, weil er prophezeit hatte, die New-Economy-Blase werde im nächsten Jahr platzen. Er hatte mit seiner Warnung keine Chance, die kollektive Euphorie war viel zu gross, so gross, dass sich sogar die Universitäten anstecken liessen. ∎

Linda.Pelzmann@uniklu.ac.at

PERROULAZ
ERICH
AUSSTEIGER

«Einen Mangel an Erfüllung kann man nie mit Geld kompensieren»

Zehn Jahre lang schrieb Erich Perroulaz als Aktienhändler eine Erfolgsstory. Dann musste er sich eingestehen, dass er zwar viel verdiente, aber seelisch verarmte. Der Ausstieg war mühsam und schmerzhaft, aber lohnend. Heute begleitet Perroulaz Menschen, die innerlich frei werden und ihre Träume umsetzen wollen.

8.5.2010

Herr Perroulaz, Sie haben jahrelang im Aktienhandel viel Geld verdient. Waren Sie ein guter Börsenhändler?
ERICH PERROULAZ: (Überlegt lange.) Es fällt mir noch heute schwer, diese Frage zu beantworten. Sagen wir es so: Ich war sicher talentiert, ich hatte den Ruf, ein Mann für spezielle Momente zu sein, der es fast immer schafft, das Blatt noch zu wenden. Was den Umsatz betrifft, waren andere erfolgreicher.

Sie haben schon im Alter von 21 Jahren in Zürich bei einer grossen japanischen Investmentbank ein Millionen-Portefeuille betreut und später in Genf, London und Atlanta Aktien an institutionelle Kunden verkauft. Waren Sie stolz auf Ihre Karriere damals?
Ich stand permanent unter grossem Druck. Einerseits, weil ich viel zu schnell aufgestiegen war, andererseits, weil die Verkaufsvorgaben wenig Spielraum liessen. Es war eine Gratwanderung zwischen Beraterfunktion und aggressivem Verkauf, zwischen dem Fahrplan der Bank, Kundeninteressen und Gedanken an den eigenen Bonus. Ich versuchte, den Kunden zuzuhören und nur dann ein Geschäft zu machen, wenn die Interessen übereinstimmten. Dadurch lebte ich in einem permanenten Gewissenskonflikt.

Dennoch blieben Sie 10 Jahre als Börsenhändler am Ball.
Ich stamme aus einfachen Verhältnissen. Alle waren stolz auf meine Karriere. Auch ich fand es toll, wie man an der Börse durch Cleverness Geld verdienen konnte. Schon kurz nach der Lehre konnte ich meinen Lohn so verdoppeln. Als ich nach Zürich wechselte, gratulierten mir viele zu diesem Karrieresprung, ich ging aber jeden Morgen mit schlechten Gefühlen zur Arbeit. Ich verdrängte das, schliesslich war alles aufgegleist – eine Erfolgsstory. Das Problem war: Wenn ich wissen wollte, wer ich bin, konnte ich nur mein Bankkonto befragen. Ansonsten war ich ein einsamer Globetrotter ohne soziales Netz. Das wurde mir Mitte der Neunzigerjahre bewusst. Allerdings hatte ich keine Ahnung, wie ich da rauskomme und wo man mich sonst brauchen könnte.

Offenbar war der Leidensdruck lange Zeit nicht gross genug.
Bei der Investmentbank in Atlanta lernte ich, wie im Wall-Street-Banking Geld verdient wurde: Die Abteilung Corporate Finance machte einen 20-Millionen-Deal mit einer Firma, strich dafür Kommissionen ein, dann mussten die Verkäufer gegen weitere Provisionen diese Aktien ihren institutionellen Kunden vermitteln. Wer in diesem Geschäft nach der Moral fragt, macht sich das Leben verdammt schwer. Ich hatte den Auftrag, diese Aktien auf einem Europatrip zu vermarkten. Ich trug teure Anzüge, stieg in den besten Hotels ab, fühlte mich aber in einer Zwangsjacke. Dann machte ich mich selbständig und setzte zwei Substanzwerte-Fonds für eine bekannte Schweizer Privatbank auf. Als die beiden Fonds Anfang Jahrtausend gut liefen, begann ich mit Partnern zu expandieren und stellte Mitarbeiter ein. Das war der Anfang vom Ende.

Warum?
Weil ich keine Ahnung hatte, wie ich hätte Menschen führen sollen. Ich war komplett überfordert. Dann brach der Markt ein und mir war klar, dass ich nie mehr ins Bankbusiness zurückwollte. Ein Jahr lang ging ich kaum aus dem Haus. In der Migros einkaufen zu gehen, war eine grosse Herausforderung. Zur Identitätskrise kamen Geldprobleme. Die Versuchung war gross, in der Bankenwelt noch einmal auf die leichte Tour Geld zu verdienen.

Was taten Sie stattdessen?
Ich packte meinen Rucksack und trampte durch Kanada. Unterwegs in dieser gigantischen Landschaft lernte ich endlich, auf mich selber zu hören. Das war zunächst kein Genuss. Ich war frustriert und spürte eine unglaubliche Wut – auf die skrupellosen Banker, auf mich, der dieses Spiel so lange mitgespielt hatte, und auf unsere Gesellschaft, die sich den Banken ausliefert, ohne zu durchschauen,

was hier gespielt wird. Je länger ich unterwegs war, desto mehr schwand meine Angst. Ich erfuhr in Kanada, wie stark das Gesetz der Anziehung wirkt: Ich war als Suchender unterwegs und es begegneten mir lauter Menschen, die mir halfen, einen Schritt weiterzukommen. Jemand nahm mich mit in ein Persönlichkeitstraining. Ich erhielt ein völlig neues Gefühl dafür, was alles möglich ist im Leben.

Was war die Konsequenz?

Ich kehrte in die Schweiz zurück, lieh mir Geld, zog in eine Wohngemeinschaft und begann mit 40 Jahren ein Studium an der Höheren Schule für Erwachsenenbildung, Leitung und Führung. Ich hatte keine Ahnung, wo das beruflich hinführt, aber ich empfand die Ungewissheit als sehr spannend.

Letztes Jahr haben Sie das Studium abgeschlossen. Wovon leben Sie heute?

Ich übernehme Mandate für Unternehmen, halte Vorträge zu Lebensgestaltung und Geldkreislauf und unterstütze Menschen dabei, ihre Träume zu entdecken und umzusetzen. Wir werden alle früh mit einer Menge Fachliteratur beglückt, aber niemand gibt einem eine Bauanleitung für einen individuellen Lebensplan. Darum begleite ich heute Menschen, die innerlich frei werden und etwas tun wollen, was ihnen Befriedigung gibt. Der Umgang mit Geld spielt dabei eine wichtige Rolle. Einen Mangel an Erfüllung kann man nie mit Geld kompensieren. Frei ist nur, wer Reichtum empfindet unabhängig vom Geld.

Sie strahlen grosse Zuversicht aus. Was gibt Ihnen das Vertrauen, dass Sie auf dem richtigen Weg sind?

Ich spüre es an der Lockerheit hier oben (zeigt auf den Brustkorb). Es fühlt sich heute gut an, hier zu sitzen und zu reden, vor fünf Jahren wäre es eine Qual gewesen. Seit der Kanada-Reise achte ich auf meine Atmung, ich meditiere und gehe in die Natur. Ich lebe in einem Zustand der beharrlichen Gelassenheit. Ich kenne die Richtung, aber ich halte mich nicht krampfhaft an einen Weg. Jetzt breche ich zu einer dreiwöchigen Nordamerika-Reise auf. Ich gehe an die alten Schauplätze, besuche frühere Weggefährten und will spüren, was sich verändert hat.

Mit welchen Gefühlen verfolgen Sie die Entwicklungen an der Börse heute?

Aus meiner Sicht wurden die Aktienbörsen monatelang durch die Rettungspakete der Staaten künstlich hoch gehalten. Ich rechne damit, dass es bald zu massiven Turbulenzen an den Finanzmärkten kommen wird. Die entscheidende Frage ist aber nicht, ob die Finanzmärkte die Kurve kriegen, sondern ob jeder von uns die richtigen Entscheidungen trifft. ∎

www.erichperroulaz.ch

PETER
ADRIAN
WERBER

«Da merkt man, wie unsorgfältig die meisten Leute denken»

Mit 25 Jahren hat der Werber Adrian Peter von Frankfurt aus ein Übersetzungsbüro in Bern gegründet. 30 Jahre später floriert das Geschäft: 15 fest angestellte und 95 freie Mitarbeiter übersetzen heute Texte in 33 Sprachen. Adrian Peters Ziel lautet stets: «Die Übersetzung soll besser sein als das Original.»

18.3.2009

Herr Peter, die Welt verständigt sich heute in Englisch. Warum braucht es noch Übersetzungsbüros wie das Ihre?

ADRIAN PETER: Es ist tatsächlich so, dass heute viele Menschen englisch reden, egal wie gut oder schlecht sie die Sprache beherrschen. Englisch ist derzeit die führende Weltsprache, aber das kann schon in zehn Jahren anders aussehen. Es gibt bereits heute wesentlich mehr Menschen, die Chinesisch oder Indisch sprechen. Zudem liest ein Deutscher einen Text noch immer am liebsten in deutscher Sprache, ein Italiener in Italienisch. Uns wird die Arbeit so schnell nicht ausgehen.

In welchen Wirtschaftsbereichen sind Ihre Dienste besonders gefragt?

In der Werbung und im Technologiesektor gibts grossen Übersetzungsbedarf, natürlich auch in Versicherungen und Banken.

Die Texte der Banken versteht man manchmal auch dann nicht, wenn sie in der Muttersprache abgefasst sind. Lassen sich die Beschriebe von strukturierten Produkten gut übersetzen?

Manchmal habe ich auch meine Zweifel, ob die Banker ihre eigene Sprache verstehen. Wir brauchen für solche Aufträge Übersetzer, die das Bankgeschäft à fond kennen, die selber ein Zocker-Gen haben. Aber es ist schon so: Einen lausigen Ausgangstext kann man nicht gut übersetzen. Man erkennt die Qualität eines Textes oft erst, wenn man ihn übersetzen will. Erst dann wird offensichtlich, wie unsorgfältig die meisten Leute denken und schreiben. Oft besteht unsere erste Aufgabe darin, den Originaltext zu verbessern. Grundsätzlich haben wir das Ziel, mit der Übersetzung stets ein wenig besser zu sein als das Original.

Sehen das die Kunden gerne, wenn Sie erst einmal ihre Texte zerpflücken, statt rasch eine Übersetzung zu liefern.

Viele Kunden sind dankbar für die Redigierarbeit, verlangen sie sogar. Oft werden Texte ja von verschiedenen Leuten zusammengeschustert, mehrere Regionaldirektoren wirken mit oder Fachkräfte, Kommunikationsleute und Manager. Darunter leiden Lesefluss und Verständlichkeit.

Wie sieht die Übersetzungsarbeit in der Werbebranche aus? Werbung lebt – im Idealfall – von Sprachwitz. Ist dieser übersetzbar?

Nein, oft kommt man nur mit sehr freien Übersetzungen zum Ziel. Für französische Begriffe wie «faveur» oder «esprit» gibt es keine genaue Übersetzung, und einen Satz wie «Erleben Sie die wilde Frische von Fa» kann man unmöglich wortgetreu ins Englische übersetzen, da scheitert man schon beim ersten Wort. Selbst wenn die Wortübersetzung unproblematisch ist, kann es zu Missgeschicken kommen. Einer unserer Kunden wollte mit dem Slogan werben, dass man bei ihm den «Bärenhunger stillen» kann. Wer daraus im Italienischen einen «fame di orso» macht, wird feststellen, dass ihn niemand versteht. Italiener kennen nur den «fame di lupo». Weils zu teuer gewesen wäre, mit zwei verschiedenen Bildsujets zu arbeiten, entschied sich der Kunde dann, schon im Deutschen mit «Wolfshunger» zu werben.

In anderen Ländern nicht verstanden zu werden, ist noch die harmlosere Variante. Schlimmer ist, wenn Markennamen im Ausland negativ konnotiert werden; dann droht ein grosser Imageverlust.

Ja, das haben einige Autofirmen erlebt. Mitsubishi musste seinen Geländewagen Pajero in allen spanischsprachigen Gebieten in Montero umbenennen, weil Pajero dort nicht mit einer Wildkatze, sondern mit männlicher Selbstbefriedigung assoziiert wird. Ein anderer Hersteller bewarb in italienischer Sprache für viel Geld sein neues «Auto mit verstellbarem Hintern». Solche Beispiele zeigen, warum es wichtig ist, dass Übersetzer nur in ihre Muttersprache übersetzen. Und dass sie mit den kulturellen Gepflogenheiten im Zielmarkt vertraut sind. Der Export von

Markennamen ist ein Minenfeld. Das musste auch Porsche mit seinem Cayenne-Modell erfahren. In Frankreich lief der Absatz sehr schlecht, weil Cayenne die Franzosen an Französisch-Guayana erinnert, die ehemalige Strafkolonie in Südamerika, die als «Archipel der Verdammten» berühmt-berüchtigt war.

Blenden wir 30 Jahre zurück. Warum haben Sie damals als 25-Jähriger das Übersetzungsbüro USG gegründet? Hatten Sie als Werbetexter bei der Agentur GGK in Frankfurt nicht genug zu tun?

Doch, ich hatte alle Hände voll zu tun; dauernd fragten mich Kollegen, ob ich als sprachgewandter Schweizer noch Texte ins Englische, Französische oder Italienische übersetzen könne. Ich gab mein Bestes, ganz wohl war mir dabei aber nicht. Ich fand, das müssten eigentlich Profis machen. Mehr und mehr beauftragte ich ehemalige Klassenkameraden, welche Dolmetscher-Ausbildungen absolviert hatten, mit Übersetzungen. Bald wurde mir klar, dass das eine Marktlücke war. Ich gründete mit meiner damaligen Freundin das Büro in Bern und war selber erstaunt, wie gross die Nachfrage war. Fast jeden Monat stellten wir neue Leute ein, nach fünf Jahren gab es bereits Zweigstellen in Zürich und Genf.

Ein 25-Jähriger, der aus Frankfurt eine neue Firma in Bern führt – gabs da keine Probleme?

Wir hatten wenig Ahnung, aber viel Enthusiasmus. Die ersten fünf Jahre waren sehr intensiv, wir arbeiteten wie die Verrückten und verdienten gar nichts damit. Dann stellten wir einen Betriebswirtschafter an, der uns zeigte, wo wir Geld verloren und wie wir Geld verdienen konnten. Und wir hatten endlich Zeit, uns um die Qualitätssicherung zu kümmern. 90 Prozent unserer Texte unterliegen heute dem 4-Augen-Prinzip, das heisst, die Arbeit wird immer von einem Zweitübersetzer oder Lektor nochmals kontrolliert.

Und heute, nach 30 Jahren, läuft das Geschäft von selber?

(Lacht laut.) Kein Geschäft auf der Welt läuft von selber. Es bleibt Knochenarbeit. Aber es ist sehr schön, täglich mit Sprache zu tun zu haben, Sprache steht für Kultur, für Austausch, für Verständigung. Das ist mir bedeutend lieber, als Socken zu verkaufen, auch wenn man damit mehr Geld verdienen könnte. Jetzt haben wir ein neues Büro in Stuttgart eröffnet. Kein einfaches Unterfangen in dieser Zeit, Stuttgart ist ja eine Autostadt. Aber 1979 sind wir auch mitten in einer Wirtschaftsdepression gestartet, und es lief gut. Es ist gar nicht so schlecht, dann Vollgas zu geben, wenn alle anderen auf die Bremse treten. ∎

www.usg.ch

PFEIFER
ALFRED
SCHAUSPIELER

«Manche sind nichts, weil sie dauernd gut sein wollen»

Wer beim Reden grosse Wirkung entfalten will, muss nicht mit Zitaten und angelernter Schlagfertigkeit auftrumpfen, sondern lediglich seine Emotionen einbringen, sagt Alfred Pfeifer. Der Wiener Schauspieler lässt in seinen Seminaren bestandene Schweizer Führungskräfte Kinderlieder singen und ihre Anpassungsmentalität überdenken.

9.6.2001

Herr Pfeifer, viele Manager kämpfen derzeit mit einem Glaubwürdigkeitsproblem. Weshalb?
ALFRED PFEIFER: Weil sie abgespalten von sich selber leben und keinen rechten Bezug mehr zu sich und ihrer Umwelt finden. Wer sich weder liebt noch überhaupt jemals kennengelernt hat, wirkt niemals glaubwürdig. Die meisten kommen nicht so weit, weil sie fremde Verhaltensmuster nachahmen und dauernd gut sein müssen. Es ist wichtig, sich gelegentlich zu vergegenwärtigen, was vom Leitsatz «Ich will gut sein» übrig bleibt, wenn wir auf das omnipräsente Wörtchen «gut» verzichten. Dann heisst es schlicht: «Ich will sein», und das wäre schon sehr viel. Manche verlernen das Sein und sind schliesslich nichts, weil sie dauernd gut sein wollen.

Ist es nicht normal und sinnvoll, dass wir uns alle an Zielen orientieren?
Das Hauptziel sollte sein herauszufinden, wo wir selber stattfinden. Sich nur vom Terminkalender treiben lassen und andauernd Vorbildern nacheifern, ist ermüdend und unergiebig. Sehen Sie, viele Menschen wünschen sich nichts sehnlicher als Charisma, aber sie vergessen, dass man Charisma nicht in irgendeinem Geschäft kaufen kann wie einen neuen

Anzug. Charisma hat viel mit Authentizität zu tun. Wer authentisch ist, ist immer gut, denn er ist bei sich. Und er wird Erfolg haben, weil Erfolg die Folge von Authentizität ist.

Oft ist Erfolg auch die Folge guten Redens. Sie lassen in Ihren Rhetorikseminaren bestandene Führungskräfte Kinderliedchen singen. Weshalb?
Damit sie die Komfortzone verlassen und beim Singen sich selber antreffen. Natürlich macht das den meisten erst einmal Angst, weil sies gut tun möchten, wie der Solotenor in der Oper vielleicht. Wenn sie ihn imitieren können, so die Annahme, dann werden sie dafür bewundert und geliebt. Ich erwarte keine schönen Lieder, sondern Interpretationen, die mir etwas über die Verfassung des Singenden sagen. Beim Singen merkt man sehr gut, ob sich jemand einbringen kann. Irgendwann verlieren die meisten die Angst vor der Angst und auch jene vor sich selber, und dann entdecken sie ihren Wesenskern in der Stimme. Wer durch das Nadelöhr der eigenen Angst gegangen ist, kann danach alles nähen.

Wenn man an all die Redner an Tagungen und Firmenanlässen denkt, muss man annehmen, es hätten noch nicht viele ihr Nadelöhr gefunden. Wie beurteilen Sie als Wiener die Schweizer Rhetorikkünste?
Wenn ich versuche, trotz meiner Herkunft diplomatisch zu antworten, dann würde ich sagen: Es gibt nicht viele, die bei 150 Zuhörenden ein Feuer entfachen können. In der Schweiz ist die Emotionalität sehr zurückgebunden; doch gerade die Emotionalisierung der Rede gehört zum Wichtigsten überhaupt. Was mich nicht berührt, kann ich in anderen nicht rühren, so einfach könnte man es sagen. Ein Satz allein ist noch gar nichts, alles hängt von seinem Kontext und vor allem von seiner Realisierung ab. Dabei zeigt sich leider immer wieder, dass viele Menschen abgekoppelt von ihrer Stimme leben und deshalb nicht imstande sind, durch den Stimmfluss eine Verbindung zwischen Bauch und Kopf herzustellen. Nur wenn das Denken im Bauch stattfindet und ein Teil des Intimen öffentlich wird, können wir andere mit unserer Rede beeindrucken.

Wir bieten aber auch Angriffsflächen und werden verletzlich dadurch.
Sich verletzlich machen heisst stärker werden, sich schützen heisst schwächer werden und schliesslich innerhalb der selbst gebauten Schutzwälle ersticken. Wer Bedeutendes zu sagen hat, kann nicht allen Ernstes annehmen, die Zuhörenden würden viel mitkriegen, wenn er zwanzig Minuten in der Alltagssprache Alltagsgedanken vorträgt. Nur wenn das Publikum in dem, was ich sage, mich als Menschen spürt, wird es sich berühren lassen. Wir müssen immer wieder die sprachliche Form zersprengen und mit unserer Emotionalität anfüllen.

Weshalb können Schweizer das so schlecht?

Hier herrscht eine ausgeprägte «So-öppis-macht-me-doch-nöd»-Kultur. Schon der Tonfall dieses Dialektsatzes, den ich sicher falsch ausgesprochen habe, spricht Bände. Erst geht die Sprache raus, dann geht sie aber gleich wieder hinein, nimmt sich selber zurück. Das ist ganz was anderes, als wenn ich sage: «Hörts auf! Sans blöd oder was?» Meine Tochter hat mich einmal gefragt, wie ich so zornig sein könne, da ich sie doch liebe. Ich sagte ihr, dass Liebhaben auch die Fähigkeit, Konflikte auszutragen, einschliessen sollte. Und dass Schreien nicht nur Zeichen von Ohnmacht, sondern auch ein gutes Ventil sei und oft Schlimmeres verhindere. Fragen Sie mich nicht, ob sie das damals verstanden hat; wir verstehen uns jedenfalls ausgezeichnet. Ich glaube, die Erziehung zum Stillen und Angepassten, die hier in der Schweiz vorherrscht, zerstört den Atem und verhindert eine gesunde Emotionalität. Sie hat zur Folge, dass viele Menschen beherrscht auf eine Katastrophe zusteuern. Wie sollten sie da reden oder gar singen können?

Was hat Sie bewogen, Ihre Regie-, Schauspieler- und Sängerkarriere ausklingen zu lassen und sich um jene Schweizer Führungskräfte zu kümmern, deren Blockaden Sie uns so trefflich vor Augen führen?

Zum einen habe ich gemerkt, dass das Bedürfnis, sich selber – über die Stimme und die Seele – näherzukommen, bei vielen dieser Angepassten ausgesprochen gross ist. Andererseits habe ich selber vielleicht zu lange angepasst gelebt, mich während fast dreissig Jahren in Theaterkreisen bewegt, obwohl ich das Ganze schon lange als formalistische und hohle Sache empfand. Schliesslich kam ich mir vor wie eine Pflanze in unfruchtbarem Boden. Die wird nie richtig gedeihen, da kann die Sonne scheinen, wie sie will. Immer wenn mich ein Regisseur, irgendein Affe – und es gibt deren 80 Prozent –, recht tüchtig angeschrien hatte, musste ich an meinen Vater denken. Der war eines Abends nach Hause gekommen und hatte gesagt: «Heut hob i den Zugführer aus dem Kammerl geschmissen.» Er, der Lokführer, hat mir gezeigt, dass man sich nicht alles gefallen lassen muss, auch von Vorgesetzten nicht. Und dass man sich nicht immerfort anpassen sollte. Wer sich andauernd versteckt, muss sich nicht wundern, dass ihm niemand zuhören mag, wenn er einmal doch die Stimme erhebt. ■

Inzwischen steht Alfred Pfeifer wieder mehr auf der Bühne als vor Managern – dieses Jahr in Salzburg und am Wiener Volkstheater.

**PICCARD
BERTRAND**
PSYCHIATER

«Meine Mutter ermutigte mich, die Reise ins Innere anzutreten»

Als Kind war er schüchtern und unsportlich, später wurde er zu einem der grossen Pioniere der Welt. Bertrand Piccard, Psychiater, Heissluftballonpilot, Forscher und Referent, erzählt von prägenden Kindheitserlebnissen, ersten Bruchlandungen und der Sucht, sich immer wieder in die Luft zu stürzen.

10.8., 17.8. und 24.8.2005

Herr Piccard, je mehr man über Sie liest, desto weniger weiss man, was eigentlich Ihre Haupttätigkeit ist. Wissen Sie es?

BERTRAND PICCARD: Ich erforsche das Leben. Einerseits die Innenwelt, in die ich mich mit der Psychiatrie, Psychotherapie und Hypnose versenke, andererseits die Aussenwelt, die ich mit Heissluftballon oder Solarflugzeug erkunde.

Sie sind längst auch ein gefragter Referent. Auf Ihrer Homepage haben Sie unter der Rubrik «Einige der wichtigsten Kunden» fast 100 renommierte Firmen und Organisationen aufgeführt. Sind Sie heute primär Vortragsreisender?

Das ist eine wichtige Tätigkeit geworden, die mir die Unabhängigkeit und Freiheit gibt, mir Zeit zu nehmen für meine Stiftung «Winds of Hope» und für mein Flugprojekt «Solar Impulse». Wenn ich als Referent auftrete, knüpfe ich wichtige Kontakte zu Menschen, die sich für meine Stiftung oder das Flugprojekt interessieren und damit die Investition in erneuerbare Energien unterstützen wollen.

Bleibt da noch Zeit für Ihre Arbeit als Psychiater?

Diese Arbeit macht vielleicht noch 10 Prozent meines Gesamtpensums aus, aber ich möchte diese 10 Pro-

zent nicht missen, denn es ist der Beruf, den ich erlernt habe, es ist mein Tor zur Innenwelt. Ich kann allerdings keine neuen Patienten aufnehmen, sondern beschränke mich auf die Arbeit mit jenen Menschen, die ich seit Längerem kenne.
Blenden wir zurück in Ihre Kindheit. Sie waren ein schüchternes, in sportlichen Belangen eher ungeschicktes Kind. Wie begann Ihre Entwicklung zum grossen Abenteurer?
Ich träumte schon früh davon, die Welt zu erkunden, schon als ich all die Astronauten, Taucher und Piloten kennenlernte, mit denen mein Vater verkehrte. Ich erlebte alle Starts der Apollo-Flüge 7 bis 12 hautnah mit, weil wir damals in Florida lebten, und war sehr beeindruckt vom Mut dieser Pioniere. Aufgrund meiner berühmten Vorfahren und wegen der aktiven Rolle, die mein Vater spielte, hatte ich Zugang zum Sicherheitsbereich der Nasa und durfte als 10-Jähriger neben Staatschefs aus der ganzen Welt auf der VIP-Tribüne Platz nehmen.

Viel wichtiger war für mich allerdings die Möglichkeit, meinen Idolen alle möglichen Fragen zu stellen. Wernher von Braun, der Vater des Mondfahrtprogramms der Nasa, schrieb mir in dieser Zeit folgende Widmung: «Für Bertrand Piccard, der, wie ich hoffe, die Familientradition der Piccards fortsetzen wird, sowohl den inneren als auch den äusseren Raum zu erforschen.» Diese Widmung hat mich sehr beeindruckt.

Sie wuchsen also in einer Umgebung auf, in der alles möglich schien, in der es keine Grenze gab?
Damals glaubte ich tatsächlich, alles sei möglich und alles gehe ganz leicht. Heute bin ich immer noch der Ansicht, dass alles möglich ist, weiss aber, dass man für vieles sehr hart arbeiten muss. Aber Sie haben Recht, es war ein spezielles Klima, in dem ich aufwuchs. Nicht nur wegen der Eroberung des Weltraums, sondern auch, weil mir meine Eltern sehr viele Freiheiten liessen. Ich bekam nie zu hören, für dieses und jenes sei ich noch zu jung, sondern ich konnte meine eigenen Erfahrungen sammeln. Das gab mir grosses Vertrauen in meine Fähigkeiten und in das Leben. In diesem Zusammenhang war der Einfluss meiner Mutter mindestens so gross wie der meines berühmten Vaters: Sie ermutigte mich, die Reise ins Innere anzutreten, auch Lebenskrisen als Abenteuer zu betrachten.

Ihr Grossvater Auguste stieg als Erster in die Stratosphäre auf, Ihr Vater Jacques erforschte die tiefsten Stellen des Meeres. Hatten Sie als Kind nie den Eindruck, eigentlich sei alles schon erobert und entdeckt?
Doch, das belastete mich eine Zeit lang. Später realisierte ich, dass die grossen Abenteuer nicht unbedingt spektakulär sein müssen. Die grossen Abenteuer, die

uns geblieben sind, sind humanitärer, politischer, ökologischer und medizinischer Art.

Als Jugendlicher fühlten Sie sich von solchen Abenteuern noch nicht angezogen, aber Sie spürten vermutlich den Druck, etwas Besonderes machen zu müssen. War das eine Belastung?

(Lacht.) Es war schon etwas seltsam, als ich mit 14 Jahren einen griechischen Minister bei einem Empfang vor einer grossen Gesellschaft sagen hörte, ich sei die «Hoffnung der Schweiz». So gesehen war ich unter Druck, etwas Besonderes zu tun, aber ich empfand meine Familiengeschichte immer auch als Ermutigung, als Privileg. Damit will ich nicht sagen, dass es einfach war. Ich spürte eine grosse Verpflichtung und wusste noch nicht, welchen Weg ich einschlagen konnte. An Ideen fehlte es mir allerdings nie, ich hatte immer unzählige Pläne; ich träumte nicht nur davon, Astronaut oder Pilot zu werden, ich sah mich auch als Dirigenten, als Stuntman, Archäologen, Ingenieur und Anwalt.

Doch Sie wurden zunächst einmal Abenteurer, bevor Sie einen konventionellen Beruf erlernten. Wie kam es, dass Sie sich im Alter von 16 Jahren mit dem Hängegleiter ins Leere stürzten?

Ich sass in einer Teestube und sah über den Alpen ein mir unbekanntes Fluggerät. Dieser Moment änderte mein Leben blitzartig. Mir war sofort klar, dass das die Möglichkeit war, all meine Erkundungs- und Abenteurerträume Wirklichkeit werden zu lassen. Ich rannte zu der Stelle, wo das Fluggerät gelandet war, und erfuhr vom Piloten, dass man damit einige Minuten in der Luft bleiben konnte. Es gab keinen Zweifel, dass auch ich das versuchen musste.

Ihr erster längerer Flug endete auf dem Dach eines Chalets. Warum haben Sie danach nicht aufgehört?

Weil ich in der Luft das Leben in einer unvorstellbaren Intensität gefühlt hatte. Ich hatte innerhalb weniger Minuten mehr über das Leben erfahren als zuvor während Jahren, und ich realisierte, dass wir im Alltag bloss etwa 10 Prozent unserer Denk- und Gefühlskapazitäten brauchen. Deshalb wollte ich sofort wieder fliegen, wollte ich erneut diesen Bewusstseinszustand höchster Wachsamkeit erreichen.

Waren Sie süchtig nach diesen besonderen Momenten?

Ja, damals war es eine Sucht, eindeutig. Ich war ja fast noch ein Kind, fühlte mich aber sehr erwachsen und glaubte, man könne jede Situation meistern, wenn man sich nur genügend anstrenge. Deshalb flog ich bei fast jeder Witterung.

Erhält die Existenz einen anderen Wert, wenn man sie gegen grösste Gefahren verteidigt hat?

Ich weiss es nicht. Für mich war das Spiel mit der Gefahr nie Selbstzweck. Ich denke, man entdeckt den Wert des eigenen Lebens, wenn man realisiert, dass man ein höheres Leistungs- und Bewusstseinsniveau erreichen kann. Das alltägliche Leben fördert die Trägheit und Verdummung, es verleitet uns dazu, wie ein Computer zu funktionieren, Dinge zu reproduzieren, die man uns beigebracht hat, statt etwas Neues zu schaffen. Wir alle lernen zu gehorchen, aber nur wenige lernen zu denken und zu suchen.

Ist es nicht etwas paradox, das Leben zu riskieren, um sich seines Werts zu vergewissern?
Ich wollte beim Fliegen mehr über mich und das Leben erfahren, ich wollte nicht das Leben aufs Spiel setzen. Im Gegensatz zu einigen Extremsportlern habe ich mich nie vom normalen Leben abgekoppelt, um ein besseres Leben zu erreichen, ich wollte nicht das eine gegen das andere eintauschen, sondern beide Bereiche verbinden. Die Erfahrungen in der Luft halfen mir übrigens beim Medizinstudium. Noch am Tag vor dem Abschlussexamen unternahm ich einen längeren Flug, während dem ich einige Loopings machte. Danach kam mir die Prüfung sehr harmlos vor, ich war ausgesprochen ruhig.

Was hat Sie das Fliegen über die Angst gelehrt?
Dass Panik gefährlicher ist als die Dinge, vor denen wir uns fürchten. Deshalb sollten wir lernen, nur vor dem Angst zu haben, was wirklich gefährlich ist. Im Alltag fürchten wir uns oft vor dem Unbekannten, vor Dingen, die wir nicht kontrollieren können, vor allen Veränderungen. Deshalb vermeiden wir alle ungewohnten Situationen, obwohl wir sehr wohl die Fähigkeiten hätten, sie zu meistern. Mehr noch: Wir würden etwas über uns lernen, würden erfahren, dass Krisen und Brüche uns weiterbringen, dass wir in solchen Situationen ungeahnte Kräfte entwickeln. Aber wenn wir uns aus Angst am Bisherigen festklammern, versäumen wir die vielen Gelegenheiten, die das Leben uns bringt.

Als Sie auf dem Höhepunkt Ihrer Hängegleiter-Meisterschaft angelangt waren, stürzten Sie nach einem misslungenen Manöver in einem Kunstflugprogramm ab und kamen nur knapp mit dem Leben davon. Hat dieser Unfall Ihr Vertrauen erschüttert?
Nein, aber mir wurde vor Augen geführt, wie machtlos man sein kann. Mit dem Unfall hatte sich für mich ein Kreis geschlossen, ich merkte, dass es mir wenig bringen würde, weiterhin immer verrücktere Figuren zu fliegen. Für mich war nach 18 Jahren Fliegerei gegen den Wind die Zeit gekommen, den Rückenwind zu suchen.

Per Zufall lernte ich an einem Bankett den Ballonfahrer Wim Verstraeten kennen, der noch einen Kopiloten für ein Rennen über den Atlantik suchte. Er fand sofort, es wäre eine gute Sache, einen Psychiater an Bord zu haben. Als wir das Rennen über den Atlantik gewonnen hatten, dachte ich: Warum nicht um die ganze Welt fliegen im Ballon?

Was haben Sie im Ballon über das Leben gelernt?
Wenn der Wind nicht in die richtige Richtung weht, muss man die Höhe ändern, um bessere Winde zu finden. Die Höhe ändert man, indem man Ballast abwirft, d. h. Gewohnheiten und Gewissheiten aufgibt, Ängste überwindet – so kann man ein anderes Niveau erreichen, eine andere Richtung.

Das ist ein schönes Bild – und dennoch fragt man sich, was Sie so sehr lockt, dass Sie immer wieder Ihr Leben riskieren. Ist das nicht sehr egoistisch, wenn man wie Sie eine Frau und drei Töchter hat?
Die grösste Gefahr ist nicht, mit einem Solarflugzeug Tag und Nacht um die Welt zu fliegen. Wirklich gefährlich ist, in unserer Welt eine Million Tonnen Erdöl pro Stunde zu verbrennen. Mit diesem verrückten Erdölverbrauch riskieren wir, das Klima zu zerstören und die fossilen Energien gänzlich aufzubrauchen. Dagegen will ich kämpfen.

Gewinnt im Leben nur, wer hohe Risiken eingeht?
Wer grossen Erfolg anstrebt, muss grosse Risiken eingehen, wer ein wenig Erfolg sucht, kann die Risiken gering halten, wer keinen Erfolg wünscht, muss auch kein Risiko eingehen. Er unternimmt möglichst wenig – und fragt sich früher oder später, wozu das Leben gut ist.

Sie schrieben einmal, wichtig seien nicht die Ereignisse an sich, sondern wie man die Dinge erlebe. Warum brauchen Sie dennoch immer wieder spektakuläre Projekte? Der Alltag könnte ja spannend genug sein...
Ich war in den letzten 15 Jahren alles in allem fünf Wochen im Ballon unterwegs. Da blieb genug Zeit für Alltag.

Profitieren Sie bei Ihrer Arbeit als Psychiater von den Erfahrungen, die Sie in der Luft gesammelt haben?
Ja, sehr sogar. Als Psychiater nehme ich die Rolle des Meteorologen ein, der dem Ballonfahrer respektive Patienten Mut macht, verschiedene Höhen auszuprobieren, etwas zu ändern im Leben. Das hilft dem Patienten, eine neue Richtung einzuschlagen und herauszufinden, ob diese besser ist. Vorher müssen die Patienten aber Gewissheiten aufgeben. Die meisten glauben ja, die Gewissheiten stärkten sie, dabei beschweren sie nur.

Man braucht aber doch ein Minimum an Gewissheiten.
Nein, ich glaube nicht. Gewissheiten nützen nichts, interessant ist der Zweifel, der Moment des Fragens. Wenn man die Antwort nicht kennt, ist man offen. Deshalb ist ==der Zweifel meine einzige Gewissheit==. Natürlich gibt es auch in meinem Leben Dinge, die über Jahrzehnte hinweg wichtig bleiben, aber ich glaube, wir tun gut daran, sie nicht für Gewissheiten zu halten. Man muss fähig bleiben, alles aufzugeben, was man glaubt.

Gibt es ein Beispiel für einen solchen Glaubenssatz aus früheren Jahren, den Sie komplett aufgegeben haben?
(Zögert.) Ich war lange Zeit der Ansicht, es sei entscheidend zu glauben, dass wir wiedergeboren werden, weil im andern Fall das Leben sinnlos wäre. Heute finde ich diesen Aspekt ziemlich unwichtig, weil ich in diesem Leben das Bestmögliche tun will.

Werden Sie sich schwer damit tun, sich von diesem Leben zu verabschieden?
Das weiss ich nicht, ich werde es sehen, wenn es so weit ist. Aber der Moment des Todes ist sicher eines der grössten Abenteuer, die wir erleben können.

Sie sind oft als Referent unterwegs in den Chefetagen grosser Konzerne. Was können Sie die vielen Manager in ihren Büros über das Leben lehren?
Zum Beispiel, dass die Momente, in denen wir mit dem Unbekannten konfrontiert werden, uns erlauben, leistungsstärker zu werden. Das Unbekannte, Unkontrollierbare, vor dem sich Manager so sehr fürchten, zerstört nicht, es hilft wachsen. Richtig stark ist nur, wer akzeptiert, dass es Momente gibt, die man nicht kontrollieren kann. Wer solches erlebt, gewinnt Vertrauen ins Leben und in andere Menschen.

Muss man solche Situationen künstlich herbeiführen?
Nein, das Leben führt sie herbei. Eine Krise ist ein Abenteuer, das man nicht als solches akzeptiert. Das Abenteuer dagegen ist eine Krise, die man akzeptiert, vielleicht sogar sucht. Der Stress vieler Menschen rührt daher, dass sie zu kontrollieren suchen, was nicht kontrollierbar ist, und es darob versäumen, über die wichtigen Dinge die Kontrolle zu behalten.

Sie sind ständig unterwegs im In- und Ausland. Riskieren Sie nicht, zum Sklaven Ihres Terminkalenders zu werden?
Ja, dieses Risiko besteht. Ich habe Schwierigkeiten, etwas zurückzuweisen, weil ich in den meisten Dingen eine interessante Seite entdecke.

Kommt es überhaupt vor, dass Sie einen halben Tag unverplante Zeit vor sich haben?

Ich reserviere mir immer eine gewisse Zeit für Korrespondenz. Manchmal verzichte ich an solchen Tagen aufs Schreiben – aber dann ist alles, was ich tue, getrübt durch das Wissen, dass ich etwas anderes tun sollte, dass noch 20 Briefe nach einer Antwort verlangen. Ja, ich wünschte mir mehr Momente, in denen ich guten Gewissens nichts täte. Denn aus der Leere entstehen ja immer spannende neue Dinge.

Was verpasst man, wenn man sein Leben zu sehr verplant?
90 Prozent der Dinge, die uns zustossen, sind unvorhersehbar, sie geschehen zufällig. Deshalb müssen wir uns eine grösstmögliche Offenheit bewahren. ==Wenn wir zu sehr auf unsere Ziele fixiert sind, sehen wir über die unerwartet auftretenden Gelegenheiten hinweg.== Manchmal gibt uns das Leben kleine Zeichen. Wenn es stimmt, dass der Zufall die Sprache der Götter ist, dann tun wir gut daran, auf solche Zeichen zu achten. Die Voraussetzung ist, dass wir wieder vermehrt den Mut finden, auf unsere Intuition zu hören, hinter den Vorhang des Sichtbaren und Rationalen zu sehen.

Sie haben eine Schwäche für solche symbolschwere Momente, nicht wahr?
(Lacht.) Sagen wir es so: Ich habe im Verlauf meines Lebens nach schwierigen Entscheidungen einige erstaunliche Zeichen erhalten. Als ich mich entschieden hatte, mit Wim Verstraeten den Ballonflug zu wagen, griff ich auf einer Studienreise in Shanghai zufällig eine Medaille aus dem grossen Fundus eines Antiquitätenverkäufers. Ich fragte den Verkäufer, was darauf stehe. Er sagte mir: «Weht der Wind in dieselbe Richtung, in die dein Weg führt, bringt er dir grosses Glück.» In diesem Moment waren meine letzten Zweifel verflogen. Aber man sollte nicht überall Zeichen sehen, sonst wird man verrückt.

Man spricht viel von Ihren Rekorden und Erfolgen. Erlebten Sie eigentlich auch prägende Misserfolge?
Ja, mir ist so einiges misslungen. Das Scheitern beim ersten Versuch der Weltumrundung im Ballon war sicherlich die grösste Niederlage meines Lebens. Wir mussten nach nur 500 Kilometern im Mittelmeer notwassern. Nach vier Jahren Vorbereitung, keine sechs Stunden, nachdem wir in Château-d'Œx unter dem Jubel der Massen und vor Fernsehkameras aus aller Welt als Helden aufgebrochen waren, trieben wir hilflos im Meer vor der französischen Küste. Es war schrecklich, wie weit unsere Ambitionen und die Realität in diesem Moment auseinanderklafften, wie viele Menschen wir enttäuscht hatten. Gleichzeitig war es eine gute Gelegenheit, immun zu werden gegen das Gelächter anderer. Und zu unserem Erstaunen löste das Scheitern eine enorme Sympathiewelle aus. Schon

am nächsten Tag erhielten Wim und ich rund 18 000 aufmunternde Botschaften. Das zeigte mir: Erfolg heisst nicht, dass immer alles glückt, sondern dass man es einmal mehr versucht, als man gescheitert ist.

Spürten Sie auch Schadenfreude?
Ja, natürlich gab und gibt es Neider, das positive Echo überwiegt jedoch deutlich. Aber es nervt mich schon, wenn Artikel über mich erscheinen, die nicht nur dumm, sondern komplett falsch sind.

Damit wir nichts erfinden müssen: Nennen Sie uns eine Schwäche, gegen die Sie ohne Erfolg ankämpfen?
Oh, ich habe viele Schwächen, sehr viele. Ich rege mich manchmal viel zu leicht über Kleinigkeiten auf. (Lacht.) Ich bin fähig, in sehr wichtigen Momenten sehr ruhig zu bleiben und mich andererseits über Lappalien sehr zu ärgern.

Nun wollen Sie ausschliesslich mit der Kraft der Sonnenenergie rund um die Erde fliegen. Was reizt Sie am Abenteuer Solar Impulse?
Wir wollen mit Solar Impulse zeigen, was heute möglich ist mit erneuerbaren Energien und Speichertechnologien. Wenn ein Flugzeug Tag und Nacht ohne Strom fliegen kann, angetrieben nur von Solarenergie, dann kann niemand mehr ernsthaft behaupten, es sei nicht möglich, die gleiche Technologie für Autos, Heiz- und Kühlsysteme oder Computer zu verwenden. Dieses Projekt steht für unsere Überzeugung, dass Pioniergeist gepaart mit einer politischen Vision unsere Gesellschaft ändern und aus der Abhängigkeit von fossilen Brennstoffen herausführen kann.

Solar Impulse ist ein Pionierprojekt – werden solche Technologien bald auf dem Markt bestehen können?
Erinnern wir uns an Lindberghs ersten Flug über den Atlantik im Jahr 1927. Er sass alleine im Flugzeug, die restliche Ladefläche wurde für das Benzin gebraucht. Niemand konnte sich damals vorstellen, dass nur ein paar Jahre später Hunderte Passagiere den Ozean so überqueren würden. Heute führt Solar Impulse einen Piloten und 400 Kilo Batterien mit. Was wird in Zukunft geschehen? Ich weiss es nicht, aber die Flugzeugbranche wird sich weiterentwickeln müssen, um den steigenden Benzinpreisen und der fortschreitenden Umweltverschmutzung zu beggnen. Und sie ist damit in guter Gesellschaft. ∎

www.solarimpulse.com

PIPCZYNSKI
WIESLAW
MUSIKANT

«Musik war meine einzige Heimat»

Musiker sei kein Beruf, gaben seine Eltern ihm zu verstehen. Wieslaw Pipczynski hörte nicht auf sie und wurde Musikant. «Man lernt sehr viel, wenn man ins kalte Wasser geworfen wird», sagt er im Rückblick auf seine Lehr- und Wanderjahre. Heute wirkt er als Pianist, Organist, Komponist, Musiklehrer und Stummfilm-Begleiter.

18.3.2009

Herr Pipczynski, Sie sind mit 25 Jahren als Zirkusmusiker in die Schweiz gekommen. Wie kam es, dass Sie diesen Weg eingeschlagen haben?

WIESLAW PIPCZYNSKI: Ich war damals mit zwei anderen polnischen Musikern mit dem Zirkus Stey in der Schweiz unterwegs. Wie fast alle Musiker aus dem Osten nutzten wir die Gelegenheit, im Westen einige Dollars zu verdienen. In Polen war es Ende der Siebzigerjahre schwierig, seinen Lebensunterhalt mit Musik zu verdienen.

Warum wurden Sie Musiker?

Ich habe schon als Kind Musik gemacht. Meine Eltern waren nicht musikalisch, sie sahen das nicht gerne. Aber mein Grossvater hat mir früh ein Klavier geschenkt. Das war mein Zugang zu einer geheimnisvollen, fantastischen Welt. Für mich war die Musik in der Jugendzeit eine Art zweites Leben, ein Refugium, wo ich zu Hause war.

War klar, dass Sie diese Leidenschaft zu Ihrem Beruf machen würden?

In meiner Familie herrschte Konsens darüber, dass Musiker kein Beruf ist. Noch heute wissen sie nicht genau, was ich mache. Sie freuen sich, wenn ich ihnen eine CD zeige, aber sie haben keinen Bezug zur Musik. Ich besuchte bereits im Schulalter Musikunterricht, und es war mir klar, dass ich nach der Matura diesen Weg einschlagen würde.

Wie konnten Sie das ohne Unterstützung aus dem Elternhaus?

In Polen wurden Jugendliche, die ein wenig talentiert waren, früh zu Aufführungen mitgenommen. So lernte ich in jungen Jahren, in allen Wassern zu schwimmen. Das vermisse ich manchmal bei klassisch geschulten Musikern. Es fehlt ihnen die Vielseitigkeit, die Lust am musikalischen Austausch auf ganz verschiedenen Ebenen. Ich bin froh, dass ich Musikant war, bevor ich Musiker wurde. Man lernt sehr viel, wenn man ins kalte Wasser geworfen wird. Mein erster Klavierlehrer war in dieser Hinsicht ein Glücksfall. Er war Organist in der Dorfkirche und gleichzeitig ein wunderbarer Improvisator. Ich besuchte ihn oft am frühen Morgen in der Kirche, ging zwei Kilometer zu Fuss dorthin. Er spielte mir vor und forderte mich mitten im Lied auf, an seiner Stelle weiterzuspielen.

Wie haben Sie den Einstieg ins Erwerbsleben geschafft?

Untertags nahm ich jeweils Unterricht, abends spielte ich mit einer Band im Dancing eines Hotels, entweder am Klavier oder am Akkordeon. Am Anfang war ich überfordert, weil dort bei der Jazz-Musik ganz andere Qualitäten gefragt waren als die der klassischen Schule am Konservatorium. Es war eine harte Schule, sich so durchzuschlagen. Vielleicht hätte ich eine andere Laufbahn absolviert, wenn meine Eltern mich unterstützt hätten, aber ich trauere der klassischen Pianisten-Karriere nicht nach. Indem ich aus der Not eine Tugend machte, konnte ich sehr viel lernen. Ich bin mit Bach und Chopin ebenso vertraut wie mit Pink Floyd, Bossa Nova und Zigeunermusik.

Sie fühlen sich in all diesen Stilrichtungen zu Hause?

Ja. Es gibt ein paar Grundpfeiler. Aber wenn ich in Musik eintauche, entdecke ich überall Querverbindungen. Ein Bach hat viele Nebenflüsse, man sollte ihn nicht in einen betonierten Kanal zwingen. So ist es auch in der Musik. Sie lebt von unzähligen Einflüssen, es gibt viel Verbindendes über all die Stilgrenzen hinaus. Deshalb liebe ich die Improvisation – die Kirchenorgel zum Beispiel ist sehr dankbar dafür.

Wie wurden Sie in der Schweiz sesshaft?

Nach drei Jahren mit Zirkusauftritten lernte ich einen deutschen Kabarettisten kennen, der als Travestit auftrat. Wir zogen mit einem zweistündigen Bühnenstück durch viele Kleintheater in Köln, Stuttgart, Bern, Zürich und Basel. Das Programm lief sehr gut; er spielte eine gealterte Operndiva, ich begleitete ihn musikalisch und lebte all die Zeit aus dem Koffer. In Zürich kam ich jeweils bei

Martha Emmenegger unter, die wegen ihrer «Liebe Martha»-Rubrik im «Blick» bekannt war, in Bern bei einem Fan in der Schifflaube im Matte-Quartier. Dort lernte ich meine heutige Frau kennen. Ich habe in diesen drei Tournee-Jahren sehr viel gelernt – nicht nur musikalisch. Ich musste mir zum Beispiel eingestehen, dass ich sehr naiv gewesen war. Obwohl die Säle meist ausverkauft waren, war angeblich nie Geld für mich da. So endete unser Tournee-Projekt sehr abrupt.

Wie fanden Sie Arbeit in der Schweiz?

Ein befreundeter Musiker empfahl mir, mich bei Urs Frauchiger, dem damaligen Direktor des Konservatoriums, zu melden. Ohne anerkannte Papiere konnte ich dort aber nicht unterrichten. So nahm ich bei Edwin Peter, dem Organisten der Paulus-Kirche, eine Orgel-Ausbildung in Angriff. Wieder hatte ich das Glück, bei einem äusserst vielseitigen Musikanten studieren zu dürfen. Er verhalf mir zu diversen Auftritten. Später stieg ich bei den Berner Rohrspatzen ein, machte nochmals einen Winter lang Kabarett. Das hat mich immer gereizt, live Künstler zu begleiten, weil es ganz andere Anforderungen an den Musiker stellt als die Reproduktion eines Stücks.

Heute sind Sie als Musiklehrer, Salonmusiker, Komponist, Chorleiter, Stummfilm-Musiker, Organist und Unterhaltungsmusiker tätig. Wie bringen Sie das alles unter einen Hut?

Ich liebe diese Vielseitigkeit. Haben Sie schon einmal Pink Floyd gespielt auf einer Kirchenorgel? Das tönt wunderbar mit den Pedalen. Der Hausorganist hat mich damals fast aufhängen wollen, er fand das ungeheuerlich, was ich mit seiner Orgel machte. Ich will mich damit nicht interessant machen, aber es ist doch faszinierend, was die Musik bewegen kann, wenn man die Scheuklappen ablegt. Einmal habe ich in einem Gottesdienst gleichzeitig Orgel und Akkordeon gespielt. Das ergab einen fantastischen Klang. Vor Jahren wurde Hannes Meyer der Zutritt zur Kirche verweigert, weil er sich erfrecht hatte, Volkslieder auf der Orgel zu spielen. Ich kann nicht verstehen, wie man so puristisch sein kann.

Wie kamen Sie dazu, Stummfilme live auf dem Klavier zu begleiten?

Vielen Leuten ist nicht bewusst, welch wichtige Rolle die Musik im Film hat. Man kann problemlos einen schlechten Film mit guter Musik aufmöbeln. Ich kann Spielfilme durch Leitmelodien verständlicher machen oder den komischen Effekt von Slapstick-Nummern durch musikalische Untermalung verstärken. Nehmen wir an, Sie sehen im Film Kinder, die mit Spielzeugwaffen aufeinander losgehen. Wenn ich das so begleite... (greift in die Tasten) ... ist das eine ganz harmlose Szene. Wenn ich hingegen Folgendes spiele, wird daraus eine dramatische Situation, in der es womöglich um Leben und Tod geht. Ich finde es sehr spannend, Slapstick-, Spiel- oder Dokumentarfilme zu begleiten.

Untermalen Sie einzelne Szenen mit Musik, oder begleiten Sie die Bilder durchgehend?

Ich spiele durchgehend. Aber man muss aufpassen, dass man nicht zu dick aufträgt. Manchmal reichen wenige Töne. Ich entscheide das oft intuitiv kurz vor oder während der Wiedergabe. Das geht natürlich nur gut, wenn ich den Film sehr gut kenne. Dann ist es nicht nötig, dass ich jeden Ton genau einstudiert habe. Das ist wie bei den Bildern der Impressionisten: Wer nur die einzelnen Pixel analysiert, hat nichts vom Werk erfasst. Bei den Slapstick-Filmen ist das natürlich anders: Dort spielt man sekundenbruchteilgenau auf den Gag zu.

Was fasziniert Sie an der Filmbegleitung?

Es ist eine praktische Lehre in Musikharmonie. Ich mag das Spontane daran. Ich spreche nicht gerne über Kreativität, weil dieser Begriff sehr stark strapaziert worden ist, aber die musikalische Begleitung von Filmen ist eine sehr schöpferische Tätigkeit. Im Zentrum steht nicht eine perfekte musikalische Aufführung, sondern der Moment, wo Bild und Musik sich vereinen. Im Idealfall berührt diese Bild-Ton-Sprache das Publikum. Das schönste Kompliment für mich ist, wenn mir die Leute am Schluss sagen, sie hätten gar nicht gemerkt, dass jemand gespielt hat. Heute, wenn Filme von einem Orchester begleitet werden, verkommt der Anlass oft zu einem Konzert mit Filmbegleitung. Das finde ich schade. Die Musik wirkt stärker, wenn sie im Hintergrund bleibt.

Vor vier Jahren haben Sie «Oremus» komponiert, eine Messe für Popband, Streichorchester, Solostimme und Chor. Der traditionelle lateinische Text wird mit Pop-, Rock-, Funk- und Soulmusik vermittelt. Finden solche Projekte Anklang?
Es gab fünf Aufführungen und eine Live-CD-Aufnahme. Leider haben wir die Konzerte schlecht gemanagt, es resultierte trotz beachtlichem Publikumszuspruch ein Defizit, das ich selber decken musste. Jetzt vertreibt ein Verlag die Noten, es ist zu ersten Aufführungen in Deutschland gekommen. Ich glaube, es gibt durchaus Bedarf nach guter Gebrauchsmusik. Was macht heute ein Kirchenchor, der nicht bloss das klassische Repertoire darbieten will? Er singt Gospels! Ich finde das schrecklich, wenn jeder zweite ländliche Männerchor in der Schweiz Gospels singt. Durch ein Projekt wie die Popmesse entdecken Schüler plötzlich, dass es Parallelen gibt zwischen geistlicher Musik des 17. Jahrhunderts und den Hits der Popgruppe Pet Shop Boys. Es sind die gleichen Harmonien.

Komponieren Sie noch oft?
Ja, aber meistens nur kleine Sachen, vorwiegend im Unterricht. Wenn Kinder technische Schwierigkeiten haben, schreibe ich ein kleines Stück, das ihnen weiterhelfen kann. Durch diese Verpackung kann ich meine Schüler oft überlisten. Lernen muss ja nicht eine Qual sein. Dazu kommen einige Auftragsarbeiten. Für die Sportschule Magglingen habe ich CDs zum Thema Musik und Bewegung als Lehrhilfe für die Sportausbildung sowie Bewegungsspiele für Kinder und Erwachsene komponiert und aufgenommen, für den Verkehrsverein Biel zum Film «Rund um den Bielersee» aus den Dreissigerjahren die Musik mitkomponiert und aufgenommen.

Von welchen Projekten träumen Sie?
Ein Traum wäre eine Ballettaufführung in der Kirche, ein musikalisches Welttheater nach dem Vorbild von Hugo von Hofmannsthal.

Unterscheiden Sie zwischen Kunst und Unterhaltung? Sie treten nicht nur in Konzertsälen und Kirchen auf, sondern auch an Hochzeits- und Geburtstagsfesten.
Ich mache heute weniger reine Unterhaltungsmusik, früher nahm ich praktisch alles an, schon nur, weil ich auf das Geld angewiesen war. Heute wehre ich mich

dagegen, klassische Background-Musik zu machen. Ich spiele gerne an festlichen Anlässen, aber nur noch konzertant. Wenn mir die Organisatoren eines Ärztekongresses spontan vorschlagen, wir könnten doch ein bisschen Musik machen, während die Besucher in den Raum strömen, ist das eher verletzend. Ich finde, Musik verdient Wertschätzung. Ich habe an Apéros gespielt, wo kein Mensch gemerkt hat, dass da jemand die Ungarischen Tänze von Brahms spielt.
Gibt es Tage ohne Musik?
Ja, das gab es letzten Sommer. Da musste ich wegen eines akuten Bandscheibenvorfalls pausieren. Sonst gibt es keine Tage ohne Musik. Und auch keine Hintergrundmusik. Ich kann nicht Radio hören, während ich etwas anderes tue. Oder anders: Wenn Musik gespielt wird, kann ich mich auf nichts anderes konzentrieren. Ich tauche ein, bleibe hängen. Und mit dem absoluten Musikgehör leidet man oft genug mit, wenn die Töne schief in der Landschaft stehen.
Beim Musizieren mit dem Theremin ist das absolute Gehör unerlässlich. Spielen Sie dieses Instrument oft?
Ja, ich mag das sehr, speziell bei der Begleitung von Filmen. Das Theremin ist das erste elektronische Instrument überhaupt, es wurde 1919 in Russland vom Physikprofessor Leon Termen erfunden, der später für Lenin die ersten Abhörwanzen entwickelte. Tonhöhe und Lautstärke werden durch den Abstand der beiden Hände zu den zwei Antennen verändert. So kann man – regelmässiges Üben vorausgesetzt – bis zu neun Oktaven bespielen. Weltweit gibt es aber nur noch wenige Menschen, die das Instrument spielen. Eine der besten Spielerinnen ist Termens Nichte. Auch ich habe bei ihr Unterricht genommen.
Sie spielen in mehreren kammermusikalischen Formationen mit. Wie wichtig ist dieser musikalische Austausch?
Musik ist eine besonders intime Form der Kommunikation. Ich finde es schrecklich, Konzerten beizuwohnen, wo keine Kommunikation zwischen den Musikern spürbar wird. Kein Solist ist so gut, dass er auf die Kommunikation mit den anderen Musikern verzichten könnte. Die spontane Reaktion auf Mitspieler ist etwas vom Schönsten im Musikerberuf. Je besser man sich kennt, desto grösser werden die Möglichkeiten bei der Improvisation. Musik ist eine riesige Schatztruhe für jeden Gemütszustand. Sie war jahrelang meine einzige Heimat. Es gibt natürlich auch musikalische Schriftsteller, bei denen sich gut verweilen lässt, Karl Kraus und Ludwig Hohl zum Beispiel oder Michel de Montaigne. Er hat klare Worte gefunden für künstlerisches Schaffen: «Jeden Tag neue Einfälle, und unsere Launen bewegen sich an den Flügeln der Zeit.» ∎

PIRCHER-FRIEDRICH
ANNA MARIA
PROFESSORIN

«Ohne glückliche Menschen kommen keine guten Bilanzen zustande»

«Der Zahlenfetischismus ist die grösste Management-Irrlehre der letzten Jahrzehnte», sagt Anna Maria Pircher-Friedrich, Professorin für HR-Management und Referentin am Zentrum für Unternehmungsführung ZfU. Sie erläutert, wie Führungskräfte dazu beitragen können, dass Mitarbeiter mehr als nur Dienst nach Vorschrift leisten.

21.1.2009

Frau Pircher-Friedrich, Sie sind eine dezidierte Verfechterin der sinnorientierten Führung. Derzeit stehen Führungskräfte unter hohem Druck, viele schaffen es kaum, die geforderten Resultate zu bringen – ist es da nicht etwas viel verlangt, dass sie auch noch als Sinnstifter auftreten müssten?

ANNA MARIA PIRCHER-FRIEDRICH: Ich halte es da mit Werner Götz, dem Gründer der dm-Drogeriemarkt-Kette. Er sagte einmal, Führen heisse, das eigene Menschsein zu begreifen. Wer Ingenieur werden will, studiert Ingenieurswissenschaften, das ist ganz sinnvoll. Wer führen will, studiert Betriebswirtschaftslehre – das freilich macht überhaupt keinen Sinn. Der Zahlenfetischismus ist die grösste Management-Irrlehre der letzten Jahrzehnte. Wir fragen längst nicht mehr, welche Faktoren unser Leben, Leisten und Wirken zum Gelingen bringen, sondern wir hetzen den nächsten Quartalszahlen hinterher. Das zeugt von einem einseitig mechanistischen Denken. Zahlen sind nur das Ergebnis von menschlichen Haltungen und Handlungen; ohne glückliche Menschen kommen keine Bilanzen zustande, die glücklich machen.

Erwarten Sie von der Arbeit, dass sie den Menschen glücklich macht?

Wenn wir wirtschaftliches und menschliches Wachstum erreichen wollen, müssen wir unser unternehmerisches Denken einer kopernikanischen Wende unterziehen. Wir erhalten immer, was wir messen. Wenn wir Quartalszahlen messen, werden wir kurzfristig schöne Zahlen erhalten, die Leute sind ja nicht dumm; mittelfristig kann das ein Unternehmen in den Ruin treiben. Unsere Untersuchungen zeigen, dass nachhaltiger wirtschaftlicher Erfolg auf vier weichen Faktoren beruht: Kundenloyalität, Unternehmenskultur, Reputation und Lern-/Entwicklungsbereitschaft. Auch diese Faktoren kann man mit Kennzahlen messen. Wer daran gemessen wird, erlebt die Arbeit als wesentlich sinnvoller als jemand, der nur Zahlen abliefern muss, koste es, was es wolle.

Für viele ist Arbeit doch so etwas wie ein notwendiges Übel. Es finanziert Lebensunterhalt und Freizeit und dient der Profilierung.
Bekanntlich kann die Einstellung zur Arbeit Volkswirtschaften prosperieren oder schrumpfen lassen. Ich teile Ihre Ansicht, dass Arbeit vielerorts zur reinen Bedürfnisbefriedigung und Selbstverwirklichung verkommen ist. Vergessen wird oft, dass die Arbeit eine unvergleichliche Möglichkeit sein kann, Potenziale zur Entfaltung zu bringen und der Gemeinschaft etwas zu geben. Wenn Menschsein heisst, verantwortlich zu sein und sich selber zu erkennen, dann bietet einem die tägliche Arbeit dazu ein ausgezeichnetes Übungsfeld.

Das klingt sehr schön, aber speziell in grossen Unternehmen ist der Handlungsspielraum des Einzelnen doch sehr klein, entsprechend werden anhand detaillierter Anforderungsprofile fleissige Fachkräfte gesucht, die keine unbequemen Fragen stellen.
Auch in Grossunternehmen ist es die Aufgabe jeder Führungskraft, die unerkannten Potenziale ihrer Mitarbeiter zu fördern. Das ist nur möglich, wenn beide Seiten im Dialog sind. Die Direktorin eines sehr erfolgreichen Fünf-Sterne-Hotels fragt regelmässig ihre Angestellten: «Was würde dein Herz höher schlagen lassen?» So kam es, dass eine Mitarbeiterin vom Servicepersonal die Dekoration übernahm, was ihr einen grossen Motivationsschub und dem Hotel viele positive Rückmeldungen von den Gästen brachte. Ähnliches ist auch in Grossbetrieben möglich, wenn Vorgesetzte im Feedbackgespräch nach Herzensangelegenheiten fragen.

Der Alltag in den meisten Unternehmen sieht anders aus. Vorgesetzte stehen selber unter Druck und geben diesen Druck an ihr Team weiter. Das führt dazu, dass laut jüngster Gallup-Umfrage bloss 13 Prozent der Angestellten motiviert sind und sich dem Unternehmen verbunden fühlen.

In der Schweiz sind es 22 Prozent, aber auch das ist kein toller Wert. Es ist paradox: Noch nie haben die Unternehmen mehr Geld für Motivationstechniken und -seminare ausgegeben und noch nie waren die Motivationswerte so tief im Keller. Ein Grund ist sicher schlechtes Management: Viele Chefs leiden an sich und machen daher ihre Mitarbeiter leiden. Wenn Sinn- und Wertelosigkeit um sich greifen, wird das Betriebsklima vergiftet. Erfahrungsgemäss kann man Mitarbeiter leicht demotivieren, motivieren hingegen müssen sie sich selber – dazu kann der Vorgesetzte nur inspirieren durch sein eigenes Verhalten und durch Gespräche. Jeder Mensch will zu etwas Wertvollem beitragen, der Wille zum Sinn ist die Primärmotivation von uns allen. Die Sinnfindung in der Arbeit geschieht aber nicht von selber. Sinn entsteht, indem wir Werte verwirklichen und uns für Wertvolles engagieren können.

Was läuft denn schief, dass wir so viel über Zahlen und so wenig über Werte reden?

Wir sind viel zu kompliziert geworden. Wenn ich in meinen Seminaren Managern fünf Minuten Zeit gebe, um eine perfekte Anleitung zur Demotivation zu schreiben, dann wissen alle sofort, was sie nicht möchten. Anstatt das Gegenteil umzusetzen, wenden sie Verführungstechniken an, ködern Angestellte mit Boni, Incentives, teuren Geschenken oder Nachtessen. Die meisten Angestellten wollen nicht mehr Geld, sie wollen bei etwas Sinnvollem mitwirken, Wertschätzung spüren, gelingende Beziehungen erleben und in ihrem Selbstwertgefühl wachsen. Damit ist allerdings auch eine Bringschuld verbunden.

Was meinen Sie damit?

Es ist ein Trugschluss zu glauben, motiviert könnten wir nur dann sein, wenn wir bekommen, was wir wollen, und wenn die Verhältnisse exakt so sind, wie wir sie uns vorstellen. Die Verhältnisse sind selten perfekt, entscheidend ist nicht, wie wir die Welt vorfinden, sondern mit welcher Einstellung wir ihr begegnen. Das Leben besteht zu 10 Prozent aus Sachzwängen und es hängt zu 90 Prozent davon ab, wie wir darauf reagieren. Wichtig ist, dass wir uns mit diesem Unvollkommenen abfinden und es zur Gewohnheit machen, zuerst zu geben, bevor wir nehmen wollen. Es ist bequem, sich als ohnmächtiges Opfer der Umstände zu sehen, aber diese Sicht macht auf Dauer krank. Wer agiert und sich als Architekt seines Lebens fühlt, findet viele Gründe, dankbar zu sein. ∎

A. Pircher-Friedrich/R. Friedrich: Gesundheit, Erfolg und Erfüllung – eine Anleitung auch für Manager. Erich Schmidt Verlag, Berlin, 2006.

POPPELREUTER
STEFAN
PSYCHOLOGE

Wenn die Arbeit zur Sucht und die Freizeit zur Qual wird

Nicht nur Substanzen wie Alkohol oder Nikotin können süchtig machen, sondern auch Verhaltensweisen wie exzessives Arbeiten. Der Psychologe und Managementberater Stefan Poppelreuter erläutert, warum sich Menschen in der Arbeit verlieren, unter welchen Entzugserscheinungen sie leiden und wie manche Arbeitgeber die Erkrankung begünstigen.

29.11.2006

Herr Poppelreuter, kann man süchtig nach Arbeit sein wie nach Alkohol oder nach Heroin?

STEFAN POPPELREUTER: Ja, das kann man in der Tat. Arbeitssucht gehört wie die Kaufsucht, die Spielsucht oder die Sexsucht in die Gruppe der nicht stoffgebundenen Süchte. Sie ist eine Verhaltenssucht, oftmals mit deutlichen Merkmalen einer zwanghaften Persönlichkeitsstörung. Bei genauer Betrachtung zeigen sich zahlreiche Parallelen zu substanzgebundenen Abhängigkeiten: Die Betroffenen erleiden einen Kontrollverlust, sie sind unfähig zur Abstinenz, leiden bei aufgezwungener Abstinenz unter Entzugserscheinungen, müssen die Dosis laufend steigern und kämpfen schliesslich mit psychosomatischen und psychosozialen Problemen.

Ist es nicht übertrieben, wenn heute von einem Massenphänomen gesprochen wird? Viel zu arbeiten, ist ja nicht partout krankhaft.

Aus psychologischer Sicht gilt: Jedes Verhalten kann zur Sucht werden, aber man sollte sich hüten, jedes hingebungsvolle Verhalten sofort zu pathologisieren. Manche Wissenschaftler tun gerne so, als wäre Arbeitssucht in unserer Gesellschaft die Norm. Das trifft sicher nicht zu.

Wie viele Menschen sind denn betroffen?
Das ist schwer zu sagen, weil es keine einheitliche Definition und Diagnostik gibt. Aus Japan liegen Studien vor, die besagen, mehr als jeder fünfte Manager sei arbeitssüchtig. Eine amerikanische Studie will uns gar weismachen, 49 Prozent der US-amerikanischen Bevölkerung litten an Arbeitssucht. Das ist sicher deutlich überzogen. Unsere Studie in Deutschland kam zum Ergebnis, dass rund 13 Prozent der untersuchten Mitarbeiterinnen und Mitarbeiter zweier grosser Industrieunternehmen als zumindest arbeitssuchtgefährdet gelten müssen. Das Vollbild der Erkrankung erreichen vielleicht ein bis zwei Prozent der berufstätigen Bevölkerung.

Ist Arbeitssucht ein neues Phänomen?
Die Frage, welchen Stellenwert die Arbeit im Leben haben soll, wird gestellt, seit Menschen produktiv tätig sind. Allerdings hat die Arbeit in den letzten Jahrzehnten einen immer höheren Stellenwert im Leben vieler Individuen eingenommen, weil andere Sinngebungseinrichtungen wie die Religion an Bedeutung verloren haben – und mit der Religion die institutionalisierten Ruhetage. Auch die Familie ist kein sicherer Anker mehr, wir leben im Zeitalter der «Versingelung». Arbeit ist ein gutes Füllmaterial, um die dadurch entstandenen Lücken zu füllen.

Manche Vielarbeiter bezeichnen sich selber mit Stolz als «Workaholic». Wann gilt jemand in Ihren Augen als arbeitssüchtig?
Man sollte sich nicht auf quantitative Kriterien wie die Wochenarbeitsstunden stützen. Wenn jemand der Arbeit verfallen ist, wenn er die Arbeitsdauer nicht mehr kontrollieren kann und selbst im Urlaub oder im Spital weiterarbeitet, wenn er mit Schweissausbrüchen, Herzrasen, Niedergeschlagenheit oder Gereiztheit auf arbeitsfreie Phasen reagiert und die Arbeitsdauer ständig steigert, dann deutet das auf eine Arbeitssucht hin. Begleitend treten in der Regel psychosomatische Störungen wie Kopfschmerzen, Herzbeschwerden und Schlafstörungen sowie psychosoziale Probleme wie Konflikte in der Familie oder Verlust von Freundschaften auf. Am Arbeitsplatz fallen Arbeitssüchtige oft dadurch auf, dass sie auch in nebensächlichen Dingen perfektionistisch sind, dass sie kaum delegieren können und Mühe haben, Prioritäten zu setzen. Das heisst auch, dass Arbeitssüchtige in der Regel nicht teamfähig sind.

Sind bestimmte Berufsgruppen besonders betroffen?
Es kann jeden treffen, vom einfachen Arbeiter bis zum Topmanager. Berufsleute, die intensiv mit anderen Menschen arbeiten, etwa Ärzte, Seelsorger, Sozialarbeiterinnen, Psychologen, Krankenschwestern und Lehrkräfte, tragen ein höheres

Risiko; das Gleiche gilt für die Bereiche Forschung, Medien, Werbung sowie selbständige Kleinunternehmer.

Wichtiger als das Berufsfeld scheint die Disposition zu sein. Wie beeinflusst die Sozialisierung in der Familie die spätere Arbeitsweise?
Arbeitssüchtige stammen oft aus Familien mit bestimmten Wert- und Kommunikationsstrukturen. Wenn der Weg zur Anerkennung, zum Geliebt-Sein von Anfang an nur über die Leistung führt, besteht die Gefahr, dass jemand später seinen Wert ausschliesslich über seine Arbeit definiert. «Ich bin nur das, was ich leiste», lautet die Maxime, der Lohn dient dann oft als zentraler Gradmesser für das Selbstwertgefühl. Oft ist Arbeitssucht ausserdem die verzweifelte Reaktion auf unbewältigte Ängste oder Konflikte.

Die Arbeit wird missbraucht, um Emotionen und Konfliktsituationen auszuweichen?
Es gibt verschiedene Motive. Manche werden arbeitssüchtig aus einer Existenzangst oder aus Angst um die Stelle. Sie arbeiten ohne Ende im Bestreben, sich unersetzbar zu machen und so Sicherheit zu erlangen. Andere benutzen die Arbeit, um vor Emotionen zu fliehen. Sie gehen auf in der Arbeit und in klaren hierarchischen Strukturen, weil ihnen diese Welt die Illusion vermittelt, sie hätten alles unter Kontrolle. In der Partnerschaft oder im Umgang mit Kindern müssten sie Kontrolle abgeben, Vertrauen schenken. Absurderweise verteidigen sich jene, die sich aus solchen Motiven rund um die Uhr hinter der Arbeit verschanzen, gegenüber der Familie oft mit dem Argument «Ich mache das alles doch nur für euch».

Wie gehen Arbeitgeber mit Arbeitssucht um?
Ich war erstaunt, als mich ein Unternehmen anfragte, ob ich ihm helfen könne, Arbeitssüchtige zu erkennen. Beim Gespräch stellte sich dann heraus, dass es dem Unternehmen nicht darum ging, etwas gegen die Sucht der Betroffenen zu unternehmen, sondern dass es Arbeitssüchtige identifizieren wollte, um sie einzustellen. Solche Arbeitgeber verstossen gegen ihre Fürsorgepflicht – und sie erweisen auch dem Unternehmen keinen guten Dienst. Höchstleistungen sind auf Dauer nur möglich, wenn sich die Leistungserbringer regelmässig erholen können. Es ist also sicher besser, Pausen- und Ruheräume einzurichten oder den Angestellten Nackenmassagen anzubieten, als Workaholics einzustellen. ∎

poppelreuter@impuls-gmhh.com

**PROST
WINFRIED**
BERATER

«Die meisten Konflikte beruhen auf einem Missverständnis»

Er ist Vater von sechs Kindern, Autor von 22 Büchern und er hat als Berater und Coach rund 15 000 Führungskräfte geschult. In seinem neuen Buch «Vom Umgang mit schwierigen Menschen» zeigt Winfried Prost, Leiter der Akademie für ganzheitliche Führung, wie man in heiklen Führungssituationen die richtigen Entscheide fällt.

12.8.2009

Herr Prost, sind Sie ein schwieriger Mensch?
WINFRIED PROST: (Überlegt lange.) Nein, ich glaube nicht. Ich kann mich gut in andere einfühlen und – wenn es zu Spannungen kommt – konstruktive Lösungen suchen. Mein Problem ist eher, dass ich mich manchmal so gut in andere versetze, dass ich verschiedentlich Leuten, die unverschämte Forderungen gestellt haben, zu weit entgegengekommen bin.

Gibt es – wie Ihr Buchtitel angibt – schwierige Menschen, oder müsste man eher von heiklen Konstellationen reden?
In 95 Prozent der Konfliktfälle lassen sich gute Lösungen finden. Meistens beruhen die Konflikte nicht auf unvereinbaren Positionen, sondern auf Missverständnissen. Ich unterscheide zwischen sieben Kommunikationsebenen. Im Geschäftsumfeld kommt es oft zu Disputen auf der Sachebene, auch wenn die wirklichen Konfliktursachen auf der Beziehungsebene oder bei unterschiedlichen Motiven respektive Einstellungen angesiedelt sind.

Über Gefühle zu reden am Arbeitsplatz, kommt in den meisten Betrieben nicht gut an. Deshalb streitet man lieber über Fakten.

Als der Physiker und Philosoph Rupert Lay die Dialektik ins Management einführte, legte er den Schwerpunkt auf die Kunst der argumentativen Logik. Deutet man den Begriff Dialektik aber streng etymologisch, so bedeutet er nichts weniger als «Durchschauen». In der Führung geht es darum, sich selber und andere zu durchschauen. Wenn einem die eigenen Motive nicht klar sind, täuscht man sich leicht in den anderen. Auf der Basis einer regelmässgen Selbstreflexion wird man auch die Absichten und Motive anderer Menschen besser erkennen und verstehen.

Was bringt es denn, wenn ich erkenne, dass mein Chef übertrieben ängstlich ist und von Anerkennungssucht angetrieben wird? Ich kann ihn ja nicht therapieren.

Nein, aber Sie können diese Bedürfnisse in der Kommunikation bedienen. Viele Angestellte leiden darunter, dass ihr Chef ihnen nichts zutraut, dass er alles kontrollieren will, ihnen keinen Freiraum gewährt. Man kann seinen Chef nicht ändern, aber man kann lernen, mit dessen Besonderheiten umzugehen. Einer meiner Klienten hat nach einem Coaching seinem Chef signalisiert, dass er seine Besorgtheit wahrnimmt und dass er ihn sofort informiert, wenn er eingreifen müsste. Fortan schrieb er dem Chef wöchentlich eine kurze Mail, die seine Aktivitäten zusammenfasste und ansonsten besagte, es gebe keine besonderen Vorkommnisse. Diese kleine Konzession führte dazu, dass der Chef den betreffenden Mitarbeiter ein paar Monate später in aller Öffentlichkeit überschwänglich lobte.

Sie beschreiben in Ihrem Buch, wie kleine Interventionen erstaunliche Veränderungen hervorrufen. Ein introvertierter IT-Mitarbeiter, der vor Publikum keinen Satz formulieren kann, wird augenblicklich zum guten Redner, bloss weil Sie ihn daran erinnern, dass er vor langer Zeit ein sehr guter Karatekämpfer war. Gehen Veränderungen wirklich so leicht vor sich?

Wenn Sie den richtigen Schlüssel finden, ist es leicht, eine Tür zu einem neuen Raum aufzustossen. Der Klient, den Sie ansprechen, besuchte bei mir ein Rhetorik-Seminar. Er blickte immer zu Boden, redete leise, brachte keinen Satz zu Ende. Nachdem ich herausgefunden hatte, dass er mit 24 Jahren einen wichtigen Karatetitel errungen hatte, sagte ich ihm, er solle die Augen schliessen, die Grundposition einnehmen wie damals und dann aus dieser Position heraus reden. Nach wenigen Sätzen redete er wie ein Meister zu uns. Rhetorik ist nicht primär eine Frage der Technik. Als Berater muss ich erkennen, welche Blockaden und Kräfte durch den Riss in der Fassade durchschimmern.

Und das hilft bei jedem noch so untalentierten Redner?

Wenn ich die Teilnehmer bitte, vom grössten Moment ihres Lebens zu erzählen, dann leuchten bei fast jedem die Augen, und die Menschen zeigen alle erforderlichen Talente. Dann geht es nur noch darum, diese Kraft mit ihrer beruflichen Tätigkeit zu verknüpfen. Wenn jemand durch schwere Erlebnisse beeinträchtigt ist, geht es ein wenig länger. Aber auch dann findet man mit etwas Erfahrung meistens den Schlüssel. Wenn Männer im Rhetorik-Seminar schwach und wacklig dastehen, dann leiden sie meistens entweder selber unter einem abwesenden Vater, oder ihr Vater hat darunter gelitten. Da sieht man geradezu das fehlende Rückgrat. Oder der junge Mann, der vier Mal durch die Aufnahmeprüfung bei der Polizei gefallen war und dann zu mir ins Coaching kam…

Was war mit ihm?
Er biss beim Reden die Zähne zusammen und verschränkte Arme und Beine. Das ist ein ziemlich eindeutiger Hinweis auf sexuelle Übergriffe in der Familie. Im Gespräch stellte sich rasch heraus, dass seine Mutter von ihren Brüdern missbraucht und seine Grossmutter 1945 durch die Russen vergewaltigt worden war. Als er mit mir über das Tabuthema zu sprechen begann, öffneten sich sukzessive sein Mund, seine Arme, seine verschränkten Beine. Und der Klient begriff schlagartig, warum er unbedingt zur Polizei wollte: um sich für Recht und Ordnung einzusetzen und Sicherheit zu gewährleisten. Er ging mit einem Strahlen aus dem Gespräch und ich hoffe, im fünften Anlauf hat er es geschafft.

Bedeutet das, dass Chefs sich mit ihren Mitarbeitern über so persönliche Dinge unterhalten sollten, um sie gut führen zu können?
Oft wissen die Vorgesetzten ja über die wichtigsten Sachen Bescheid. Wenn ein Mitarbeiter beispielsweise ein Kind verloren hat, mag er unter besonders ausgeprägten Verlustängsten leiden. Solch einer Person muss man in unsicheren Zeiten ganz anders den Rücken stärken als einem jungen Eroberer. Als Chef sollte man niemals den Smalltalk verachten; jedes Detail, das man da erfährt, kann wichtig sein. Gute Chefs können aus solchen Details treibende Motive, Ängste, Bedürfnisse herauslesen. Wer sich ehrlich für andere interessiert, kann auch intime Dinge ansprechen. Oft leiden die Leute ja nicht nur unter ihren Blockaden und Ängsten, sondern auch darunter, dass sie niemand auf die für sie so wichtigen Themen anspricht. Wer genau hinschaut und hinhört, kann besser führen. ∎

kontakt@winfried-prost.de

REGARD MARIANNE
NEUROPSYCHOLOGIN

Warum dauerhaftes Glück ein «pathologischer Zustand» ist

«Wir entscheiden immer emotional – und zwar meistens, ohne die Gründe zu kennen», sagt die Zürcher Neuropsychologin Marianne Regard. Nach 40 Jahren Forschung am menschlichen Hirn ist sie zum Schluss gekommen, dass nicht die Sprache oder die Vernunft die höchste Leistung des Menschen ist, sondern das «immense Spektrum an Emotionen».

22.7. und 29.7.2009

Frau Regard, Sie haben unlängst geschrieben, Glück sei aus Sicht der Neuropsychologie ein pathologischer Zustand. Wie erklären Sie das dem Laien?
MARIANNE REGARD: Glück ist die Emotion, die am kürzesten dauert und am seltensten vorkommt in jedem Menschenleben. Deswegen jagen wir dem Glück ja auch so verzweifelt nach. Wenn jemand zu oft oder dauerhaft glücklich ist, dann ist mit grösster Wahrscheinlichkeit etwas nicht in Ordnung.

Was können die Ursachen sein?
Verletzungen im rechten vorderen Stirnhirn können zum Beispiel zu einer Enthemmung führen. Betroffene reden dann sehr viel, sie sind dauerhaft euphorisiert, man könnte sagen: übertrieben glücklich. Nur merken sie selber nichts davon, auch nicht, dass sie ihrem Umfeld auf die Nerven gehen damit. Mit Alkohol oder anderen Drogen kann man vorübergehend ein ähnliches Glücksgefühl erreichen. Auf natürlichen Wegen tritt es nur sehr selten auf. Deshalb sage ich gerne: Glück ist, wenn mans merkt. Ob wir glücklich sind, hängt mehr von unserer Einstellung ab als von dem, was uns widerfährt. Nicht die Ereignisse machen uns glücklich oder unglücklich, sondern die Art und Weise, wie wir sie deuten.

238

Ein Pessimist behält also seine dunkle Brille auf, auch wenn er pausenlos Glück hat, und ein Optimist behält seine Zuversicht, auch wenn das Schicksal ihm bös mitspielt? Können wir unsere Einstellung nicht ändern?

Es ist im Wesentlichen eine Frage der Veranlagung. Durch Training können wir kleine Veränderungen erreichen, so wie wir durch Übung ein wenig schneller laufen lernen können. Gleichwohl gibt es Tausende von Büchern, die uns beibringen wollen, wie wir positiv denken und glücklich werden können. Der Boom dieser Selbsthilfe-Literatur zeigt, wie verbreitet das Streben nach Glück ist. Ohne diesen Antrieb wäre das Leben eine trostlose Sache. Ein Ameisenleben führen und dafür beten, dass man in Frieden sterben kann – das füllt niemanden aus. Also suchen wir Befriedigung, suchen Glück. Der Kapitalismus beruht auf diesem Streben nach Glück. Er verspricht uns, man könne das Glück kaufen. Das geht kurzfristig auf, aber die Befriedigung versandet jeweils rasch.

Warum befassen Sie sich als Neuropsychologin mit dem Glück?

Lange Zeit hiess es in unserer Disziplin, Emotionen seien beim Menschen nicht vordergründig. Im Fokus des Interesses stand der Hirnmantel, der nach damaliger Vorstellung das rationale Denken ermöglicht. Emotionen wurden als Durchbrüche, als Störungen im Hirn betrachtet. Man dachte: Die im limbischen Kern angesiedelten Emotionen bremsen gelegentlich das für rationale Entscheide zuständige Grosshirn. Mit der Zeit fanden wir heraus, dass es keinen einzigen Denkvorgang gibt, der nicht emotional geprägt ist.

Dann ist es naiv anzunehmen, man könne entweder emotional auf eine Situation reagieren oder kühlen Kopf bewahren und ganz rational entscheiden?

Diese Trennung ist falsch. Wenn ich Ihnen hier zwei Kugelschreiber präsentiere und Sie frage, welchen Sie lieber haben, wissen Sie es sofort. Wenn Sie es begründen sollen, saugen Sie sich irgendwelche Argumente aus den Fingern. Wir entscheiden immer emotional – und zwar meist, ohne die Gründe zu kennen.

Kein Manager und kein Politiker würde von sich sagen, er entscheide wichtige Fragen in erster Linie emotional.

Wir sollten nicht Emotionen mit Affekten verwechseln. Emotionen befähigen uns dazu, Situationen zu bewerten. Nicht die Sprache, sondern das riesige Spektrum von Emotionen ist die höchste Leistung des menschlichen Gehirns. Wir werten die Emotionen ab, weil wir abgesehen von ein paar Prototypen wie Angst, Wut etc. keine Worte haben für sie. Spannend beim Menschen ist die komplementäre Arbeitsweise der beiden Hirnhälften. Man weiss, dass die soziale Anpassung, man könnte sagen: die Zensur, von der logisch-rationalen linken Hirnhälfte gesteuert wird. Diese arbeitet langsamer als die rechte Hirnhälfte, die uns bei Gefahr augenblicklich die Faust ballen oder die Flucht ergreifen lässt. Insofern gibt es eine gewisse Trennung von sprachlicher Analyse und Emotionen. Oft wird übersehen, dass die Sprache ein ziemlich schlechtes Instrument für das Erfassen und Beurteilen von Situationen ist.

Dann trifft zu, was der Arzt und Komiker Eckart von Hirschhausen schreibt: «Der Verstand ist nicht die Regierung des Menschen. Mehr so der Regierungssprecher. Wie in der Politik erfährt der Regierungssprecher als Letzter, was beschlossen wurde, muss es aber nach aussen hin rechtfertigen.»
Ja, der Verstand ist viel zu langsam. Er kommt oft erst im Nachhinein zum Zug, als Rechtfertigungs- oder Zensurinstrument. Wenn wir von Vernunft oder Verstand reden, meinen wir meistens die Sprache. Es ist sicher nicht das verbalisierte Denken, das uns steuert, eher so etwas wie das Denkgefühl. Und: Nur der kleinste Teil unserer Handlungen ist uns verbal bewusst – ich schätze diesen Anteil auf maximal drei Prozent. Alles andere läuft jenseits unseres Bewusstseins ab. Das Bewusstsein kommt vor allem dann zum Zug, wenn eine Wahrnehmung im Widerspruch steht zu unserer Erfahrung. Ansonsten ist das Hirn als Lernmaschine angelegt, die möglichst schnell automatisiert.

Sollten sich auch Manager vor wichtigen Entscheiden öfter auf das Denkgefühl verlassen, statt endlos viele Modelle und Marktanalysen zu studieren?
Man hat in der Finanzbranche gesehen, was passiert, wenn sich Manager auf Spezialistenwissen verlassen und dafür den gesunden Menschenverstand opfern. Ähnliches gilt für die Personalentscheide. Es ist in den letzten Jahrzehnten ein ganzer Industriezweig entstanden, der objektive Kriterien bei der Personalauswahl verspricht und damit viel Geld verdient. Letztlich bleibt jeder Personalentscheid ein Sympathie- und Antipathie-Entscheid. Natürlich fliessen da viele Fakten ein, aber den Ausschlag gibt die Emotion, nicht die Aufrechnung von Fakten. Die Industrie hilft dann dabei, die meistens recht zuverlässige emotionale Entscheidung abzustützen und zu begründen.

Haben Sie nach 40 Jahren Neuropsychologie ein düsteres Menschenbild?
Ich kenne einfach die Begrenzung des Zentralnervensystems. Wir wissen heute, dass das Hirn nicht in der Lage ist, nach Fakten vernünftige Entscheidungen zu treffen. Wirtschaftsprognosen zum Beispiel stützen sich nicht auf Fakten, sondern auf notorischen Optimismus. Generell gilt: Wir haben zwar ein riesiges kollektives Gedächtnis und ein beeindruckendes individuelles Gedächtnis, aber wir können sehr schlecht vorausdenken.

Neuropsychologie hat heute Hochkonjunktur. Sind Sie dankbar dafür?
Es ist gut, dass dank den bildgebenden Verfahren vieles entmystifiziert worden ist. Man kann dem Hirn heute bei der Arbeit zuschauen, das macht vieles besser fassbar. Umgekehrt beobachte ich, dass die Fakten, die wir heute haben, teilweise wieder mystifiziert werden – speziell von esoterisch-psychologischen Kreisen. «Pop-Brain-Science» ist heute ein florierendes Geschäft. Neuro-Management, Neuro-Theologie, Neuro-Marketing... – mit dem kleinen Zusatz «Neuro» kann man den Leuten die abenteuerlichsten Sachen verkaufen. Wir erleben hier eine Verkitschung und Verniedlichung gleichzeitig.

Warum haben Sie vor 40 Jahren begonnen, sich für die Neuropsychologie zu interessieren?
Ich hatte zuvor klinische Psychologie studiert. Da hörten wir in verschiedenen Zusammenhängen auch irgendetwas über Wahrnehmungsvorgänge, die sich im Gehirn befänden; das kam mir alles ziemlich unscharf vor, und auf die meisten Fragen erhielt ich keine plausiblen Erklärungen. Dann lernte ich die Tintenkleckse von Hermann Rorschach kennen. Sein «Wahrnehmungsexperiment» faszinierte mich. Als ich dann auch noch mit Grafologie in Kontakt kam, wollte ich unbedingt mehr über Deutungsvorgänge und Motoriksteuerung im Hirn erfahren. Mangels Alternativen ging ich auf eigene Faust in die Neurochirurgie und lernte dort für ein Jahr; daraus wurden dann 40 Jahre.

Was hat Sie so fasziniert an diesem Fach?
Die Psychologie hat sich mit dem menschlichen Verhalten auseinandergesetzt, ohne die zentralnervösen Bedingungen genau zu kennen. Natürlich kann man ein Buch lesen und geniessen, ohne den Autor zu kennen, aber ich wollte immer mehr über den Autor herausfinden. Auf das Verhalten bezogen hiesse das: Ich wollte herausfinden, was im Hirn passiert und wie das mit unserem Verhalten zusammenhängt.

Dabei haben Sie erstaunliche Entdeckungen gemacht. In den Neunzigerjahren zum Beispiel, dass sich Menschen aufgrund einer Hirnschädigung plötzlich in obsessive Feinschmecker verwandeln.
Sie sprechen das Gourmand-Syndrom an. Mir fiel bei der Krankenbeobachtung auf, dass manche Patienten sich extrem über das Spitalessen beklagten. Irgendwann entschied ich mich, dem Beachtung zu schenken. Ich bat die Patienten, in einem Tagebuch ihre Gedanken festzuhalten. Ein Journalist, der sich vor dem Schlaganfall fast ausschliesslich mit politischen Fragen beschäftigt hatte, notierte im Spitalbett: «Es ist Zeit für ein gutes Essen, zum Beispiel eine gute Wurst mit

Bratkartoffeln oder Spaghetti bolognese oder Risotto und ein paniertes Kotelett oder ein Schnitzel in Sahnesauce mit Spätzle.» Ich fand heraus, dass Patienten, deren Gedanken nach einer Hirnkrankheit plötzlich so extrem ums Essen kreisten, eine Verletzung im rechten vorderen Stirnhirn aufwiesen. Vorher wusste man nur, dass nach einer Hirnverletzung unsere Affekte und Triebe weniger gut gesteuert sein können, aber man kannte den örtlichen Zusammenhang nicht.

War Ihre Entdeckung des Gourmand-Syndroms eher eine Randnotiz oder hatte sie Auswirkungen auf die Forschung?

Meine Entdeckung beschleunigte die Erforschung der Impulskontrollsteuerung im gesunden Hirn. Hirnverletzungen führen ja oft zu einer leichten Enthemmung. Für sehr schüchterne oder zaudernde Menschen kann eine solche Verletzung ein Gewinn sein. Ich habe diese Impulskontrollforschung dann im Bereich der nicht substanzgebundenen Sucht weitergeführt. Rund 80 Prozent der pathologischen Glücksspieler weisen zum Beispiel eine Funktionsstörung im Vorderhirn auf, meist infolge einer Geburtskomplikation oder eines Unfalls. Dass Sucht eine Hirnkrankheit ist, hat die WHO vor gut zehn Jahren erstmals festgehalten. 2001 wurde das auf nicht substanzgebundene Abhängigkeiten ausgeweitet. Das Suchtverhalten führt im Gehirn zu irreversiblen örtlichen Veränderungen. Im Umkehrschluss bedeutet das: Wenn jemand in dieser Hirnregion eine Verletzung hat, wird dadurch das Suchtrisiko erhöht. Er hat dann weniger Bremspedale und mehr Bedarf nach Belohnung.

Was bedeutet das für die Therapiechancen?

Die Sucht als Verhaltensdisposition ist im Prinzip nicht zu behandeln, man kann höchstens versuchen, die Versagensgefühle aufzufangen und andere Ventile zu finden. Man kennt das unter dem Stichwort «Suchtverlagerung». Schwere Alkoholiker leben nach dem Entzug abstinent, legen aber zum Beispiel eine suchthafte Religiosität an den Tag. Relativierend muss man vielleicht sagen, dass es kein suchtfreies Hirn gibt. Das Hirn kann in kurzer Zeit Neues lernen und will rasch automatisieren, das allein bringt uns die Nähe des Suchtverhaltens. Wenn Herr Müller jeden Morgen als Erstes den «Bund» lesen muss, kann man das als «Mödeli», als Ritual oder auch als Sucht bezeichnen. Aber eine Therapie ist in diesem Fall sicher nicht nötig.

Wie hat der technologische Fortschritt Ihre Disziplin verändert?

Seit der Einführung der Computer-Tomografie in der medizinischen Diagnostik 1973 kann man das Hirn sehen, das gab einen grossen Forschungs- und Popularitätsschub. Vorher haben wir allein anhand des Verhaltens auf Beeinträchtigungen in gewissen Hirnregionen geschlossen, ohne das lebende Hirn je gesehen zu haben. Wir erstellten sozusagen anhand der Funktionen ein Röntgenbild. Durch die umwerfenden farbigen Magnetresonanzbilder gab es Anfang der Neunzigerjahre einen zweiten grossen Schub. Und dann kamen noch die funktionellen Bilder dazu, wo man dem Hirn praktisch beim Arbeiten zuschauen kann. Seither glaubt jeder, der irgendwo Pralinen verkaufen will, er müsse ein Magnetresonanzbild machen lassen vorher. Was die Wissenschaft betrifft, so haben sich in den allermeisten Fällen die früheren Beobachtungen aus der Krankenforschung bestätigt.

Kennt man heute 10 oder 90 Prozent der Funktionsweise des Gehirns?
Ich antworte gerne mit der Klavier-Analogie. Ein Hirn hat Zigmillionen Synapsen. Ein Klavier bloss 88 Tasten. Schon da kann ich nicht mehr mathematisch hochrechnen, was es alles für Ton-Kombinationen gibt. Wir haben durch all die Synapsen im Hirn einen unendlichen Freiheitsgrad. Deshalb werden wir nie alles erklären können. Aber die wichtigsten Gesetzmässigkeiten unseres Nervensystems sind ziemlich gut erforscht. ■

**RIBAUX
CLAUDE
COACH**

Wenn Nichtstun zur grössten Herausforderung wird

Überstunden machen und hartnäckig auf Erfolge hinarbeiten können viele – aber entspannen? «Allzu viele Berufstätige laufen immer auf Hochtouren», sagt der Coach und Trainer Claude Ribaux. Die Folgen sind schmerzhaft: Wutausbrüche, Augeninfarkte und Hörstürze. Ribaux zeigt auf, wie sich Leistungsorientierte vor Überhitzung schützen können.

18.5.2005

Herr Ribaux, macht Erfolg unglücklich?

CLAUDE RIBAUX: Nicht direkt unglücklich, aber wenn man ein Ziel erreicht hat, können Reaktionen eintreten, mit denen niemand rechnet. Wir sprechen im Zusammenhang mit dieser schwierigen Zeit nach einem Höhenflug vom «Post Achievement Stress», vom Stress nach dem Erfolg. Es ist, als würde der Tumbler noch auf Hochtouren drehen, obwohl keine Wäsche mehr drin ist, oder denken Sie an den Backofen, der ja noch eine Weile heiss bleibt, nachdem man die Speise herausgenommen hat, weil er Zeit zum Abkühlen braucht. Viele Menschen nehmen sich im Berufsalltag die Zeit zum Abkühlen nicht, sie sind permanent am Leisten, bis der Körper sich dagegen auflehnt.

Wie reagiert der Körper darauf?

Weit verbreitet sind Kopfschmerzen und Erkrankungen zu Beginn der Ferien. Andere deutliche Anzeichen einer Überanspannung sind Schlaflosigkeit, Gereiztheit sowie der sogenannte Tinnitus, ein ständiges Surren im Ohr, für das Ärzte selten äussere Ursachen finden.

Und solche Beschwerden treffen speziell nach Erfolgen ein?

Es ist meist eine schleichende Entwicklung. Man hat heute ja nur noch in Ausnahmefällen einen grossen Erfolg und dann Ruhe, mehr oder weniger jagt man pausenlos neuen Etappenzielen hinterher. Solange man mit Euphorie an etwas arbeitet, erträgt man die Belastung gut; die Illusion, es gehe immer weiter aufwärts, gibt einem Energie. Dabei häuft sich aber emotional nicht verarbeitete Lebenserfahrung an, die irgendwann mit aller Wucht ausbricht; es gibt Menschen, die nach Jahren der Hochleistung scheinbar grundlos extreme Wutausbrüche haben; andere reagieren mit körperlichen Beschwerden auf ungerechte Behandlung oder Desillusionierungen wie ausbleibende Beförderungen.

Warum stellen sich die Probleme erst bei einem Misserfolg ein?

Situationen wie die oben beschriebenen zeigen uns, was wir eigentlich alle wissen, aber doch oft verdrängen: dass Erfolg und Misserfolg, Anspannung und Entspannung untrennbar verknüpft sind. Solange man im Euphoriezustand ist, erträgt man scheinbar alles, man empfindet sogar den Stress als positiv und kann während längerer Zeit wie in Trance arbeiten. Kürzlich war jemand bei mir, der zwischen Oktober und März täglich 16 Stunden voller Energie an einem wichtigen Marketingprojekt gearbeitet hatte. Er verdiente in dieser Zeit jeden Tag so viel wie andere in einem Monat und brachte das Projekt zu einem guten Abschluss. Dann, nach dem Erfolg, folgte der Absturz. Der Erfolgreiche erlitt einen Augeninfarkt und beinahe einen Hörsturz. Aber statt abzuschalten und sich zu erholen, stürzte er sich nach 10 Tagen in ein nächstes Projekt; die Zwischenzeit hatte er mit lebensgefährlichem Sport überbrückt. Er hat sich ganz der Maxime verschrieben: «Es muss immer weitergehen, man muss weiterkämpfen, nichts kann mich bremsen.»

Sie sprechen in diesem Zusammenhang von «beliefs», von fixen Glaubenssätzen, an denen sich gestresste Menschen orientieren...

Wir alle brauchen solche «beliefs», denn ohne Überzeugungen oder Gewissheiten können wir nichts erreichen. Bei Menschen, die überhitzt durchs Leben gehen, werden diese Glaubenssätze irrational. Sie werden zur Sucht und führen dazu, dass die Wirklichkeit ausgeblendet wird. Mir ist ein Unternehmer bekannt, dessen Geschäftsmodell vor zwölf Jahren so gut funktionierte, dass er sich ein 100 000-fränkiges Auto und eine Wohnung für mehr als eine Million leistete. Als dann das Geschäft nicht mehr so gut funktionierte, stellte er nicht dieses in Frage, sondern sagte sich immerfort: «Es ist alles eine Sache der Motivation, ich muss einfach mehr leisten, ich muss mich bloss reinhängen.» Der Mann brach schliesslich zusammen und wurde in die psychiatrische Klinik eingewiesen.

Sie sprachen vorhin von einer Anhäufung emotional nicht verarbeiteter Lebenserfahrung, die zur Erkrankung führen kann. Können Sie das genauer erläutern?
In entspanntem Zustand findet zwischen dem limbischen System und dem Grosshirn ein Informationsfluss statt. In Phasen der Euphorie, der Anspannung, ist diese Kommunikation unterbrochen, die Informationen bleiben im limbischen System hängen, ein wichtiger Teil der Verarbeitung ist blockiert, und man befindet sich in teilweiser Amnesie. Normalerweise findet im Schlaf eine Regulierung dieses Ungleichgewichts statt, das heisst, wir verarbeiten die vielen Eindrücke des Tages und regenerieren uns. Wenn nun die Anspannung auch in der Nacht anhält, braucht man Hilfe von Dritten, die den wichtigen Austausch wiederherstellen, beispielsweise indem ein Coach mit der EMDR-Technik («Eye Movement Desensitization and Reprocessing», Red.) die REM-Schlafphase im Wachzustand simuliert. Solche Techniken setzen die Verarbeitungen in Gang, innert weniger Minuten tauchen wichtige Emotionen wie Wut oder Trauer auf, deren Ursachen mitunter Jahre zurückliegen. Wenn die Betroffenen diesen Tunnel durchschritten haben, fühlen sie sich, als hätten sie endlich einen schweren Rucksack ablegen können. Ich arbeite wöchentlich mit 10 bis 15 Klienten auf diese Art und Weise.

Geben Sie den Klienten auch Werkzeuge an die Hand, die vermeiden, dass sie ein Jahr später mit einem noch schwereren Rucksack am Rücken wieder bei Ihnen klingeln müssen?
Natürlich. Es ist wichtig, dass Menschen bereits in der Erfolgsphase ein Frühwarnsystem aufbauen. Sie müssen lernen, emotionale und körperliche Signale zu erkennen und ernst zu nehmen. Entscheidend ist, dass sie sich regelmässig Entspannung gönnen. Der amerikanische Hirnforscher Ernest Rossi hat herausgefunden, dass der menschliche Körper etwa alle 90 Minuten in eine natürliche Entspannungsphase verfällt – oder verfallen möchte. Alle 90 Minuten möchte das Gehirn bestimmte Informationen verarbeiten. Wer also die Möglichkeit hat, sich nach 90 Minuten intensiver Arbeit auf einen Ruhestuhl zu setzen, ein Glas Wasser zu trinken und die Gedanken für eine Viertelstunde abschweifen zu lassen, der legt damit die Basis für spätere Höhenflüge. ∎

www.clauderibaux.ch

**RIKLIN
MARK
GLÜCKSFORSCHER**

«Glück haben allein reicht nicht, man muss es auch noch merken»

«Langsamkeit ist der Königsweg zum Glück», sagt Mark Riklin, Schweizer Landesvertreter des Vereins zur Verzögerung der Zeit. Als Flaneur, Hofnarr, Depeschenkurier und Leiter der Meldestelle für Glücksmomente versucht Riklin, dem Glück auf die Sprünge zu helfen und ein Gegengewicht zu schaffen zur alltäglichen glücksfernen Hast.

21.10.2009

Herr Riklin, Sie sind Schweizer Landesvertreter des Vereins zur Verzögerung der Zeit. Worin besteht das Vereinsleben genau?
MARK RIKLIN: Wir sind kein klassischer Verein, viel eher ein internationales Netzwerk – deshalb gibt es kein eigentliches Vereinsleben, jedenfalls keine Vereinsmeierei. Wir halten Vorstandssitzungen ab – die letzte hat drei Tage gedauert – und veranstalten Symposien. Ansonsten ist jeder angehalten, überall dort Zeit zu verzögern, wo er es für sinnvoll erachtet. Wenns irgendwo brennt, ist es sicher nicht sinnvoll, in vielen anderen Fällen schon.

Wie soll das gehen? Ein Tag hat 24 Stunden für alle, der Sekundenzeiger schreitet unbeirrbar voran.
Wir sind uns bewusst, dass der Vereinsname ein wenig absurd ist, aber wir haben gute Erfahrungen gemacht mit dieser Mischung aus Irreführung und Irritation. Sie lädt zum Lächeln ein, stimuliert aber auch die Neugier. Was die Zeit betrifft, müssen wir mit den Griechen zwischen «Chronos» und «Kairos» unterscheiden. «Chronos» können wir nicht beeinflussen. «Kairos» dagegen, die gefühlte Zeit, können wir gestalten – das ist eine Frage des Bewusstseins. Ich persönlich habe vier Rollen im Alltag, die der

Zeitverzögerung gewidmet sind: die des Flaneurs, des Hofnarren, des Depeschenkuriers und die des Leiters der Meldestelle für Glücksmomente.

Und das ist mehr als ein Jux?

Das Ganze hat eine spielerische Note, aber der Hintergrund ist durchaus ernst. Wenn ich mit 50 Studierenden auf unüblichen Pfaden durch Rorschach flaniere, merke ich, wie sehr das die Wahrnehmung verändert. Man bleibt stehen, geht in eine kleine Gasse hinein, schaut an den Fassaden hoch, betritt einen Hauseingang... Das ist eine wunderbare Schule des Sehens und der Langsamkeit. Langsamkeit ist der Königsweg zum Glück. Flanieren regt zudem die Gedanken an. Nietzsche hat gesagt, jeder Gedanke, der im Sitzen geboren werde, sei verdächtig. Mein Traum ist, den ersten Lehrstuhl für Promenadologie (Spaziergangswissenschaft) ins Leben zu rufen – ja, das werde ich demnächst beantragen.

Wie kamen Sie auf die Idee, eine Meldestelle für Glücksmomente zu eröffnen? Das klingt ja furchtbar amtlich.

Die beiden Begriffe erzeugen ein Spannungsfeld, das ist durchaus gewollt. Mir ist vor sechs Jahren aufgefallen, dass es für alle möglichen Dinge eine Meldestelle gibt, nur nicht für Positives. Ich habe nicht den Ehrgeiz, das Unglück abzuschaffen, aber ich wollte versuchen, ein Gegengewicht zu schaffen und das kleine Glück zu sammeln, ebenso akribisch, wie es amtliche Stellen tun. Bis heute habe ich rund 1000 Meldungen erhalten. Viele lassen sich auf die Formel des ungarischen Glücksforschers Mihaly Csikszentmihalyi bringen: «Das Glück ist die Zeit, in der man sie vergisst.» Glück haben allein reicht nicht, man muss es auch noch merken. Meine 13 Quadratmeter grosse Meldestelle für Glücksmomente und die Aktionen, die ich im privaten und im öffentlichen Raum durchführe, ermuntern Menschen zum Nachdenken und Innehalten.

Sie selber sind ein passionierter Glückssucher?

Ja, ich bin überzeugt, dass das Glück in den kleinen Dingen liegt. Das kleine Glück ist kein gottgegebener Ausnahmezustand, sondern eine Frage der Sichtweise auf die Dinge. Das hat den Vorteil, dass man dem Glück auf die Sprünge helfen kann. Ich führe seit Jahren ein Logbuch. Und ich habe mir angewöhnt, jene Menschen, die zu meinem Glück beitragen, das regelmässig wissen zu lassen. Manchmal wird man auch glücklich, indem man grundlos anderen Menschen Glück schenkt – etwa indem man ein tief eingeschneites Auto am frühen Morgen ausbuddelt. Der Betroffene, der sich auf mühsame Befreiungsarbeiten eingestellt hat, kann dann kaum verstehen, wer so was mit welchen Motiven macht. Im besten Fall beschleicht ihn der Verdacht, das sei sein Glückstag.

Das sind Kinderstreiche, ins Positive gewendet...

Ja, wahrscheinlich geht es mir wesentlich darum, mit solch spielerischen und kindlichen Aktionen die eigene Kindheit zu verlängern. Und ich habe Spass daran, neue Berufe zu erfinden. Vor einem Jahr wurde in Rorschach offiziell die Stelle eines Schatzsuchers ausgeschrieben. Es haben sich nicht weniger als 37 Personen ernsthaft beworben. Ein Telefonbucheintrag «Hans Müller, Schatzsucher» – wer träumt nicht ein wenig davon? Viele Menschen tragen eine grosse Sehnsucht in sich, wieder Kind sein zu dürfen, Irrgänge zu machen, an Türen zu klopfen, kleine Märchen zu erleben. Dummerweise wurde den meisten diese Sehnsucht ausgetrieben – als müsste die Erwachsenenwelt ein Hort der Beherrschtheit und Fantasielosigkeit sein.

Wer treibt uns die Sehnsucht aus?

Es gibt im Bildungswesen ein grosses Missverständnis: Meistens werden keine Feuer entfacht, sondern Fässer gefüllt. Den Takt gibt der Rotstift an, der die Fehler markiert – aber welche Farbe unterstreicht das Potenzial? Junge Menschen müssen endlos viel Stoff schlucken, aber sie lernen nirgends den Umgang mit Fantasie, Zeit und Regeneration. Deswegen habe ich mit Gymnasiasten als ultimativ letzte Prüfung die Aktion «Maturaschlaf» gemacht. Ein gefüllter Kopf hat wenig mit Reife zu tun. Es wäre höchste Zeit, das Konzept der Minergiehäuser auf den Menschen zu übertragen. Jeder Mensch hat einen inneren Fahrplan, und es gehört zu den wichtigsten Aufgaben, herauszufinden, wie man den eigenen Energiehaushalt sinnvoll gestalten kann.

Wie spüren Sie selber, ob Sie im Einklang mit dem eigenen Rhythmus sind?

Ich möchte vorwegschicken, dass ich kein vorbildlicher Zeitverzögerer bin. Ich würde mich nicht so intensiv mit dem Thema beschäftigen, wenn ichs im Griff hätte. Mein Programm ist viel zu voll, meine Neugier spielt mir regelmässig Streiche. Bald werde ich zum zweiten Mal Vater. Das ist eine willkommene Einladung, noch öfter Nein zu sagen und mir Zeit zu nehmen. Mein Prüfkriterium ist die Frage, ob ich satirische Distanz zu mir habe. Solange ich über mich lachen kann, bin ich in einem guten Rhythmus. Wenn ich alles furchtbar ernst nehme, muss ich das Programm sofort entschlacken. ∎

riklin@gmx.de / www.zeitverein.com

RUCH
WILLIBALD
PSYCHOLOGIEPROFESSOR

Wie sich der Charakter verbessern und das Glück finden lässt

Welche Lebensumstände und Charaktereigenschaften entscheiden darüber, ob jemand glücklich ist? Willibald Ruch, Professor am Lehrstuhl für Persönlichkeitspsychologie und Diagnostik am Psychologischen Institut der Uni Zürich, ist seit Jahrzehnten dem Glück auf der Spur. Lange Zeit galt er als Exot, nun nimmt er unverhofft eine Pionierrolle ein.

20.8.2008

Herr Ruch, Sie befassen sich hauptberuflich mit dem Glück – ist das ein Privileg oder eine Bürde?
WILLIBALD RUCH: Zunächst einmal ist es ein Irrtum. Ich bin vor einiger Zeit in einer Zeitung als Glücksforscher präsentiert und danach in diese Ecke gestellt worden. Mein Fachgebiet ist die Positive Psychologie, derzeit vor allem die Erforschung der Charakterstärken. Glück ist nur ein Teilaspekt.

Das Glück ist von der Psychologie bisher eher stiefmütterlich behandelt worden?
Ja, die Psychologie hat jetzt mehr als hundert Jahre lang primär untersucht, was schiefläuft beim Menschen. Durch die Fokussierung auf die Schattenseiten des Daseins wurde sie im 20. Jahrhundert – natürlich auch wegen der zwei Weltkriege – zu einer Art Hilfswissenschaft im Dienste der Medizin und Psychiatrie. Das war in gewisser Weise ein Segen, denn dadurch war der gesellschaftliche Nutzen sofort ersichtlich, der akademische Nachwuchs immer sichergestellt. Aber es wurde höchste Zeit, nebst den psychischen Störungen endlich die positiven Aspekte der Psyche in die Forschung einzubeziehen und zu fragen, was unsere Disziplin Menschen bieten kann, denen es gut geht. Der amerikanische

Psychologe Martin Seligmann hat mit der Begründung der Positiven Psychologie vor gut zehn Jahren ein neues Kapitel aufgeschlagen.
Sie selber haben schon deutlich länger in dieser Richtung geforscht.
Ja, ich hatte schon vor knapp 30 Jahren anlässlich meiner Dissertation das Bedürfnis, Freude und Heiterkeit zu erforschen, während meine Kollegen Angst, Ärger und Trauer untersuchten. Damals galt eine neue Arbeit über Depressionen per se als wertvoller als eine über den Humor: Ich war durch meine Ausrichtung ein Exot. Heute gelte ich plötzlich als Pionier – ohne dass ich mich gross verändert hätte.
Wovon hängt es ab, ob jemand mit seinem Leben zufrieden oder gar glücklich ist?
Die gute Nachricht lautet: Glück ist keine Frage des Schicksals. Man kann sich Glück erarbeiten. Es hängt weniger von materiellen Verhältnissen ab als vom Charakter. Natürlich gibt es einen Mangelbereich, in dem es sich kaum glücklich leben lässt. Ab einer relativ niedrigen Schwelle hat ein Einkommens- oder Vermögenszuwachs allerdings keinen Einfluss mehr auf das Glück.
Wovon hängt die Lebenszufriedenheit denn ab?
Gemäss unseren empirischen Forschungen haben die drei Aspekte Hedonismus, Engagement und Sinnsuche einen grossen Einfluss: Wer regelmässig Spass hat, sich engagiert neuen Herausforderungen stellt und seinen Einsatz in den Dienst einer höheren Idee stellt, hat gute Chancen, zufrieden zu sein. Bemerkenswert scheint mir, dass Engagement und Sinnhaftigkeit des Tuns einen grösseren Einfluss auf die Zufriedenheit haben als der Genussaspekt.
Also ist es keine gute Strategie, sich durch Genuss mehr Glücksgefühle verschaffen zu wollen?
Das funktioniert bis zu einem bestimmten Level, aber es gibt ein genetisch bestimmtes Limit. Dann lauert die Gefahr der hedonistischen Tretmühle: Wir haben uns an unser Genusslevel gewöhnt, steigern die Stimuli, empfinden aber keinen zusätzlichen Genuss mehr – Sinnbild dafür sind die Hollywood-Stars, die mit einem Dutzend Tragtaschen von edlen Boutiquen gelangweilt durch die Strassen ziehen. Es gibt auch das Gegenteil: Menschen, die sich nichts gönnen, für die Genuss anrüchig ist. Wer nur das Engagement im Dienst einer höheren Idee kennt, kann seine Lebenszufriedenheit erhöhen, wenn er massvoll geniessen lernt.
Sie sagten, Glück hänge vom Charakter ab und man könne sich Glück erarbeiten. Lässt sich ein guter Charakter demnach antrainieren?
Schon bei Aristoteles ist gutes Leben dadurch definiert, dass man seine Tugenden pflegt. Wer seine Stärken ausbauen kann, wird glücklicher. Aus Forschersicht gilt: Die Ausprägung einzelner Charakterstärken ist ein guter Prädiktor für die

Lebenszufriedenheit eines Menschen. Die Positive Psychologie hat den Begriff Charakter entstaubt und in 24 Stärken unterteilt. Bis jetzt haben rund 40 000 Probanden unseren Charakterstärkentest durchlaufen. Den stärksten Zusammenhang mit der Lebenszufriedenheit hatten die Tugenden Neugier, Optimismus, Bindungsfähigkeit, Enthusiasmus, Dankbarkeit, Ausdauer und Humor.

Wie prägen sich solche Tugenden aus?
Krisen sind Gelegenheiten, Stärken zu entwickeln. Wenn es den Menschen schlecht geht, ist ihre Lebenszufriedenheit logischerweise gering. In diesem Moment entwickeln sie aber auch Stärken, welche direkt zu einem Anstieg der Lebenszufriedenheit führen. Daraus erklärt sich, dass Menschen, die in ausgesprochen schwierigen Umständen leben, teilweise eine erstaunliche Zufriedenheit an den Tag legen – sie haben sich aufgelehnt und dabei ihre Charakterstärke gesteigert. Aus der Erkenntnis, dass Neugier und die Gelegenheit, Widerstände zu überwinden, einen grossen Einfluss auf das Lebensglück haben, erwächst meines Erachtens auch ein Auftrag an unser Schulsystem und alle Eltern. Es ist keine gute Idee, den Kindern alle Widerstände aus dem Weg zu räumen.

Kann man wichtige Tugenden wie Optimismus oder Dankbarkeit trainieren?
Ja, Charaktermerkmale ergeben sich aus Gewohnheit, deshalb lässt sich beispielsweise Dankbarkeit gut einüben. Wenn wir uns jeden Abend 15 Minuten lang darauf konzentrieren, was uns im Verlauf des Tages Positives widerfahren ist, verändert das unsere Wahrnehmung. Wir werden aufmerksamer für angenehme Dinge, wir sehen einen anderen Ausschnitt der Realität und haben gute Chancen, nicht nur dankbarer, sondern auch optimistischer und freundlicher durchs Leben zu gehen, was wiederum die Lebenszufriedenheit erhöht.

Nun untersuchen Sie den Zusammenhang zwischen Charakterstärken und Arbeitszufriedenheit. Gibt es erste Erkenntnisse?
Wer seine markantesten Charakterstärken im Arbeitsumfeld einbringen kann, verfügt über relativ grosse Arbeitszufriedenheit. Alle anderen stehen vor der Wahl, zusätzliche Stärken zu trainieren, ihr Arbeitsumfeld umzugestalten oder ein anderes Tätigkeitsfeld zu suchen. Wir ermöglichen Arbeitnehmern mit unserem Charakterstärkentest zu prüfen, ob sie beruflich am richtigen Ort sind. ∎

w.ruch@psychologie.uzh.ch

Fragebogen zu Charakterstärken und Lebenszufriedenheit (anonym, mit individueller Auswertung): www.charakterstaerken.org

**RUH
HANS**
ETHIKPROFESSOR

«Die Natur ist nicht ethisch, unsere Gene sind es auch nicht»

Seit Jahrzehnten setzt sich Hans Ruh für mehr Masshalten in der Wirtschaft ein. «Es ist naiv, nach Instanzen zu schreien, die den Markt nach ethischen Gesichtspunkten regulieren», sagt der emeritierte Ethikprofessor. Ruh schöpft Hoffnung daraus, dass Ethik zunehmend zum Wettbewerbsfaktor für Firmen und also ein Teil des globalen Marktes wird.

23.9.2009

Herr Ruh, sind Sie ein durch und durch ethisch handelnder Mensch?
HANS RUH: Nein, das kann kaum jemand für sich in Anspruch nehmen, auch ich nicht. Ich messe meine Lebensgestaltung regelmässig an ethischen Grundwerten und fühle mich verantwortlich vor Instanzen, die mich übersteigen. Man kann das Religiosität nennen oder ethische Vernunft oder Verantwortungsgefühl gegenüber anderen Menschen.

Warum handeln auch Sie als emeritierter Ethikprofessor gelegentlich unethisch?
Das lässt sich anthropologisch erklären, ich reihe mich da schön ein in die Menschheitsgeschichte. Wir sind keine Heiligen, sondern anfällig für Egoismus, Schadenfreude, Dominanz gegenüber Schwachen. Die Natur ist nicht ethisch, unsere Gene sind es auch nicht. Wir haben während Jahrtausenden in kargsten Verhältnissen ums Überleben gekämpft und haben dabei Verhaltensprogramme entwickelt, die heute problematisch sind. Der Mensch hat als einziges Lebewesen die Möglichkeit, aus der naturalistischen Programmierung herauszutreten und sein Tun zu reflektieren. Dadurch ist er in der Lage, kulturelle Gegenprogramme zu entwickeln, zum

Beispiel Ethik. Er bleibt aber im ewigen Spannungsfeld zwischen Natur und Kultur.

Und oft nutzt er die Vernunft nicht, um Gegenprogramme zu entwickeln, sondern um seinen Egoismus zu verschleiern.

Sokrates hat meines Wissens als Einziger daran geglaubt, dass man etwas tut, bloss weil man es als vernünftig erkannt hat. Die Menschheit ist kein philosophisches Oberseminar, sondern eine Mischung aus Seminar und Sauhaufen. Immerhin muss man ihr attestieren, dass sie bei allem Auf und Ab der Geschichte immer noch an der Idee des Guten und Vernünftigen festhält. Man könnte erwarten, dass alle so reden wie Köbi Kuhn nach Spielen der Nationalmannschaft: «Es ist, wie es ist.» Viele vertreten aber den ethischen Standpunkt und sagen: «Es mag heute so sein, aber es sollte anders werden.» Immer mehr Akteure in der Wirtschaft und immer mehr Konsumenten orientieren sich an ethischen Überlegungen. Dadurch wird Ethik für Firmen zunehmend zum Wettbewerbsfaktor.

Wenn man die Auswüchse in der Finanzbranche betrachtet, fällt es schwer, Ihre Ansicht zu teilen.

Da bin ich anderer Meinung. Gerade bei den Banken konnte man sehen, wie wichtig die Reputation für ein Unternehmen geworden ist. Und es hat sich gezeigt, dass es naiv ist, nach Instanzen zu schreien, die den Markt nach ethischen Gesichtspunkten regulieren. Wenn ich höre, wie die Herren Sarkozy, Stieglitz und Levrat oder Kanzlerin Angela Merkel argumentieren, dann frage ich mich: Wer bitte soll solche Regeln durchsetzen? Ich habe den Markt immer gerne als Spielwiese betrachtet. Diese Spielwiese ist in den letzten Jahrzehnten so gross und unübersichtlich geworden, dass sie nicht mehr von aussen zu regulieren ist. Jede Nacht werden in der Finanzbranche Billionen Franken verschoben – und wir glauben allen Ernstes daran, dass ein einzelner Staat das kontrollieren kann? Wenn ein Peter Brabeck die Schweiz erpressen kann, indem er droht, im Fall von unliebsamen politischen Beschlüssen den Nestlé-Sitz in ein anderes Land zu verlegen, illustriert das deutlich, welche Macht Wirtschaftskonzerne heute haben.

Was schliessen Sie daraus?

Wir schweben in einem ethisch-politischen Vakuum. Die einzige Möglichkeit, den Markt zu verändern, ist von innen heraus: indem Unternehmen, Konsumenten, Geldgeber und Staat autonom ethisch handeln. Früher war Ethik für Firmen ein Verlustgeschäft, heute steigt ihr Marktwert rasant. Die Idee des fairen Handels, des biologischen Konsums, der Geldanlage nach ethischen Kriterien findet viele Anhänger.

Ihren Optimismus in Ehren, aber der Anteil der Geldanlagen nach ethischen Kriterien liegt im tiefen einstelligen Prozentbereich.

Zugegeben, ich neige zum Optimismus und stelle fest: Es gibt nicht nur diesen grossen Film der unkontrollierten globalen Wirtschaft, sondern auch den kleinen Film, der eine zunehmende Moralisierung der Gesellschaft zeigt. Deshalb setze ich mich mit Partnern dafür ein, dass sogenannt weiche Faktoren auf dem Markt mehr Gewicht erhalten; dass es nicht egal ist, wie Unternehmen mit Ressourcen umgehen, welche Lohnsysteme sie haben, wie sie mit Geldgebern, Kunden und Lieferanten umspringen. Es wäre an der Zeit, dass alle Akteure sich wieder aufs Masshalten besinnen. Die Masslosigkeit erklärt fast alle Fehlentwicklungen in der Finanzbranche. Ich spüre auch aus dieser Branche Signale, dass sich das Management für die Frage interessiert, welches das richtige menschliche Mass ist.

Zu reden gaben in letzter Zeit eher neue Bonus-Exzesse bei Banken, die nur dank Staatsgeldern dem Bankrott entgangen sind.

Es gibt auch Gegenbeispiele. Stephen Green, Chef der HSBC-Bank, einer der grössten Konzerne der Welt, hat kürzlich bekannt gegeben, dass er nicht mehr als 1,2 Millionen Pfund beziehen wird. Er hat offensichtlich realisiert, dass es das Klima in einem Unternehmen vergiftet, wenn der Chef hundert Mal so viel verdient wie ein gewöhnlicher Angestellter. Und dass man sein Ego auch anders ausleben kann als bei Lohnverhandlungen. Die Absolventen der renommierten Harvard Business School können seit einiger Zeit beim Abschluss einen Ethik-Eid ablegen, der sich an den hippokratischen Eid der Mediziner anlehnt. Mehr als die Hälfte der Absolventen hat sich dafür entschieden, obwohl der Eid auch einen Verzicht auf unethisch hohe Löhne beinhaltet.

Sie gehören zur Jury des «Swiss Ethic Awards». Gibts nicht schon viel zu viele solche Ehrungen?

Doch, sogar der noch junge Ethik-Markt ist unübersichtlich geworden, da müssen wir dringend Ordnung schaffen. Aber ich finde, es ist ein wichtiges Signal, wenn eine glaubwürdige Instanz Handlungen von Firmen oder Organisationen als ethisch wertvoll beurteilt. Die symbolische Dimension ist wichtig. Wir prüfen die Kandidaten sehr genau nach rund 120 intersubjektiven Kriterien. Diese Kriterien wenden wir übrigens auch für den Ethik-Fonds der Gesellschaft Blue Value an, die ich präsidiere. Das Resultat darf sich sehen lassen: Wir haben noch jedes Jahr eine positive Performance erzielt. ∎

hans.ruh@bluewin.ch

SCHAUB ADRIAN
ANWALT

Wenn der IBM-Anwalt mit seinem Sohn übers Schuhebinden verhandelt

An zwei Tagen pro Woche kümmert sich Adrian Schaub, Anwalt in der Rechtsabteilung von IBM Schweiz, um seinen Sohn Robin und um den Haushalt. Schaub erläutert, was er von seinem Sohn in Sachen Verhandlungstaktik gelernt hat und warum Arbeitgeber, die Teilzeitmodelle auf Kaderstufe anbieten, bei der Rekrutierung Vorteile haben.

25.2.2004

Herr Schaub, haben Sie Ihren Vater während Ihrer Kindheit oft gesehen?
ADRIAN SCHAUB: Ich hatte Glück: Als Lehrer arbeitete mein Vater viel zu Hause. Weil er sich die Vorbereitungsarbeit frei einteilen konnte, unternahm er auch unter der Woche viel mit uns Kindern.

Sie haben bei der Geburt Ihres Sohnes das Pensum auf 60 Prozent reduziert. Hat Sie Ihre Frau dazu gedrängt?
(Lacht.) Es brauchte einen Druck von aussen, aber der kam nicht primär von meiner Frau. Natürlich spielte es eine Rolle, dass sie ebenfalls viel in ihre Karriere investiert und einen spannenden Job gefunden hatte. Ohne berufliche Herausforderung wäre sie unzufrieden gewesen, was zu einer Belastung der Familie geführt hätte. Das entscheidende Argument war jedoch, dass wir nicht einfach ein Alibi-Kind wollten, das wir dann als Halbwüchsigen zum ersten Mal richtig gesehen hätten. Deshalb entschieden wir uns, beide 60 Prozent zu arbeiten und Robin einen Tag in die Krippe zu geben.

Fiel es Ihnen schwer, Ihr Pensum zu reduzieren?
Während der Schwangerschaft meiner Frau planten wir zuerst, beide Vollzeit weiterzuarbeiten. Dann

merkten wir, dass wir auf der Liste in der Kinderkrippe auf Position 441 geführt worden wären. Und als unser Sohn deutlich zu früh und nur 1500 Gramm schwer zur Welt kam, wurde uns bewusst, dass ein solch kleines, zerbrechliches Wesen viel elterliche Zuwendung braucht. Deshalb fiel uns der Entscheid schliesslich leicht.

War Teilzeitarbeit bei IBM etabliert oder mussten Sie viel Überzeugungsarbeit leisten?

Natürlich gibt es zahlreiche «Diversity Policies» bei IBM betreffend Förderung von Minderheiten, Teilzeit oder Work-Life-Balance. Aber in der Praxis sieht das dann oft anders aus. Ich hatte keine Ahnung, wie mein Arbeitgeber reagieren würde. Ich wusste bloss, dass es in einer Zweimannabteilung schwierig wird, wenn einer das Pensum reduziert und nicht zusätzliche Arbeit am anderen hängen bleiben soll.

Wie kam es zur heutigen Lösung?

Mein Anliegen stiess auf offene Ohren. Wir haben verschiedene Arbeitsmodelle durchbesprochen und schliesslich die Reduktion auf 60 Prozent und die Schaffung einer neuen 60-Prozent-Stelle als optimale Lösung erachtet. Es war sicher ein Vorteil, dass meine direkten Vorgesetzten aus den USA respektive Schweden stammten. In diesen Ländern hat man weniger Berührungsängste gegenüber Teilzeit auf Kaderstufe.

Befürchten Sie keine Nachteile für Ihre weitere Karriere?

Kurzfristig kann Teilzeit Nachteile mit sich bringen, da der Wunsch nach Teilzeitarbeit im höheren Management vielerorts noch als Zeichen von mangelnder Einsatzbereitschaft interpretiert wird. Mittelfristig kann es aber auch ein Vorteil sein, wenn man nicht einfach eine stromlinienförmige Karriere absolviert hat. Was mich persönlich betrifft, ist die Situation bei IBM insofern anders, als das ganze Unternehmen sehr dynamisch ist und es keine fixen Karrieremuster gibt: Chefs kommen und gehen, Funktionen ändern, Quereinsteiger und Spezialisten durchmischen sich. Da tut sich immer mal wieder ein Türchen auf.

War es für Sie schwierig, sich auf dem neuen Feld Kinderbetreuung/Hausarbeit zu bewähren?

Zu Beginn tat ich mich etwas schwer. Als Anwalt, der häufig unter grossem Zeitdruck Resultate liefern muss, war ich gewohnt, Arbeitstage durchzuorganisieren. Zu Hause merkte ich schnell, dass alles Planen vergeblich ist, wenn mein Sohn morgens die Schuhe partout nicht anziehen will...

Helfen Ihnen solche Erfahrungen auch im Beruf?

Sicherlich. Als Anwalt neigt man dazu, sich mittels Autorität und unter Berufung auf Rechtssätze durchzusetzen. Bei einem Kleinkind funktioniert das nicht. Ich fand es ergiebiger, Robin zu motivieren, ihn vielleicht abzulenken oder einen Trick anzuwenden, als ihn zu zwingen. Diese Strategie – sich in das Gegenüber hineinzuversetzen und die für diese Person überzeugenden Argumente zu verwenden – funktioniert auch im Geschäftsleben.

Handy und E-Mail schaffen pausenlose Erreichbarkeit. Können Sie sich an Ihren Familientagen überhaupt vom Geschäft abgrenzen?
Das hängt davon ab, wie viele Projekte gerade kurz vor dem Abschluss stehen. Manchmal rufen mich Mitarbeiter an meinen Familientagen an, weil ich besser erreichbar bin als meine Kollegen, die in Vertragsverhandlungen oder Sitzungen sind. Das meiste kommt jedoch ohnehin per Mail – und da genügt es in der Regel, am Abend kurz zu schauen, ob was sehr Dringendes dabei ist.

Wenn Sie künftig nochmals einen Arbeitgeber überzeugen müssten, wie würden Sie für Teilzeitarbeit im Kaderbereich werben?
Aus Firmensicht ist es sicherlich von Vorteil, dass Teilzeitarbeitende kurzfristig ihre Arbeitskapazität erhöhen können, wenn dies in einer kritischen Situation erforderlich ist. Ferner bringen diese Angestellten auch ihre ausserberuflichen Erfahrungen in die Arbeit mit ein und sind aufgrund der ausgewogeneren Belastung generell zufriedener und weniger «Burnout»-gefährdet. Eine Firma verschafft sich durch Teilzeitmodelle auch Vorteile bei der Rekrutierung von qualifizierten Mitarbeitenden und profitiert von höherer Loyalität. Den Einwand, eine Führungsposition erfordere Vollzeitpräsenz, halte ich für ausgesprochen heuchlerisch: Bis vor kurzem absolvierten viele Manager noch Militär- und Politikarrieren nebenher. Wenn jemand wegen eines Militärrapports nicht zur Kadersitzung erscheint, ist das kein Problem, wenn er hingegen sagt, sein Kind habe zu dieser Zeit einen Kinderkrippenanlass, wird er schräg angeschaut. Ich persönlich bin überzeugt, dass Familienarbeit wichtiger ist als Militärkarrieren. ■

adrian.schaub@gmx.net

2007 wechselte Adrian Schaub nach 9 Jahren IBM zum Konzernsrechtsdienst am Hauptsitz der Syngenta. Dank der erneuten Teilzeitanstellung und dem Wegfall des Pendelns hat er nun noch mehr Zeit für seine Familie.

SCHNEIDER
BEATE
COACH

Wie Multitasking Gesundheit und Beziehungen gefährdet

Wer in einem grösseren Unternehmen Büroarbeit verrichtet, wird vier Mal pro Minute unterbrochen. Konzentriertes, ungestörtes Arbeiten ist vielerorts kaum mehr möglich, also tun wir permanent mehrere Dinge gleichzeitig. Coach und Buchautorin Beate Schneider warnt vor den schädlichen Folgen und empfiehlt, öfter mal Nein zu sagen.

8.4.2009

Frau Schneider, sind Sie stark im Multitasking?
BEATE SCHNEIDER: Nein, ich beherrsche das überhaupt nicht und ich bin ehrlich gesagt stolz darauf. Das mag paradox klingen, denn Multitasking ist ja eine jener Disziplinen, in denen Frauen angeblich glänzen. Wir haben lediglich evolutionsbedingt eine andere Wahrnehmung als Männer: Unser Blickwinkel ist grösser, schliesslich mussten wir früher auf Heim und Kinder aufpassen, während die Männer auf die Jagd gingen und ihre Aufmerksamkeit ganz auf die Beute fokussierten. Leider stellt heute kaum jemand die Frage, ob es gut ist, mehrere Dinge gleichzeitig zu tun. Multitasking bringt nichts, es schadet sogar. Es vermindert unsere Lebensqualität und führt dazu, dass wir und die nächste Generation an Präsenz einbüssen.

Das klingt dramatisch. Was meinen Sie konkret damit?
Wer beim Spazieren telefoniert und beim Essen Mails liest, macht emotional Abstriche. Er hat keine Chance, ganz im Moment zu sein. Beim Spazieren hört er die Vögel nicht und sieht die Natur nicht, er ist aber auch nicht ganz beim Gesprächspartner. Und er schmeckt nicht, was er isst. Das sind relativ

harmlose Beispiele, aber wenn solches Verhalten zur Gewohnheit wird, sind die mittelfristigen Folgen einschneidend: Wenn wir dauernd mehrere Dinge gleichzeitig tun, stumpfen wir ab, verlieren wir an Bewusstsein. So gehen wichtige Werte verloren. Wir büssen zum Beispiel die Beziehungsfähigkeit ein.

Hier hilft die moderne Informationstechnologie weiter: Nichts ist leichter, als im Internet in sozialen Netzwerken wie Facebook oder Myspace ein paar Hundert neue Freunde zu finden...

Es ist ein Irrtum zu glauben, wir könnten 200 Freunde haben. Das ist nur mit sehr viel Rationalisierung machbar. Wir machen Abstriche, verkehren virtuell mit Menschen ohne Ecken und Kanten und bewegen uns in einem diffusen Raum ohne Werte und Verbindlichkeit. Wie schön ist es zu flirten, wenn wir ein Gegenüber vor uns haben! Erst die Präsenz gibt tiefe Emotionen. Multitasking reduziert die Emotionen und die Verbindlichkeit. Wir sind mit allen und allem in Verbindung, aber nichts ist verbindlich, nichts hat Tiefgang.

Warum ist Multitasking am Arbeitsplatz problematisch?

Privat und beruflich werden wir heute pausenlos dazu verführt, von einem Augenblick zum nächsten zu switchen. Wir sammeln im Netz Freunde wie Trophäen und haben uns dann nichts zu sagen. Im Büro kann man problemlos Tage damit zubringen, Mails zu lesen und zu beantworten. Einer amerikanischen Studie zufolge verbringen Führungskräfte einen Viertel ihrer Arbeitszeit damit, Mails zu bearbeiten. Dazu kommen all die anderen Ablenkungen an einem durchschnittlichen Büroarbeitsplatz wie Newsportale, Suchmaschinen usw. Das macht es sehr schwierig, konzentriert an einer Sache zu arbeiten, auch dann am Ball zu bleiben, wenn es anstrengend wird.

Haben wir es nicht selber in der Hand, wie leicht wir uns unterbrechen lassen?

Ein Angestellter in einem grösseren Konzern wird drei bis vier Mal pro Minute unterbrochen. Und er braucht jeweils zehn Sekunden, um sich wieder auf seine Arbeit zu konzentrieren. Sie können selber rechnen, wie viel effektive Arbeitszeit da bleibt. Es ist wichtig, sich einmal bewusst zu machen, was täglich auf einen niederprasselt. Das beginnt schon am Morgen in der U-Bahn oder im Bus: Wir konsumieren News, haben Musikstöpsel im Ohr, schnappen Gesprächsfetzen auf, bleiben an aggressiven Werbebotschaften hängen, hören Lautsprecherdurchsagen, hasten ins Büro, haben dort den ersten Kunden am Draht, bevor wir den Mantel ausgezogen haben... und wundern uns dann, warum wir am Mittag schon hundemüde sind. Ein Computer stürzt ab, wenn zu viele Programme laufen, der Mensch wird zuerst ineffizient und dann krank.

Sollten wir keine Telefonate mehr entgegennehmen und keine Mails mehr lesen?
Doch, aber wir sollten achtgeben, dass wir uns nicht zu Sklaven der neuen Technologien machen lassen. Wer sich den Eingang jeder Mail optisch oder akustisch signalisieren lässt, zeigt damit, dass ihm jede Störung willkommen ist. Ich rufe meine Mails drei Mal pro Tag ab. Ich hatte noch nie den Eindruck, deswegen etwas zu versäumen. Wir müssen strikt zwischen Dringlichem und Wichtigem unterscheiden. Mails kosten nichts, und wir landen rasch auf einer Empfängerliste – aber wollen wir uns von allem und jedem aus unserer Arbeit reissen lassen? Die dauernden Unterbrechungen richten einen immensen volkswirtschaftlichen Schaden an. Die direkten Kosten des damit verbundenen Zeitverlusts belaufen sich in Deutschland jährlich auf rund 170 Milliarden Euro.

Das klingt eindrücklich – aber lässt sich so etwas wirklich berechnen?
Wir haben eine amerikanische Studie des Beratungsunternehmens Basex auf europäische Verhältnisse umgerechnet. Es wurden 1000 Manager zu ihren Arbeitsgewohnheiten befragt. Das Resultat: Fast ein Drittel der Arbeitszeit geht durch Unterbrechungen verloren. Hochgerechnet bedeutet dies, es werden etwa 28 Milliarden Arbeitsstunden verschwendet. Doch was viel wichtiger ist, die Individuen zahlen einen hohen Preis: «Multitasker» laufen Gefahr, Nervenzusammenbrüche oder Herzinfarkte zu erleiden oder an Depressionen zu erkranken. Weil sie immer überall sind, nehmen sie sich selber kaum mehr wahr.

Paradoxerweise erhöht es das Sozialprestige, dauernd erreichbar zu sein.
Wer in seiner Arbeit Befriedigung findet und für seine Leistung Anerkennung erhält, hat es nicht nötig, dauernd erreichbar zu sein und gebraucht zu werden. Viele rutschen ins Multitasking ab, weil sie unsicher sind und ihre Kollegen und Chefs beeindrucken wollen.

Wie kann man sich schützen?
Indem wir uns jeden Morgen bewusst machen, was wichtig ist. Wer weiss, was er will und wofür er das tut, entscheidet schneller und lässt sich weniger leicht ablenken. Und er hat auch eher den Mut, einmal zu sagen: «Das mache ich nicht.» Wer sich klar abgrenzt, bleibt in der Spur. Bei alldem ist Spass an der Arbeit der grösste Motivator. Wer Spass hat, ist fokussierter und erfolgreicher. ∎

www.der-lotse.de

Beate Schneider/Martin Schubert: Die Multitaskingfalle – und wie man sich daraus befreit. Orell Füssli Verlag, Zürich, 2009.

**SCHNEIDER
PHILIPP**
BERATER

Worin uns Schimpansen in Sachen Konfliktbewältigung überlegen sind

Mit steigender Wettbewerbsintensität häufen sich in den Firmen auch die Konfliktsituationen. Der Berater und Buchautor Philipp Schneider erläutert, warum Chefs bei Konflikten gerne wegsehen, weshalb meist über Fakten gestritten wird, obwohl es um Emotionen geht, und wie man Konflikte, die zu eskalieren drohen, entschärfen kann.

26.7.2003

Herr Schneider, Sie haben ein Buch zum Thema Konfliktlösung mitverfasst. Die Vernissage fand kürzlich im Affenhaus des Basler Zoos statt. Was wollten Sie damit ausdrücken?

PHILIPP SCHNEIDER: (Lacht.) Als Mensch kann man von Affen nichts und gleichzeitig sehr viel lernen. Wir fanden es spannend, dass die Schimpansen vieles sehr ähnlich angehen wie wir. Wenn man ihnen ein Weilchen zuschaut, sieht man in aller Deutlichkeit: Konflikte gehören zum Alltag. Es kommt immer wieder vor, dass ein anderer dasselbe will wie ich. Diese Form von Konflikt lässt sich nicht lösen, sondern bloss austragen. Die Strategien sind leider bei Schimpansen und Menschen die gleichen: Es beginnt mit der Ausgrenzung, wird zu Mobbing und kann bis zum Mord führen.

Welches sind im beruflichen Umfeld die häufigsten Konfliktsachen?

Meistens stehen Machtfragen im Zentrum. Zwei wollen die gleiche Stelle, das gleiche Büro oder den gleichen Projektplatz. Die entscheidende Frage ist: Wird der Konflikt unter den Tisch gewischt, wird er ausbalanciert oder wird er eskalierend ausgetragen? Wir haben festgestellt, dass in den meisten Firmen niemand einräumen will, dass es Konflikte gibt, obwohl der Wettbewerb sichtlich zunimmt und ein Gerangel um Stellen und Projekte unvermeidlich ist. Weil dies niemand zum Thema macht, verschlechtert sich das Klima, steigen die Absenzzeiten und Fluktuationsraten und häufen sich Formen der Arbeitsverweigerung und psychosomatischen Erkrankungen.

Offenbar sind viele Chefs hilflos im Umgang mit Konflikten.
Ja, die meisten Menschen betrachten Konflikte als etwas ausschliesslich Negatives, obwohl sie auch eine reinigende Wirkung haben können wie ein Gewitter. Entsprechend glauben viele Manager, sie hätten versagt, wenn es in ihrem Team zu einem Konflikt kommt. Die Folge ist, dass sie ihn unter den Tisch wischen oder ihn mittels Machtwort schnell lösen wollen. Unser Ansatz ist: Es gibt nun einmal Unterschiede auf der Welt, also muss es zu Reibungen kommen. Das ist in erster Linie eine grosse Bereicherung.

Eine Bereicherung, die im konkreten Fall aber schnell einmal zu unschönem Streit führt...
Wichtig ist, in diesem Zusammenhang zu wissen, dass der Streit meist sehr wenig mit den Sachfragen zu tun hat, die als Grund vorgeschoben werden. Oscar Wilde hat den weisen Satz geprägt: «Tatsachen haben keine Bedeutung.» Dies trifft speziell auf Konflikte zu. In Konfliktsituationen betreffen bloss 10 bis 30 Prozent die Sachebene, der Rest spielt sich auf der emotionalen und kulturellen Ebene ab. Über diese mag aber kaum jemand sprechen. Wer emotional Mühe hat mit seinem Chef, sucht fleissig sachliche Punkte, die er ihm zum Vorwurf machen kann.

Sind Sie der Meinung, dass Konfliktparteien in der Regel unfähig sind, ohne externe Hilfe einen Ausweg zu finden?
Nein, wir wollen ja unter anderem mit unserem Buch die Leute dazu befähigen, ihre Rolle selber zu reflektieren. Es gibt allerdings schon einen Punkt, wo die Beteiligten nicht mehr weiterkommen, weil beide Seiten auf «Entweder-oder» geschaltet haben. Das ist jenes Stadium, wo es nur noch Gewalt und Konfrontation gibt, wo alle Aussenstehenden zu Verbündeten oder Feinden werden. Normalerweise enden solche Auseinandersetzungen vor dem Richter, der dann von Amtes wegen im Entweder-oder-Schema verharrt und Recht spricht. Die Konfliktparteien schwanken zwischen dem Wunsch, Recht zu erhalten, und der Angst vor dem Gesichtsverlust. Das ist das Erstaunliche: Affen können ein Verhalten an den Tag legen, das beiden Parteien einen Rückzug ohne Gesichtsverlust ermöglicht. Bei den Menschen ist das eher die Ausnahme.

Wie wäre es möglich?
Wenn es gelingt, frühzeitig einfache Spielregeln für den Konflikt zu vereinbaren und dann den eigentlichen Motiven auf den Grund zu kommen, bevor zu viel Geschirr zerschlagen ist. In vielen Fällen ist es dann möglich, die Entweder-oder-Schiene zu verlassen und eine Sowohl-als-auch-Lösung zu finden, die für beide Seiten Vorteile bringt. In einer Firma gab es beispielsweise immer wieder Schwierigkeiten, weil einer der Mitarbeiter zunehmend zum Störefried wurde und viele Arbeitsprozesse störte. Bei genauerer Betrachtung stellte sich heraus, dass der Betreffende zwar einen schwierigen Charakter hatte, seinen Finger aber regelmässig auf wunde Punkte im Betrieb hielt. Schliesslich einigte man sich darauf, ihm offiziell den Status eines Querdenkers zuzuschreiben, gleichzeitig aber genaue Spielregeln für seine Interventionen aufzustellen. Das Beispiel zeigt, dass Unterschiede nicht nur eine Bedrohung, sondern auch eine Ressource sein können.

Der Fall scheint aber nicht ganz alltäglich zu sein.
Nein, alltäglicher ist wohl, dass zwei Streithähne in Begleitung von dicke Aktenkoffer schleppenden Anwälten zu mir kommen und mich bitten, doch bitte ihren Konflikt zu lösen. Meine erste Frage war in diesem Fall: «Haben Sie die Akten im Doppel? Sind Sie einverstanden, mir diese auszuhändigen, damit ich sie verbrennen kann?» Nach einem ersten Schock und kurzer Bedenkzeit erklärten sich die beiden Kontrahenten einverstanden. Von diesem Moment an war klar, dass wir nicht länger über Dokumente reden mussten. Nachdem sie die Anwälte weggeschickt hatten, fragte ich: «Was müsste passieren, damit Sie aus dem Konflikt aussteigen könnten?» Die Antwort lautete alles in allem: «Der andere müsste sich entschuldigen.» Obwohl es bei diesem Streit um Millionen von Franken ging, stand nicht das Geld, sondern die emotionale Verletzung zwischen ihnen. ∎

www.konflikte.org

Beatrice Conrad, Bernhard Jacob, Philipp Schneider: Konflikt-Transformation. Ein Praxis-Modell. Junfermann Verlag, Paderborn, 2003.

**SCHRANNER
MATTHIAS**
VERHANDLUNGSEXPERTE

«Ich werde gerufen, wenn die Eskalation unmittelbar bevorsteht»

«Man sollte stets ans Gute glauben und aufs Schlechte vorbereitet sein», sagt Matthias Schranner. Der Verhandlungsexperte, der früher bei Geiselnahmen zum Einsatz kam, erläutert, wie man Drohungen begegnen sollte, warum Vernunft manchmal ein schlechter Ratgeber ist und was bei den Verhandlungen mit Libyen schiefgelaufen ist.

30.9.2009

Herr Schranner, welches war der härteste Verhandlungspartner, dem Sie begegnet sind?
MATTHIAS SCHRANNER: Das war ein Geiselnehmer, der damit gedroht hat, eine Frau sofort zu erschiessen, wenn ich nicht den Raum verlasse.

Da hat man keine Wahl, oder?
Ich bin einfach stehen geblieben und habe mit ihm verhandelt, bis er von seiner Drohung abgekommen ist. Eine solche Drohung ist ja eine versteckte Einladung zum Verhandeln. Solange jemand redet, kann er nicht schiessen. Wollte er wirklich schiessen, würde er nicht reden. Also ging es darum, dass ich die Drohung ignorierte und ihn zum Reden brachte. Das Dümmste in solchen Situationen ist mit Gegendrohungen den Druck zu erhöhen. Dann kann es zu lebensbedrohlichen emotionalen Überreaktionen kommen. Man muss unbeirrt die eigene Linie verfolgen und das gemeinsame Interesse herausarbeiten. Schliesslich hatten wir alle das Ziel, unversehrt aus der Situation herauszukommen.

Laufen Verhandlungen im Geschäftsleben nach einem ähnlichen Schema ab?
Ja, auch hier gilt es, sich nicht von ultimativen Forderungen unter Stress setzen zu lassen. Wenn ein Liefe-

rant sagt, falls der Kunde nicht zehn Prozent mehr bezahle, stelle er sofort alle Lieferungen ein, sollte man das nicht für bare Münze nehmen. Unter Stress neigen wir leider dazu, die Gefahren stärker wahrzunehmen als die gemeinsamen Interessen. Wenn man diese Brille trägt und auf seiner Position beharrt, zwingt man den Verhandlungspartner, es ebenso zu tun. Dann werden die Differenzen rasch unüberbrückbar, weil keiner das Gesicht verlieren will.

Sie sind gerade von einer grossen Verhandlung in Hongkong zurückgekehrt. Gelten in Asien andere Verhandlungsgesetze als in Europa oder in den USA?

Was die Strategien betrifft, sind die Unterschiede nicht mehr gross. Wenn der chinesische Manager in den USA studiert und später eine Französin geheiratet hat, bewegt er sich wie viele seiner Kollegen auf internationalem Parkett. Gewöhnungsbedürftig ist für uns Europäer, dass mit einer Vertragsunterzeichnung in Asien noch nicht viel gewonnen ist. Asiaten sind Meister im Nachverhandeln, sie kommen manchmal unmittelbar nach der Unterschrift mit neuen Ideen. Deswegen merkt man oft erst während der Umsetzung, ob es ein guter Deal war.

Wann werden Sie als externer Profi zu Verhandlungen beigezogen?

Immer dann, wenn Konzerne oder Politiker bei komplexen Verhandlungen in eine Sackgasse geraten sind. Ich werde erst gerufen, wenn die Eskalation unmittelbar bevorsteht.

Ein furchtbarer Beruf.

Nein, ich liebe solche Fälle. Normale Verhandlungen sind langweilig. Ich sage mir immer: Wenns einfach läuft, habe ich meine Ziele offenbar zu tief gesteckt. Nur in scheinbar auswegslosen Situationen zeigt sich der wahre Charakter der Involvierten, nur dann sieht man, wie sie unter Stress reagieren. Natürlich bin ich froh, dass es in der Regel nur um Geld, nicht mehr um Leben und Tod geht. Dank meinen vielen Einsätzen bei Polizeisondereinheiten habe ich eine gute Stresstoleranz. Heute stehe ich nicht mehr im Kreuzfeuer, sondern helfe meinen Kunden im Hintergrund. Natürlich steht man da genauso in der Verantwortung, man ist ja meistens die letzte Hoffnung des Kunden. Als Bayer halte ich mich jeweils an die Maxime: «A bisserl was geht imma.»

Hätte das auch für die Verhandlungen der Schweiz mit Libyen gegolten?

Ich kenne den Fall nur aus den Medien. Es gibt sicher wichtige Details, von denen die Öffentlichkeit keine Kenntnis hat. Deshalb will ich hier nicht den Schlaumeier geben, der alles besser weiss. Typisch ist, dass wir Mitteleuropäer sehr vernunftgesteuert in Verhandlungen gehen, was grundlegend falsch ist. Verhandlungen haben immer eine spielerische, unvernünftige Komponente. Wenn ich schon im Voraus genau weiss, was richtig ist und wie das Resultat aussehen muss, wird es zu meinen Ungunsten ausgehen.

Bundespräsident Merz konnte doch nicht mit einer spielerischen Haltung in die Verhandlungen mit dem Diktator Ghadhafi gehen.
Der erste Fehler war ja, dass Bundesrat Merz selber verhandelt hat. Als ranghöchster Politiker hat er keinen Spielraum für taktische Manöver, er muss immer fürchten, das Gesicht zu verlieren. Wenn man eine Delegation schickt, kann diese sich in wichtigen Punkten zurückziehen und mit der höheren Instanz beraten. Sie hat mehr Spielraum, auch Forderungen einzubringen, die nicht zentral sind, um herauszufinden, wie sich der Verhandlungspartner verhält. Von hochrangigen Politikern und Managern erwartet man sofort Entscheidungen, weil klar ist, dass sie die Kompetenz dazu haben. Das führt oft zu Zugeständnissen, die nicht nötig wären.

Welche Fehler unterlaufen ungeübten Verhandlungsteilnehmern am häufigsten?
Sie geben sich dem naiven Glauben ans Gute hin und denken: «Wir sind ja Partner, der andere ist sicher nett zu mir.» Man sollte stets ans Gute glauben und aufs Schlechte vorbereitet sein. Sonst knickt man bei der ersten unverschämten Forderung ein. Die meisten ärgern sich dann, reagieren emotional, ergreifen die Flucht oder bieten Hand zu unvorteilhaften Kompromissen, bloss weil sie die abweichenden Positionen nicht aushalten. Kompromisse sind selten gut. Sie zeigen, dass man sich den Spielregeln des Gegenübers unterworfen hat, statt eine eigene Strategie zu verfolgen und die Forderungen im Gesamtpaket zu erhöhen. Es ist wichtig, das Gegenüber gelegentlich gezielt zu reizen – nur so findet man heraus, wie weit man gehen kann und wo die Schmerzgrenze ist.

Wo bilden Sie sich weiter in Sachen Verhandlungskunst?
Die Erfahrungen aus Extremsituationen sind unbezahlbar. Heute lerne ich oft im Kreis der Familie dazu. Wir haben vier Kinder, und ich muss sagen: Kinder sind die besten Verhandlungskünstler der Welt. Sie überraschen mich oft mit ihrer Fantasie in den Forderungen, mit ihrer Ignoranz gegenüber meinen Entscheidungen, mit ihrer Beharrlichkeit. Sie haben den spielerischen Ansatz, den wir Erwachsene uns wieder aneignen müssen, noch perfekt verinnerlicht. ■

www.schranner.com

Matthias Schranner: Teure Fehler. Die 7 grössten Irrtümer in schwierigen Verhandlungen. Econ Verlag, Berlin, 2009.

SCHWANDER PHILIPP
MASTER OF WINE

«Wein vereinigt viele Sehnsüchte des modernen Menschen in sich»

Wenn ein Kleinkind stets etwas am Brei auszusetzen hat, muss das nichts zu bedeuten haben. Bei Philipp Schwander schon: Sein empfindlicher Geruchs- und Geschmackssinn hat ihn zum erfolgreichsten Weinverkoster der Schweiz gemacht. Doch Schwander lebt nicht vom Talent allein, er zehrt auch von seiner Leidenschaft, die er im Alter von 16 Jahren erstmals im Tagebuch dokumentiert hat.

28.12.2005, 11.1. und 18.1.2006

Herr Schwander, manche Menschen besitzen das absolute Musikgehör, verfügen Sie über den absoluten Geschmackssinn?

PHILIPP SCHWANDER: Nein, so etwas gibt es nicht – oder höchstens im Film, wenn Louis de Funès ein Glas in die Höhe hält und sofort sagt: «Château sowieso, 1961, Fass 7b, und der Winzer hat Schuhgrösse 41.» Im realen Leben ist das nicht möglich, auch wenn viele sogenannte Weingurus einen das Gegenteil glauben lassen wollen. Meine Erfahrung zeigt: Man kann jeden täuschen. Erschwerend kommt hinzu, dass der Wein sich ja verändert, er ist keineswegs ein statisches Produkt.

Stapeln Sie jetzt absichtlich tief? Ihre Blinddegustationsfähigkeiten sind doch weitherum bekannt...

Ich will damit nur sagen: Es gibt keine absolute Sicherheit. Mein Vorteil gegenüber Normalkonsumenten ist lediglich, dass ich meinen Geschmackssinn für Wein sehr intensiv trainiert habe. Wenn jemand zum ersten Mal im Leben eine Banane isst, kann er sagen, ob er das mag oder nicht, er kann aber nicht sagen, ob es eine gute oder schlechte Banane war. Beim Wein ist das ähnlich, das Problem oder die Herausforderung ist bloss, dass es Tausende von

Sorten gibt. Wahre Kennerschaft zeigt sich dann zum Beispiel darin, dass jemand sagen kann: Dieser Grüne Veltliner aus der Wachau ist in Anbetracht des schwierigen Rebjahres XY eine hervorragende Leistung.

Ich glaube, dass ich ein gutes Gespür für Qualität habe. Wenn ich auf Einkaufstour gehe, muss ich nirgends nachlesen, welcher Wein gut ist, Sie können mir von irgendeinem Gebiet 200 Muster vorsetzen, und ich finde garantiert die guten Produzenten heraus.

Lassen Sie sich nie durch die Degustationsumstände verführen und stellen dann in Zürich fest, dass Sie einen mässigen Tropfen eingekauft haben?
Doch, der Geschmackssinn schwankt auch bei mir. Oft geben Kritiker einem Wein eine schlechte Note, weil sie glauben, der Wein sei nicht gut gewesen, dabei war der Degustierende nicht in Form. Ist man gestresst und trinkt viel Kaffee, kann man abends ohne weiteres 50 Prozent weniger riechen. Dazu kommt, dass manche Produzenten die Verkoster bewusst beeinflussen, indem sie ihnen zuerst einen ganz simplen Wein aufstellen und anschliessend ihren normalen Wein; dieser wirkt dann viel besser, als er ist. Deshalb nehme ich oft zunächst nur Muster mit nach Zürich und führe dort nochmals eine Blinddegustation mit den besten Konkurrenzmustern durch, was gelegentlich zu Überraschungen führt. Niemand ist gefeit gegen solche Erlebnisse.

Fürchten Sie sich manchmal davor, Ihren Geruchssinn zu verlieren? Ich habe mir sagen lassen, Sie hätten schon versucht, Ihre Nase zu versichern...
Ja, das ist wahr. Es gibt gewisse Erkältungen, die den Geruchssinn abtöten – das wäre für mich eine Katastrophe. Ich fahre ungern Tram oder Zug im Winter, weil die Gefahr dort viel grösser ist, sich zu erkälten. Aber eine Versicherung kann ich mir nicht leisten. Ich müsste monatlich rund 4000 Franken bezahlen, um dann im Schadensfall etwa vier Millionen Franken zu erhalten.

Wird es für Sie im Alltag gelegentlich zur Last, überdurchschnittlich gut riechen und schmecken zu können?
Ja, schlechte oder sehr penetrante Gerüche nerven mich – das ist ein weiterer Grund, warum ich selten Tram fahre. Auf überlagertes, leicht süssliches Fleisch oder nicht ganz frischen Fisch reagiere ich ebenfalls extrem sensibel; andere essen das mit grosser Selbstverständlichkeit, und ich bringe in solchen Fällen keinen Brocken hinunter.

Für Sie zu kochen muss keine leichte Aufgabe sein...
Davon könnte Ihnen meine Mutter ein Lied singen, ich habe immer am Essen herumgenörgelt, und zwar schon am Kinderbrei.

Woher rührt Ihr Interesse an Wein – haben Ihre Eltern Ihnen diese Welt erschlossen?
Mein Vater trinkt sehr gerne Wein; er hat die Weinkultur zu Hause bewusst gepflegt und mich damit sicher beeinflusst. Aber am Anfang meiner Leidenschaft für den Wein stand eigentlich ein Zufall. Wir reisten mit Interrail durch Frankreich und landeten schliesslich im Bordeaux-Gebiet.

Da waren Sie 16-jährig, eigentlich etwa 20 Jahre zu jung für Bordeaux-Weine...
Heute muss ich auch lachen, wenn ich daran denke, dass ich gleich mit Bordeaux-Weinen begonnen habe, aber damals war ich einfach Feuer und Flamme. Grosse Weine sind ein unglaublich faszinierendes, sinnliches Erlebnis. Ich begann in dieser Zeit, ein Weintagebuch zu führen, löste alle Etiketten ab und schrieb zu jedem Wein meine Kommentare. Auch damit habe ich meiner Mutter Sorgen bereitet. Ich belauschte sie in dieser Zeit einmal, wie sie mit einer Freundin telefonierte, deren Sohn offenbar gerade im Sportklub aufgeblüht war. Auf die Frage, was ihr Sohn denn so treibe, antwortete meine Mutter besorgt: «Er degustiert gerne Wein.»

Bei allem Respekt für Ihr frühes Qualitätsbewusstsein: Ging es nicht hauptsächlich um den Alkohol, um den Rausch?
Natürlich macht die Wirkung des Alkohols einen Teil des Weingenusses aus. Wenn die Berauschung im Vordergrund stand, tranken wir allerdings Bier – wir konnten nicht mehrere Flaschen «Laffite» pro Abend leeren. Ab einem gewissen Alter steht dann glücklicherweise der Genuss im Vordergrund.

Warum erfreut sich der Wein heute einer derartigen Beliebtheit?
Wein vereinigt viele Sehnsüchte des modernen Menschen in sich. Wein steht für Reisen in schöne Landschaften, für spannende Menschen, kulturelle Vielfalt, gutes Essen, freundschaftliche Gespräche in entspannter Stimmung. Dazu kommt sicher der Prestigeeffekt: Wer einen «Petrus» servieren kann, einen tollen Keller hat und ein guter Kenner ist, der profiliert sich. Der bedeutendste Faktor ist aber wohl unsere Sehnsucht nach der Natur, nach einem überschaubaren Landleben. Die meisten unserer Vorfahren waren Bauern, heute sitzen wir mehrheitlich im Büro und bedrucken bestenfalls Papier. Allein diese Konstellation macht ein Weingut und einen Rebberg für die meisten zu einem wunderbaren Ort.

Sie trinken hauptberuflich Wein – gefährden Sie damit nicht Ihre Gesundheit?
Diese Gefahr besteht. Alkohol ist eine raffinierte Droge: Wenn man nicht genau aufpasst, steigt der Konsum kontinuierlich. Deshalb herrscht striktes Trinkverbot bei Degustationen. Ausserdem führe ich ein Trinktagebuch und überwache, wie

viele Gramm Alkohol ich pro Tag trinke. Und einmal pro Jahr schalte ich einen komplett alkoholfreien Monat ein. Fachleute sagen, dass fünf von hundert Menschen die Veranlagung mitbringen, an Alkoholismus zu erkranken. Würde ich zu dieser Minderheit gehören, wäre ich für meinen Beruf nicht geeignet.

Sie haben sich bei früherer Gelegenheit als Kampftrinker bezeichnet. Wie war das gemeint?
Da ging es nicht um die Menge, sondern um die Beschaffenheit der Weine. Früher konnte ein Wein für mich nicht wuchtig genug sein, heute bevorzuge ich elegantere Weine.

Warum ist der Alkoholgehalt im Wein in den letzten Jahrzehnten stetig angestiegen?
Alkohol ist ein Geschmacksträger. Ein alkoholreicher Wein schmeckt voller und runder und wird häufig vom Publikum besser beurteilt. Die Winzer lesen heute die Trauben später, dadurch enthalten sie mehr Zucker, was zu einem höheren Alkoholgehalt führt. Früher hatte ein Bordeaux 10 bis 11 Volumenprozente, heute liegen viele deutlich über 14, manche bei 15,5 Volumenprozenten. Ich bedaure diese Entwicklung, aber sie hängt mit der Degustationspraxis zusammen. Robert Parker, einer der einflussreichsten Kritiker, degustiert Hunderte von Weinen, da gewinnt naturgemäss jener, der am meisten heraussticht. Viele Konsumenten sind sich nicht bewusst, dass es etwas völlig anderes ist, ob man einen Wein nur degustiert oder tatsächlich trinkt. Wenn man einen Abend lang Wein trinken will, sind die Testsieger nicht selten zu wuchtig, zu belastend.

Im Biermarkt sind seit Längerem praktisch alkoholfreie Varianten etabliert. Sehen Sie eine Chance für alkoholfreien Wein?
Jene alkoholfreien Weine, die ich bis jetzt degustiert habe, schmecken durchwegs grauenhaft. Beim Bier kann man den fehlenden Alkohol zum Beispiel durch einen höheren Anteil Hopfen ein wenig kaschieren, beim Wein hat man noch keine befriedigende Lösung gefunden. Ich fände es begrüssenswert, wenn man mit der Hälfte des Alkohols auskäme, aber ich halte es für wenig realistisch.

Der Weinmarkt ist heute hart umkämpft. In den Neunzigerjahren galt die Branche als Goldgrube ...
... ja, das waren in der Tat die goldenen Jahre. Wenn jemand in dieser Zeit kein Geld verdient hat mit Wein, wird er in dieser Branche nie mehr Geld verdienen. Heute klagen viele, wie schwierig es sei; ich halte die Entwicklung eher für eine gesunde Normalisierung. In den Neunzigerjahren stiegen zu viele ins Geschäft ein, mancher Laie, der gerne in der Toskana Ferien machte und die Zeitschrift

«Vinum» las, erklärte sich kurzerhand zum spezialisierten Weinhändler. Da kann eine gewisse Bereinigung nicht schaden, zumal es heute 2666 Weinhandlungen in der Schweiz gibt – doppelt so viele wie 1975.

Stört es Sie nicht, dass Sie sich als Weinhändler mit kleinem Sortiment am Massengeschmack orientieren müssen?

Man kann auch unter den populären Weinen Produkte ganz unterschiedlicher Qualität anbieten. Ein geschmeidiger Rioja etwa findet sehr breite Akzeptanz – ich sehe darin nichts Negatives. Für mich stellt sich die Frage, ob ich mir die Arbeit leicht machen will oder ob ich mich bemühe, einen besonders guten Rioja zu einem vernünftigen Preis zu finden. Mein beruflicher Ehrgeiz lässt mir da keine Wahl. Einmal lieferte mir ein Winzer aus Spanien aus Versehen eine etwas weniger gute Qualität als vereinbart. Mich quälte das derart, dass ich allen Kunden die gleiche Menge nochmals gratis in Originalqualität nachschickte, obwohl viele keinen Unterschied bemerkt hatten. Im Nachhinein stellte sich das als gute PR-Aktion heraus. Die Kunden spürten, dass mich der Ehrgeiz antreibt, das Bestmögliche zu leisten. Dieser Berufsstolz ist entscheidend. Wenn Sie in einer Metzgerei sind, spüren Sie bald, ob der Metzger bloss Fleisch verkaufen will oder auch Freude an einer hohen Qualität hat.

Viele Metzger, auch solche mit ausgeprägtem Berufsstolz, haben heute Mühe, weil die Kunden lieber beim Grossverteiler einkaufen. Wie setzen Sie sich gegen die grosse Konkurrenz durch?

Natürlich hilft die «Master of Wine»-Auszeichnung. Wären meine Weine nicht gut, würde mir allerdings auch dieser Titel nichts bringen. Der zweite wichtige Punkt ist, dass wir uns auf ein Minimum an Weinen beschränken. Im Weinmarkt besteht ein gewaltiges Überangebot, kaum jemand behält den Überblick. Wir sind eine der wenigen Weinhandlungen, die sich rühmen, ein kleines Angebot zu haben – alle anderen streichen ihr riesiges Angebot heraus. Ausserdem versuchen wir, unserer Kundschaft den Besuch beim Winzer zu ersetzen, indem wir genau aufzeigen, wo die Weine unter welchen Bedingungen entstehen und wer mit welcher Motivation daran arbeitet.

Welche Ihrer Entdeckungen liegen Ihnen heute besonders am Herzen?

Die österreichischen Weine gehören heute zu meinen bevorzugten, da die besten sehr eigenständig und hochstehend sind.

Lassen sich diese Weine auch verkaufen?

Immer besser. Am Anfang sind viele skeptisch, wer jedoch erst einmal österreichischen Wein degustiert hat, freundet sich meistens schnell damit an. Im Burgenland etwa wachsen Reben in heissem kontinentalem Klima. Der Blaufränkische mit seiner ungewöhnlichen Würze ist eine faszinierende Bereicherung des Weinangebots – wenn die Winzer dort weitsichtig genug sind, einen authentischen Wein zu produzieren, und nicht versuchen, australische oder französische Weine zu kopieren. Ich finde es sehr spannend, mit diesen jungen, aufstrebenden Winzern zu arbeiten. Im Bordeaux-Gebiet wird es immer schwieriger, gute Beziehungen zu den Winzern aufzubauen. Viele grosse Schlösser sind im Besitz von Konzernen, die Direktoren einsetzen, deren Gehalt vom Verkaufspreis ihres Weines abhängt. Da mutieren dann immer öfter mittelmässige Jahrgänge zu Jahrhundertjahrgängen...

Wein ist ein beliebtes Gesprächsthema, Sie sind für viele der ideale Referent oder Gesprächspartner. Macht Ihnen das Spass?
Einerseits macht es Spass, andererseits ist es fast schon eine Epidemie. Ich erhalte pro Woche rund zehn Anfragen für Vorträge. Am Anfang wusste ich nicht, wie ich dem entkommen kann. Jetzt verlange ich aus Selbstschutz Honorare, die einen Normalbürger vor Schreck erbleichen lassen. Ich will ja kein Festredner sein, sondern ein guter Weinhändler. Grössere Firmen lassen sich allerdings auch durch sehr hohe Honorarforderungen nicht abwimmeln.

Warum verhalten sich manche Männer wie kleine Kinder im Sandkasten, wenn sie über Wein reden?
Das ist mir auch schleierhaft. Für mich ist die Freude am Wein wichtig, deshalb finde ich es schade, wenn sich Weinfreaks duellieren, ob ein Wein nun 16,75 Punkte oder nur 16,25 Punkte verdiene. Da sagt der eine, er habe drei Doppelmagnum Pétrus im Keller, und der andere kontert, er habe aber bloss den 93er, er hingegen den 90er, was ja wohl eine andere Güteklasse sei. Da tritt Prestige an die Stelle der Freude am Wein.

Wer andere über Wein sprechen hört, traut manchmal seinen Ohren nicht. Reden Sie auch so abgehoben, wenn Sie Weine beschreiben?
Nein, wer meine Prospekte liest, sieht, dass ich auf einfache, verständliche Beschreibungen Wert lege. Die Kundschaft soll sich etwas unter dem Wein vorstellen können. Ist er leicht, ist er schwer? Ist er weich, ist er hart? Ist er alt, ist er jung? Den weitverbreiteten Wettstreit um einzelne Aromen finde ich peinlich und unergiebig. Wer sich unmittelbar vor ein impressionistisches Gemälde stellt, kann detailliert beschreiben, wie viele blaue, gelbe und grüne Tupfer es enthält – und dennoch erfasst er nichts vom Gemälde, und niemand wird sich unter seiner Beschreibung etwas vorstellen können. Genau gleich ist es mit der Beschreibung

von Aromen. Sie ist nur dann sinnvoll, wenn das Aroma beim Genuss wirklich jedem in die Nase springt – etwa Cassis bei einem chilenischen Cabernet.

Wie weit reicht im Idealfall Ihre Präzision, wenn Sie einen Wein blind degustieren?

Das ist eine Frage des Trainings. Vor der Master-of-Wine-Prüfung habe ich intensiv geübt, heute bin ich nicht mehr so gut im Blinddegustieren. Wichtig sind zunächst Farbe und Farbintensität eines Weins, sie geben wertvolle Anhaltspunkte bezüglich Traubensorte und Alter. Dann prüft man das Bouquet und fragt sich beispielsweise, ob der Wein aus einem warmen oder kühlen Klima stammt. Ein Wein aus einem heissen Klima wie dem Barossa Valley ist wuchtiger, süsslicher, alkoholischer und viel farbintensiver als etwa ein Pinot Noir aus dem Elsass. Manchmal gelingen mit etwas Glück verblüffende Treffer. Ich habe einmal zwei Weinfreaks sehr beeindruckt, als ich nach dem ersten Schluck sagte: «Das schmeckt wie Leroy Clos de la Roche 1993.» Per Zufall traf ich voll ins Schwarze, und zwar, weil ich am Vorabend genau diesen Wein getrunken hatte.

Der Leroy Clos de la Roche 1993 wird im Internet für über 2000 Franken feilgeboten. Trinken Master of Wine privat nur Weine in dieser Preisklasse?

Nein, sicher nicht. Ich trinke selten Weine unter 10 Franken, aber in der Kategorie 15 bis 20 Franken finde ich immer wieder ausgezeichnete Flaschen. Natürlich werde ich oft von Freunden eingeladen, die mir mit seltenem Bordeaux oder Burgunder eine Freude machen. Mein eigener Keller ist aber bescheiden, vielleicht 300 bis 400 Flaschen, darunter wenig Rares, ausser einige Geschenke von Produzenten.

Haben Sie keinerlei Sammlerehrgeiz?

Nicht beim Wein, eher in der Literatur. Ich sammle Erstausgaben deutscher Belletristik. Vor zwei Jahren konnte ich in St. Gallen eine Goethe-Erstausgabe erwerben, die noch zu Lebzeiten Goethes erschienen ist. Das ist eine wunderbare Ausgabe. Für meinen Vater, der Germanist ist, war Goethe schon immer eine Art Heiligtum.

Wie viel Geld geben Sie für Wein aus?

Am meisten für teure Burgunder, etwa solche des Domaine de la Romanée-Conti – da kostet die Flasche rasch 400 Franken. Die wahre Freude besteht aber nicht darin, für solche Weine sehr viel Geld auszugeben, sondern sie mit guten Freunden zu trinken. Ich sammle aber nicht alte Weine wie Trophäen, nur schon deshalb nicht, weil die Lagerung einen grossen Einfluss auf die Qualität hat. Gerade bei Burgunder ist die einwandfreie Lagerung essenziell, da er viel fragiler ist als beispielsweise Bordeaux. Wenn ich einem Fremden eine Flasche abkaufe, habe ich keine Ahnung, wie sie über all die Zeit gelagert wurde.

Sie haben noch kein Wort über Schweizer Weine verloren – sind die so langweilig?
Es gibt immer mehr gute Schweizer Weine, aber es sind noch immer zu wenig. Erschwerend kommt hinzu, dass die produzierten Mengen sehr klein sind. Ich bin Kunde eines Walliser Winzers, der einen exzellenten Petite Arvine macht, leider nur 1400 Flaschen pro Jahr. Wenn ich meine ganze Überzeugungskraft einsetze, erhalte ich gerade mal 480 Fläschchen von ihm, die sind in zwei Stunden verkauft. Das ist zurzeit das Dilemma in der Schweiz: Wer gut ist, hat zu wenig Wein, wer genug Wein hat, ist häufig nicht wirklich gut. Persönlich mag ich einige Walliser und Waadtländer Weissweine am liebsten, Petite Arvine etwa, oder dann natürlich einen guten Tessiner Merlot. Sehr gut sind auch die Pinot Noir aus der Deutschschweiz geworden.

Wann werden Sie selber Wein keltern?
Das möchte ich der Menschheit ersparen, ich bin handwerklich so ungeschickt, dass bestimmt nichts Gutes herauskäme. Natürlich berate ich einige Winzer, wenn sie mit Fragen zu mir kommen, aber ich weiss, dass ich lediglich ein Trockenschwimmer bin. Man sollte sich auf das beschränken, was man wirklich gut kann. Viele Menschen wären überrascht, wie zufrieden sie wären, wenn sie das täten, was sie gerne machen! ∎

www.selection-schwander.ch

**SEILER
CHRISTOPH**
LAUFBAHNBERATER

«Manchmal muss man den Leuten einen Floh ins Ohr setzen»

«Jedes Jahr, das man unglücklich im Job zubringt, ist ein verschenktes Jahr», sagt der selbständige Berufs- und Laufbahnberater Christoph Seiler. Er wundert sich, wenn 28-Jährige ihn fragen, ob sie für einen Berufswechsel nicht schon zu alt seien. Nach 20 Jahren Berufsberatung weiss Seiler: «Es ist nie zu spät, seinen Neigungen zu folgen.»

28.1.2009

Herr Seiler, Sie sind seit 20 Jahren Berufsberater – haben Sie sich selber vor der Berufswahl auch beraten lassen?

CHRISTOPH SEILER: Ich erinnere mich noch sehr gut an meinen ersten Termin im BIZ Bern. Ich war der erste Knabe, der von einer Frau beraten wurde, vorher hatte die Maxime der gleichgeschlechtlichen Beratung gegolten. Die Berufsberaterin sagte mir, ich könnte ein guter Psychologe werden. Ich stritt das vehement ab, weil ich dieses Talent damals nicht erkannte. 20 Jahre später erfüllte sich die Prophezeiung: Ich studierte Psychologie und wurde Berufsberater. Das Beispiel zeigt: Manchmal muss man den Leuten einen Floh ins Ohr setzen, statt sie einfach in dem zu bestärken, was sie schon immer machen wollten.

Sie selber schlugen nach der Beratung zunächst eine andere Richtung ein, wurden Lehrer und gingen danach zur Swissair.

Der Lehrerberuf war ein guter Einstieg, aber mir war immer klar, dass ich nicht zu lange Lehrer bleiben wollte. Mich reizte es, die Welt zu sehen und viele neue Menschen kennenzulernen, deshalb war die Arbeit als Flight Attendant ideal. Heute bin ich dankbar, auf viele verschiedene Berufserfahrungen zurückgreifen zu können; das kommt mir bei der Beratung zugute.

Wird die Bedeutung der Berufswahl heute nicht überschätzt? Unsere Grossväter identifizierten sich so sehr mit ihrem Beruf, dass dieser oft sogar noch in der Todesanzeige erwähnt wird. Heute wechseln viele Menschen nicht nur regelmässig die Stelle, sondern auch den Beruf.

Es bleibt trotzdem ein wichtiger Entscheid, ob man sich nach der Schule für eine der 300 Berufslehren oder für die Mittelschule entscheidet. Im Vergleich zur Generation unserer Grosseltern haben heute viel mehr Jugendliche die Qual der Wahl. Sie stehen dadurch auch unter grösserem Druck, etwas aus sich zu machen. Dieser Leistungsdruck setzt schon in der Schule ein, oft wird er durch die Erwartungen der Eltern noch erhöht. Immer wieder hören Jugendliche von ihren Eltern «das ist doch kein Beruf für dich» oder «du musst doch studieren». Manche reagieren darauf mit einer Verweigerungshaltung. In solchen Fällen ist es wichtig, dass ich die ganze Familie in die Beratung einbeziehen kann.

Hat die Berufslehre heute nach wie vor ein Imageproblem?

Nein, die Lehre bietet dank Berufsmatur und Durchlässigkeit in Richtung Hochschulen heute alle denkbaren Entwicklungsmöglichkeiten. Heute gibt es höchstens noch psychologische Barrieren: Wer mit 25 Jahren 5000 Franken verdient, eine eigene Wohnung und ein Auto hat, tut sich später unter Umständen schwer damit, sich ans Studentenleben zu gewöhnen. Umgekehrt sind Studierende, die schon einige Jahre auf einem Beruf gearbeitet haben, oft speziell motiviert, weil sie genau wissen, was sie wollen.

Wie arbeiten Sie konkret mit Ihren Kunden?

Ich setze verschiedene Tests ein, deren Aussagekraft wissenschaftlich gut dokumentiert ist. Manchmal liefern die Tests nur die Bestätigung für das, was beide im Grunde wissen, meistens eröffnen sich aber neue Perspektiven. Ich finde es jedes Mal spannend, wenn sich etwas Überraschendes ergibt. Kürzlich begleitete ich eine gut 30-jährige Frau, die sich im KV-Bereich sehr gut entwickelt hatte. Im Test zeigte sich, dass ihr Herz fürs Gesundheitswesen und den engen Kontakt zu Menschen schlägt – inzwischen steckt sie mitten im Medizinstudium. Wenn jemand spürt, welchem Ruf er folgen muss, überwindet er viele Hindernisse.

Was hält jene, die von einem Wechsel träumen, zurück?

Am häufigsten höre ich die Frage: «Bin ich dafür nicht schon zu alt?» Manchmal reden schon 28-Jährige so. Meine Erfahrung zeigt: Es ist nie zu spät, seinen Neigungen zu folgen. Jedes Jahr, das man unglücklich im Job zubringt, ist ein verschenktes Jahr. Ich mache meinen Kunden Mut zu einer Veränderung. Und ich lasse mich meistens relativ weit auf die Äste hinaus und sage nach sorgfältiger Abklärung sehr dezidiert, in welchen Bereichen ich jemanden sehen würde.

Stützen Sie sich dabei nur auf die Tests oder hören Sie auf Ihr Bauchgefühl?
Das Allerwichtigste ist die Intuition. Ich arbeite mit sehr unterschiedlichen Menschen, Schülern, Spitzensportlern, Managern, Hausfrauen – ich muss mich so weit auf sie einlassen, dass ich ihre Ängste und Wünsche spüre und ihnen meine Wahrnehmung zurückspiegeln kann. Es kommt nicht in jedem Fall zu einem Richtungswechsel. Manche bleiben nach der Beratung mit besserem Gefühl und klareren Zielen im bisherigen Beruf, andere werden sich bewusst, dass ihre Laufbahn zwar toll aussieht, dass sie sich aber von sich selber wegbewegt haben über die Jahre. Man rutscht leicht in eine Rolle und hält dann tapfer durch – entweder aus reinem Sicherheitsbedürfnis, oder weil man sich die Rolle mit der Zeit selber abnimmt. Irgendwann wird der Energieverschleiss zu hoch, womöglich bricht die Beziehung auseinander oder die Leute werden krank.

Sie sind also nicht nur Laufbahn-, sondern Lebensberater?
Privatleben und Beruf sind stark miteinander verwoben. Manchmal funktionieren die Leute so lange, bis es am Arbeitsplatz ernsthafte Probleme gibt. Erst dann ist der Leidensdruck gross genug, dass sie etwas unternehmen. Für viele ist es dann einfacher zu sagen, sie gingen zum Berufsberater als zum Psychotherapeuten.

Gibt es Berufe, die aussterben?
Ja, speziell im Druckergewerbe ist es zu vielen Härtefällen gekommen. Betroffen waren vor allem ältere Mitarbeiter, die über Jahrzehnte für den gleichen Betrieb zum Beispiel als Reprografen gearbeitet und sich technologisch zwar weiterentwickelt, aber nie eine anerkannte Weiterbildung besucht hatten. Das war für viele ein grosses Elend, Familienväter, die vor dem Nichts standen und keine Ahnung hatten, was sie in den verbleibenden 10 oder 15 Jahren tun könnten. Wenn die Kunden mitziehen, findet sich aber in den allermeisten Fällen eine gute Lösung.

Gibt es noch so etwas wie Traumberufe?
Polizist, Feuerwehrmann und Rega-Pilot höre ich immer wieder. Vermutlich deshalb, weil das Berufe mit klar ersichtlichem sinnvollem Resultat sind. Viele Jugendliche wollen aber auch Manager, Richter oder Arzt werden, weil man in diesen Berufen etwas zu sagen hat und selbständig Entscheide fällen kann. ∎

www.chseiler.ch

**SIMON
FRITZ**
MANAGEMENTBERATER

«Mit Kontrolle kann man niemals etwas Positives erreichen»

«Wissen und Lernen sind Gegensätze, zu viel Wissen macht lernbehindert», sagt Fritz Simon und lehrt deshalb die hohe Kunst des Nichtlernens und Entlernens. Lange Zeit therapierte der Psychiater vornehmlich Familien, heute ist er ein gefragter Managementberater. Er erläutert, warum wir alle eine Schwäche für schlechte Problemlösungen haben.

13.9.2006

Herr Simon, alle Welt spricht von lebenslangem Lernen, nur Sie halten Vorträge über «die Kunst, nicht zu lernen». Ist das eine Spielerei, oder denken Sie wirklich, wir lernen zu viel?

FRITZ SIMON: Ich habe selbstverständlich nichts gegen das Lernen, aber ich mache darauf aufmerksam, dass Lernen ein zweischneidiges Schwert ist. Wir lernen auch viele unnütze oder sogar schädliche Sachen, die uns den Weg zum Nützlichen und Wichtigen versperren. Deshalb ist es wichtig, dass wir Lernen nicht einfach grundsätzlich positiv bewerten, sondern unser Bewusstsein fürs Lernen schärfen. Ums regelmässige Lernen kommt dennoch niemand herum, denn das Wissen verfällt heute rascher als Südfrüchte an der Sonne.

Was verstehen Sie unter schädlichem Lernen?

Es gibt harmlose Beispiele wie die falsche Vorhandbewegung im Tennis, die wir uns irgendwann mal aneignen, und die wir dann kaum noch wegbringen, obwohl wir merken, dass sie nicht zweckmässig ist. Ähnliches geschieht wahrscheinlich auch bei psychischen Erkrankungen. Wenn jemand Symptome entwickelt, ist das ein erlerntes Verhalten – das ist zumindest ein Erklärungsansatz.

Ist auch in Unternehmen schädliches Lernen zu beobachten?
Sicher, ich denke da zum Beispiel an schädliche Routinen. Schauen Sie mal, wie Entscheidungen zustande kommen in Organisationen. Oft entscheiden nicht jene, die etwas von der konkreten Fragestellung verstehen, sondern jemand auf höherer Hierarchiestufe, weil sich das so eingebürgert hat. Der einzelne Mitarbeiter steht dann vor der Frage: Mach ichs so, wie es mir sinnvoll erscheint, oder halte ich mich an meine Rolle und passe mich den ungeschriebenen Regeln an? Wissen und Lernen sind Gegensätze, zu viel Wissen macht lernbehindert, man fragt dann gar nicht mehr und sucht nicht mehr nach neuen Wegen. Das kann für Organisationen zur Gefahr werden. Nur Unternehmen, die sich bewusst sind, was sie alles nicht wissen, und offensiv mit diesem Nichtwissen umgehen, sind erfolgreich.

Manager werden doch dafür bezahlt, dass sie über ein breites Wissen verfügen und anderen den Weg weisen...
Nicht unbedingt. Es gibt sehr wenig sichere Entscheidungsbereiche, oder mit den Worten von Heinz von Förster: «Nur unentscheidbare Fragen kann man entscheiden – die anderen verlangen keinen Entscheid von uns.» Manager werden dafür bezahlt, bewusst ein Risiko auf sich zu nehmen, Entscheide zu fällen, obwohl sie keine sicheren Grundlagen für ihren Entscheid haben. Jeder Entscheid ist eine Wette auf die Zukunft; es ist albern, den Eindruck zu vermitteln, es handle sich um rationale, durch Wissenschaft und Managementwerkzeuge abgesicherte Massnahmen. Es ist auch nicht die Hauptaufgabe von Managern, heldenhaft allein geniale Entscheide zu fällen. Sie sind vielmehr verantwortlich dafür, dass Entscheide durch einen Kommunikationsprozess zustande kommen, in den alle relevanten Mitspieler einbezogen sind. Man kann eine riesige Organisation nicht allein steuern, diese Idee ist naiv.

Ist es bei diesem Verständnis der Chefrolle richtig, die Chefs derart gut zu entlöhnen?
Nein, das ist eine fatale Fehlüberlegung, es ist nicht funktionell, weil es die Kommunikation behindert. Allerdings darf man auch nicht denken, der Chef sei unwichtig, bloss weil er weder sichere Entscheide fällen noch alleine steuern kann. Man kann soziale Systeme nie kontrollieren, denn mit Kontrolle kann man höchstens etwas verhindern, aber nie etwas Positives erreichen. Soziale Systeme organisieren sich immer bis zu einem gewissen Grad selber, deshalb gab es einen Schwarzmarkt in der Planwirtschaft der Ostblockstaaten und gibt es Drogenhandel im Gefängnis; Aufgabe des Chefs, der die Verantwortung trägt, ist es,

Grenzen zu setzen, innerhalb derer die Systemmitglieder frei agieren können, und Ziele zu vermitteln. Etwas überspitzt könnte man sagen: Ein Chef hat seine Aufgabe schon dadurch erfüllt, dass es ihn gibt, denn allein die Tatsache, dass es diese höhere Instanz gibt, hat eine koordinierende Wirkung auf die Mitarbeiter. Ansonsten muss man Chefs daran hindern, ihre Mitarbeiter zu behindern – das ist allerdings leichter gesagt als getan.

Sie fordern dazu auf, dem Lernen gegenüber kritischer zu werden und auch ans «Entlernen» zu denken – was meinen Sie damit?
«Entlernen» existiert ja als Wort eigentlich gar nicht, es steht aber für einen wichtigen Prozess: Wie erwähnt gewöhnen wir uns alle unnütze oder schädliche Dinge an. Das Problem ist: Wir Menschen neigen dazu, wenn wir erst einmal eine Lösung für ein Problem gefunden haben, an dieser festzuhalten – selbst wenn sie nicht optimal ist. Das ist der Grund, warum Provisorien immer bestehen bleiben. Man setzt einen Übergangschef ein, schafft damit das Problem, dass es keinen Chef gibt, aus der Welt, und hat dann nicht mehr genug Anreiz, nach einer anderen, besseren Lösung zu suchen. Das hat natürlich schwerwiegende Folgen, denn solange wir auf die funktionierende Lösung setzen, haben wir keine Chance, die bessere zu finden. Entlernen würde heissen: eine zwar funktionierende, aber schlechte Lösung infrage zu stellen, umzudenken, immer wieder nach Verbesserungen zu suchen.

Sie sind Arzt und Psychiater, haben lange Jahre als Familientherapeut gearbeitet. Wie wurden Sie zum Therapeuten von Unternehmen, sprich: Organisationsberater?
Das ist in meinen Augen keine erstaunliche Entwicklung. Es ist mir immer schwergefallen, mich für eine einzige Sache zu entscheiden; so ergab sich aus einer Frage für mich immer gleich die nächste. Die Systemtheorie diente mir bei all meinen Tätigkeiten als abstrakte innere Landkarte. Bevor ich mit Organisationsberatung begann, arbeitete ich an einem spannenden Projekt zur Erforschung von Psychosen in Familien. Dann boten mir Managementberater an, mich dafür zu bezahlen, dass ich meiner Neugier fröne – ich konnte schlecht Nein sagen zu einer solchen Anfrage. Seither habe ich oft mit Familienunternehmen gearbeitet. Kriege in der Familie werden leider oft auf dem Schlachtfeld der Unternehmen ausgetragen. ■

fbsimon@aol.com

**SIMONETT
ANTON**
LAUFBAHNBERATER

«Das grösste Risiko ist das einer nicht erfüllten Biografie»

Veränderungen gehören zum Arbeitsalltag. Berufs- und Laufbahnberater Anton Simonett unterstützt Menschen darin, solche Veränderungen nicht bloss zu erleiden, sondern mutig neue Wege zu gehen und «das zu realisieren, was in ihnen angelegt ist». Das sei selten ein Spaziergang, führe aber oft zu Glücksmomenten.

8.4.2009

Herr Simonett, Sie geben Kurse zum Thema «Berufliche Veränderung». Wie weit liegt Ihre letzte Veränderung zurück?

ANTON SIMONETT: Wir blicken auf eine Reorganisationsphase zurück, vor eineinhalb Jahren wurden acht Regionalstellen fusioniert. Auf den ersten Blick gehts um unspektakuläre Sachen wie einen neuen Arbeitsplatz und neue Konstellationen im Team. Diese äusserlichen Veränderungen haben aber in mir einiges ausgelöst – viel mehr, als ich erwartet hätte.

Woran denken Sie?

Wenn die Abläufe und das soziale Umfeld konstant sind, entsteht Routine im positiven Sinn. In einem Team zu arbeiten, in dem man sich wohlfühlt, ist eine enorme Ressource. Deshalb hinterlässt jede Reorganisation tiefe Spuren. Ich wundere mich jedes Mal, wenn eine Firma nach ein paar Wochen mitteilt, die Reorganisation sei nun erfolgreich abgeschlossen. Wenn man sich in einer veränderten Konstellation neu zurechtfinden muss, ist das wie ein Stellenwechsel. Oft braucht es Jahre, bis sich die Mitarbeiter wieder wohlfühlen.

Wenn Sie mit «Berufliche Veränderung» nicht nur Stellenwechsel meinen, sondern auch die Übernahme

neuer Aufgaben, dann sind Veränderungen in der Arbeitswelt etwas sehr Alltägliches. Warum sollte man einen Kurs besuchen, um sie bewältigen zu können?
Eine berechtigte Frage. Viele Menschen, die sich beruflich weiterentwickeln, können auf den Support des Arbeitgebers und der Familie zählen. Wer allerdings an den Punkt gelangt, wo eine komplette Neuorientierung bevorsteht, kann sich nicht in jedem Fall auf sein soziales Netzwerk verlassen, weil die engsten Bezugspersonen dann Mitbetroffene sind. Hier kann ein professionelles Angebot wie unseres nützlich sein. Wir geben den Kursteilnehmern Werkzeuge in die Hand, die es ihnen erlauben, einen Schritt nach dem anderen zu machen, und wir helfen ihnen dabei, den Spiegel zuallererst nach innen zu richten und zu fragen: Was will ich? Und was kann ich?

Und das ermutigt die Teilnehmenden, Veränderungen anzupacken?
Eindeutig, ja. Wir wählen bewusst auch spielerische Zugänge, so gewinnen die Kursteilnehmer Erkenntnisse, die sie sich auch mit viel Fleiss nicht selber erarbeiten könnten. Wir schenken ihnen innerhalb der 21 Kursstunden freie Zeit und wir zeigen ihnen, dass Karriere machen ganz verschiedene Dinge bedeuten kann. Durch all die verschiedenen Impulse entsteht in den Gruppen eine positive Dynamik und sehr viel Energie.

Aus welchen Gründen wollen sich die Kursteilnehmer beruflich verändern?
Ich unterscheide zwei Hauptkategorien. Die einen haben Fernweh, sie sind angetrieben von einem Traum, einer Vision, aber sie wissen nicht, wie sie im Einzelnen vorgehen sollen. Die anderen empfinden Heimweh, sie glauben, sie seien eigentlich an einem guten Ort gewesen, konnten aber nicht dort bleiben – weil sich zu vieles verändert hat oder weil ihnen gekündigt worden ist. Beide Veränderungsmotive sind gleichwertig, das ist mir wichtig; allerdings besteht bei der zweiten Gruppe die Gefahr, dass diese Menschen zu oft fragen «Was gibts denn noch für mich?» statt «Was will ich eigentlich?». Das Ziel ist für beide das gleiche: herauszufinden, wo es ihnen wohl ist, wo sie sich einbringen und Glücksmomente erleben können, auch in der Arbeit.

Der Mensch ist ein Gewohnheitstier, er strebt nach Sicherheit. Lassen sich die Kursteilnehmer erst dann auf Veränderungen ein, wenn der Leidensdruck sehr gross ist?
Das kommt vor, ist aber nicht die Regel. Manche treibt auch die Lust an, mehr aus sich zu machen, sich besser entfalten zu können. Man sollte sich aber bewusst sein: Veränderungen sind selten ein Spaziergang. Sie sind oft verbunden mit grossem Energieaufwand, einem Verlust an Freizeit und finanziellen Investitionen.

Und man muss bereit sein, loszulassen und Unsicherheit zu ertragen. Jede Veränderung bringt Verunsicherung mit sich. Wer sich nicht auf die Leere einlässt, verpasst manches. Oder mit Kafka: «Wege entstehen dadurch, dass man sie geht.»

Ist bei radikalen Veränderungen das Risiko des Scheiterns besonders gross?

Nein, eher das Gegenteil trifft zu. Wenn meine Klienten in der Laufbahnberatung klagen, dann nicht darüber, dass sie etwas versucht haben und auf die Nase gefallen sind, sondern darüber, dass sie nichts gewagt haben. Das grösste Risiko ist vielleicht das einer nicht erfüllten Biografie.

Haben Sie Anhaltspunkte, wie viele der Kursteilnehmer ihre berufliche Situation effektiv verändern?

Ja, wir haben das evaluiert. Die Hälfte der Teilnehmer realisiert innerhalb eines halben Jahres eine Veränderung – das muss kein Stellenwechsel sein, es kann auch bedeuten, dass jemand neue Aufgaben übernimmt. Ein Viertel war nach einem halben Jahr noch im Veränderungsprozess, bei einem weiteren Viertel hat sich auf der beruflichen Handlungsebene in dieser Zeit nichts geändert. Das muss nicht heissen, dass bei diesen Teilnehmern alles beim Alten geblieben ist. Manche finden eine neue Einstellung zum bisherigen Beruf, andere, rund ein Achtel der Befragten, nehmen im persönlichen Bereich grundlegende Veränderungen vor, die sich auch auf den Beruf auswirken.

Können Sie ein Beispiel für eine gelungene Neuorientierung geben?

Da fallen mir viele Geschichten ein. Eine, die mich beeindruckt hat, ist die eines Lehrers, der in der Freizeit leidenschaftlicher Bergsteiger war. Weil er im Lehrerberuf unglücklich war, wurde er Zimmermann und spezialisierte sich schliesslich auf Arbeiten am Seil. Wenn er heute in Museen Boxen aufhängt oder an Brücken Dinge montiert, dann ist er ganz in seinem Element, weil er dabei am Seil arbeitet. Ihm wurde klar, dass die Verbindung von Beruf und Leidenschaft ihm wichtiger ist als guter Lohn und höheres Ansehen. Es sind aber nicht lauter Aussteigergeschichten, es gibt Teilnehmer, die mangels Mut oder konkreten Vorstellungen über Jahre einfache Bürojobs verrichtet hatten und schliesslich dank gezielter Weiterbildung anspruchsvolle Führungsarbeit übernehmen konnten. Wichtig ist, dass wir die Teilnehmer dazu befähigen, Experten zu werden in eigener Sache und das zu realisieren, was in ihnen angelegt ist. ∎

anton.simonett@erz.be.ch / www.erz.be.ch/berufsberatung

**SPRENGER
REINHARD**
MANAGEMENTBERATER

«Managementliteratur ist nur gut verpackte Verblödung»

Reinhard Sprenger, einer der einflussreichsten Managementberater im deutschsprachigen Raum, übt sich in Bescheidenheit. Er wisse nicht mehr als die Chefs, die er berate, sagt er im Interview, er leiste sich höchstens den Luxus, über manches ein wenig gründlicher nachzudenken. Seit er nicht mehr «jedem Auftrag hinterherreist», gelingt das noch besser.

10.6. und 17.6.2009

Herr Sprenger, wie muss man sich den Alltag eines Management-Gurus vorstellen in solch turbulenten Zeiten?

REINHARD SPRENGER: Der ist komplett unspektakulär. Wenn ich als Berater oder Referent unterwegs bin, besteht der Alltag aus Flugzeug, Taxi, Hotels und einigen Stunden bei den Kunden. Vor zwei Jahren habe ich diesen Teil aber deutlich zurückgefahren, heute hat das Schreiben Priorität. Dabei stehen nicht mehr die Bestseller im Vordergrund, oft schreibe ich ganz allein für mich, um mir mehr Klarheit zu verschaffen über die Welt und mich selber. Die Gedanken entstehen beim Schreiben, das wusste schon Kleist.

Aber vom Tagebuch-Schreiben können Sie nicht leben, oder?

Ich bin in der luxuriösen Situation, dass ich nicht mehr arbeiten müsste – aber ich will unbedingt weiterarbeiten, bis ich eines Tages wie vom Blitz getroffen tot umfalle. Für mich fallen Arbeiten und Leben heute zusammen. Ich finde es schrecklich, wenn man die Arbeit als die lästige Pflicht betrachtet, die einem das Vergnügen finanziert. Nicht wenige arbeiten sich zu Tode, ohne je zum Vergnügen vorgedrungen zu sein. Ich habe mich vor 20 Jahren dafür entschieden, dass Zeit-Reichtum der einzige wahre Reichtum ist. Von da an setzte ich alles daran, um meine Zeit so frei wie möglich einteilen zu können.

Auf Ihrer Homepage schreiben Sie, die hundert grössten deutschen Firmen stünden praktisch alle auf ihrer Kundenliste. Wie passt das zu Ihrer Version vom ziemlich autonomen Berater, der sich die Zeit frei einteilt?

Als selbständig Erwerbender hat man grundsätzlich immer zu wenig oder zu viel zu tun. Am Anfang war ich stolz darauf, meinen Lebensunterhalt als Freiberufler verdienen zu können. Dann genoss ich es, gefragt zu sein, wertvolle Kontakte knüpfen zu können. Wenn die Eitelkeit Regie führt, kommt es nicht gut heraus. Ich musste erst lernen, mich abzugrenzen, auch mal Nein zu sagen. Ich gelangte an einen Punkt, wo ich merkte: Das mit der Selbststeuerung ist nur noch eine Illusion. Ich reiste bloss noch den Aufträgen hinterher und wusste kaum noch, in welcher Stadt ich war. Überall spulte ich routinemässig mein Programm ab. Einmal flog ich für einen 45-Minuten-Vortrag nach São Paulo und dann mit der gleichen Maschine wieder zurück. Solche Übungen mache ich heute nur noch in Ausnahmefällen.

Warum leben Sie heute in Zürich, wenn Sie sich um fast alle deutschen börsenkotierten Unternehmen kümmern müssen?

Es gehören inzwischen auch ziemlich viele Schweizer Firmen zu meiner Kundschaft. Aber der wahre Grund ist, dass ich in vergleichsweise hohem Alter nochmals Kinder bekommen habe. Meine Frau ist Schweizerin, ihre Eltern leben hier, meine Eltern sind tot. Für die Kinder ist es wichtig, dass sie auch zu den Grosseltern einen guten Draht haben.

Warum ist Ihr Rat in Chefetagen eigentlich so begehrt? Was wissen Sie, was all die hoch qualifizierten Manager der grossen Unternehmen nicht wissen?

Da muss ich Sie enttäuschen, ich weiss nicht mehr als diese Manager. Aber ich kann es mir erlauben, etwas zu tun, was sich kein Manager auf dieser Welt leisten kann: mich tage-, ja wochenlang mit einem Thema zu beschäftigen. Amerikanischen Studien zufolge wird ein Manager alle drei Minuten bei seiner Arbeit unterbrochen. Da muss man sich nicht wundern, dass manche Dinge nicht besonders gut durchdacht sind. Zudem sind die Manager unter scharfer Beobachtung und grossem Druck: Wenn einer zu lange nachdenkt, gilt er als führungsschwacher Zauderer. Der «Adhocismus» ist eine der grössten Krankheiten in den Führungsetagen. Er verleitet uns dazu, sofort Massnahmen zu ergreifen, ohne sich gründlich mit den zu erwartenden Spät- und Nebenwirkungen zu befassen.

Und Sie legen das Augenmerk auf solch unerwünschte Nebenwirkungen?
Ja, ich kann als Externer, der nicht in die Betriebshektik eingebunden ist, eine Art Management zweiter Ordnung betreiben und genau auf die Epiphänomene achten. Dabei kommt mir entgegen, dass ich nicht primär auf Betriebswirtschaftswissen zurückgreife. Ich habe gründliche humanistische Studien betrieben und nie damit aufgehört, mich weiterzubilden. Deshalb befrage ich lieber Anthropologen, Soziologen, Biologen, Philosophen und Psychologen als Wirtschaftstheorie, Trendforschung und Marktberichte von Finanzanalysten.

Damit sagen Sie auch: Die Wirtschaftswissenschaften leiden unter dem Tunnelblick.
Ich weiss nicht, ob sie darunter leiden, die Absolventen aber mit Sicherheit, wenn sie nicht von sich aus den Blick ausweiten. Meine beiden älteren Kinder studieren BWL. Ich habe ihnen immer dringend geraten, alles zu lesen ausser Managementliteratur. Das ist ja nur mehr oder weniger gut verpackte Verblödung.

Ehrliche Worte aus dem Mund eines der bekanntesten Exponenten dieser Literaturgattung.
Ja, ich lebe ganz gut davon. Und wenn man Glück hat, findet man natürlich auch in der Managementliteratur ein paar nützliche Dinge. Aber ich mache mir keine Illusionen über die Wirksamkeit solcher Bücher. «Mythos Motivation» war und ist immer noch ein Bestseller. Darin habe ich 1991 genau beschrieben, welche Spät- und Nebenwirkungen die Bonus- und Incentive-Systeme der Banken haben. Hat es etwas genutzt?

Wenn alle das Gleiche tun, können wir nicht ausscheren – so argumentieren die Banken.
Das ist nur die halbe Wahrheit. Schauen Sie, die Berner Kantonalbank hat keine kurzfristigen Anreizsysteme, die UBS setzt auf solche Incentives. Da muss man sich nicht wundern, dass die UBS andere Leute anzieht, nämlich Einkommensmaximierer, die sich das Unternehmen zur Beute machen.

Sie können doch nicht eine Kantonalbank mit einem global tätigen Finanzkonzern vergleichen.
Man sollte sich immerhin bewusst sein, dass man einen hohen Preis zahlt für diesen Anspruch, ein Global Player zu sein. Glauben Sie, die Angestellten der Deutschen Bank in Frankfurt hätten irgendetwas am Hut mit den Investment-Kollegen der Deutschen Bank in London? Die Idee des Unternehmens als Solidargemeinschaft und Leistungspartnerschaft wurde dort bis zur Identitätszerstörung strukturell dementiert.

Sie sagen, aus anthropologischer Sicht sei es extrem naiv zu glauben, Gruppen mit über 300 Mitgliedern könnten vertrauensvoll kooperieren. Sind Konzerne folglich zum Scheitern verurteilt?
Grösse ist keine Strategie. Je grösser das Unternehmen, desto höher ist der Vertrauensbedarf, desto schwieriger ist er zu decken. Über Jahrmillionen haben wir in kleinen Gruppen kleinräumig überlebt. Heute bemühen wir uns, gegen unsere zeitgehärtete Prägung anzuarbeiten, aber natürlich bleiben wir an unser evolutionsbiologisches Gepäck gebunden. Der Mensch ist zur Nächstenliebe in der Lage; die Fernstenliebe überfordert ihn. Deshalb arbeiten Menschen ja auch nicht in Unternehmen, sondern in Nachbarschaften. Diese Nachbarschaften werden durch den Chef definiert, einige Kollegen, Flure, Kaffee-Ecke, Mittagsstammtisch, Rituale. In diesen Nachbarschaften entsteht Zusammenarbeit, Wir-Gefühl, Commitment. Deshalb sollte man sie auch nicht durch entindividualisierende Grossprogramme schwächen. «One size fits all» hat noch nie funktioniert.

Auch Sie beraten nicht in erster Linie Kleinunternehmen, sondern grosse börsenkotierte Konzerne. Was können Sie dort bewegen?
Ich bemühe mich um die Wiedereinführung des gesunden Menschenverstands in das Management. Das ist bitter nötig, denn die meisten Organisationen sind «overmanaged but underled», will sagen: Überall werden von Spezialisten modische Instrumente eingeführt, die den Menschen zum Anhängsel der Systeme machen und das Wesentliche vergessen lassen. Nehmen wir das gerade modische 360-Grad-Feedback. Es kreiert einen unternehmensinternen Markt, auf dem das Spiel «Mach es andern recht!» gespielt wird. Dafür werden wir aber vom Kunden nicht bezahlt. Manager sollen auf externen Märkten Umsatz und Gewinn erzielen und nicht sich bei den Mitarbeitern beliebt machen. Manchmal frage ich mich: Wollen wir «Betreutes Arbeiten»?

Andernorts haben Sie einmal gesagt, das wichtigste Führungsinstrument sei, ein «warmes sozial-emotionales Klima» zu schaffen.
Die Beziehungsebene zwischen Chef und Mitarbeiter ist die Achillesferse der Arbeitszufriedenheit. Wenn die Beziehungsebene belastet ist mit Botschaften wie «Ändere dich!» oder «Ich misstraue dir!», dann gehen die Mitarbeiter in die freizeitorientierte Schonhaltung. Denn Beziehungen funktionieren zwischen Menschen so, wie sie sind, nicht wie sie sein sollen. Weil das die meisten Manager nicht glauben, beschäftigen sie sich zu 90 Prozent ihrer Zeit mit Problemen, die sie selbst erzeugt haben.

Chefs zu kritisieren ist einfach. Die Erwartungen sind so hoch, dass sie niemand erfüllen kann. Mitarbeiter wollen Leitfiguren, welche die Richtung vorgeben, aber gleichzeitig sollen sie bitte bescheiden sein und empathisch.

Das Problem ist, dass die Manager heute weit mehr als früher Dilemmata entscheiden müssen. Kein Mensch kann gleichzeitig durchsetzungsstark und einfühlsam sein, keiner gleichzeitig Stabilität und Wandel vorantreiben. Das Selbstbild vieler Manager aber und auch die Erwartung der Mitarbeiter an sie sind nach wie vor an Begriffen wie Klarheit, Eindeutigkeit und Widerspruchsfreiheit orientiert. Kaum jemand hat den Mut zu sagen, worum es angesichts einer unvorhersehbaren Zukunft und vieler Zielkonflikte wirklich geht: Wir irren uns voran.

Was meinen Sie, wenn Sie sagen, Chefs müssten weniger managen und mehr führen?

Wer zum Beispiel mehr Innovation will, der muss den Rechtfertigungsdruck zurückfahren, Freiräume schaffen. Bewegung braucht Raum. Das gilt auch für Vertrauen. Wer einen höheren Vertrauensspegel haben will, kommt nicht darum herum, Monitoringsysteme, Reportings und Richtlinien abzuschaffen. Gute Führung sollte die strukturellen Bedingungen der Organisation optimieren – nicht die Leute therapieren.

Kann man Führungsstärke lernen?

Wenn Führen heisst, die Leistung der Mitarbeiter zu fördern, das Beste in anderen Menschen hervorzubringen, dann kann man Führen nicht lernen. Denn mit 20 Jahren sind die wichtigsten Talente dazu ausgebildet. Deshalb tun Firmen gut daran, mehr in die Personal-Auswahl und weniger in die Personal-Entwicklung zu investieren. Selbst-Entwicklung dagegen ist immer möglich – sie geschieht unter den Bedingungen von Leid oder Liebe, was beides wenig verbreitet ist im Businessalltag.

Wie wird man eigentlich zu einem Management-Guru? Da reicht gesunder Menschenverstand nicht aus, oder?

Indem man es nicht anstrebt, sondern von einem Gegenstand geradezu erotisch angezogen wird. Ich habe in all meinen Büchern und Referaten immer nur beschrieben, was mir das Staunen ans Herz gelegt hat.

Diese Bescheidenheit nimmt man Ihnen nicht ganz ab. Immerhin haben Sie diverse Wortschöpfungen und markige Sätze markenrechtlich schützen lassen.

Markenrechtlich habe ich gar nichts schützen lassen. Jeder Schutz schwächt den Geschützten. Und ich habe erst spät gemerkt, dass mein Markenkern immer nur ein einziger Gedanke war: An der Freiheit des andern kommt niemand vorbei.

Diesen Gedanken habe ich in allen Büchern durchdekliniert. Davon wurden einige sehr erfolgreich, wie «Mythos Motivation», wo ich vor 20 Jahren genau das beschrieb, was jetzt als Bonus-Diskussion Schlagzeilen macht. Und ich habe auch Bücher geschrieben wie «Der dressierte Bürger», die niemand lesen wollte, weil die Botschaft so unbequem ist.

In Bern referieren Sie demnächst zum Thema «Warum es Unsinn ist, Leistungsträger halten zu wollen». Verraten Sie hier vorab die Begründung?

Stellen Sie sich vor, jemand will Sie verlassen und es gelingt Ihnen, ihn zu binden. Gibt es etwas Würdeloseres? Was man festhält, flieht. Das wissen gute Führungskräfte.

Und die überzeugen durch ihre Art und nicht durch die Tatsache, dass sie objektiv richtige Entscheidungen fällen?

Nichts hat so viel Autorität wie radikale Subjektivität. Streichen Sie das Wort «objektiv» aus Ihrem Wortschatz, ausser Sie arbeiten im Fotogeschäft. ∎

reinhard@sprenger.com

**STEINER
VERENA**
BESTSELLERAUTORIN

«Goethe und Einstein schliefen zehn Stunden pro Nacht»

Sie liest am Morgen keine Mails, nimmt keine Anrufe entgegen und nimmt an keinen Sitzungen teil. Und mitten am Nachmittag gönnt sie sich ein Nickerchen. Die Bestsellerautorin Verena Steiner weiss: Wer Höchstleistungen erbringen will, muss sich konzentrieren und entspannen können. Und tut gut daran, auf seine eigene Energiekurve zu achten.

24.5. und 31.5.2006

Frau Steiner, Sie lehnten ein Interview um 15.30 Uhr ab mit der Begründung, dann sei es Zeit für Ihren Mittagsschlaf. Sind Sie da immer so konsequent?

VERENA STEINER: Das ist für mich nicht primär eine Frage der Konsequenz, sondern es ist mir ganz einfach ein Bedürfnis. Ich spüre wie die meisten Menschen Mitte Nachmittag ein Tief und leiste mir dann ein Nickerchen mit meiner Swissair-Augenbinde auf dem Bürosofa.

Und wenn Sie ohne Nickerchen durcharbeiten, sind Sie weniger leistungsfähig am Nachmittag?

Eindeutig. Ich habe einmal in meiner Nickerchenzeit Honorarverhandlungen geführt – das Ergebnis war ernüchternd, ich war viel zu nachgiebig gewesen. Die meisten Menschen durchlaufen Mitte Nachmittag ein Energietief. Wenn ich Autoverkäuferin wäre, würde ich nachmittags und samstags arbeiten; dann haben die Leute weniger Energie, und das bedeutet auch: Sie sind offener, empfindsamer und zugänglicher, ihr Wille ist schwächer. Wenn ich Seminare durchführe, setze ich auf 15 Uhr eine Pause an, keine Kaffeepause, sondern eine persönliche Rückzugspause. Man müsste die Teilnehmer filmen, mit welch glücklichem Gesicht sie danach zurückkehren...

Sie haben Naturwissenschaften studiert und waren danach in der Pharmaforschung tätig. Wie wurden Sie zur Expertin für Lern-, Denk- und Arbeitsstrategien?
Nach Abschluss meines Erststudiums in Chemie begann ich zu unterrichten. Da ich eine faule Studentin gewesen war, musste ich mir Woche für Woche den Stoff nachträglich aneignen. So hangelte ich mich durch die Lektionen. Aus Not begann ich mich für die Frage zu interessieren, wie man das Lernen erlernt. Als ich mit 36 Jahren mein Zweitstudium in Biochemie in Angriff nahm, war ich bereits ein Lernprofi. Ich konnte es mir erlauben, systematisch Vorlesungen zu schwänzen und neben dem Vollzeitstudium noch 50 Prozent zu arbeiten. Schon damals wusste ich: Irgendwann schreibe ich einen Bestseller über das Lernen. Als ich 1999 von der ETH Zürich die Möglichkeit zu einem Sabbatical an der Harvard University erhielt, war mir klar, dass der Moment für das Buch «Exploratives Lernen» gekommen war. Zehn Tage vor meiner Abreise in die USA fragte mich der Pendo-Verlag an, ob ich nicht ein Buch übers Lernen schreiben möchte.

Heute plädieren Sie für einen sinnvollen Umgang mit den eigenen Energien. Warum fühlen sich derart viele Menschen gestresst von ihrer Arbeit?
Das Problem ist weniger, dass die Belastungen hoch sind, sondern dass wir die Entlastung vergessen. Unser Organismus kann unglaublich viel leisten. Wenn wir allerdings die Entspannung vernachlässigen, uns keine Pausen gönnen, dann leisten wir immer weniger und brennen aus. Deshalb rede ich lieber von Energiekompetenz als von Zeitmanagement. In der Zeitmanagement-Literatur wird meist suggeriert, dass jede Stunde gleich viel wert sei; es bleiben wichtige Erkenntnisse aus der Chronobiologie und der Hirnforschung unberücksichtigt. Diese Disziplinen lehren uns, dass unsere individuelle Energiekurve im Verlauf eines Tages Hochs und Tiefs durchläuft und dass wir nicht zu jeder Tageszeit jede Aufgabe gleich gut verrichten können.

Ein ungeschriebenes Gesetz in der Arbeitswelt besagt aber: Ich muss immer 100 Prozent Leistung bringen.
Ja, das ist einer der Mythen unserer Leistungsgesellschaft. Kürzlich fragte mich eine Journalistin, wie ich es bloss schaffe, den ganzen Tag auf Hochtouren zu laufen. Sie wollte mir ein Kompliment machen für meine Produktivität. Ich antwortete ihr: Meine Bücher konnte ich nur schreiben, weil ich zwischendurch schlafe, pausiere oder trödle. Als ich jung war, arbeitete ich am Wochenende manchmal auf einer Alp. Die Bergbauern verrichteten enorm harte Arbeit, aber sie waren nie gestresst, und es wäre ihnen nicht in den Sinn gekommen, sich Ferien zu wünschen. Weshalb? Weil sie nach einem natürlichen Rhythmus lebten.

Wir können nicht alle Bergbauern werden. Im Firmenalltag geben andere den Rhythmus vor, wir müssen uns anpassen...
Es stimmt, dass wir abhängig sind von Chefs, Mitarbeitenden und Kunden. Die eigenen Gestaltungsmöglichkeiten sind allerdings viel grösser, als wir glauben. Es schreibt uns ja niemand vor, während unserer produktivsten Zeit am Morgen Mails zu beantworten, Routinesitzungen abzuhalten oder Zeitung zu lesen. ==Mangels Wissen und Gestaltungswillen verzetteln viele Menschen ihre Kräfte.== Meist flüchten sie sich in einen unergiebigen Nonstop-Aktivismus. Das gilt auch für jene, die hierarchisch weit oben stehen und also vieles steuern könnten. Eine Studie von Heike Bruch von der Universität St. Gallen zeigt, dass lediglich zehn Prozent der Manager wirklich zielgerichtet und effektiv handeln. Die Mehrheit verzettelt sich, weil es ihr an Energie oder an Fokus fehlt.

Was bedeutet es für Sie persönlich, den Tag bewusst zu gestalten?
Zwischen sechs und acht Uhr bin ich in der Alpha-Phase, da ist die rechte Hirnhälfte sehr aktiv. Dies ist die Zeit des geistigen «Rundum-Blicks», der später durch das logisch-analytische Denken abgelöst wird. Deshalb lege ich die Arbeit an Entwürfen und Konzepten für Bücher oder Referate auf diese frühen Morgenstunden. Zwischen acht und halb elf Uhr liegt meine Primetime, die Zeit der höchsten Energie. In dieser Phase erledige ich anspruchsvolle Aufgaben wie Schreiben und auch Unangenehmes. So weit, so gut. Wenn ich nun aber alle fünf Minuten Mails lesen oder Telefonate empfangen würde, wäre meine Konzentration dahin, dann reagierte ich bloss auf beliebige äussere Reize. Deshalb gibt es bei mir keine Sitzungstermine vor 11 Uhr, und ich bin am Morgen unerreichbar.

Sie haben sich den Kaffee nach dem Mittagessen abgewöhnt, um Ihre Produktivität zu steigern. Schmälert Kaffee die Leistungsfähigkeit am Nachmittag?
Ja, auch wenn das zunächst paradox klingt. Warum trinken wir Kaffee nach dem Mittagessen? Koffein regt an und überbrückt das nachmittägliche Tief. Der Organismus muss sich jedoch in den Tiefs erholen können, nur so kommt er nachher wieder in ein Energiehoch. Ein angeregter Organismus kann sich nicht erholen. Deshalb ist es klüger, nach dem Mittagessen einen Spaziergang zu machen oder sich ein Nickerchen zu gönnen.

Schlafen am helllichten Tag ist schlecht akzeptiert in einer Gesellschaft, in der Manager und Politiker damit kokettieren, mit nur vier Stunden Schlaf pro Nacht auszukommen...
Es steht jedem frei, sich seine Vorbilder auszusuchen. Goethe und Einstein schliefen zehn Stunden pro Nacht und gönnten sich oft ein Nickerchen. Und Churchill

sagte, mit dem Mittagsschlaf könne er aus einem Tag eineinhalb Tage machen. Oder Roger Federer: Er liess nach dem Effort in Rom das Turnier in Hamburg aus, weil er das fragile Gleichgewicht zwischen Spitzenleistung und Regeneration genau kennt. Federer sagte im Interview nach seinem zweiten Wimbledonsieg etwas Wichtiges: In erster Linie komme es nun darauf an, dass er frisch bleibe im Kopf. Frisch im Kopf bleiben: Das könnte auch Führungskräften nicht schaden. Ich kenne einige Topmanager, die genügend schlafen und auch das Nickerchen nicht verachten, aber sie hängen es nicht an die grosse Glocke. Man erkennt sie in der Regel an einer gewissen Gelassenheit.

Ist es denn überhaupt möglich, über längere Zeit mit vier Stunden Schlaf auszukommen ohne Leistungseinbusse oder körperliche Schäden?
Es gibt einige wenige Menschen, die mit fünf Stunden Schlaf pro Nacht ausgeschlafen sind. Laut einer kanadischen Gross-Studie mit einer Million Menschen schlafen 75 Prozent der Untersuchten zwischen 7,5 und 8,5 Stunden pro Nacht. Der Mensch kann allerdings über längere Zeit mit einem Kernschlaf von etwa fünf Stunden auskommen – Eltern von Kleinkindern wissen das. Wer indes geistige Höchstleistungen erbringen will, muss ausgeschlafen sein.

Wie schnell wir ermüden, hängt auch davon ab, wie sehr wir uns mit der Arbeit identifizieren. Was halten Sie von der Aussage: «Ich liebe meine Arbeit so sehr, dass ich nicht müde werde.»?
Liebe ist tatsächlich unsere grösste Energiequelle – auch die Liebe zur Arbeit schenkt enorm viel Energie. Gleichzeitig gilt aber: Intensives Tun spannt auch an. Wenn wir die Entspannung vernachlässigen, tappen wir in die Beschleunigungsfalle. Davor muss auch ich mich immer wieder bewusst schützen. Arbeit und Erfolg entwickeln manchmal eine Eigendynamik; wenn man sich da nicht bewusst begrenzt, kann man nicht mehr das Beste geben.

Plädieren Sie deshalb für konsequent arbeitsfreie Sonntage?
Ja. Am Sonntag sollten sich Vielbeschäftigte Zeit nehmen für Besinnung und Regeneration. Eine Woche ist so etwas wie das Leben im Kleinen. Was in einer Woche nicht Platz hat, kommt oft im Leben generell zu kurz. Wann, wenn nicht am Sonntag, ist Zeit für Musse, für Nichtstun oder fürs Nachdenken – zum Beispiel darüber, wer wir sind und was wir im Leben wollen?

Für viele leistungsorientierte Menschen ist ein leerer Sonntag eine Horrorvorstellung...
Nichtstun ruft bei vielen innere Leere und Langeweile hervor. Obwohl dies ein unangenehmes Gefühl ist, sollten wir aufhören, uns davor zu fürchten. Wenn

Kinder sagen, es sei ihnen langweilig, unternehmen Erwachsene alles, sie von der Langeweile zu befreien – statt ihnen die Gelegenheit zu geben, sie auszuhalten. Erwachsene arbeiten am Sonntag oft weiter oder stellen ein lückenloses Programm zusammen aus Furcht vor Langeweile. Und am Montag staunen sie, dass sie sich matt fühlen.

Ist Langeweile eine Voraussetzung für Fortschritt?
Aus Langeweile und innerer Leere entstehen oft produktive Ideen. Wenn ein Leben erfüllt sein soll, sind immer wieder Leerstellen und Freiräume nötig. Viele Menschen agieren im Alltag zu viel und reflektieren zu wenig. Sie vergessen in ihrer stetigen Betriebsamkeit elementare Dinge wie zum Beispiel die Erkenntnis, dass es sich lohnt, wichtige Fragen zu überschlafen. In der Nacht durchläuft unser Gehirn tiefere Energiezustände, das ermöglicht umsichtige Entscheide am nächsten Tag.

Wer eine Mail oder eine SMS aufs Handy schickt, erwartet doch am gleichen Tag eine Antwort.
(Lacht.) Was ist ein Handy?

Sie besitzen keins?
Nein, natürlich nicht, ich will mich doch nicht dauernd stören lassen.

Sie leben nach dem Motto: «Entweder ist man wichtig oder erreichbar.»?
Wenn man Bücher schreibt, muss man sich vertiefen können, es braucht möglichst ununterbrochene Tage, Wochen und Monate. Da darf ich meine Konzentration nicht durch Beliebiges stören lassen. Natürlich ist es verlockend, sich gelegentlich zu zerstreuen. Aber ich lese nur selten Sonntagszeitungen und schaue kaum TV. Kurzlebiges ist zwar unterhaltsam, aber es frisst bloss Zeit und bringt mich in meiner persönlichen Entwicklung nicht weiter.

Das klingt nach sehr viel Ehrgeiz, fast schon nach Sturheit.
Ein kluger Kopf hat einmal gesagt, Ehrgeiz sei eine Art von Leidenschaft für die Verheissungen des Lebens. In diesem Sinn bin ich ehrgeizig; ich habe noch viele Ideen, die ich ausprobieren möchte, das Leben wird immer faszinierender. Sich auf das Wesentliche zu konzentrieren, den inneren Rhythmus und seine Energiezustände zu kennen und die Tage und Wochen in Übereinstimmung damit zu gestalten, bedeutet noch lange nicht, zum Sklaven der eigenen Planung zu werden, denn ein guter Rhythmus ist elastisch. Ich halte es mit Picasso, der einst sagte: «Nur wer die Form beherrscht, kann sich darüber hinwegsetzen.» ∎

STOLLER
NADJA
MUSIKERIN

«Mir ist es wohler auf Baustellen»

«Im Zweifelsfall habe ich mich immer für jenen Weg entschieden, vor dem ich mehr Angst hatte», sagt Nadja Stoller. So wurde die Bernerin zur Komponistin und Sängerin, obwohl sie keinen Hit schreiben kann und nicht fürs Rampenlicht geboren ist. Im Sommer wird sie Bern in Richtung Paris verlassen.

18.2.2009

Frau Stoller, Sie sind Sängerin, Bandleaderin, Studiomusikerin, Gesangspädagogin und Teeverkäuferin. Wie sieht Ihr Arbeitsalltag aus?

NADJA STOLLER: Meistens ist es ein Puzzle, das sich aus diesen sehr verschiedenen Tätigkeiten zusammensetzt. Das ist spannend, aber auch ziemlich anstrengend. Wenn ich mir den Luxus leisten kann, mich längere Zeit auf etwas zu konzentrieren, ist das sehr erholsam. Ein paar Tage am Stück komponieren zum Beispiel. In solchen Momenten merke ich aber auch, dass ich den Zeitdruck und die Abwechslung brauche. Es kommt vor, dass ich drei Tage lang Zeit habe und gar nichts auf die Reihe bringe. Dann, in den fünf Minuten zwischen zwei Gesangsstunden, habe ich einen Einfall, der mich weiterbringt. Das alles ist sehr unberechenbar.

Es ist also nicht so, dass Sie sich abschotten müssen, um neue Stücke zu komponieren?

Erstaunlicherweise entsteht viel zwischen Tür und Angel. Natürlich braucht es Zeit und Ruhe, um die Ideen auszuarbeiten, aber der Impuls kommt oft, wenn ich an etwas ganz anderem bin. Ich finde es immer faszinierend, wenn Künstler in wunderschönen Ateliers arbeiten. Ich musste aber feststellen, dass ich anders funktioniere. Wenn ich es mir zu schön einrichte, fühle ich mich befangen und eingeengt. Mir ist es wohler auf Baustellen, da sind die Antennen ganz auf Empfang.

Gibt es bei so vielen verschiedenen Tätigkeiten Pflichtstoff und Kür?
Ich versuche mir einzureden, alles sei gleichwertig, aber realistischerweise gibt es schon Pflicht und Kür. Der ganze Vermarktungsteil liegt mir nicht besonders, aber er ist wichtig, wenn man mit Musik über die Runden kommen will. Für mich hat sich die Lage entspannt, seit ich mit dem Gedanken Frieden geschlossen habe, dass ich nicht allein von Konzerten leben können muss. Das gibt mir Luft und die Freiheit, wirklich das zu machen, was ich will. Ich muss nicht an irgendeinem Hochzeitsapéro auftreten – wenn ich es trotzdem mache, ist es meine freie Entscheidung. Das nimmt Druck weg. Deshalb arbeite ich seit zwölf Jahren einen Tag pro Woche im Teeladen in der Länggasse.

Denken Sie manchmal: Eigentlich traurig, dass ich mit 34 Jahren als Teeverkäuferin arbeiten muss, wenn ich doch so gute Musik mache?
Ich sehe es als gute Abwechslung und als Gelegenheit, unter die Leute zu kommen. In der Band und beim Unterrichten habe ich stets mit den gleichen Menschen zu tun, sonst arbeite ich oft alleine hier im Kellerraum im Progr. Da ist es schön, einmal pro Woche mit ganz verschiedenen Menschen Kontakt zu haben. Aber natürlich wäre es mein Traum, ganz von der Musik leben zu können. Das ist noch nicht der Fall, und deshalb habe ich gelegentlich das Gefühl, es sei gar kein richtiger Beruf. Manchmal ärgert mich das. Ich spüre, dass ich mich persönlich und musikalisch weiterentwickle, die Einnahmen aus Konzertgagen stagnieren aber auf bescheidenem Niveau. Zum Glück habe ich mir angewöhnt, mit wenig Geld zu leben. Ich muss auch nicht dauernd an einen Strand in die Ferien fliegen. Im Gegenteil: Ferien tun mir nicht gut.

Wie das?
Ich fühle mich rasch verloren, wenn ich meine Sachen nicht dabeihabe und nicht Musik machen kann. Natürlich habe ich immer wieder Sehnsucht nach Ferien, aber wenn ich ihr wieder einmal nachgebe, stelle ich fest: Ich habe keinerlei Talent zum Ferienmachen. Was ich gut kann: an einen anderen Ort fahren, um in ungewohnter Umgebung zu arbeiten. Wichtig ist, dass ich verbunden bleibe. Wenn ich ganz abzuschalten versuche, schleicht sich rasch ein schlechtes Gefühl ein.

Um von Konzerteinnahmen leben zu können, müssten Sie einen Hit schreiben.
Beim Komponieren spekuliere ich nie auf die Gunst des Publikums. Eine gute Freundin hat mir mal gesagt, sie erschrecke immer wieder, wenn sie meine Musik

höre. Man könne einfach nicht hinsitzen und Stück um Stück geniessen. Da muss ich ihr Recht geben, es ist keine homogene Musik, sie überrascht mich selber immer wieder. Ehrlich gesagt kann ich das gar nicht, einen Hit komponieren. Ich weiss nicht, wie das geht. Ich bewundere es, wenn Leute konsequent nach Konzept arbeiten und für andere Hits produzieren; ich selber konnte es nie.

Wie entstehen Ihre Songs?

Ich habe den Eindruck, ich bin laufend am Sammeln, nicht nur Töne, sondern auch visuelle Eindrücke. Das alles vermischt sich in einem Gärprozess, und wenn die Zeit reif ist, entsteht etwas Neues – durch Ausprobieren, Modifizieren, Verwerfen. Früher dachte ich, ich müsse eine gute Idee verfolgen und dann daran feilen, bis sie perfekt realisiert ist. Inzwischen weiss ich, dass ich viel Stoff brauche, damit ich das Beste auslesen kann. Oft muss ich sieben schlechte Varianten schaffen, damit dann eine achte auftaucht, die sich wie von selber realisieren lässt.

Und dabei arbeiten Sie am Flügel?

Ja, entweder hier am Flügel, am Computer oder mit meinem Loopgerät: Ich singe eine Melodie, kopiere das in Endlosschlaufen und probiere dann verschiedene Instrumentalisierungsvarianten dazu aus. So kann ich ganz allein ein kleines Orchester simulieren.

Wie wissen Sie, wann ein Stück gut wird?

Wenn ich spüre, dass es mich packt, dass ich ganz aufgeregt werde. Ich habe dann das Gefühl, endlich einen Faden in der Hand zu halten, den ich weiterverfolgen kann.

In einer Konzertkritik hiess es unlängst, bei Ihnen sei Magie im Spiel. Gibt es für Sie einen magischen Moment beim Komponieren?

Manchmal frage ich mich selber, woher die Inspiration kommt. Ich weiss es nicht. Ich habe nicht den Eindruck, dass ich nur aus mir schöpfe. Es ist eher so, als müsste ich mich mit etwas verbinden, um Ideen zu empfangen. Es hat viel mit Aufmerksamkeit zu tun, mit Offenheit.

Tauchen regelmässig neue Ideen auf, oder ist es ein qualvolles Warten?

Es gibt schon schwierige Zeiten. Manchmal fühle ich mich leer, dann kommt gar nichts ausser der bohrenden Frage: «Was machst du da eigentlich? Hast du wirklich das Gefühl, etwas Wertvolles zu schaffen? Gibts das nicht alles schon?» Das hat stark mit meiner Grundstimmung zu tun. An guten Tagen beunruhigt es mich nicht, dass es unmöglich ist, etwas wirklich Neues zu erfinden. Dann macht es mich glücklich, das vorhandene Tonmaterial mit meinem Erleben zu verknüpfen, etwas Persönliches zu schaffen. Natürlich ist man auch geprägt von Musi-

kern, die man verehrt. Bei mir ist das in erster Linie die Sängerin, Songwriterin und Gitarristin Rickie Lee Jones.

In welcher Stimmung arbeiten Sie am besten?

Ich bin am kreativsten, wenn ich ganz bei mir bin – egal, ob ich sehr glücklich oder ob ich traurig bin. Am meisten entsteht seltsamerweise dann, wenn viel los ist, wenn ich bis zum Hals in Projekten stecke. Dann surfe ich meistens auf einer guten Welle, meine Kanäle sind weit offen. Wenn ich sehr viel Zeit habe, wirkt das eher lähmend auf mich. Dann ist es ein Geknorze, es melden sich eher Zweifel als Ideen.

Stand es nie zur Diskussion, einen solideren Beruf zu erlernen?

Ich hatte immer ein Flair für brotlose Sachen. Zuerst lernte ich ja Keramikerin, ging an die Kunstgewerbeschule – ohne die leiseste Ahnung zu haben, was ich damit anfangen soll. Aber ich hatte immer schon Freude am schöpferischen Prozess, am Zeichnen, am Töpfern. Mit der Zeit nahm die Musik immer mehr Raum ein. Ich merkte, dass es mir wohler ist, wenn ich keine Gegenstände herstelle. Am liebsten habe ich die Konzerte: Da teilt man mit der Band und dem Publikum einen besonderen Moment, dann ist alles spurlos verschwunden, und die Luft ist wieder rein.

Sie werden ab Juni ein halbes Jahr in Paris arbeiten, unterstützt von einem Auslandstipendium des Kantons Bern. Was verändert sich dadurch?

Ich möchte ein Soloprojekt vorantreiben. Zudem freue ich mich darauf, ganz flexibel an verschiedenen Orten auftreten zu können. Als Ein-Frau-Unternehmen habe ich immer alles dabei. Speziell die Strassenmusik fasziniert mich, das hat mir schon in New York sehr gefallen. Die Zuhörer sind nicht in einem Konzertsaal gefangen, es steht allen frei, weiterzugehen oder stehen zu bleiben. Im Vordergrund steht aber die Komposition für mein Soloprojekt. Ich werde herausfinden, ob ich damit besser vorankomme, wenn ich nicht noch unterrichte und Tee verkaufe nebenbei.

Nach allem, was Sie gesagt haben, ist es ein Wagnis. Sie werden viel freie Zeit haben...

Ja, da lasse ich mich weit auf die Äste hinaus. Es tut gut, sich Situationen auszusetzen, vor denen man sich ein wenig fürchtet. Im Zweifelsfall habe ich mich immer für jenen Weg entschieden, vor dem ich mehr Angst hatte. Ich hätte mir anfänglich nie zugetraut, die Jazz-Schule zu absolvieren. Und ich war auch nie jemand, der das Rampenlicht und die Bühne gesucht hat. Ich weiss noch heute nicht genau, warum ich das mache – ich bin eigentlich nicht dafür geboren. Eine meiner Gesangslehrerinnen sagte mir mal ganz unverblümt, sie verstehe beim besten Willen nicht, warum ich auf die Bühne wolle. Das hat mich damals fast zerstört, weil ich es selber nicht wusste, aber immer ein starkes Sehnen danach hatte.

Wie ist das heute bei Konzerten? Fühlen Sie sich wohl auf der Bühne?

Heute geniesse ich es. Aber eine Ungewissheit ist immer da. Man weiss nie, ob es gelingt, eine Verbindung zum Publikum aufzubauen. Manchmal gibt es diese magischen Momente, dann spüre ich, dass etwas passiert bei den Zuhörenden, dass eine Art Dialog stattfindet: Ich schicke etwas hinaus und erhalte etwas zurück. Es ist schwierig, das zu beschreiben, es ist eine Energiesache. Deshalb singe ich an Konzerten ganz anders als bei Proben. Erst im Konzert empfinde ich es als rundum sinnvollen Beruf, wenn da Leute sind, die zuhören.

Ist es schwierig, zu Konzertauftritten zu kommen?

Ja, es bedeutet in den meisten Fällen Knochenarbeit. Leider muss ich die selber machen, obwohl es mir überhaupt nicht liegt, die Werbetrommel zu rühren, mich selber zu vermarkten. Ein Problem ist, dass ich Absagen viel zu persönlich nehme. Das macht es schwieriger, locker und unbeschwert an die Sache heranzugehen. Zum Glück kann man heute sehr viel per Mail machen.

Das ist zwar angenehmer, aber auch leichter zu ignorieren.

(Lacht.) Ich kann ziemlich penetrant mailen. Aber ich wäre froh, wenn ich das nicht selber machen müsste. Zum Glück haben wir mit den Leuten des Labels Faze Records, wo unsere neue CD «All These Things» rauskommen wird, auch einen Booking-Vertrag abgeschlossen. Aber ich mache mir keine Illusionen. Der Konkurrenzkampf ist gross, jeder Veranstalter will sichergehen, dass er nur Künstler verpflichtet, die auch ihr Publikum mitbringen. Manchmal ist das frustrierend, weil es schwierig ist, so sein Publikum zu erweitern.

Kommt da manchmal Neid auf, wenn Sie die Entwicklung von anderen Sängerinnen wie zum Beispiel jene von Sophie Hunger verfolgen?

Manchmal frage ich mich schon, wie so etwas zustande kommt. Zweifellos ist Sophie Hunger sehr talentiert, zweifellos singt sie wunderschön. Das allein führt aber noch nicht zu einem derartigen Erfolg. Es braucht eine spezielle Konstellation, einen Mix aus günstigen Faktoren. Was mir bei ihr gefällt: Man hat nicht den Eindruck, dass sie es darauf angelegt hat, dorthin zu kommen, wo sie heute ist. Sie machte einfach, was ihren Neigungen entsprach. Und irgendwann hat es sie in die Höhe katapultiert. (Schweigt.) Ja, wenn überhaupt, dann würde ich mir wünschen, dass es bei mir auch so läuft. Dass man alles daran setzt, sich selber treu zu bleiben – und irgendwann steigt die Nachfrage, findet man mehr Resonanz.

Hat man darauf keinen Einfluss?

Wenn man um jeden Preis Erfolg haben will, ist die Gefahr gross, dass einem der Inhalt abhandenkommt, dass die Magie auf der Strecke bleibt. Wenn man dann den Durchbruch nicht schafft, bleibt einem gar nichts mehr. Ich muss mich immer wieder disziplinieren, nicht zu viel über solche Dinge nachzudenken. Das bringt mich weg von der Musik. Und im Zentrum soll die Musik stehen. Stars und Prominente ohne besondere Fähigkeiten gibt es ja genug.

Woran messen Sie Ihren Erfolg, wenn nicht am Publikumszuspruch?

Wer sich zu stark über den Verkauf von Tonträgern, die Grösse der Konzertsäle oder das Einkommen definiert, stellt fest, dass es nie genug ist, dass man immer noch mehr haben möchte. Mir ist anderes wichtiger. Wenn nach einem Konzert jemand zu mir kommt und mir sagt, die Musik habe ihn tief berührt, dann war es ein Erfolg. Solche Rückmeldungen trage ich lange in mir, sie geben mir Kraft, gerade dann, wenn ich das Gefühl habe, es sei alles ziemlich sinnlos. ∎

SZABÓ
PETER
COACH

«Es hilft, Wünsche ins Zentrum zu stellen»

Im Sport ist Coaching etabliert, in der Arbeitswelt nicht – dabei lohnte es sich auch im Berufsleben, Lösungen zu suchen statt Probleme zu analysieren. «Wenn jemand zu mir ins Coaching kommt, frage ich nicht, was passiert ist, sondern was geschehen soll, damit sich das Gespräch gelohnt hat», sagt Peter Szabó, Coaching-Ausbildner und Spezialist für Manager-Kurzzeitcoaching.

28.5.2008

Herr Szabó, Sie sind seit 15 Jahren als Coach tätig. Worin unterscheidet sich Coaching eigentlich von Beratung?
PETER SZABÓ: Wir Coaches erteilen keine Ratschläge und verkaufen keine Konzepte. Eine Kürzestdefinition, die mir gut gefällt, lautet: Coachen heisst, eine wichtige Person auf bequeme Art von da, wo sie ist, dorthin begleiten, wo sie hinwill. So gesehen war ich schon vor 30 Jahren, als es diese Disziplin noch gar nicht gab, als Coach tätig. Ich arbeitete damals neben dem Studium als Taxifahrer. Da war es klar, dass ich die Kunden dorthin begleite, wo sie hinwollen. Nie wäre es mir in den Sinn gekommen, ihnen ein anderes Ziel vorzuschlagen. Als Coach muss man sich in dieser Hinsicht immer wieder disziplinieren.

Und was ist gemeint mit «auf bequeme Art»? Verändern kann man sich doch nur, wenn man die Komfortzone verlässt.
Das Ziel ist nicht eine radikale Veränderung, sondern dass der Kunde in einem ihm wichtigen Bereich einen Schritt weiterkommt. Als Coach stelle ich nicht die Probleme der Vergangenheit ins Zentrum, sondern ich ermutige den Klienten, sich mit Zielen, Ressourcen und Lösungen zu befassen. Oft sind die

Kunden stark damit beschäftigt, was fehlt, was nicht funktioniert. Ich habe früher auch so funktioniert. Als ich noch in einem Versicherungsbetrieb tätig war, sagte ein Kollege zu mir: «Dein häufigstes Wort ist ‹Problem›, du siehst überall Probleme.» Auch später als Ausbildungsleiter in der Versicherungsbranche funktionierte ich defizitorientiert: Ich musste Bildungslücken erkennen und schliessen. Es ging immer darum, ein halb leeres Wasserglas weiter anzufüllen.

Und aus Unbehagen wurden Sie Coach?

Es kam etwas Zweites dazu: In der betrieblichen Organisationsentwicklung verzweifelte ich fast daran, wie zähflüssig Veränderungen in grossen Firmen ablaufen. Als mir der Arbeitgeber ein Führungscoaching offerierte, spürte ich am eigenen Leib, wie viel sich bewegen liess mit wenig Aufwand. Da wusste ich: Das will ich auch machen.

Heute sind Sie auf lösungsorientiertes Kurzzeit-Coaching spezialisiert. Arbeiten andere Coaches nicht auf Lösungen hin?

Ich weiss, der Begriff klingt banal, und ich bin selber nicht glücklich darüber. Es ist aber keine Worthülse, denn es handelt sich um einen Ansatz, der sich dramatisch von dem unterscheidet, was üblicherweise gemacht wird. Wenn jemand mit einem Problem zu mir kommt, frage ich nicht danach, was passiert ist, was nicht funktioniert hat, wer was falsch gemacht hat usw. Ich frage: «Was soll geschehen, damit sich unser Gespräch für Sie gelohnt hat? Angenommen, das gelingt: Wie werden Menschen in Ihrem Umfeld die Veränderung bemerken? Wann haben Sie schon einen Teil davon umsetzen können? Welche Ihrer Fähigkeiten sind da zum Tragen gekommen?» Durch diese Fokussierung auf den Wunschzustand und die Ressourcen sind meine Klienten oft nach einer einstündigen Sitzung einen grossen Schritt weiter. Vielfach endet die Zusammenarbeit nach einer Stunde.

Andere Coaches stellen für die erste Stunde keine Rechnung.

(Lacht.) Das würde mich ruinieren. Ich sehe meine Kunst darin, in kurzer Zeit einen hilfreichen Anfang zu ermöglichen. Meine Frage am Ende des Coachinggesprächs lautet in der Regel: «Woran werden Sie in nächster Zeit merken, dass Sie einen Schritt weiter sind?» Wichtig ist nicht, dass er dann mit der Antwort zu mir kommt, wichtig ist, dass er überzeugt ist, dass er die gewünschte Richtung im Auge hat und mehr von dem macht, was sich im Alltag bewährt hat.

Muss man denn nicht verstehen, was schiefgelaufen ist, um es künftig besser machen zu können?

Unser lineares Ursache-Wirkungs-Denken suggeriert das. Meine Erfahrung sagt etwas anderes: Zwischen der Ursache eines Problems und dessen Lösung besteht in der Regel keine Verbindung. Es hilft, Wünsche und Fähigkeiten ins Zentrum zu stellen und nicht Defizite oder vermeintliche Ursachen. Denn Problemsprache verstärkt die Problemsicht; Lösungssprache kreiert Lösungen.

Wir sind doch geprägt von unseren Erfahrungen und Gewohnheiten, unser Verhalten unterliegt gewissen Mustern. Wie kann da eine einstündige Coachingsitzung etwas verändern?

Lassen Sie uns ein Beispiel machen. Ein Industriemanager kommt zu mir und schildert mir sein Problem: Sein Chef gibt ihm sehr wenig Spielraum, traut ihm nichts zu, gibt kaum Verantwortung ab. Der Manager möchte eigentlich, dass sein Chef sich ändert, aber er sieht nicht, wie er ihn so weit bringen kann. Als ich ihn frage, wie es ihm in früheren Situationen gelungen sei, das Vertrauen seiner Vorgesetzten zu gewinnen, beginnt er nach und nach von guten Erfahrungen zu berichten. Daraus leitet er rasch Ideen ab, die er im Umgang mit seinem Chef erproben möchte. Ich frage ihn anschliessend, woran er es merken würde, wenn sein Chef sich künftig anders verhalten würde. Nach zwei Stunden verliess der Manager das Coaching mit mehreren Indizien, nach denen er Ausschau halten wollte, um Fortschritte zu erkennen.

Und das hat geholfen?

Ja, als ich ihn drei Monate später traf, sagte er mir, er habe es inzwischen sehr gut mit seinem Chef. Der Clou ist: Weder er noch sein Chef sind andere Menschen geworden. Es ist die Veränderung des Blickwinkels, die eine unglaublich grosse Wirkung entfaltet hat. Vorher hat der Manager immer jene Dinge wahrgenommen, die ihn in seiner Sicht bestätigten, dass der Chef ihm nicht vertraut. Nachher hat er einen anderen Ausschnitt der gleichen Realität ins Zentrum gestellt, nämlich geschaut, was warum funktioniert und woran er es merken würde, wenn es künftig noch besser ginge.

Ist Coaching so einfach?

Ich sage manchmal im Halbernst, es sei das Privileg eines Coaches, dass er die Probleme des Kunden nicht zu lösen brauche, er müsse einfach dabei sein, wenn es passiert, und nicht versäumen, Rechnung zu stellen. Viele Menschen haben den Blick auf unlösbare Probleme und Defizite fixiert. Wir können sie einladen, das Blickfeld in eine nützlichere Richtung zu erweitern. Dabei stütze ich mich auf die Kompetenzen, die der Kunde mitbringt. Die Einfachheit, die zum Erfolg führt, ist allerdings nicht leicht zu erreichen. Es ist mitunter schwierig, konsequent simpel zu bleiben, auch wenn es komplex wird, und Kundenkompetenzen vorauszusetzen, auch wenn sie nicht ohne Weiteres sichtbar sind.

In welchen Situationen ist Coaching hilfreich?
Ich konzentriere mich auf Kurzzeit-Einzelcoaching für Führungskräfte. Aktuelle Anlässe sind heikle Abschlussgespräche, Konfliktfälle, persönliche Entscheidungssituationen, heikle strategische Firmenentscheide. Ebenfalls bewährt hat sich Teamcoaching, Coachingbegleitung für Menschen, die neu eine Führungsfunktion innehaben, und Vermittlung von Coaching-Techniken für Führungskräfte.

In der Schweiz kann sich jede und jeder Coach nennen. Halten Sie es für problematisch, dass es kein geschützter Titel ist?
Nein, wir haben es mit mündigen und selbstverantwortlichen Kunden zu tun. Es ist sinnlos, den Markt regulieren zu wollen. Würden meine Klienten 350 Franken zahlen für eine Stunde Coaching, wenn es nichts bewirken würde? Ich hoffe nicht. Entscheidend ist, dass jeder, der Unterstützung sucht, einen passenden Coach findet. ∎

Peter Szabó (50), promovierter Jurist, war 15 Jahre Manager in der Versicherungsbranche. Vor 10 Jahren begann er, die lösungsorientierte Vorgehensweise auf Coaching und Training zu übertragen. 1997 gründete er das Weiterbildungsforum Basel; Szabó lehrt Coaching an mehreren Hochschulen in Europa und Amerika. In seiner Praxis ist er auf Kurzzeitcoaching spezialisiert.

**THOMANN
CHRISTOPH**
PSYCHOLOGE

«Sobald ein Konflikt greifbar wird, kann man viel bewirken»

Wenn Konflikte eskalieren, rufen viele Firmen den Berner Psychologen Christoph Thomann zu Hilfe. Er bietet keine bequemen Lösungen an, sondern konfrontiert die Konfliktparteien mit ihren «schwierigen Gefühlen». Denn solange alle Involvierten so tun, als handelten sie völlig kontrolliert und rational, kommt man in verfahrenen Situationen nicht weiter.

27.2.2008

Herr Thomann, Sie werden von Unternehmen gerufen, wenn Konflikte eskalieren. Ist es befriedigend, sich andauernd mit Konflikten zu befassen?

CHRISTOPH THOMANN: Ja, das ist sehr befriedigend. Ich bin kein Fan von Konflikten, aber es ist eine dankbare Tätigkeit, Menschen, die verzweifelt sind, weiterhelfen zu können. Es ist ein wenig wie bei der Feuerwehr. Kein Feuerwehrmann wünscht sich einen Brand, aber er weiss: Wenns brennt, kann er wirkungsvoll intervenieren. Ich würde sofort mit Konfliktklärung aufhören, wenn ich nicht jedes Mal ganz konkrete positive Resultate sähe und selber in jedem Fall dazulernte.

Sie sind Psychotherapeut und hatten zunächst mit Ehekonflikten zu tun. Macht es einen Unterschied, ob man Konflikte im Privatleben oder in Unternehmen klärt?

Ja, die Konfliktklärung bei Ehepaaren war zwar ebenso herausfordernd, aber unbefriedigender; deshalb habe ich nach 13 Jahren einen Schlussstrich gezogen. Auch in der Paartherapie kann man Erfolge erzielen, aber sie sind oft nicht von Dauer. Ein Hauptunterschied ist, dass die Ansprüche, die Enttäuschungen und die Schuldgefühle im Privatleben viel grösser sind. Eine berufliche Beziehung muss funktionell sein, aber kaum jemand erwartet von ihr das grosse Glück. Es ist einfacher, in einer Zweckgemeinschaft Konflikte zu klären als bei einem Liebespaar, das den Anspruch hat, sich alles zu bedeuten.

Sie sind Berner, Ihre Dienste sind aber speziell in Deutschland sehr gefragt. Warum?

Ich war in Hamburg 13 Jahre lang Dozent am Uni-Institut des bekannten Psychologie-Professors Friedemann Schulz von Thun und trat mit ihm in Fernsehsendungen auf. Das machte mich bekannt. Ein weiterer Grund: In heiklen Konfliktfällen ziehen Firmen lieber Experten bei, die von weit her kommen. Dahinter steht vielleicht die Angst vor Klatschgesprächen in der lokalen Szene. Ich werde immer erst beigezogen, wenn die Fälle ziemlich hoffnungslos sind.

Man hört in der Öffentlichkeit wenig von Konflikten in Unternehmen. Selbst wenn wie bei ABB ein erfolgreicher Chef Knall auf Fall gehen muss, wird bestenfalls von unterschiedlichen Auffassungen in strategischen Fragen gesprochen. Mangelt es in Firmen an Konfliktkultur?

Ja, oft. Es gibt noch immer viele Chefs, die glauben, in einem guten Unternehmen passierten keine Fehler und es gebe keine Konflikte. Aber: Überall, wo Menschen miteinander schaffen, machen sie sich auch zu schaffen. Zwischenmenschliche Probleme sind den meisten unangenehm. Oft heisst es, man solle sich «wie erwachsene Menschen verhalten», was so viel heisst wie: Alle sind selbstkontrolliert und agieren ganz rational. Das ist weder menschlich noch machbar.

Es braucht die Konflikte?

Sie stellen sich ein, wo Menschen zusammenarbeiten. Die Frage ist, ob man sie verleugnet und schönredet oder ob man sie aufgreift und löst. Im ersten Fall häufen sich schlechte Gefühle an, die Zusammenarbeit wird behindert, Leistung und Kreativität nehmen ab. Schulz von Thun hat das die «Friedhöflichkeit» genannt: Alle sind friedlich und höflich, aber es «tötelet», wie wir im Berndeutschen sagen. Wahre Harmonie ist ein «Abfallprodukt» von Klarheit und Wahrheit.

Man sollte Konflikte also gezielt ansprechen?

Ja, sobald ein Konflikt greifbar wird, kann man viel bewirken. Ich weiss aus reicher Erfahrung: Zerschlagenes Geschirr kann man oft wieder so zusammenleimen, dass es besser hält und manchmal sogar noch schöner ist als vorher.

Welches sind die wichtigsten Gründe für Konflikte in Unternehmen?

Es ist immer eine Kombination von Missverständnissen, schlechten Strukturen und schwierigen Gefühlen. Ich komme dann zum Zug, wenn die herkömmlichen Massnahmen wie Einzelgespräche, Ermahnung, Versetzung, neue Aufgabenzuteilung usw. nichts genützt haben und das Unternehmen die Konfliktparteien unbedingt halten will oder muss.

Können Sie Beispiele nennen?
Zwei Sachbearbeiter, welche die Daten eines weltweiten Aussaatversuchs koordinieren, verstricken sich derart in einen Konflikt, dass sie sich gegenseitig die Daten fälschen und teilweise zerstören. Durch die Rivalität der beiden Männer gerät die ganze Erforschung eines gross angelegten Wachstumsversuchs in Gefahr. Oder ein Beispiel aus der Bankenwelt: Während der lebensbedrohlichen Operation eines Chefs wird seine Abteilung mit einer anderen zusammengelegt und der Führung seiner Kollegin unterstellt. Diese ist auf die Einarbeitung und die Fachkenntnis des genesenden Ex-Chefs dringend angewiesen. Der findet sich aber nur offiziell mit der Entmachtung ab. In Tat und Wahrheit lässt er alle Versuche der neuen Chefin auflaufen, einen Fuss in «seine Abteilung» zu setzen. Das Projekt Zusammenlegung droht zu scheitern. Er fühlt sich ausgebootet, übergangen, betrogen, abserviert. Und boykottiert raffiniert.

Gefühle spielen also eine zentrale Rolle in den Konflikten.
Ja, schwierige Gefühle sind der Dreh- und Angelpunkt im Konflikt. Ärger, Wut, Enttäuschung, Unversöhnlichkeit, Verzweiflung, Neid – niemand bekennt sich gern zu solchen Gefühlen. Wenn die Gefühle aber nicht identifiziert werden, blockieren sie die Betroffenen weiterhin unter der sachlichen Oberfläche. Deshalb ist es meine Aufgabe, als Klärungshelfer den Konflikt von der Sach- auch auf die Beziehungsebene zu bringen und mitzuhelfen, dass die schwierigen Gefühle erkannt, benannt, angenommen und transformiert werden können. Das setzt voraus, dass man sich als Mediator auf schwierige Gefühle einlässt. Das gilt zwar als heikel, weil es zu emotionalen Ausbrüchen kommen kann, aber es ist der einzige Weg zu nachhaltigen Lösungen. Wer sich allein auf seine guten Gesprächstechniken und -regeln verlässt, wird in festgefahrenen Konflikten wenig bewirken können.

Das klingt, als würden Sie manchmal zusätzlich Öl ins Feuer giessen, damit die Gefühle der Konfliktparteien greifbar werden.
Dieser Eindruck ist richtig bei den seltenen kalten Konflikten. Da geben sich die Involvierten sehr sachlich und abgeklärt, da muss ich zunächst entschleiern, zuspitzen und etwas provozieren, damit die Konfliktparteien ihre negativen Gefühle spüren und ihre persönlichen Verletzungen schildern. Eines wird oft übersehen: Die Gefühle, die jemand in einem Konflikt empfindet, bringt er

immer schon mit. Es sind seine Vorverletzungen aus der Vergangenheit, die darüber entscheiden, welches Innendrama bei ihm durch eine Reizung von aussen zusätzlich in Gang gesetzt wird. Der Konflikt respektive der Kontrahent ist nur der Auslöser, nicht der Grund für die Heftigkeit dieser Gefühle.

Was nützt diese Erkenntnis? Sie können ja Konfliktparteien in einem Unternehmen nicht auf die Therapiecouch setzen.
Nein, das ist weder zulässig noch erwünscht. Es geht darum, die schwierigen Gefühle zu identifizieren und aufzuzeigen, welche Rolle sie im Konflikt spielen. Das hat eine befreiende Wirkung und entkrampft den Konflikt. Damit hat die sachliche Zusammenarbeit wieder eine reale Chance. Ich habe mal einem jungen Firmenerben, der im Konflikt mit seinem altgedienten Produktionsleiter stand, ins Gesicht gesagt, er lege ein unglaubliches Trotzverhalten an den Tag. Er schaute mich verblüfft an und sagte dann: «Ja, das stimmt, es ist sehr viel Trotz dabei.» Darauf sagte der Produktionsleiter: «Wir sind halt beide ‹Trotz-Cheibe›.» Plötzlich lachten beide, erkannten sich als Menschen mit schwierigen Gefühlen und lösten die Sachfragen solidarisch und kreativ.

Wie färbt es eigentlich auf das eigene Verhalten in Konflikten ab, wenn man Konfliktexperte ist?
Leider gar nicht, man kann da nur enttäuscht sein über sich. Ich mache in der ersten Hitze alle Fehler, die ich bei Klienten sehe, verhalte mich ruppig, eingeschnappt, unprofessionell. In eigener Angelegenheit bleibt man ein Laie und tut daher gut daran, Demut an den Tag zu legen. Immerhin habe ich mehrfach am eigenen Leib erlebt, dass in Konflikten viel mehr möglich ist, als man denkt. Persönlich habe ich dank meiner Arbeit und mit meiner Frau gelernt, im Konfliktfall nicht nur zu lächeln und mich zu ducken, sondern direkt und auch mal laut zu werden. ■

Christoph Thomann (59) ist Psychologe und arbeitet freiberuflich als Konfliktklärungshelfer in Unternehmen und Organisationen. Thomann ist Autor mehrerer Bücher über Klärungshilfe und bildet Mediatoren, Trainer und andere Fachleute in dieser Konfliktbearbeitungsmethode aus. Er ist verheiratet und Vater zweier erwachsener Söhne.

**VONTOBEL
HANS**
BANKIER

«Das Glück liegt in den kleinen Dingen»

Seit 65 Jahren arbeitet Hans Vontobel in der Bank, die sein Vater gegründet hat. Mit 91 Jahren hat er noch immer viele Fäden in der Hand. Er wundert sich über den Gigantismus der Grossbanken und «das unsinnige Ritual» der Quartalsberichterstattung. Ein Gespräch über grosse Geldgier, kleine Wunder am Wegrand und Einsamkeit im Alter.

20.2.2008

Mehrere Schweizer Banken haben innert Kürze fast die Hälfte ihres Börsenwerts eingebüsst. Machen Sie sich Sorgen um den Finanzplatz Schweiz?

HANS VONTOBEL: Die Schweizer Banken hatten bis jetzt im Ausland einen sehr guten Namen, obwohl schon in der Vergangenheit einige Malheurs passiert sind. Die Vorkommnisse der letzten Monate schaden dem Schweizer Finanzplatz massiv; da ich ein Teil dieses Finanzplatzes bin, erfüllt mich das mit Sorge.

Die grossen Verluste im amerikanischen Hypothekengeschäft sind kein spezifisch schweizerisches Problem. Auch andere Grossbanken haben Milliarden verloren. Es gibt gewaltige Unterschiede zwischen der Geschäftspolitik und den Werten in den USA und jenen in der Schweiz. Wenn Schweizer Finanzinstitute in den USA mehr als Nischenpolitik betreiben wollen, müssen sie bereit sein, die amerikanischen Werte und Manager zu übernehmen. Das bedeutet, dass sie Risiken eingehen müssen, die sie in der Schweiz nie eingehen würden. Wenn die jetzige Krise ausgestanden ist, sollten sich die grossen Schweizer Finanzinstitute die Grundsatzfrage stellen, ob die weltweite Expansion unter dem Dach einer Universalbank sinnvoll ist.

Sie haben in diesem Zusammenhang vom «Wahn» gesprochen, ein «globaler Dienstleister» sein zu wollen. Was ist falsch daran, wenn die UBS den Anspruch erhebt, weltweit präsent zu sein und eine wichtige Rolle zu spielen?
In der Dienstleistungsbranche ist das heikel. Sie können schon bei Übernahmen innerhalb von Europa beobachten, dass die Mentalität von Land zu Land komplett anders ist. Wenn zwei Firmen sich zusammenschliessen, dauert es fünf Jahre, bis die Integration auf Stufe Mensch erfolgt ist. Deshalb ist erfolgreiche Expansion nicht in erster Linie eine Frage des Geldes; entscheidend ist, ob man die richtigen Menschen findet und sie ins Unternehmen integrieren kann.

Profitiert die Vontobel-Gruppe von den Problemen der UBS?
Es gab vor Jahrzehnten den Satz «Small is beautiful». In den letzten Jahren frönten die Banken dem Gigantismus. Ich glaube, die Wahrheit liegt irgendwo dazwischen. Die Einsicht, dass «grösser» nicht unbedingt «besser» oder «sicherer» bedeutet, gewinnt bei den Kunden an Terrain. Davon profitieren auch wir.

Gleichzeitig leidet die Vontobel-Gruppe unter der aktuellen Situation, der Aktienkurs ist seit Juni 2007 um 45 Prozent gesunken. Macht Ihnen das Sorgen?
Es macht mir keine Sorgen, aber es ist ein Ärgernis. Immerhin kann ich es begründen. Aufgrund der Besitzerstruktur ist der Markt der Vontobel-Holding-Aktien relativ eng. Darum sind die Ausschläge rasch gross. Zweitens werden wir schnell in den Topf der Investment-Banken geworfen und gewissermassen in Sippenhaft genommen. Dabei geht leicht vergessen, dass es auch praktisch risikofreie Geschäfte gibt innerhalb des Bereichs, der mit Investment-Banking grob umrissen wird – etwa Kapitalerhöhungen und Beteiligungen an Emissionen.

Dennoch dürfte Sie der Kurstaucher auch privat ärgern. Sie besitzen als Grossaktionär 17 Prozent der Vontobel-Holding und haben daher in den letzten acht Monaten einen Vermögensverlust von rund 300 Millionen Franken erlitten.
Das belastet mich überhaupt nicht. Sie suggerieren, viel Geld mache glücklich. Das trifft nicht zu. Geld vermittelt ein Gefühl von Sicherheit, aber das Glück sollte man schon anderswo suchen. Ich persönlich finde es auch nicht auf dem Golfplatz, aber ich bin ein leidenschaftlicher Wanderer. An Wochenenden bin ich oft stundenlang unterwegs, allein, mit dem Rucksack, darin ein Apfel und das Handy. Das Glück liegt in den kleinen Dingen. Wenn man in den Bergen Rast macht und aus dem Nebel Kuhglockengeläut hört zum Beispiel. Oder wenn man, wie ich heute Morgen, als ich vom Zürichberg ins Büro marschierte, blühende Krokusse am Wegrand entdeckt. Wir müssen lernen, die kleinen Sachen zu sehen und uns dafür Zeit zu nehmen.

Konnten Sie das schon immer?
Es gibt ein Zitat, das besagt: Wenn ein Mann voller Bewunderung vor einer Blume stehenbleibt, ist das ein Zeichen, dass er alt wird. Nein, ich konnte das früher auch nicht, aber ich habe es gelernt. Früher hat es mich geärgert, wenn ich einen Bauern untätig vor dem Bauernhof sitzen und seine Katze streicheln sah. Heute weiss ich, dass es ebenso wichtig wie schwierig ist, geniessen zu lernen.

Wenn man Sie so hört, könnte man leicht denken, dass es Ihnen egal wäre, wenn die Vontobel-Gruppe verkauft würde. Ist durch den tiefen Aktienkurs die Wahrscheinlichkeit einer Übernahme gestiegen?
Es wäre naheliegender, bei hohem Kursniveau zu fragen, ob die Familienmitglieder ihre Anteile veräussern wollen. Im Ernst: Eine meiner Aufgaben ist es, die Kontakte zwischen der Bank und der Familie zu pflegen. So sehe ich heute einen von vier Nachkommen meiner Schwester, die derzeit in der Bank tätig sind. Ich will mit ihm über seine Tätigkeiten und Perspektiven reden. Ich versuche, ihn langsam aufzubauen. Das muss man behutsam machen. Es gibt nicht endlos viele Familienmitglieder, die sich eignen, einmal die Nachfolge anzutreten. Und es darf niemand nur kraft seines Namens aufsteigen. In Sachen Besitzstand wird sich so schnell nichts ändern. Der Aktionärsbindungsvertrag ist bis 2017 verlängert worden, Familie und Familienstiftung besitzen 52 Prozent der Holding, das Einvernehmen innerhalb der Familie ist gut.

Seit 2002 und dem Ausscheiden Ihres Sohnes Hans-Dieter ist die Familie Vontobel formell in der Bankführung nicht mehr vertreten. Sie gelten aber weiterhin als der Patriarch, der im Hintergrund die Fäden zieht. Trifft das zu?
(Schweigt lange.) Die langfristige Entwicklung der Bank kann mir nicht gleichgültig sein. Ich versuche daher auf subtile Art, die leitenden Mitarbeiter in meine persönlichen Überlegungen einzubeziehen. Was sind das für Überlegungen? Ich setze mich dafür ein, dass wir nicht blind mit der Herde in die falsche Richtung laufen. Derzeit meinen alle Banken, sie müssten nach Asien gehen. Für uns sehe ich in Europa noch Potenzial. Ich habe wohl als erster Schweizer Bankier Russland bereist, was mir damals den Vorwurf einbrachte, ich sei Kommunist. Diese Beziehungen nach Osteuropa kommen jetzt zum Tragen.

Bereisen Sie immer noch regelmässig neue Märkte?
Die letzten drei Reisen vor Jahresende waren Bukarest, Budapest und Istanbul; dieses Jahr war ich längere Zeit in Indien. Wenn ich in diese Länder reise, bin ich aber nicht nur als Bankier unterwegs, sondern besuche auch als Privatperson Dorfschulen, um mir ein Bild vom Alltag zu machen.

Krankt die Bankenwelt daran, dass die Mitarbeiter einseitig übers Portemonnaie motiviert werden?
Ich sehe ein anderes Grundproblem. Wir brauchen in unserer Gesellschaft ein neues Verständnis von Zeit. Ich erinnere mich noch gut, wie ich als junger Mann bei meinem Vater einen wohlbegründeten Antrag stellte. Er nahm die Unterlagen und legte sie in die Schublade. Ich fragte ungeduldig: «Heisst das nun Ja oder Nein?» Mein Vater antwortete nur: «Es ist noch nicht reif.» Heute sind wir zu sehr auf den kurzfristigen Erfolg programmiert. Das führt zu so unsinnigen Ritualen wie der Quartalsberichterstattung. Dabei wissen wir alle: Vierteljahres-Entwicklungen sind zufällig, ein gutes oder ein schlechtes Ereignis kann das Gesamtbild komplett verfälschen. Diese Tendenz führt dazu, dass die Mitglieder der Gesellschaft – zum Beispiel die Bankmanager – immer öfter kurzfristigen Profit anstreben.

Zahlt Vontobel keine Boni?
Doch, aber wir zahlen zwei verschiedene Arten von Boni: Ein Teil bezieht sich aufs Jahresergebnis, ein anderer auf die Entwicklung in den letzten drei Jahren. So verhindern wir, dass unsere Mitarbeiter nur kurzfristig denken.

Wie setzt sich Ihr Lohn zusammen?
Ich bin ein Sonderfall: Ich arbeite von früh bis spät und beziehe dafür seit 20 Jahren kein Salär. Ich beziehe ein paar tausend Franken Spesen pro Monat – das reicht allerdings nie aus, ich lege jeden Monat drauf.

Wie kann man Mitarbeiter motivieren, ausser mit Geld?
Ganz essenziell ist das Klima. Wenn neue Kadermitarbeiter bei Vontobel beginnen, höre ich immer wieder, dass sie sich hier erstmals als Mensch, nicht als Nummer fühlen. Kürzlich, ich glaube, es war wegen meines Geburtstags, hat mich das Vontobel-Team in der Eingangshalle empfangen und gesungen für mich. Als ich spontan ein paar Worte an die Angestellten richtete, begann ich meine Rede mit «Liebe Vontobel-Familie...». Wir sind inzwischen ein Team von 1300 Menschen, aber in gewisser Weise ist es immer noch eine grosse Familie mit starkem Zusammenhalt. Ein weiterer, ganz wichtiger Motivationsfaktor ist Lob. Nur wenige Schweizer Manager können loben.

Menschen, die Sie kennen, sagen, Sie seien kein Manager, sondern ein richtiger Patron. Was unterscheidet die beiden?
Manager sind Angestellte auf Zeit, die rasch Erfolg haben wollen und müssen. Ein Patron sieht eine lebenslange Aufgabe, das Unternehmen ist für ihn nicht eine Geldbeschaffungsmaschine, sondern eine Grossfamilie. Wenn ich erfahre,

dass Mitarbeiter Nachwuchs bekommen haben, dann gratuliere ich schriftlich und das Neugeborene erhält Hose oder Röcklein. Ein Patron und sein Unternehmen – das ist eine Einheit. Das hat natürlich Nachteile für den Patron: Man nimmt dadurch vieles persönlicher, als wenn man wenig verwurzelt ist und schon beim Antritt einen goldenen Fallschirm ausgehandelt hat.

Kann ein Patron in Rente gehen?
Das ist für mich eine schwierige Frage. Es ist ein wenig wie beim Wandern: Ich will immer auf den Gipfel, ich kann nicht auf halber Strecke umkehren oder mich hinsetzen. Ich bin heute nicht mehr im Tagesgeschäft tätig. Ich investiere viel Zeit und Geld in meine Stiftungen und bleibe körperlich aktiv: Ich schwimme jede Woche eine Stunde in einem Hallenbad, bin viel zu Fuss unterwegs. Den Freizeitbereich will ich noch ausbauen. Das braucht viel Beharrlichkeit, wenn ich nicht aufpasse, bin ich zu oft in der Bank. Ich habe nach wie vor grosse Freude, hier etwas zu bewegen.

Gleichwohl sagen Sie von sich, Sie seien ein atypischer Bankier.
Ich habe den Einstieg in diese Branche nicht geplant, es war eine Mischung aus Neugier und Glück. Neugier ist bis heute ein wichtiger Treiber geblieben, sie ist mein Lebenselixier. Wir sind umgeben von kleinen Wundern, wir müssen bloss verweilen lernen – und begreifen, dass Geben glücklicher macht als Nehmen und Anhäufen. Wenn ich als Präsident der Stiftung Kreatives Alter einen gebrechlichen Mann auszeichnen darf für seine Arbeit «Mein Leben mit Parkinson», dann könnte ich weinen vor Glück. Das ist ein weiterer Grund, warum ich noch in der Bank bin: das enge Zusammenleben mit Menschen. Der Austausch gibt mir viel mehr, als wenn ich zu Hause sitze und ein Buch schreibe. Ich glaube nicht an Altersweisheit, aber eines weiss ich gewiss: Man wird einsamer im Alter. ∎

**WAWRA
DANIELA**
LINGUISTIN

«Frauen rücken ungefragt mit allen möglichen Schwächen heraus»

Männer verkaufen sich im Bewerbungsgespräch besser als Frauen: Sie nennen ohne Skrupel ihre Kompetenzen und signalisieren sprachlich Sicherheit. Daniela Wawra, Linguistin an der Universität Passau in Deutschland, hat die Unterschiede gemessen und Hintergründe erforscht. Nun weiss sie, warum sich Frauen gerne für ihre Stärken entschuldigen.

8.3.2005

Frau Wawra, Sie haben das Sprechverhalten von Männern und Frauen in Bewerbungsgesprächen wissenschaftlich analysiert. Wie kamen Sie zu den Gesprächsaufzeichnungen?

DANIELA WAWRA: Das war ganz schön schwierig. Ich fragte bei zahlreichen Firmen an, ob ich Bewerbungsgespräche aufzeichnen und analysieren dürfe – und stets erhielt ich Absagen. Manche führten rechtliche Gründe an, andere sagten, die Personalauswahl sei zu heikel, als dass eine zusätzliche Person dabei sein könnte. In der Forschung ist der Sprachgebrauch in Job-Interviews wenig untersucht; es gibt nur einen kurzen Aufsatz, der auf die Unterschiede nach Geschlechtern eingeht. Als Basis dienten dabei Bewerbungen um eine fiktive Stelle. Schliesslich hatte ich selber eine Stelle zu vergeben, weil an der Uni Passau Tutorien geschaffen wurden zur Verbesserung der Betreuungsverhältnisse. So konnte ich Bewerbungsgespräche mit neun Frauen und neun Männern führen, aufzeichnen und analysieren.

Weshalb sollte Ihr Thema über Linguistenkreise hinaus von Interesse sein?

Gemessen an ihren Qualifikationen sind Frauen in gehobener beruflicher Stellung noch immer massiv

315

untervertreten. Beim Weg nach oben ist das Bewerbungsgespräch eine erste Hürde, es spielt eine zentrale Rolle bei der Verteilung von Zukunftschancen. Wenn Frauen sich hier schlechter verkaufen und jene, die an den Machthebeln sitzen, nicht für die Unterschiede in der Ausdrucksweise sensibilisiert sind, werden Frauen bei der Auswahl unterbewertet.

Verkaufen sich Männer denn durchs Band besser als Frauen?
In zwei von fünf untersuchten Bereichen waren die Unterschiede statistisch signifikant. Einer davon betrifft die Darstellung eigener Kompetenzen respektive Inkompetenzen. Da zeigte sich deutlich: Frauen stellen ihr Licht unter den Scheffel. Sie nennen im Gespräch weniger Kompetenzen als die Männer und schwächen diese meist noch ab. Etwas zugespitzt kann man sagen: Frauen entschuldigen sich unverzüglich, wenn sie auf eine Stärke hinweisen, Männer verstärken die positiven Attribute, die sie sich selber geben, vielfach zusätzlich, indem sie sagen, sie seien «äusserst kommunikativ» oder fühlten sich «sehr wohl», wenn sie vor anderen sprechen müssten. Dazu passt, dass die Frauen sich mehr als doppelt so viele Inkompetenzen zuschrieben wie die Männer. Das heisst: Sie rückten auch dann mit allen möglichen Schwächen heraus, wenn sie gar nicht danach gefragt wurden.

Welches war der zweite grosse Unterschied?
Innerhalb der Kategorie «persönlicher Sprachgebrauch» untersuchte ich, wie viele emotionale Ausdrücke jemand verwendete. Das Verhältnis lautete 118 zu 56 zugunsten der Frauen. Sie leiteten oft Sätze mit Formulierungen ein wie «ich mag...», «ich liebe es...» oder «ich geniesse es...», während Männer viel sachlicher sprachen und zu depersonalisierten Aussagen neigten, also eher sagten «man muss...» statt «ich möchte...». Hinzu kommt, dass Frauen in Bewerbungsgesprächen tendenziell mehr Persönliches einbringen. All dies schmälert die Chancen der Frauen, denn in der männlich geprägten Berufswelt zählt Sachlichkeit mehr als Emotionalität.

Trifft die viel zitierte Beobachtung zu, dass Männer generell sicherer auftreten und gerne das Heft an sich reissen?
Ja, das ist mehr als nur ein Klischee. Männer signalisieren mehr Sicherheit als Frauen, sie neigen eher zu dominantem Sprachgebrauch, und sie sprechen insgesamt mchr. Wir wissen aus mehreren linguistischen Untersuchungen, dass Männer in formellem Kontext mehr sprechen, dass sie Gelegenheiten zur Profilierung konsequenter nutzen und dass sie gerne das Gespräch leiten. Das spürte ich auch beim Bewerbungsgespräch, obwohl ich dort als Interviewerin eindeutig in der

Machtposition war. Ein Kandidat versuchte z. B. das Ruder an sich zu reissen, indem er sagte «Okay, die nächste Frage bitte!». Auch bei der Selbstsicherheit waren die Unterschiede auffällig: Auf meine Schlussfrage, ob sie es sich zutrauen würden, die Stelle zu übernehmen, antworteten die Männer in der Regel mit «Ja, sicher!», die Frauen eher mit «Ich denke schon».

Welche Schlussfolgerungen ziehen Sie aus alldem? Sollten Personalfachleute diese geschlechtsspezifischen Unterschiede im Sprechverhalten stärker berücksichtigen oder müssten die Frauen lernen, sich besser zu verkaufen?
In jedem Bewerbungsgespräch ist die Selbstdarstellung von zentraler Bedeutung. Deshalb müssen die Frauen lernen, sich besser zu verkaufen – allerdings ohne die Männer zu kopieren. Wenn eine Frau genauso auftritt wie ein Mann, wird ihr das rasch negativ ausgelegt, man spricht dann nicht von Durchsetzungsfähigkeit, sondern von übertriebenem Ehrgeiz. Wichtig ist, dass sich Frauen abgewöhnen, sich selber schlecht darzustellen und alle Stärken sofort einzuschränken. Das können sie üben, indem sie eine Interviewsituation simulieren. Viele wären überrascht, wenn sie hörten, wie viele Unsicherheitsfloskeln sie verwenden.

Warum sind diese markanten Unterschiede im Sprechen trotz Aufweichung der klassischen Rollenmuster bestehen geblieben?
Die Evolutionspsychologie gibt hier interessante Antworten. Wir sind heute noch mit denselben Gehirnmechanismen ausgestattet, die unserer Gattung vor mehreren Tausend Jahren das Überleben sicherten. Für den Mann war es entscheidend, Ressourcen und Status anzuhäufen, bei einer Frau kam es viel mehr auf Attribute wie Fürsorglichkeit und Empathie an. In unserer heutigen Sprechweise, die teilweise biologisch geprägt ist, schimmern diese alten Rollenmuster noch immer durch. Das heisst nicht, dass man daran nichts ändern kann, aber man sollte nicht erwarten, dass man mit etwas politischem und gesellschaftlichem Druck Verhaltens- und Sprechmuster, die sich während Jahrtausenden eingeprägt haben, von heute auf morgen umbiegen kann. ∎

Daniela Wawra: Männer und Frauen im Job-Interview: Eine evolutionspsychologische Studie zu ihrem Sprachgebrauch im Englischen. LIT-Verlag, Münster, 2004.

**WELTER
JÜRG
PFARRER**

«Wir müssen wieder lernen, nicht überall aktiv sein zu wollen»

In der Antike wurde sie geringgeschätzt und deshalb an Sklaven delegiert, heute ist sie längst zu einem gefragten Gut geworden: die Arbeit. Jürg Welter, seit drei Jahren Pfarrer am Berner Münster, erzählt, weshalb er sich ein paradiesisches Leben ohne Arbeit auf keinen Fall vorstellen kann und was wir von den Tiroler Bergbauern lernen können.

13.6.1998

Herr Welter, Sie beschäftigen sich beruflich mit Gott und dem Menschen auf seiner Suche nach Gott. Kann man sagen, dass bei Ihnen die Arbeit und die wichtigsten persönlichen Interessen zusammenfallen?

JÜRG WELTER: Das trifft eindeutig zu, ich kann und will keine strikte Trennung zwischen Freizeit und Arbeit vornehmen und betrachte es als grosses Privileg, dies nicht tun zu müssen. Für viele Menschen liegen heute persönliche Interessen und Arbeit mehr oder weniger weit auseinander, wobei die Arbeit oft den Beigeschmack einer mühsamen Pflicht hat. Ich habe meinen Beruf nie als das erlebt.

Ergeben sich aus diesem Ineinanderfliessen von Arbeit und Freizeit nicht neue Schwierigkeiten, beispielsweise die, dass Sie eigentlich immer arbeiten?

(Lacht.) In den ersten Jahren nach dem Studienabschluss kämpfte ich mit gegenteiligen Vermutungen, nämlich mit dem Vorurteil, ein Pfarrer arbeite grundsätzlich nur sonntags. Mit den Jahren habe ich gelernt, mich nicht mehr ständig rechtfertigen zu müssen, nicht mehr der Versuchung zu erliegen, meine Nützlichkeit für die Gesellschaft fortwährend unter Beweis stellen zu wollen. Ich bin grundsätzlich dankbar, dass ich – obwohl ich anstellungsmässig ein

Beamter des Staates Bern bin – keine Bürozeiten habe. Die Wahrheit liegt vermutlich etwa in der Mitte: Ich arbeite nicht, wie Sie vermuten, rund um die Uhr, etwas mehr als die Sonntage ist es aber schon.

Ich dachte eher daran, ob Sie Ihre Arbeit von Ihrer Person trennen, ob Sie sie abschliessen und weglegen können...

Die Grenzen sind sicherlich weniger klar zu ziehen als bei anderen Berufen. Es ist eine meiner Aufgaben, mich immer wieder bewusst einer «Psychohygiene» zu unterziehen, mich innerlich von den Problemen anderer Menschen zu distanzieren. Man darf nicht verlernen, immer auch über sich selber und sein Wirken und Wollen lachen zu können...

Eine andere Schwierigkeit ist in der Tat die Unsichtbarkeit meiner Arbeit. Ein grosser Teil davon zeitigt keine Resultate, die ich vorzeigen könnte; deshalb träume ich manchmal davon, einen Stuhl oder etwas Ähnliches herzustellen, den jeder sehen kann. Wohltuend ist es in dieser Hinsicht, eine Predigt zu schreiben. Ich muss mich dabei beschränken und an Termine halten und kann dadurch etwas Konkretes erarbeiten und auch abschliessen.

Könnten Sie sich vorstellen, in einer grossen Firma zu arbeiten, ohne den Sinn Ihrer Arbeit und die Ziele der Firma zu kennen?

(Lacht.) Wer kennt schon die Ziele der Kirche? Nein, im Ernst, ich könnte es mir nicht vorstellen, dermassen entfremdet von meiner Arbeit zu sein. Ich weiss aber aus meinen Tauf- und Traugesprächen, dass diese Entfremdung generell zugenommen hat in den letzten Jahren; das zeigt sich schon nur daran, dass viele Frauen kaum mehr wissen, was ihre Männer arbeiten, weil die Berufe dermassen spezialisiert sind. Es ist schade, wenn man zu seiner Arbeit keinen anderen Bezug mehr hat, als dass sie die mühsame Pflicht ist, die die Freizeit beschränkt. Ich weiss von einem Ethnologen, der während einiger Zeit das Leben einer Gruppe Tiroler Bergbauern untersucht hat, deren tägliche Arbeit in Mähen, Melken, Musikmachen und Märchenerzählen bestand. Als er sie fragte, was sie täten, wenn sie mehr Zeit zur Verfügung hätten, schauten sie ihn erst verständnislos an und antworteten ihm dann: «Natürlich mähen, melken, Musik machen und Märchen erzählen.» Ich weiss wohl, dass wir nicht mehr alle so leben können, und doch träume ich manchmal davon, dass wir dem wieder etwas näher kämen.

Was würden Sie einem Kind entgegnen, das nichts von den Tiroler Bergbauern weiss und Ihnen vielmehr erklärt, man müsse arbeiten, um Geld zu verdienen, und dieses Geld brauche man, um sich das Leben zu versüssen?

Ich würde ihm sagen, dass seine einfache «Rechnung» in verschiedener Hinsicht sehr gefährlich ist. Arbeit ist mehr als reiner Gelderwerb, sie sollte dem Menschen die Gelegenheit bieten, sich einzubringen und seine Stärken zu entfalten. Unser Selbstwertgefühl hängt sehr eng mit der Arbeit zusammen, am extremsten erkennt man dies im Kontakt mit Arbeitslosen. Wer keine Stelle mehr hat, verliert sehr leicht an Selbstachtung und gesellschaftlicher Anerkennung, er läuft Gefahr, an den Rand gedrängt zu werden. Es ist zudem gefährlich, den Begriff «Arbeit» gleichzusetzen mit bezahlter Arbeit; Bezahlung sollte nicht die einzige Form von gesellschaftlicher Anerkennung für Arbeit sein. Gleichzeitig müssen Institutionen wie die Kirche aufpassen, dass sie beispielsweise die Frauen, die viel unbezahlte Arbeit leisten, nicht ausbeuten.

Wenn wir die Bibel lesen, bedeutet Arbeit für die aus dem Paradies vertriebenen Menschen Fluch und Strafe. Würden Sie sich heute wieder ein Leben ohne Arbeit wünschen?

Ich glaube, wir brauchen ein Minimum an vorgegebenen Strukturen, an Anforderungen, die von aussen auf uns zukommen. So gesehen ist die Pflicht zur Arbeit positiv zu werten. In biblischen Zeiten oder auch bei den Griechen wurde sie nicht hochgeschätzt, spätestens seit Luther und der Reformation sind wir aber gewohnt, die Arbeit auch als kulturelle Leistung zu verstehen. Das Wort «Beruf» steht ja in enger Verwandtschaft mit der Berufung, das heisst, wir können im Beruf eine sinnvolle Aufgabe sehen, die uns zuteil geworden ist. Ich glaube nicht, dass wir glücklicher wären, wenn wir nicht mehr arbeiten müssten. Der Ausruf «Geben Sie mir ein Jahr freie Zeit und ich werde mich selbst verwirklichen» ist mit Sicherheit naiv, die meisten grossen Leistungen, auch die persönlichen, werden dem Alltag abgerungen, sie sind keine Frage der Zeit, sondern der Konzentration. Wir haben heute eine viel höhere Lebenserwartung und wesentlich mehr Freizeit als unsere Grosseltern – und doch fehlt uns an allen Enden die Zeit; vielleicht müssten wir wieder lernen, nicht überall aktiv sein zu wollen und dafür etwas mehr in die Tiefe zu gehen. Das hat aber nicht primär mit einem äusseren Arbeitszwang zu tun, sondern mit der inneren Haltung. ∎

**WENK
STEFANO**
SCHAUSPIELER

«... und am Ende ist man geläutert»

Seine Schmerzgrenze sei hoch, sagt Stefano Wenk. Dennoch habe es ihn einige Überwindung gekostet, in «Woyzeck» als Narr in Strumpfhosen auf die Bühne zu treten. «Solange ich mir zuschaue beim Spielen, erreiche ich nie das Maximum», sagt der Schauspieler. Ein Gespräch über die Kunst, ins Leere zu springen und in die Haut eines anderen zu schlüpfen.

23.9.2009

Herr Wenk, warum sind Sie Schauspieler geworden?
STEFANO WENK: Meine Mutter war Damenschneiderin, mein Vater Militärinstruktor – ich kann also nicht sagen, es sei mir in die Wiege gelegt worden. Meiner Mutter habe ich viel zu verdanken, sie hat meine Fantasie und Kreativität sehr früh gefördert. Fantasie hatte ich ohnehin immer genug. Wenn ich abends beim benachbarten Bauern Milch holen musste, dachte ich mir auf dem dunklen Weg die schaurigsten Geschichten aus.

Da war es kein weiter Weg mehr zum Schauspieler.
Doch. Eigentlich wollte ich Koch werden, ich hatte schon eine Lehrstelle im «Löwen» in Worb, entschied mich aber wegen der unregelmässigen Arbeitszeiten für eine Hochbauzeichner-Lehre. Der Beruf hat mich nie richtig gepackt. Glücklich war ich nur, wenn ich entwerfen und frei mit Farben und Formen spielen konnte. Mein ehemaliger Chef sagte neulich, er kenne ausser mir niemanden, der in eine geplante Zivilschutzanlage eine Bodenheizung eingezeichnet habe.

Wie haben Sie die Schauspielerei entdeckt?
Zuerst entdeckte ich das Theater. Ein guter Freund führte mich in die Statisterie des Stadttheaters ein.

Ich war sofort magisch angezogen von dieser Welt. Es ist ja ein sehr hierarchischer Ort: Da gibts die Putzfrau, die Handwerker, die Assistenten, dann jene, die versuchen, Könige zu spielen, und über allen thront der wirkliche König. Ich hätte damals nie damit gerechnet, einmal selber in einer wichtigen Rolle auf diese Bühne zu steigen. Nach Versuchen als Hilfspfleger in der Psychiatrie, als Gemüseverkäufer, Kinderhütedienst und Märchenonkel fand ich zum Theater. Ich reduzierte mein Zeichner-Pensum auf 50 Prozent und begann, nebenbei Strassentheater zu spielen. Ich hatte keine Ambitionen. Irgendwann fragte mich ein guter Freund: «Worauf wartest du eigentlich noch? Jetzt geh schon zu dieser Prüfung.»

Wurden Sie sofort in die Schauspielschule aufgenommen?
Nein, es klappte erst im vierten Anlauf – nicht in Bern, wo ich als Landei bleiben wollte, aber in Zürich. Damals wurden zehn Studenten aus rund 300 Bewerbern ausgewählt. Ich war mit 24 Jahren der Älteste in meiner Klasse, aber ich hatte es geschafft.

War es schwierig, nach Abschluss der Ausbildung eine Stelle zu finden?
Ich verschickte 90 Bewerbungen, dann hatte ich Glück und war zur richtigen Zeit am richtigen Ort. So wurde ich Ensemblemitglied im Staatstheater Darmstadt, wo einer meiner ehemaligen Dozenten Schauspieldirektor geworden war.

Stimmt es, dass man zu Beginn für einen Hungerlohn arbeiten muss?
Ich verdiente damals um die 2700 Deutsche Mark. Das war nicht viel für einen Vollzeitjob, aber ich war glücklich und stolz, von meinem Beruf leben zu können – bis ich die erste Lohnabrechnung sah und realisierte, wie viel für die Steuern draufging.

Heute und in der Schweiz sind die Löhne besser?
(Lacht.) Ja, heute verdiene ich mehr, aber ich habe ja auch mehr Erfahrung. Was meine Kollegen verdienen, weiss ich nicht genau; ich habe mir geschworen, nicht mehr über den Lohn zu reden. Es gab ein übles Erlebnis im Ensemble des Nationaltheaters Mannheim. Dort bot mir der Schauspieldirektor 3300 DM. Er sagte: «Vertrau mir, alle verdienen so viel im dritten Jahr.» Wenig später, in einer Pause bei den sehr anstrengenden Proben zur «Jungfrau von Orléans», sagte ein Kollege in Blechrüstung mit gleich viel Berufserfahrung zu mir: «Und? Du erhältst bestimmt auch 4000 Mark.» Seither will ich lieber nicht mehr so genau wissen, wer wie viel verdient. Die Arbeit bleibt sowieso unbezahlbar. Wir arbeiten ja nicht nur auf der Bühne, sondern gehen auch ausserhalb der Probezeiten mit unserer Rolle schwanger.

Derzeit sind Sie als Narr in einem Stück zu sehen, das Büchners «Woyzeck» mit Liedern von Tom Waits verschmilzt. Wie bereiten Sie sich auf eine solche Rolle vor?
Das war eine grosse Herausforderung, denn die Figur hat auf den ersten Blick keine klare Kontur. Der Regisseur wollte eine Aussenperspektive schaffen jenseits der anderen Figuren, die in ihrer Spielkiste eingeschlossen sind. Der Narr bleibt ein Fremdkörper, der durch die Szenerie irrlichtert, wie es treffend beschrieben wurde, und sich von Zeit zu Zeit mit aufdringlicher Nähe einmischt und seine Sehnsüchte stillt.

Wie gross ist der Spielraum bei der Interpretation einer solchen Rolle? Ist es eine kreative Arbeit, oder sind Sie schlicht das Instrument des Regisseurs?
Ich muss wissen, welche Richtung der Regisseur einschlagen will, welches Konzept er im Kopf hat. Dann kann ich die Figur formen, sie wie mit einer Taschenlampe ausleuchten und ihm Angebote machen. Wichtig ist, dass ich vertrauen kann. Die Probenarbeit ist eine intime Arbeit – ich will mich nicht schützen müssen. Natürlich hat die Regie, die sich schon mehrere Wochen vor uns Schauspielern mit dem Stoff beschäftigt hat, einen Wissensvorsprung. Vieles entsteht aber erst bei der gemeinsamen Probenarbeit. Und nicht immer passiert das Wesentliche in den Probenzeiten von 10 bis 14 Uhr und 19 bis 22 Uhr. Nur wenn ich mich auch ausserhalb dieser Zeiten intensiv mit der Figur beschäftige, gelingt es mir, auf der Probenbühne ein Ventil zu öffnen und die Figur weiterzubringen.

Sie treten dem Publikum gleich zu Beginn des Stücks in farbigen Unterhosen und transparenten Strümpfen gegenüber. Kostet so etwas noch Überwindung, oder legt man jegliche Eitelkeit ab, wenn man ins Kostüm schlüpft?
Das war ein Kampf für mich. Ich bin gerne hässlich, habe kein Problem mit unvorteilhaften Kostümen, wenn sie dem Stück dienen. Meine Schmerzgrenze ist ziemlich hoch, aber in dieser Strumpfhose fühlte ich mich sehr nackt. Zum Glück vergeht viel Zeit von den ersten Proben bis zur Premiere, so dass das Kostüm im besten Fall zu einer zweiten Haut wird. Irgendwann war ich mit der Figurentwicklung so weit, dass ich diesen Fratz spielen konnte, ohne mich unwohl zu fühlen.

Gibt es Tage, an denen Sie sich überwinden müssen, die Bühne zu betreten?
Ja. Es kommt vor, dass ich am Nachmittag vor einer Vorstellung denke: «Wie soll ich heute bloss Menschen unterhalten?» Wir sind ein kleines Ensemble, spielen im Schnitt pro Kopf und Spielzeit sieben bis acht verschiedene Stücke. Da passiert es schon mal, dass man nicht weiss, wie man den Abend über die Bühne bringen soll. Sobald ich dann meine Kollegen sehe, mein Kostüm, ist es, als

würde ich nur dieses eine Stück spielen, nur an diesem Abend. Später kommt das Publikum dazu, das uns durch den Abend trägt – oft durch Aufmerksamkeit, gelegentlich durch Desinteresse. Beides stachelt an. Das ist ein toller Nebeneffekt meines Berufs: Man steigt gelegentlich müde und mit mieser Laune in eine Vorstellung und ist am Ende des Abends geläutert.

Heute steigt jede zweite Miss nach Ablauf ihrer Amtszeit ins Schauspielfach ein. Sorgen Sie sich manchmal um den Ruf Ihres Berufsstands?
Wenn jemand Talent hat – warum nicht? Aber Talent ist der kleinste Teil. Es ist das Handwerk, das unseren Beruf wesentlich ausmacht. Wenn das blonde Model, das man von der Butterwerbung kennt, zu einem Spielfilm-Casting eingeladen wird, ohne je eine seriöse Ausbildung absolviert zu haben, ärgert mich das. Aus solchen Castings habe ich mich auch schon vorzeitig dankend verabschiedet.

Was unterscheidet den guten Schauspieler vom mittelmässigen?
Wenn ich einem Schauspieler zuschaue, dann möchte ich, dass ich berührt und gefesselt werde; dass er seine Sprache und seinen Körper ganz in den Dienst der Figur stellt. Man kann leider auch ziemlich «beamtig» werden in diesem Beruf. Dann schlägt man sich durch, ohne aus sich herauszugehen. Ich hatte so einen Kollegen in Darmstadt. Der sass jeweils schon um halb neun mit dem Aktenkoffer in der Kantine – und so hat er dann auch gespielt. Zum Glück gibt es eine Gerechtigkeit auf der Bühne. Das Publikum spürt, ob einer kämpft oder ob er nur sein Programm abspult.

Wie schützen Sie sich davor, zu einem kostümierten Beamten zu werden?
Ich versuche, immer wieder bei null zu beginnen – an dem Punkt, wo ich nichts weiss und nichts kann. Dann beginne ich, die Figur kennenzulernen: ihre Energie, ihre Motive, ihren Körper, ihre Angst. Und irgendwann komme ich an den Punkt, wo ich springen muss, wo ich das vertraute Gelände verlasse. Das gelingt nicht immer. Manchmal springe ich dann doch nicht richtig oder nur mit Sicherheitsseil und Auffangnetz.

Wann gelingt es?
Wenn ich genug Vertrauen habe in mich und in das Team. Ja, das verflixte Loslassen ... Ich dachte immer, ich sei ein Bauchmensch, aber auf der Bühne habe ich erfahren, dass ich auch ein Kopfmensch bin. Oft wäre es besser, den Kopf auszuschalten, zu vergessen, dass man geliebt werden will, dass man die Kontrolle behalten möchte. Wenn ich mir zuschaue beim Spielen, erreiche ich nie das Maximum. Ich versuche, so weit zu kommen, dass es einfach spielt mit mir. Manchmal, in guten Momenten, weiss ich selber nicht, wie es passiert – es ergibt sich aus

dem Moment heraus. Es ist wie beim Wellenreiten: Da nützt es nichts, krampfhaft im Meer nach der idealen Welle zu suchen; es gilt, sich treiben zu lassen und bereit zu sein. Wenn dann die Welle kommt und du sie reitest, kann dir nichts passieren. Wer diesen Adrenalinschub auf der Bühne erlebt hat, möchte immer wieder dorthin zurück. So gesehen hat der Beruf durchaus Suchtpotenzial. Man möchte immer wieder springen, möglichst ohne Netz.

Wird das einfacher mit zunehmendem Alter?
Es kostet unverändert viel Überwindung. Aber wenn es gelingt, ist es durch nichts aufzuwiegen. Ich bin jetzt 43 Jahre alt. Ich merke, dass ich mir wesentliche Fragen zu meinem Beruf erst jetzt stelle. Manchmal, wenn ich mich mit Freunden unterhalte, wird mir bewusst, dass mir etwas fehlt, etwas zum Anfassen oder Anschauen, etwas von bleibendem Wert. Wenn ich nicht gerade einen Film drehe, wird unsere Arbeit an einem Abend geboren, sie bäumt sich auf und neigt sich sogleich dem Ende zu. Der Architekt kann seine Häuser anschauen, die er gebaut hat, sie stehen auf festem Grund. Der Glaser baut auf dem Bundeshaus das Kuppeldach, unter dem unsere Regierung über Jahre hinweg wandelt. (Schweigt.) Aber nein, es ist gut so, wie es ist.

Sie haben den Applaus – entschädigt das für die Flüchtigkeit?
O ja, ein solch lang anhaltender Applaus wie nach der «Woyzeck»-Premiere geht mir unter die Haut. Ich gebe gerne zu, dass es enorm wohltut. Und es hilft, gemeinsam wieder in die Gegenwart zurückzukommen. Wir Schauspieler haben oft ein seltsames Verhältnis zum Applaus; manche rennen durch den Applaus hindurch, andere muss man fast auf die Bühne stossen, damit sie sich dem Applaus stellen. Wir können da viel von Opernsängern lernen. Sie haben es verinnerlicht, wie man Applaus entgegennimmt.

Gibt es Rollen oder Aufgaben, von denen Sie träumen?
Ich bin dankbar, dass es so gut läuft. Wir haben am 1. Oktober Premiere mit «Andorra», wo ich den Pater spiele. Solange die Rollenvielfalt so gross ist, bin ich glücklich. Daneben gäbe es natürlich den einen oder anderen Tschechov, den ich gerne spielen würde, oder «Einsame Menschen» von Hauptmann, «Ubu», «Hamlet!», «Amphytrion». Auch Hörspiele und Filme reizen mich immer wieder, ebenso die Arbeit mit Jugendlichen. Und irgendwo gibt es diese Sehnsucht, ein Bed & Breakfast zu führen, zu kochen, zu malen – einfach im Hintergrund zu arbeiten. Aber ich mache mir keine Illusionen: Der Theaterbazillus würde mich rasch wieder befallen und auf die Bühne zurückholen. Ich glaube, es sind nicht nur die Endorphine. Der ganze Beruf hat auch etwas sehr Reinigendes. ∎

WINKLER MATTHIAS
KÜNSTLER

«Man sagt dann plötzlich, man könne keine Kuh zeichnen ...»

Einige Zeit bestritt Matthias Winkler, ein Künstler zu sein – er hatte sich ja bloss den kindlichen Spass am Zeichnen und den Sinn fürs Wesentliche bewahrt. Inzwischen ist der Erfolg so gross, dass er nicht mehr umhin kann, sich selber als Künstler zu sehen, als einen, der menschliche Sehnsüchte mit acht Strichen festhalten kann.

11.5.2005

Herr Winkler, wann begannen Sie mit Zeichnen?
MATTHIAS WINKLER: Ich zeichne, seit ich denken kann. Ich erinnere mich, dass viele meiner Zeichnungen unter dem schweren Pult meines Vaters entstanden. Er war Pfarrer und bereitete am Schreibtisch seine Predigten vor, ich machte es mir unter dem Schreibtisch gemütlich und zeichnete. Glücklicherweise haben meine Eltern viele meiner Kinderzeichnungen aufbewahrt. Wenn ich sie heute betrachte, sehe ich viele Parallelen zu meiner künstlerischen Arbeit. Da gibt es zum Beispiel eine Giraffe, die einzig aus einem langen Hals und vier Beinen besteht. Wie alle Kinder beschränkte ich mich aufs Wesentliche. Es ist seltsam, dass man das im Verlauf des Erwachsenwerdens verlernt. Man sagt dann plötzlich, man könne keine Kuh zeichnen, weil man von sich ein fotoähnliches Bild erwartet. Dabei brauchts bloss Hörner, ein Euter und ein paar Beine für eine Kuh. Wer fotografieren will, kann das mit der Kamera oder neuerdings mit dem Handy tun ...

Wann wurde Ihnen klar, dass das, was Sie machen, Kunst ist?
Das geschah auf Umwegen. Im Gegensatz zu meiner Frau las ich in den Ferien keine Bücher, sondern ich

zeichnete stundenlang. Mit der Zeit sprachen mich Freunde auf diese Zeichnungen an, ein Bauunternehmer bestand gar darauf, ein T-Shirt mit einem meiner Sujets zu bedrucken. Als ich mit dem Auftrag in einen Textilladen ging, fragte mich die Verkäuferin, ob ich Künstler sei. Ich verneinte dezidiert. Ich war ja auch Kindergärtner, nicht Künstler. Natürlich zeichnete ich viel mit den Kindern, und ab und zu gefiel den Eltern ein Weihnachts- oder Einladungskärtchen so gut, dass sie mir einen Auftrag gaben, aber als Künstler fühlte ich mich nicht; ich wusste einfach, dass in meiner Hand viel tänzerische Energie steckt. Allmählich wurden die Vorschläge und Aufträge von aussen dann so zahlreich, dass ich mein Kindergartenpensum zurückschraubte und auf immer mehr Alltagsgegenständen visuelle Geschichten erzählte.

Sie verzieren Kaffeetassen, T-Shirts, Tragtaschen, Wasserflaschen und Vorortszüge. Ist das reizvoller, als in Museen auszustellen?

Für mich eindeutig. Ich will nicht für die Ewigkeit arbeiten, mag nichts Neues erfinden, auf das die Welt gewartet hat, sondern ich möchte den Menschen Spass machen mit Dingen, die sie berühren können. Das hat den Vorteil, dass Fehler weniger ins Gewicht fallen. Meine Kunst ist leicht und vergänglich, sie hat keine Botschaft, ich zeichne einfach Figuren, die sich im Kreis bewegen, sich vernetzen und gelegentlich aus dem Rahmen fallen.

Viele Ihrer Figuren befreien sich aus einem Rahmen. Ist darin nicht doch eine Botschaft enthalten?

(Lacht.) Eigentlich habe ich nur ganz wenige Figuren im Rahmen gezeichnet, aber die Leute wollen immer wieder diese Figur haben, die aus dem Rahmen ausbricht. Dass dies eine derart weitverbreitete Sehnsucht ist, war mir nicht bewusst, als ich sie mit acht Strichen festhielt. Inzwischen habe ich mich damit abgefunden, dass diese Figur wohl dereinst meinen Grabstein zieren wird.

Damit sagen Sie auch: Sie haben als Künstler einen Markt geschaffen, dem Sie kaum noch entfliehen können...

Man kann es so sehen. Aber in erster Linie bin ich sehr dankbar, dass meine Sachen verkäuflich sind, ohne dass ich das angestrebt hätte. Es gibt genügend Beispiele grosser Künstler, die nie von ihrer Kunst leben konnten. Mein Vorteil ist, dass ich vom Typ her farbig und fröhlich bin, eine Art Popsongschreiber mit dem Pinsel. Das ist eine sehr günstige Konstellation. Natürlich fällt es nicht immer gleich leicht, der Nachfrage, die man geschaffen hat, zu entsprechen. Nach zehn Jahren braucht es mehr Energie, eine neue T-Shirt-Kollektion zu entwerfen, als in den ersten Jahren. Aber da ich ja heute nicht mehr nur Künstler, sondern auch Unternehmer bin, der Menschen beschäftigt, die meine Produkte herstellen und vertreiben, trage ich auch Verantwortung. Das heisst aber nicht, dass ich alles machen würde, was sich verkaufen lässt. Ich erteile regelmässig Absagen, weil ich weder Autos noch Kaffeemaschinen verzieren noch beliebig Firmen verherrlichen will. Ich mache Kunst auf alltäglichen Plattformen, kein Marketing.

Können Sie sich vorstellen, dies noch jahrzehntelang zu tun?
Zu Beginn meiner Künstlerlaufbahn hatte ich vier Träume: Ich wollte einmal das Plakat des Montreux-Jazzfestivals gestalten, eine Swatchuhr schmücken, eine Wasserflasche kreieren und eine Briefmarke gestalten. Bis auf den letzten sind all diese Träume Wirklichkeit geworden. Ein fünftes Ziel, jenes, auf der Bühne zu stehen, verfehlte ich in jungen Jahren, als ich durch die Aufnahmeprüfungen zur Dimitri-Schule fiel. Später hat sich dieser Traum auf Umwegen doch noch erfüllt. Letztes Jahr stand ich rund 50 Mal mit verschiedenen Künstlern auf der Bühne, zum Beispiel mit dem Musiker Daniel Küffer und dem Personalentwickler Beat Krippendorf im Rahmen des Projekts «Zusammenspiel»; da helfen wir Firmen, ihre Unternehmenskultur hör-, sicht- und fühlbar werden zu lassen. Ich ersetze in solchen Prozessen sozusagen die Power-Point-Präsentation des Computers, das heisst, ich setze wichtige Begriffe visuell um. Der Zusammenschluss verschiedener Kunstformen ist für alle Beteiligten eine sehr reizvolle Angelegenheit.

Was bedeuten Ihnen die internationalen Erfolge und Auszeichnungen?
Manchmal belustigt es mich, wenn ich dran denke, dass eine Galerie in New York meine Bilder verkauft. Aber am wichtigsten sind mir die persönlichen Kontakte. Wenn Touristen, die in einem Schweizer Bergrestaurant meine Henniez-Jubiläumsflasche gesehen haben, plötzlich hier im Atelier auftauchen, um zu sehen, wie ich arbeite, oder wenn eine Frau, die eigentlich weder genug Geld noch Transportmöglichkeiten hat, spontan drei Bilder kauft, dann sind das schöne Überraschungen. Und zudem schenkt mir der Erfolg die Freiheit zum Experimentieren. Ich wandle Geld ungern in Besitz um, ich verstehe es als Energie, etwas Neues anzureissen, einem Traum ein Stück näher zu kommen. ∎

www.collection-matthias.ch

Matthias Winkler versteht sich heute als «Produzent guter Erinnerungen». Gemeinsam mit dem Musiker Daniel Küffer ist er jede Woche in Firmen und Organisationen unterwegs, um mit Musik und Bild Werthaltungen und Firmenkulturen sicht- und hörbar zu machen (www.zusammenspiel.ch). Daneben ist er weiterhin im alten Kino Münsingen als Künstler tätig.

**WUNDERER
ROLF**
PROFESSOR

«Wir sollten wieder mehr kapieren, statt bloss zu kopieren»

Sechs Jahre nach seiner Emeritierung als Professor für Betriebswirtschaftslehre an der Universität St. Gallen legt Rolf Wunderer ein Buch über «Lehren aus Management und Märchen» vor. In Sachen Umsetzungskompetenz, Teamwork und Durchhaltewillen könnten Manager von Märchenhelden einiges lernen, sagt der Experte für Führungsfragen.

8.1.2009

Herr Wunderer, Sie waren lange Zeit Professor für Führung und Management an der Universität St. Gallen – haben Sie Ihren Studenten da öfter mal ein Märchen erzählt?

ROLF WUNDERER: Ja, zum Beispiel von den Brüdern Grimm. Damit lassen sich verschiedene Führungsstile oder der Umgang mit Kooperationskonflikten anschaulich darstellen. Mit Märchengleichnissen wird nicht nur das kreative und neugierige Kindheits-Ich angesprochen, sondern auch die oft vernachlässigte rechte Hirnhälfte aktiviert. Noch heute sagen mir Manager: «Ich habe vieles vergessen, was Sie lehrten, aber den Gestiefelten Kater als Sinnbild für internes Unternehmertum nicht – daran erinnere ich mich auch in meiner Führungspraxis.»

Warum haben Sie fünf Jahre Arbeit in ein Buch über die Lehren aus Management und Märchen investiert?

In erster Linie war ich fasziniert, wie ich meine jahrzehntelange Erforschung von unternehmerischem Denken und Handeln durch die neue Perspektive erweitern konnte. So erweist sich mein Konzept zu drei unternehmerischen Schlüsselkompetenzen auch in Märchen als erfolgsbestimmend: kreative Problemlösung, Sozialkompetenz als Balance zwischen

Autonomie und Kooperation sowie Umsetzung – Letztere im Märchen oft unreflektiert. Im Management wird dagegen zu viel problematisiert und zu wenig umgesetzt.

Verstehen Sie Ihr Buch als Ratgeber für Führungskräfte?
Wer die verschiedenen Erfolgstypen in Märchen studiert, kann auch viel über sich, sein soziales Umfeld lernen. Bei Aschenputtel wurde mir beispielsweise klar, dass das Motto «Love it – change it – leave it» in der heutigen Führungskultur ergänzt werden sollte. Es lehrt uns etwas Viertes: «Endure it» – «Halt es aus!» Das Mädchen wurde von Eltern und Geschwistern extrem gemobbt; ihr Umgang damit gibt ihr die Kraft, später Paroli zu bieten. Sie lässt sogar den verliebten Prinzen zappeln und kann dadurch sein Interesse mehrfach auf die Probe stellen. Oder Hans im Glück. Er wird meist als ökonomischer Trottel interpretiert, vertritt aber im Grunde einen modernen ökonomischen Ansatz, die Glücksökonomie: Er maximiert mit seinen immer neuen Tauschobjekten seine persönlichen Glücksgefühle. Dabei kann er mit Misserfolgserlebnissen – er nennt es «Verdriesslichkeiten» – so umgehen, dass er seine Happiness auf hohem Niveau stabilisiert. Die Werteforschung zeigt übrigens in der Schweiz etwa 30 Prozent hedonistisch Orientierte.

Sehen Sie einen Widerspruch zwischen Glücklichsein und Karrieremachen?
Das lässt sich schon wegen der verschiedenen Glücksdefinitionen nicht verallgemeinern. Buddha differenzierte acht Arten des Glücks, andere noch weit mehr. Die Glücksökonomie misst nur die Zufriedenheit – ob das reicht?

Manche Psychoanalytiker sagen: Besonders erfolgreich sind die Narzissten, die sich und der Welt immer neu beweisen müssen, wie grossartig sie sind.
Der Wunsch, der oder die Grösste im Markt zu sein, beherrscht ja fast alle Unternehmensvisionen. «Wenns a Vision ham, müssens zum Arzt gehen», antwortete ein österreichischer Realpolitiker einem Interviewer. Ganz oben in Regierungen und Unternehmen finden sich Narzissten, selbst solche vom Schlage des «Tapferen Schneiderleins». Denken Sie an manche europäische Staatspräsidenten oder den amerikanischen Manager Jack Welch von General Electric, der seinen Bestseller «Was zählt» als «Autobiografie des besten Managers der Welt» untertitelt. Seine sieben Fliegen heissen sechs «Sigma».

Was lehren uns Märchen über Führung und Teamwork?
Die Bremer Stadtmusikanten zeigen, wie freigesetzte Arbeitnehmer statt der Ich-AG des Tapferen Schneiderleins eine Wir-GmbH erfolgreich aufbauen. Oder Hänsel und Gretel belegen, wie Kompetenzen sich im Team ergänzen. Erst erfin-

det Hänsel die Wegmarkierung und den Knöcheltrick als Gefangener. Später schickt Gretel die Hexe in ein «unfreundliches Feuer» und sichert logistisch die Heimkehr. Es gibt viele weitere Märchen zum Thema «Wie sich Kompetenzen ergänzen». Man kann auch lernen, wie man soziale Netzwerke knüpft, an geheime Informationen kommt oder strategisch wichtige Nachrichten falsch dechiffriert, wie sich ohne fachliche Überlegenheit gut führen lässt, wie man mit schwierigen Chefs oder blendenden Beratern umgeht und ob finanzielle Anreizkonzepte oder unternehmerisches Denken und Wagen wichtiger sind. Wer sein Bücherregal nur mit Fachliteratur oder Gesetzessammlungen füllt, wird leicht zum Spezialisten, der immer mehr von immer weniger weiss, bis er alles über nichts mehr weiss. Das lehrt uns auch die jüngste Finanz- und Bankenkrise.

Märchen vermitteln somit auch Verhaltensleitsätze?

Ja, ich habe deren 70 aus Märchen der Gebrüder Grimm extrahiert und diese mit 70 Unternehmensleitsätzen verglichen, dann daraus sechs gemeinsame Kernleitsätze ermittelt. Der häufigste in Märchen war: «Rechne mit Prüfungen sowie Gratifikationen und Sanktionen.» In den Führungsgrundsätzen war es: «Was du versprochen hast, musst du auch halten.» Warum wohl? Und ein zentraler Märchengrundsatz fehlte in heutigen Firmenleitsätzen: «Sei und bleibe bescheiden.» In der Schweiz gilt Understatement immer noch als Tugend. Da aber die amerikanischen Manager und Politiker uns heute ähnlich prägen wie einst die Römer, droht sich das zu ändern. Wir sollten wieder mehr kapieren, statt bloss zu kopieren.

Haben Sie Indizien, dass sich neben Märchenfreunden auch Manager für Ihr Märchenbuch interessieren?

Neue und bewährte Managementkonzepte bilden die Grundlage des Textes und machen die Hälfte des Buches aus. Für die Märchendimension könnten sich neben Personalentwicklern zunächst jene interessieren, die ihren Kindern ab und zu auch mit einer Geschichte statt mit Disketten oder Trickfilmen gute Nacht oder schönes Wochenende sagen. Das lehrt mich gerade im Urlaub mein zweieinhalbjähriger Enkel. Er kann die Märchenillustrationen im Buch gar nicht oft genug ansehen. Und er will immer wieder Geschichten dazu. Mir wurde wieder bewusst, wie Bilder und Kommunikation darüber einen frühen Zugang zur Welt verschaffen. Märchen vermitteln Urbilder, Urkonflikte und Lösungen dazu. ∎

Rolf Wunderer: «Der Gestiefelte Kater» als Unternehmer. Lehren aus Management und Märchen. Gabler-Verlag, Wiesbaden, 2008.

**ZAUGG
MARCO**
COACH

«Es gibt einen Platz, den niemand füllen kann ausser dir»

Krisen zwingen uns zu Veränderungen – aber wovon hängt es ab, ob die Veränderung gelingt? «Es lohnt sich, die anfängliche Verwirrung auszuhalten», sagt der Coach Marco Zaugg. Danach kommt es auf vier Dinge an: einen starken Willen, ein attraktives Ziel, Zuversicht in die Machbarkeit und Klarheit über die ersten Schritte.

15.4.2009

Herr Zaugg, die Wirtschaftskrise zwingt viele Menschen zu Veränderungen. Warum packen wir Veränderungen so selten aus freien Stücken an?

MARCO ZAUGG: Veränderung ist nicht die Ausnahme, sondern der Normalfall. Das ganze Leben besteht aus Veränderung, ohne biologische Veränderung gibt es kein Leben. Auch wer sich partout nicht verändern will und sich am Alten festklammert, verändert sich: Womöglich verkrampft oder verhärtet er sich, oder er wird krank. Andere sind getrieben vom Wunsch nach permanenter Veränderung, sie verfallen in Aktivismus, weil sie es nirgendwo länger aushalten. Goethe hat gesagt: «Wenn man behalten will, was man hat, muss man vieles verändern.» Als Coach kann ich mithelfen, das Bewusstsein für Veränderungsprozesse zu schärfen und den Klienten zu helfen, ein gutes Gleichgewicht zwischen Stabilität und Veränderung zu erlangen.

Welche Ereignisse lösen tiefgreifende Veränderungen aus?

Oft braucht es eine Krise, die den Prozess in Gang bringt. Wenn alles seinen gewohnten Lauf nimmt und wir zufrieden unseren Tätigkeiten nachgehen, sehen wir in der Regel wenig Anlass zur Veränderung. Dann wirft ein Ereignis alles über den Haufen: ein neuer Chef, ein dramatischer Umsatzrückgang, vernichtende Kritik des Vorgesetzten, eine schwere Krankheit, ein Unfall, die Entlassung, der Tod einer nahestehenden Person, die Scheidung ... Sobald ein solcher Blitz eingeschlagen hat, ist nichts mehr wie vorher. Oft reagieren wir instinktiv mit Verleugnung, Abwehr, Schuldzuweisungen, wir werden wütend und aggressiv, weil wir möchten, dass alles wie bisher weiterläuft. Erst mit der Zeit akzeptieren wir die neue Situation, aber wir haben noch keine Ahnung, was sie für uns bedeutet. Diese Verwirrung und Orientierungslosigkeit gilt es auszuhalten, sie ist ein sehr produktiver Zustand.

Als Coach begleiten Sie Menschen in solchen Krisensituationen. Viele Menschen spüren den Wunsch, noch einmal ganz neu anzufangen, aber sie schaffen es nicht, ihre Träume auf den Boden zu bringen. Wovon hängt es ab, ob Veränderungsvorhaben gelingen?

Der chilenische Coach Julio Olalla hat den Erfolg von Veränderungen in einer verblüffend einfachen Formel dargestellt: «Wille mal Anziehungskraft mal Zuversicht mal Klarheit muss grösser sein als der Aufwand.» Vier Dinge sind also unentbehrlich: der Wille, eine Sache anzugehen, die Anziehungskraft der Zielvorstellung, die Zuversicht in die Machbarkeit und die Klarheit über die nächsten konkreten Schritte. Die Formel ist eine Mal-Verknüpfung, das heisst, jeder einzelne Faktor muss eine gewisse Grösse aufweisen, damit das Resultat gross wird.

Kann man den Veränderungswillen beeinflussen?

Ich bin überzeugt, dass der Wille nicht einfach gegeben ist. Der Psychoanalytiker Roberto Assagioli unterscheidet in seiner «Schulung des Willens» acht Dimensionen des Willens. Ich hatte noch keinen Klienten, der nicht in einigen dieser Dimensionen grosses Potenzial gehabt hätte. Zudem besteht eine Wechselwirkung zwischen den vier Faktoren: Wenn das Ziel für uns eine hohe Anziehungskraft hat, wenn wir zuversichtlich sind, es erreichen zu können, und wenn wir uns im Klaren sind über die nächsten Schritte, dann stärkt das unseren Willen, die Veränderung anzupacken.

Welche Missverständnisse stehen Veränderungen im Weg?

Ein wesentliches Missverständnis ist, dass viele Klienten meinen, sie müssten den ganzen Weg vor sich sehen. Das ist ein Trugschluss, der viele davon abhält, den Weg in Angriff zu nehmen. Ich habe vorhin bewusst von der Klarheit über die nächsten konkreten Schritte gesprochen. Klar, es braucht ein konkretes Ziel, das eine starke Anziehungskraft ausübt. Es ist aber unmöglich, den ganzen Weg dorthin zu überblicken. Sobald wir die ersten Schritte gemacht haben, verändert sich der Weg. Wer sich verändern will, darf nicht alles kontrollieren wollen. Deshalb ist die Zuversicht so wichtig, man kann auch sagen: das Grundvertrauen in das, was kommt. Wir können und müssen nicht alles beeinflussen, manches fällt uns zu. Oder mit den Worten von Hanna Schygulla: «Das Leben antwortet mit Zufällen, wenn ein Wunsch aufsteigt, der stark genug ist.»

Gibt es andere hinderliche Missverständnisse?

Ein verbreiteter Irrtum ist, Veränderung lasse sich immer an Äusserlichkeiten ablesen. Man kann sich auch positiv verändern, ohne sein Leben auf den Kopf zu stellen. Einige Klienten, die mit grossem Leidensdruck zu mir gekommen sind, sind im gleichen Beruf geblieben – mit veränderter Einstellung. Die innere Haltung hat eine grosse Macht. Das zeigt sich auch am umgekehrten Fall: Manche krempeln ihr Leben um und bleiben trotzdem blockiert; von den Bildern im eigenen Kopf.

Können Sie das konkretisieren?

Mir fällt das Beispiel eines erfolgreichen Managers ein, der sich innerlich klein und ohnmächtig fühlte. Sein Selbstbild, seine Identität hatte nicht mit der äusseren Entwicklung Schritt gehalten. Als Kind war er immer einer der Kleinsten gewesen und hatte stark darunter gelitten. Mit 18 Jahren machte er dann zwar einen grossen Wachstumssprung, sein inneres Bild hatte sich aber nicht verändert: Er sah sich als klein und ohnmächtig, kein beruflicher Erfolg konnte daran etwas ändern. In solchen Konstellationen ist es wichtig, am inneren Bild zu arbeiten.

Sie selber haben vor geraumer Zeit Ihre Kaderstelle in der Rechtsabteilung eines Bundesamts aufgegeben und sich als Coach selbständig gemacht. Verlief die Veränderung problemlos?

Nein, ich fiel vorübergehend zwischen Stuhl und Bank. Es gab keinen Weg mehr zurück, gleichzeitig trug das Neue noch nicht. Ich hatte die Veränderung zwar äusserlich vollzogen, die Veränderung des Selbstbilds, der Aufbau der neuen Identität brauchte aber viel mehr Zeit. Rückblickend kann ich sagen, dass diese Stadien der Verunsicherung und Verwirrung sehr wichtig waren. Hätte ich sofort in einer neuen komfortablen Zufriedenheit Zuflucht gesucht, wäre ich zu früh stehengeblieben. Ich glaube mit Plato: «Es gibt einen Platz, den du füllen musst, den niemand sonst füllen kann; und es gibt etwas für dich zu tun, das niemand sonst tun kann.» Es lohnt sich, diesen Platz zu suchen, auch wenn er vermutlich nicht in den Stellenanzeigern ausgeschrieben ist. ∎

info@marcozaugg.ch

ZIESCHE
SUSANNE
PERSONALENTWICKLERIN

Gute Gründe für ein ordentliches Chaos auf dem Schreibtisch

«Viele Manager wissen alles über das Unternehmen, vieles über den Markt, manches über die Kunden – aber fast nichts über sich selber», sagt Personalentwicklerin Susanne Ziesche. Sie ermutigt Führungskräfte, regelmässig in sich hineinzuhorchen. Denn: «Wer sich seiner Stärken bewusst ist, kann lockerer mit Schwächen umgehen – mit eigenen und mit fremden.»

25.3.2009

Frau Ziesche, Sie haben sich vor 30 Jahren als Führungskräfte-Entwicklerin selbständig gemacht. Sind diese Dienste gefragt, wenn alle Unternehmen sparen müssen?
SUSANNE ZIESCHE: Es hat wohl erhebliche Einbrüche gegeben in diesem Geschäft. Ich kann das aber nur aus zweiter Hand sagen, denn ich selber bin zurzeit weg vom Fenster. Ich habe mir bei einem Unfall das Kreuz gebrochen, danach hatte ich genug mit mir selber zu tun. Nun wäre ich wieder tatendurstig, aber ich musste feststellen, dass es Vorbehalte gibt gegenüber einer Beraterin im Rollstuhl.

In welchen Bereichen wäre der Beratungsbedarf bei Führungskräften am grössten?
Im Zentrum steht die Führung der eigenen Person. Viele Manager wissen alles über das Unternehmen, vieles über den Markt, manches über die Kunden – aber fast nichts über sich selber. Das mag bequem sein, es ist aber gefährlich. Wir alle leben stets im Spannungsfeld zwischen Autonomie und Anpassung. Wer sich zu stark einem der beiden Extreme nähert, gefährdet sich und seine Umgebung. Da gilt es, wachsam zu bleiben und regelmässig in sich hineinzuhorchen.

Vielen fehlt im hektischen Tagesgeschäft die Zeit dafür.
Ja, sie sparen Zeit bei der Selbstführung. Bisher hat mir noch niemand sagen können, wo das Sparbuch liegt, von dem sie diese Zeit irgendwann wieder abziehen können. Es geht darum, Prioritäten zu setzen. Und da frage ich mich schon, ob es richtig ist, dass Ehepartner im Durchschnitt gerade einmal sieben Minuten miteinander reden pro Tag. Ich habe in den letzten 30 Jahren viele Führungskräfte aufgefordert, sich fünf mittelfristig erreichbare Ziele zu setzen. Meistens beschränkten sich die Vorsätze auf die berufliche Leistung und die körperliche Fitness. «Und wo bleiben Sie dabei?», fragte ich daraufhin, und erhielt zur Antwort: «Ach, ich wusste nicht, dass Privates auch zählt.»

Manche haben eben das Bedürfnis, strikt zwischen «privat» und «beruflich» zu trennen.
Das ist eine Illusion. Wenn einer neurotisch ist, leidet nicht nur der Partner, sondern auch das berufliche Umfeld darunter. Ich wundere mich, dass sich viele Manager, die im Geschäft täglich zielorientiert führen, noch nie im Leben bewusst private Ziele gesetzt haben. Es spricht viel dafür, den privaten Bereich mindestens so professionell anzupacken wie den beruflichen. Auch hier müssen Ziele konkret und verbindlich sein. Also nicht: «Ich möchte gerne glücklich sein.» Sondern vielleicht: «Ich nehme mir jeden Tag eine Stunde Zeit für mich.» Oder: «Ich will lernen zu akzeptieren, dass auf meinem Schreibtisch ein Chaos herrscht.»

Ist das besser als aufräumen?
Es kommt auf das Akzeptieren an! Es lohnt sich nicht, wegen Nebensächlichkeiten sich ein schlechtes Gewissen zu machen und darob das zu vergessen, was wirklich Anlass zur Besorgnis gäbe.

Ein Schwerpunkt in Ihrer Beratungstätigkeit ist Mobbing. Steigt die Zahl der Schikanen bei schlechter Wirtschaftslage?
Ja, denn in Krisensituationen sind die Rahmenbedingungen für Mobbing günstig: Es sinkt die Bereitschaft, heikle Dinge anzusprechen. Die Leute gehen auf Tauchstation. In vielen Betrieben regiert die Angst; sie ist Nährboden für Mobbing. Und wenn es schwieriger wird, durch eigene Leistung zu glänzen, verlegen sich mehr Leute darauf, die Leistungen anderer schlechtzumachen.

Wie gelingt es, dass der Wettbewerb unter verschärften Bedingungen fair bleibt?
Konkurrenz ist dann gut, wenn sie nicht verschleiert wird. Wenn die Spielregeln klar sind und die Informationen fliessen, führt ein verschärfter Wettbewerb nicht zu mehr Mobbing. Wichtig ist, dass Irritationen auf persönlicher Ebene auch in wirtschaftlich schwierigen Zeiten angesprochen werden. Man muss sich nicht

alles sagen am Arbeitsplatz, aber was die Zusammenarbeit stört, gehört rasch auf den Tisch. Sonst entwickeln sich schwelende Konflikte. Ich persönlich neige leider zur Unpünktlichkeit, die die Zusammenarbeit mit Kunden manchmal belastet, vor allem mit jenen, die gute Miene zum bösen Spiel machen. Seit geraumer Zeit spreche ich das ganz früh an. So haben wir die Chance, einen Modus Vivendi zu finden. Ein Firmenchef hat darauf die Termine mit mir immer eine halbe Stunde früher angesetzt, als er mich erwartet hat.

Es ist eher die Ausnahme, dass Mitarbeiter oder Geschäftspartner freimütig ihre Schwächen deklarieren.
Die meisten nerven sich über die Macken der anderen, finden aber keinen Weg, sie darauf anzusprechen. Die Angst ist in den meisten Fällen unbegründet. Wenn man die Probleme auf gute, wertschätzende Art anspricht, werden sie behandelbar. Macht man die Faust im Sack, kommt es zu unergiebigen Stellvertreterdiskussionen: Die Leute streiten scheinbar um Sachfragen, im Grunde gehts aber um gestörte Beziehungen.

Das macht die Sache ja so heikel. Über Gefühle spricht es sich nicht leicht am Arbeitsplatz.
Es ist aber unabdingbar. Wichtig ist, dass Störungen auf der Verhaltensebene angesprochen werden und nicht als Beurteilung der Persönlichkeit. Und: Wer sich seiner Stärken bewusst ist, kann lockerer mit seinen Schwächen umgehen. Und mit den Schwächen anderer, wenn ihm auch deren Stärken bewusst sind. Gute Kommunikation setzt Bescheidenheit, Gelassenheit und Geduld voraus.

Kommt es eher zu Mobbing, wenn die Mitarbeitenden stark über finanzielle Anreize geführt werden?
Wertschätzung auf Franken und Rappen zu reduzieren, zeugt von und bewirkt Respektlosigkeit. Wir haben in den letzten Jahren viel zu viel über Bonusmodelle geredet und viel zu wenig über gemeinsame Werte. Wenn ein solches Wertegerüst fehlt, gedeihen Mobbing und Betrug. Es ist bezeichnend, dass «Unternehmenskultur» mancherorts durch «corporate design» ersetzt worden ist – als ginge es in erster Linie darum, welche Farbe das neue Logo hat. In vielen Unternehmen ist Ethik zu einem reinen Marketingvehikel verkommen. Man schreibt sich auf die Fahne, was gerade Konjunktur hat; im Grunde müsste man hinschreiben: «Anything goes!» Wo sind die Führungskräfte, die für klare Werte einstehen, die den Unterschied kennen zwischen Toleranz und Beliebigkeit? ∎

www.ziesche.ch

ZUCKER
BETTY
BERATERIN

«Karrieren sind wie Himmelsleitern der verratenen Ideale»

Wovon träumen Topmanager? Die Beraterin Betty Zucker hat mit mehr als 40 Führungskräften, die zur Elite gehören, über ihre Träume gesprochen. Das Resultat fiel einigermassen ernüchternd aus. Im Interview erläutert die Buchautorin, warum sie Wachträume für unerlässlich hält, wie sie sich selber Zeitoasen schafft und warum Manager so selten träumen.

9.9. und 16.9.2009

Frau Zucker, sind Sie eine Träumerin?

BETTY ZUCKER: Ja, nicht nur, aber immer wieder. Ich weiss um die Bedeutung von realistischen Wachträumen, also bin ich jedes Jahr vier Wochen am Stück unerreichbar. Da kann ich die Seele baumeln lassen, stundenlang aufs offene Meer schauen, Landschaften erwandern, mit den Fischen tauchen.

Kein Marathon, keine Stadtbesichtigungen, keine Arbeit an Büchern?

Nein, nur strukturlose Zeit ohne Leistungsziele. In solchen Zeitoasen geht es mir darum, die Muster des Alltags zu brechen. Ich bin ein wenig stolz darauf und fühle mich auch etwas privilegiert, dass ich mir diese langen Auszeiten nehmen kann. Finanziell könnten das viele, vom Gefühl her eher nicht. Sie sorgen sich, dass sie nach vier Wochen nicht mehr gebraucht werden.

Und in diesen vier Wochen tanken Sie genug Energie, um in den übrigen elf Monaten ein 150-Prozent-Pensum absolvieren zu können?

Nein, ich brauche kleine Oasen im Alltag. Für mich ist klassische Musik wichtig. Und mein Sofa, von dem aus ich direkt in den weiten Himmel schauen und dabei wunderbar sinnieren kann. Zudem lasse ich mir – wenn möglich – am Morgen vor dem Aufstehen Zeit. Dieses Schweben im Übergang vom Schlaf in den Wachzustand ist für mich sehr fruchtbar. Man döst noch halb und ist noch nicht fokussiert, aber doch klar genug, um frische Ideen zu haben. So manches Licht ist mir so aufgegangen in meinem Oberstübchen.

Mir fällt eher schwer zu glauben, dass Sie sich so vielen Tagträumen hingeben. Sie gelten als ambitionierte, bodenständige Macherin und Beraterin. Und Sie haben sich schon mit sieben Jahren das Träumen abgewöhnt und dem Leistungsprinzip unterworfen, als sie zur Kinderschauspielerin wurden.

Für mich war das als Kind ein Spiel, und wissen Sie, damals fing das mit dem Träumen so richtig an. Ich habe auf der Bühne elementare Dinge im wahrsten Sinne des Wortes spielerisch gelernt, zum Beispiel, dass Arbeit Spass machen und sich lohnen kann. Es gibt nichts Tolleres für ein 10-jähriges Mädchen, als auf der Bühne zu stehen und von 2000 Leuten Applaus zu erhalten als Belohnung für Disziplin und «performance». Solche Erlebnisse prägen. Auch den Umgang mit Kritik habe ich als Kind auf der Bühne lernen müssen. Es gab ja nicht immer nur Applaus.

Nun haben Sie soeben das Buch «Top Dreams» auf den Markt gebracht. Wie kamen Sie auf die Idee, Manager nach ihren Träumen zu befragen und daraus ein Buch zu machen?

Es begann mit einer persönlichen Erfahrung. Als mir mein Ex-Mann aus heiterhellem Himmel den Jaguar anbot, den zu besitzen ich mir immer wunderbar vorgestellt hatte, merkte ich: Der Traum war verflogen. Ich begann, mir Gedanken zu machen über das Wesen von Wachträumen, redete mit Bekannten, mit Klienten und Geschäftspartnern darüber. Ich entdeckte, dass das ein Smalltalk-Thema mit grossem Potenzial für Tiefgang war. Denn obwohl wir dauernd von Traumjob, Traumwohnung und Inselträumen reden, sprechen wir selten über unsere wirklichen Träume. Also fragte ich fortan bei Geschäftsessen meine Tischnachbarn danach. Es entwickelten sich hochinteressante Gespräche, so dass ich immer öfter die Papiertischdecken vollkritzelte.

Sie haben dann über 40 Topmanager und Regierungspolitiker in längeren Gesprächen befragt. Manche träumen von einem Ferrari, andere von ein paar Tagen Ferien, wieder andere davon, spurlos zu verschwinden. Alles in allem ziemlich biedere Träume.

Ja, auch, aber nicht nur. Ich erwartete allerdings, dass diese «Elite», die viele Mittel hat, um etwas zu bewegen, im grossen Ganzen davon träumt, Spuren zu hinterlassen und die Welt ein bisschen besser zu machen. Ich war über die Traumziele von einigen als Machtmenschen geltenden Männern wie Frauen überrascht. Dabei war die Zeit schon lange nicht mehr so reif für grosse Träume wie jetzt. Wir sind an einem Punkt angekommen, wo wir Gegengifte gegen das Verwalten von Problemen brauchen. Wir brauchen luzide, klare Ideen von hellwachen Führungskräften, die nicht einfach abwarten, was die Zukunft uns wohl bringen wird.

Warum träumen manche Manager dann von so prosaischen Dingen wie Jagen, Yoga und Yin Yang?

Ich habe da mehrere Vermutungen. Erstens: Der Weg nach oben ist auch ein Weg der zerbrochenen Träume. Karrieren sind wie Himmelsleitern der verratenen Ideale. Viele schneiden links und rechts so viel ab, dass die Karriere zum eingedampften Glamour-Entwurf von Leben wird; die Familie wird zum Zulieferer, und Freunde mutieren zu strategischen Beziehungspartnern. Dem Erfolg zuliebe wird oft weggeschaut und leer geschluckt. Kurz: Wer nach oben kommen will, muss sich in der Regel sehr anpassen – aber verändern angepasste Menschen die Welt? Traumverzicht dient dann dem gesunden Selbstschutz: Sie ersparen sich mehr Enttäuschungen.

Dazu kommt: Zum Träumen braucht man Musse und Inspiration. An beidem mangelt es in den Chefetagen.

Der Alltag dieser Manager lässt wenig Energie für Träume. Die meisten schlafen kurz und schlecht, sie kommen eher frühmorgens als spätabends ins Bett, schuften fünf oder sechs lange Tage und arbeiten am Sonntag noch 200 Mails ab. Wer so im Hamsterrad rennt, kommt kaum in einen Zustand, der ihm das Träumen erlaubt. Darüber hinaus engen die Strukturen von dreidimensionalen Matrixen, Compliance, Audits usw. das freie Denken und erst recht das Träumen ein.

Für manche lautet der Traum doch schlicht: «Ich muss das irgendwie durchstehen, dann bin ich saniert; später geniesse ich das Leben.»

Das ist Selbstbetrug. Natürlich gibt es solche Lebensentwürfe, aber bei so manchem flimmert plötzlich das Herz, oder Familie und Freunde bleiben auf der Strecke, bevor diese goldenen Zeiten anbrechen. Ich finde es schade, das wahre Leben auf später zu verschieben. So denken auch all die Menschen, die sich von Wochenende zu Wochenende hangeln. Neudeutsch nennt man das dann Work-Life-Balance: hier die Arbeit, dort das Leben. Mein Anliegen ist eine Life-Balance. Die Arbeit ist Teil des Lebens, und sie macht mehr Sinn und Freude, wenn wache Träume das Tagesgeschäft begleiten und Orientierung geben. Sie steigern in diesen turbulenten Zeiten – ganz praktisch gesehen – die innere Stabilität und die Handlungsfähigkeit von Führungskräften.

Träume sind in Chefetagen ein Tabu. Wie haben Sie es geschafft, all die rational denkenden Entscheidungsträger zum Träumen zu verleiten?
Ich habe sie gebeten, mir zwei Stunden Zeit zu schenken. Worum es geht, habe ich nicht verraten. Die Reaktionen waren dann unterschiedlich. Manche haben sich spontan darauf eingelassen, andere meinten: «Du weisst doch, unter welchem Druck ich hier stehe. Jetzt kommst du und fragst mich nach meinen Träumen!»

Es ist ja auch perfid, Manager nach Träumen zu fragen. Träume stehen für die unvernünftige Flucht aus dem Alltag.
Der träumende Manager ist tatsächlich eine Provokation für den Manager mit einem vernunftgetriebenen, rationalen Selbstbild. Uns allen wurde das Träumen ja früh ausgetrieben. «Träum nicht, pass auf!», werden wir als Kinder ermahnt, und wir lernen, pünktlich Leistung zu bringen. Das Träumen überlässt man den Künstlern und Literaten. Wer nichts von beidem ist und dennoch Visionen entwickelt, wird zum Arzt geschickt. Umso wichtiger ist es mir, Träume und ihre Funktionen für die Führung als Thema zu positionieren. Denn: Träume schaffen Freiheiten.

Möchten Sie, dass der Chef Ihrer Krankenversicherung ein Träumer ist?
Ich möchte, dass er gelegentlich über das Tagesgeschäft hinausblickt, weiter schaut. Ja klar, wenn nicht er, wer sonst? Abgesehen davon ist meine Angst, dass Manager den Realitätsbezug verlieren, begrenzt. Die meisten sind ausbildungsmässig so analytisch getrimmt und von den Mühlen des Systems auf kurzfristige Resultate ausgerichtet, dass sie sich sicher nicht in Tagträumen verlieren. Sie sind wie wir alle Kinder des Zeitgeistes. Wir leben im Hier und Jetzt, bringen «just in time» Leistung und wollen sofort belohnt werden. Es ist die Zeit des Instant-Kaffees und der (auf Kredit) sofort erfüllbaren Träume.

Was ist so schlecht daran, im Hier und Jetzt zu leben?
Wer nicht träumt, der schläft nur. Für die Zukunftsgestaltung braucht es einen Entwurf. Ganz pragmatisch. Wer etwas Ausserordentliches schaffen, nicht unter seinen Möglichkeiten bleiben, ja wer seine PS auf den Boden bringen will, braucht einen Leitstern, der den Weg weist und die notwendige Energie für den beschwerlichen Weg speist. Kein Luftschloss, sondern qualifizierte Hoffnung. Und wer es nicht beim Hoffen lässt, kann sich stolz Träumer nennen. Denn solche hellwachen Träumer stehen am Anfang vieler grosser Innovationen. Luzide Perspektiven sind auch das beste Antidepressivum, das man sich vorstellen kann, auch

wenn die Pharmaindustrie das vielleicht nicht gerne hört. Sie ist übrigens Meisterin in der Kommerzialisierung grosser Träume: ewige Jugend, gesteigerte Lust, Leichtigkeit des Seins, Heilung aller Krankheiten und was der Menschheitsträume mehr sind. Träume sind und produzieren Reichtum. Es wäre doch schade, das Geschäft mit den Träumen der Pharmaindustrie und Hollywood zu überlassen.

Gemessen werden die Manager aber an den Quartalsergebnissen.
Das stimmt, deshalb überlagern Albträume angesichts der Quartalszahlen oft alles. Umso wichtiger ist es, dass Führungskräfte sich Zeitoasen nehmen, um Übersicht und Weitblick zu gewinnen, sich Freiräume schaffen im Reich der organisierten Traumlosigkeit. Nur wer Musse hat, kann träumen. Wer sich diese nicht nehmen will, kann als Manager dafür sorgen, dass andere träumen können, und hellhörig sein für diese Träume. Ich kenne viele Manager, die ein empfindsames Gehör für das Aussergewöhnliche haben.

Jeder Manager weiss, wie wichtig Innovation ist. Warum unterbinden manche trotzdem das Träumen?
Weil es «nur» langfristigen Erfolg verspricht. Aussergewöhnliche Ideen und Menschen ecken immer an, sie wirken bedrohlich, weil sie das Bisherige infrage stellen. Deswegen sprühen die Funken zwischen kreativen Köpfen in einem Unternehmen und dem Management des Tagesgeschäfts. Träume und die Logik des Kalküls funktionieren selten zusammen, viele Ideen wie Menschen werden dann im täglichen Kleinkrieg zerrieben. Sie passen einfach nicht in die etablierten Prozesse. Meine Erfahrung ist, dass es sich lohnen kann, ein spezielles Team mit der Umsetzung einer innovativen Idee zu beauftragen. Eigene Räume sind hilfreich. Viele erfolgreiche Produkte, Systeme und Strukturen wurden so auf den Weg gebracht.

Welche Vorbilder illustrieren Ihrer Ansicht nach die Macht von Träumen?
Die neuere Geschichte ist voll von solchen Vorbildern. Wikipedia wäre nie entstanden ohne den Traum eines Börsenhändlers. Ebenso das Internet und Google oder die Grossbäckerei Hiestand, deren Chef sagte: «Lasst euch eure Träume nie stehlen!» – und wenns nur der Traum von Nachruhm und Ehre ist oder die Sehnsucht, eine Spur zu hinterlassen. Die Motive müssen nicht besonders edel sein, die Resultate sind relevant – Goethes Mephisto lässt grüssen. Was die Spuren betrifft, ist es natürlich wichtig, Träume auf ihre Nebenwirkungen und Kollateralschäden hin zu überprüfen, soweit das möglich ist. Geistesschärfe ist dafür reichlich vorhanden.

Sie haben sich auch mit der Frage befasst, was wir uns von Managern erträumen. Erwarten wir Übermenschliches von ihnen? Es gibt eine insgeheime Sehnsucht nach dem Super-Manager, nach einem «Super Mario», der alles im Griff hat und das Unternehmen mit unerschütterlicher Sicherheit zum Erfolg führt. Solche Bilder schmeicheln natürlich den Managern und sie lassen sich gerne auf ein Podest stellen. Gleichzeitig spüren viele ein Unbehagen, fühlen sich oft ohnmächtig, geschröpft und geköpft vom System. Vielleicht lernen wir in dieser Krise mit den heftigen Enttäuschungen solcher Sehnsüchte, die Topmanager mit realistischeren Augen zu sehen. Dann können sich Manager wieder realistischere Träume mit langfristigen Wirkungen gestatten. Was könnten wir dann alles gewinnen ... ∎

www.bettyzucker.ch

Betty Zucker: Top Dreams. Wenn Manager träumen. Linde Verlag, Wien, 2009.

Nachwort

«Zu neuen Ufern lockt ein neuer Tag»

BERUFSLAUFBAHNEN AUSSERHALB DES KARRIEREKAMINS ▪ In der Wirtschaftswelt nennt man sie Headhunter oder zu Deutsch Kopfjäger. Mathias Morgenthaler sucht täglich nach dem Kopf der Woche und seiner Lebensgeschichte. Seine Interviews nehmen seit Jahren die Frontseite des Stellenmarktes des St. Galler Tagblatts und anderer grosser Tageszeitungen ein. Sie könnten von der intellektuellen Qualität auch im Focus oder im Feuilleton stehen.

Im Sport würde man MM als Scout bezeichnen. Denn er grast nicht wie ein anderes Blatt bekannte Namen aus der Firmenwelt der nächsten Umgebung ab und «interviewt» mit den immer gleichen, teilweise banalen Fragen («Wie hoch war Ihr erster Monatslohn?»). Er sucht und findet jede Woche Menschen, deren Lebensläufe Brüche haben, schildert ihre Wege und Umwege, die meist zu ihrer eigentlichen Berufung führen, oft in die Selbständigkeit. Er sucht wohl mehr nach Personen als nach Positionen. Dabei zeigt er ähnlichen Spürsinnn wie exzellente Fotografen.

In der Regel sind bei den Interviewten nicht lange Ausbildungen der Weg zu Selbstfindung und Karriere, sondern interessante, auch schmerzliche Erfahrungen, die erst im Nachhinein ihren Sinn erhalten. Morgenthaler stellt uns Woche für Woche Menschen vor, die nicht einen typischen Karriereweg vertreten, die offen über Fehlschläge, Umwege und neue Pläne berichten.

Es war ein glücklicher Einfall, eine Auswahl dieser Interviews in einem Buch zusammenzufassen, so dass sich unter den Porträtierten Strukturen und Gemeinsamkeiten erkennen lassen. Selten sind es öffentlich Bekannte, oft Menschen auf dem Weg vom internen Mitunternehmer zum Unternehmer. Schliesslich hilft die Publikation mit Mailadresse den Interviewten, ihr Netzwerk zu erweitern, anderen Lebenshilfe zu geben oder auch als spannende «case studies» für Publikationen oder Vorträge zu dienen.

Deshalb sammle ich seit Jahren Morgenthalers Interviews in einer eigenen Hängemappe – und nur diese. Was mir aber immer noch fehlt, ist ein Interview mit ihm – also:

ZEHN FRAGEN AN MATHIAS MORGENTHALER

1 ▪ Wie und wo suchen Sie Ihre Interviewpartner?
Inzwischen ist es zum Glück oft so, dass potenzielle Interviewpartner mich suchen. Das sind dann nicht immer die, die ich gesucht hätte – aber es kommt relativ oft vor, dass ich von treuen Lesern gute Hinweise auf spannende Geschichten erhalte. Oder dass jemand mir schreibt: «Seit mehreren Jahren nehme ich mir immer wieder vor, mich bei Ihnen zu melden...» und dann ungefragt eine lange persönliche Geschichte erzählt. Das sind Glücksfälle, die man nicht durch Brainstorming und Recherche erzwingen kann.

2 ▪ Wie hoch ist die Ausfallquote?
Sehr nahe bei null. Ich bin nicht vorausschauend und fleissig genug, um Beiträge auf Halde zu produzieren. Ich brauche den Druck des nahenden Redaktionsschlusses. Einmal musste ich ein Interview kurz vor Redaktionsschluss kippen, weil ein Konzernsprecher zwei Drittel des Interviews mit der Integrationsbeauftragten des Unternehmens umgeschrieben hat. Die Frau hatte sich bei mir gemeldet und im Wesentlichen gesagt, dass das als sozial bekannte Unternehmen Mühe habe, Menschen mit Behinderungen in Nischenarbeitsplätzen weiterzubeschäftigen. Der Sprecher hat daraus eine Art Werbeprospekt gemacht. Ein Sinologe, der Geschäfte mit Japan begleitet, hat mir dann ganz kurzfristig aus der Patsche geholfen.

3 ▪ Wo liegen die Herausforderungen für Ihren Interviewprozess? Wie wurde Ihr Geschäftsmodell zu einer Berufung?
Die grösste Herausforderung ist gleichzeitig das grösste Privileg: Es gibt keinen Pflichtstoff, keine Leitplanken, niemanden, der mir dreinredet. Das heisst, ich habe alle Freiheiten – ausser der, einmal keine neue Idee zu haben. Je knapper das Zeitbudget, desto grösser die Versuchung, auf etwas von dem zurückzugreifen, was einem PR-Firmen anbieten oder die Konkurrenz schon vorgemacht hat. Eine Berufung ist es vielleicht insofern, als ich mich sehr gerne in die Haut anderer Menschen versetze und ihre Erfahrungen dann schriftlich auf den Punkt bringe. Wer schreibt, schafft Ordnung – das allein hat etwas Wohltuendes. Wenn ein Interview dann noch Reaktionen auslöst, ist es umso schöner.

4 ▪ Welches Interview brachte Ihnen ein unvergessliches Ergebnis?
Die Begegnung mit Bertrand Piccard werde ich nicht so schnell vergessen. Ich dachte: Einer, der so viele Interviews gegeben hat, wird ungeduldig sein, gelangweilt, routiniert. Dann hat er mich zu sich nach Hause eingeladen, er suchte nach

den richtigen Worten, als spreche er zum ersten Mal über seine Ballonfahrt rund um die Erde, über seine Kindheit, seinen Abenteuergeist. Seine Bescheidenheit und Präsenz haben mich beeindruckt. Und dieses Leuchten in den Augen.

Unvergesslich bleibt auch das Interview mit dem Scherenschneider Ernst Oppliger. Während Piccard als Abenteurer die Welt erobert hat, ist Oppliger Tag für Tag im gleichen «Stübli» seines Elternhauses gesessen und hat dort von morgens um 8 bis abends um 23 Uhr mit der Schere Kunstwerke geschaffen, die er selber nie für solche hielt. Und wenn er sich bei schönem Wetter ab und zu zum Arbeiten nach draussen setzte, plagte ihn das schlechte Gewissen und die Befürchtung, die Bauern könnten das für Müssiggang halten. Diese pflichtversessene Art zu arbeiten hat mich beeindruckt, weil Oppliger gleichzeitig sehr zufrieden wirkt mit seinem strikt geregelten Tagwerk.

5 ▪ Bevorzugen Sie Menschen, die Suchwanderungen durchlebten?

Warum sind Märchen, warum ist die Bibel voller Suchwanderungen? Und warum sind dies zeitlose Geschichten, die immer neu interessieren? Für mich ist das eine rhetorische Frage. Ausser einigen Pressesprechern glaubt wohl niemand ernsthaft an die Wirkung von geglätteten Heile-Welt-Geschichten. Nichts gegen den aufgestellten Buchhalter, der seit 20 Jahren zuverlässig die Zahlen ordnet, aber ich wüsste nicht, was ich ihn fragen sollte. Menschen, die etwas losgelassen oder verloren und auf Umwegen etwas Neues gefunden haben, wissen mehr zu erzählen. Manchmal habe ich mich ja im Verdacht, dass ich nicht wenige Beiträge für mich selber schreibe. Ich wünschte mir etwas mehr vom Mut, der viele meiner Interviewpartner auszeichnet.

6 ▪ Womit beschäftigen Sie sich am liebsten ausserberuflich?

Ich brauche viel Bewegung als Abwechslung zum Büroalltag, bin gerne am Mittag in den Joggingschuhen unterwegs und am Wochenende in den Bergen. Und ich bin dankbar, viel Zeit mit meiner knapp vierjährigen Tochter verbringen zu können. In der Kunst, hartnäckig Fragen zu stellen, ist sie mir meilenweit voraus.

7 ▪ Eine gute Fee würde Ihnen die nächsten drei Jahre drei Wünsche erfüllen – welche wären das?

Eine Prise Unerschrockenheit, eine Portion Selbstvergessenheit und ein Körbchen voll Zuversicht – sie wird schon wissen, was im Detail damit gemeint ist.

8 ▪ Wissen Sie, inwieweit Ihre Berichte anderen Mut gemacht haben, selbst eine Entscheidung in Richtung Berufung zu treffen?

Ich habe über all die Jahre viele sehr persönliche Zuschriften von Leserinnen und Lesern erhalten und zahlreiche schöne Rückmeldungen von Interviewten. Diese

Resonanz ist für mich ein wichtiger Antrieb. Dass jemand wegen eines Interviews seine langweilige Stelle gekündigt hätte, um seiner wahren Berufung zu folgen, ist mir nicht bekannt. Das ist auch nicht meine Absicht. Ich bin schon zufrieden, wenn die Beiträge den einen oder anderen Leser ermutigen, wieder einmal etwas zu wagen, vielleicht nur etwas ganz Kleines. Mir selber war Ehrgeiz immer ein wenig suspekt, bis mir Verena Steiner im Interview gesagt hat, Ehrgeiz sei «eine Art von Leidenschaft für die Verheissungen des Lebens». Diesen Ehrgeiz möchte ich gerne wecken helfen.

9 ▪ Denken Sie an andere Interviewmethoden – zum Beispiel für elektronische Ausgaben Ihrer Zeitungskunden (Video-Interview)?

Eher nicht. Der Vorteil eines Zeitungsinterviews ist, dass man eine Stunde oder auch zwei mit jemandem reden kann und dann statt 20 Seiten im Originalwortlaut nur eine halbe Seite daraus macht. Dieses Auswählen, Kürzen und Verdichten ist für den Journalisten zwar mühevoll, für den Leser aber ein Gewinn. In Video-Interviews ist das schwieriger, speziell bei Gesprächspartnern, die wenig Erfahrung im Umgang mit Medien haben. Beide Formen haben ihre Stärken – für das Transportieren von Emotionen etwa ist die Kamera beinahe unschlagbar. Persönlich arbeite ich lieber mit geschriebenen Worten als mit bewegten Bildern.

10 ▪ In welchem Alter publizierten Sie Ihr erstes Interview? Und wie lange planen Sie, Ihre Serie weiterzuführen?

Geführt habe ich mein erstes Interview als sehr junger Sportjournalist. Ich wusste nicht, was ich über das 1.-Liga-Handballspiel schreiben sollte, und versuchte nach dem Spiel, bei den langen Kerlen ein paar Zitate einzufangen. So bekam ich 20 Zeilen zusammen.

Das erste Gespräch, das als Interview ins Blatt kam, führte ich vor gut zwölf Jahren, als die Stellenmarkt-Rubrik lanciert wurde – mit einem Berufsberater. Damals war ich 22-jährig. Ich dachte, nach spätestens acht Wochen gingen mir die Themen aus. Nun sind schon weit über 600 Beiträge erschienen. Wie lange ich das noch mache, weiss ich nicht – das hängt auch von den Verlegern ab. Für nächste Woche sieht es aber gut aus.

Nachwort und Interview: Prof. Dr. Rolf Wunderer, em. Ordinarius für Betriebswirtschaftslehre. Gründer und Leiter (bis 2001) des Instituts für Führung und Personalmanagement an der Universität St. Gallen, heute als Partner assoziiert.

Fotohinweis
- Malu Barben (S. 70)
- Valérie Chételat (S. 178, 187, 310)
- Adrian Moser (S. 32/33, 40/41, 50/51, 78/79, 322/323)
- Franziska Scheidegger (S. 57, 196/197)
- Beat Schweizer (S. 119, 299)
- Manuel Zingg (S. 225)
- Alle anderen: ZVG

Bücher zur Sache bei Zytglogge

Walter Däpp
Herrlich komplizierter Lauf der Zeit
Reportagen

Mit Walter Däpp so ticken wie die komplizierteste Uhr der Welt. Mit ihm den Aussteiger im Bachbett der Engstligen besuchen. Den Verdingbuben kennen lernen, der zum Aufsteiger wurde. Dem hundertjährigen Jodlerchörli zuhören. Dem Kaminfeger ins Landesinnere folgen. Zwischen Flawil und Uzwil einem Reh begegnen. 800 Mal aufs Matterhorn klettern. Barry zum Geburtstag gratulieren. Die Dorfbewohner von Iselle treffen. Die Wohlstandswüste Dubai hinterfragen. Dem wegrationalisierten Kuhhorn nachtrauern. Des potentesten Zuchtstiers gedenken. Eine Gemeinde mit null Einwohnern erkunden. Über eine Alp wandern, auf der man über Leichen geht. Mit Betagten vergnügt in den Morgen tanzen. Und vor einem rätselhaften Wegweiser eine folgenschwere Entscheidung treffen. Und, und, und. Dieses Buch enthält 44 Reportagen von Walter Däpp, die in den letzten zehn Jahren im «Bund» erschienen sind.

Helmut Hubacher
Geschichten à la carte
Kolumnen und Anekdoten
Vorwort Peter Bichsel

Wirtschaft, Gesellschaft oder Politik können uns auf verschiedene Arten nahegebracht werden. Von klugen Wissenschaftern mit ihren fundierten Analysen. Oder von Leuten wie Helmut Hubacher nach der Devise: Das Leben schreibt Geschichten. Was Professoren gerne etwas kompliziert erklären, tut er einfach und für alle verständlich. Seit vielen Jahren ist Hubacher Kolumnist für die ‹Schweizer Illustrierte› und die ‹Basler Zeitung›. Er hat ein Gespür für die richtigen Themen. Eine gezielte Auswahl aus der Illustrierten ist für dieses Buch zusammengestellt worden. Zusammen mit neuen Geschichten gibt das eine spannende Lektüre.